Henrich Editionen

GÄSTEBUCH

Bürgerhaus Sprendlingen – die ersten 50 Jahre

Herausgeber: Bürgerhäuser Dreieich

Konzept, Recherche, Lektorat: Peter Holle

Redaktion: Benjamin Halberstadt, Peter Holle, Maria Ochs

Texte: Sonja Arnold, Wolfgang Barth, Barbara Beisinghoff, Alfred (Ali) Dietrich, Walter Diewock, Michael Dinter, Ilse Dreher, Fee Halberstadt, Peter Holle, Jens Hühner, Dr. Harry Keaton, Holger Klemm, Sandra Ladwig, Alex Müller, Henni Nachtsheim & Gerd Knebel, Maria Ochs, Klaus Tscharnke

Gestaltung: Saskia Burghardt, www.burghardt-grafik.de

Fotos Titel und Rückcover: Michael Häfner (Stadtfotograf Dreieich)

Gesamtherstellung: Henrich Druck + Medien GmbH, 60528 Frankfurt am Main

Druck: TZ-Verlag & Print GmbH, 64380 Roßdorf

ISBN 978-3-96320-065-6

www.henrich-editionen.de

Benjamin Halberstadt Peter Holle Maria Ochs

GÄSTEBUCH

Bürgerhaus Sprendlingen – die ersten 50 Jahre

KULTUR+ BÜRGERHÄUSER DREIEICH

50 JAHRE BÜRGERHAUS

EDITORIAL

Wir schreiben das Jahr 2020. Lockdown, Pandemie und andere Krisen – die Zukunft des Bürgerhauses Sprendlingen ist ungewiss. Nicht nur Betriebsleiter Benjamin Halberstadt fragt: Hat es überhaupt eine Zukunft? Mer waas es net! Sicher ist jedenfalls eines: In zwei Jahren steht das 50-Jahre-Jubiläum an. Allemal ein Anlass, so denkt Halberstadt, ein Buch über das im September 1972 als „Kultur- und Gesellschaftszentrum" eröffnete BHS zu machen.

Denn, so sagt er sich: Egal, was die Zukunft bringt, das Haus hat eine Vergangenheit, über die es sich zu schreiben und von der es sich zu erzählen lohnt. Im zurückliegenden halben Jahrhundert hat das BHS wie kaum eine andere Institution, Organisation oder Gruppierung in Dreieich die Lebenswelt der Dreieicher in Zeit und Raum gestaltet.

Hatten im „aale Sprennlenge" noch die kirchlichen Feiertage den Jahreskalender in der Kommune diktiert, so bestimmen heuer BHS-Veranstaltungen und -Festivitäten nunmehr in dritter Generation den Jahresreigen. Mit dem Bürgerhaus ist so etwas wie die „kulturelle Mitte", das „kulturelle Zentrum" von Sprendlingen entstanden, und zwar als Ensemble mit dem Ricarda-Huch-Gymnasium, dem Hallenbad, der Stadtbücherei, dem Bürgerpark. Gäbe es nicht das BHS, sähe die Stadt mitnichten so aus, wie sie jetzt aussieht.

Wie das so geworden ist – das soll nach Halberstadts Willen und Vorstellung in einem Geschichts-, Geschichten- und Lesebuch geschildert werden. Bloß keine der gängigen Jubiläumsschriften, in der linear-chronologisch Zahlen, Daten, Fakten aufgelistet werden. Nein, es soll ein Almanach werden mit historischen Reportagen, Porträts, Memoires, Interviews, Essays, Anekdoten, Zitatstücken aus Primärquellen, Zeitungsberichten von anno dunnemals.

Und es soll – das ist Halberstadts Idee im März 2021 – GÄSTEBUCH heißen.
Das Buch liegt nach anderthalb Jahren vor.

Der Ort des Geschehens ist der gastliche Platz in der Fichtestraße 50. Die Hauptfiguren in den Storys sind die Gäste im BHS, die Gastgeber, die Gastspieler, die Gastarbeiter und „La Mannschaft". Das Haus ist der Star!

18 Gastautoren haben es geschrieben. Da waren Zeitreisende am Werk, die sich an ihre Jugend im und mit dem Bürgerhaus erinnern; es schreiben Journalisten, die dabei und vor Ort waren, als das BHS gebaut worden, in Betrieb gegangen ist und seinen guten Lauf genommen hat; Gastspieler und Gastarbeiter, wie Badesalz, der Magier Harry Keaton, der „Koffertheater"-Frontmann Ali Dietrich, rühmen Bühne, Technik und Programm; hinter die BHS-Kulissen schauen pro domo Sandra Ladwig, Maria Ochs und Wolfgang Barth; Kunstinitiative und Künstler erzählen vom Sprendlinger „Haus der Kunst" und präsentieren einen „Katalog der Kataloge" mit einem Bildersaal aus den über die Dreieicher Grenzen hinaus renommierten „Kunsttage".

Wir haben ihnen allen zu danken, auch und gerade weil alle Texte Originalbeiträge sind, exklusiv und für Gottes Lohn fürs GÄSTEBUCH verfasst.

Zu fast all diesen Storys sind Interviews mit Zeitzeugen geführt worden – unterm Strich an die 50 teils mehrstündige Einzelgespräche. Auch diesen Informanten, deren Erinnerungen als oral history direkt und indirekt in die Texte eingeflossen sind, sei herzlich gedankt. Im Sinne des berühmten Hans-Sahl-Gedichts: Ihr seid die Letzten, wir haben euch ausgefragt.

Und wir sind in die Archive gegangen, haben dort recherchiert. Zentrale Anlaufstelle: das BHS-Archiv, in dem sich jeder, aber auch jeder Zeitungsartikel findet, der von 1972 bis heute übers Bürgerhaus erschienen ist. Im Stadtarchiv Dreieich aufbewahrt werden hingegen die Originaldokumente und Akten zu Vor-, Bau- und Frühgeschichte des Bürgerhauses. Wilhelm Schäfer, ehrenamtlicher Archiv-Mitarbeiter und profunder Kenner der Sprendlinger Historie und Zeitgeschichte, hat sie für uns aufgespürt und zugänglich gemacht. Er hat das mit Sachkenntnis, Passion und Geduld getan.

Wir verdanken ihm zudem wertvolle Hinweise und Funde aus den 1950er-Jahren über die Genese des Bürgerhaus-Projekts. Danke, Wilhelm!

Primär- und Sekundärquellen, Illustrationen und Informationen fürs GÄSTEBUCH stammen auch aus folgenden Archiven: den Privatarchiven von Peter Holle, der Familie(n) Halberstadt, von Alfred (Ali) Dietrich, Heinz-Georg Stöhs, Walter Diewock & Hanne F. Juritz, der Kunstinitiative Dreieich.

Am Ende dieses Editorials steht eine Danksagung und Entschuldigung zugleich: Natürlich werden wir etliche, denen an dieser Stelle Reverenz zu erweisen gewesen wäre, „vergessen" haben. Sorry, das war und ist mitnichten böse Absicht, sondern, um es mit Heinrich von Kleist zu sagen, „der Gebrechlichkeit der Welt geschuldet". Gebt uns Pardon und glaubt's: Wir danken ALLEN, die beim GÄSTEBUCH mitgewirkt und geholfen haben, aus vollem Herzen!

B.H P.H. M.O.

Foto: Gareth Tynan

Peter Holle

studierter Soziologe, Diplom-Psychologe, Journalist und Redakteur seit 1970; der gebürtige Sprendlinger des Jahrgangs 1949 berichtete von 1966 an – mit mehrjährigen Unterbrechungen – als „peh" für die Frankfurter Rundschau aus Dreieich und dem Westkreis Offenbach. Er ist dem Bürgerhaus Sprendlingen seit der Eröffnung verbunden. Peter Holle, erfahrener Buchautor und Schriftsteller, hat einen großen Teil der Geschichten dieses Buches geschrieben und zusammengetragen und außerdem immer den Überblick behalten.

EIN BLICK – ZWEI BLICKE

VON DER BESUCHERIN ZUR MITARBEITERIN

Von Sandra Ladwig

Vor Kurzem fiel mir das Bilderbuch „ein blick - zwei blicke" des Illustrators Istvan Banyai in die Hände, beim Durchblättern blieb ich an einer Seite hängen. Darauf ist ein Swimmingpool an einem heißen Sommertag abgebildet. In der Mitte des Pools ist ein Kind zu sehen, das in einem Schwimmreifen steckt und mit erhobenen Händen lachend auf eine Haifischflosse blickt, die direkt vor ihm schwimmt. Auf einem kleinen Sprungbrett dahinter sitzt ein älteres Kind und blickt auf die Wasseroberfläche, auf der eine Ente schwimmt. Ein Hund und eine Frau sind ebenfalls zu sehen. Die Szene wirkt wie eine Momentaufnahme aus einem Theaterstück, wie der Blick auf eine Bühne.

Auf der nächsten Seite des Bilderbuchs befinden wir uns am Boden des Pools und gewinnen einen zweiten Blick auf die Szene. Die vermeintliche Haifischflosse entpuppt sich als der obere Teil einer Taucherflosse am Kinderfuß. Die Ente ist ein Spielzeug, denn sie besitzt keine Beine. Ein aufblasbarer Delfin unter Wasser ist bereit für seinen großen Auftritt an der Wasseroberfläche. Am Boden sorgt eine Pumpe für einen sauberen Pool.

DENN NACH KNAPP DREI JAHREN ALS MITARBEITERIN HABE ICH BEREITS EINE MENGE UNTER DER OBERFLÄCHE ENTDECKT, ABER AUCH NOCH NICHT ALLES.

Warum ich diese beiden Seiten so ausführlich beschreibe? Weil ich beim Betrachten unwillkürlich daran denken musste, dass diese beiden Szenen sehr gut meine beiden Blicke auf das Bürgerhaus beschreiben. Den Perspektivwechsel, den Banyai darstellt, gab es auch bei mir. Der Blick von der Besucherin hat sich gewandelt in den (Ein)blick der Mitarbeiterin. Ein spannender Perspektivwechsel, der gerade erst am Anfang steht. Denn nach knapp drei Jahren als Mitarbeiterin habe ich bereits eine Menge unter der Oberfläche entdeckt, aber auch noch nicht alles. Manche Vorgänge sind mir noch immer unbekannt. Das mag auch an der Corona-Pandemie liegen, die den Veranstaltungsbetrieb nur drei Monate nach meinem Einstieg lahmgelegt hat, aber auch daran, dass dieser zweite Blick auf das Bürgerhaus so viel zu entdecken hat, dass es sicherlich seine Zeit dauern wird, (fast) alles im Blick zu haben.

Anfangen möchte ich mit meinem ersten Blick auf das Bürgerhaus. Die jahrzehntelange Sicht der Besucherin auf einen Veranstaltungsort, auf eine Bühne, auf der Theater, Konzerte, Lesungen, Kabarett und Comedy dargeboten werden. Der Blick der Besucherin auf ein Haus mit unterschiedlichen Nutzungsformen. Unweit des Bürgerhauses bin ich aufgewachsen. Erich-Kästner-Kindergarten, Erich-Kästner-Schule, Ricarda-Huch-Schule, Bürgerhaus, Stadtbücherei, Bürgerpark – das alles gehörte zum Radius meines alltäglichen Lebens, bis ich zum Studium wegzog. Schon früh gingen meine Eltern mit mir und meiner Schwester zum Theater für Kinder. Diese Theaterbesuche fanden wir immer gut, wie uns heute erzählt wird. Zu unserer

Der Blick auf die Bühne, auf der Geschichten erzählt werden (Weihnachtsprogramm mit Walter Sittler)

Begeisterung habe auch die Tatsache beigetragen, dass es vor Ort immer etwas zu essen gab. In meinen sehr vagen Erinnerungen an meine frühen Theaterbesuche ist da weniger eine leckere Salzbrezel als vielmehr ein großer dunkler Raum mit einer großen dunklen Bühne. Und die Erinnerung an das Theaterstück *Die Eiskönigin*, das bei uns Schwestern bleibenden Eindruck hinterlassen hatte – ähnlich der ersten gruseligen Psychothriller-Erfahrung als Jugendliche. Die Eiskönigin von Andersen ist doch eine andere als die von Disney.

Dieser große Saal also. Hier habe ich nicht nur Theaterstücke für Kinder gesehen. Viele Nachmittage haben wir hier mit Freundinnen, Freunden und der Familie beim Kinderfasching verbracht. Für den Kostümwettbewerb sind wir in selbst genähten Verkleidungen stolz über die Bühne gelaufen und haben im Anschluss Bonbons gefangen und Fanta aus Glasflaschen getrunken. Später dann haben meine Peergroup und ich zu MC Hammers 90er-Jahre-Klassiker *Can't touch this* komplizierte Tanzschritte ausprobiert. Hier habe ich Badesalz gesehen und mich zum ersten Mal in meinem Leben für Tickets frühmorgens in eine lange Schlange vorm Ticketbüro gestellt. In diesem großen Saal habe ich mich von meiner Schulzeit und meinem Abiturjahrgang mit einem rauschenden Ball verabschiedet. Zahlreiche Schauspiele habe ich hier als Jugendliche und Erwachsene gesehen. In diesen großen Saal wurde ich zusammen mit anderen Dreieicherinnen und Dreieichern eingeladen, das 40-jährige Stadtjubiläum mit einer Zaubershow zu feiern, da die Stadt und wir dasselbe Geburtstagsjahr haben. Es gibt viele kleine und große Geschichten, die ich in meiner Vergangenheit mit dem Bürgerhaus verbinde. Nicht zu vergessen der Kauf von Willi, unserem ersten und einzigen Kanarienvogel, auf einer der damals noch regelmäßig stattfindenden Vogelschauen – oder aber Familienessen zu besonderen Anlässen „bei Tonini". Damals gab es aber nicht nur diesen einen Blick vom Zuschauersaal hinauf auf die Bühne. Tatsächlich gab es auch da schon diesen anderen Blick, den Blick von der Bühne hinunter. Dann, wenn der große Weihnachtsabend der Ballettschule anstand. Das begann mit meiner ersten Aufführung im Alter von vier Jahren und endete mit meinem letzten Auftritt als Achtzehnjährige. Damals kannte ich bereits den Bühneneingang, die Garderoben und die Nebenbühne. Stehe ich heute in einer der Garderoben, sehe ich mich inmitten eines Haufens aufgeregter Mädchen, die ihrem Auftritt auf der großen Bühne entgegenfiebern. Irgendwie scheinen es mir dieser Saal und diese

Der Blick hinter die Kulissen (Filmaufnahmen mit Pierre Schäfer)

WENN ICH HEUTE DAS BÜRGERHAUS BETRETE, SIND MIR SOFORT DIE GERÄUSCHE UND GERÜCHE VON FRÜHER VERTRAUT: DAS KLACKEN DER EINGANGSTÜR UND IHR SCHABEN AM BODEN, DAS KNARZEN DES SAALPARKETTS.

Bühne angetan zu haben, denn laut den Erzählungen meiner Eltern wollte ich bei meinem ersten Auftritt als Schneeflocke am Ende des Tanzes partout nicht von der Bühne gehen. Es schien mir gut dort zu gefallen. Vielleicht habe ich schon damals beschlossen, dass ich in dieses Haus zurückkehren muss.

Und zurückgekehrt bin ich dann auch. Nicht auf die Bühne, aber immerhin durch den Bühneneingang in Richtung Verwaltungstrakt. Vor knapp drei Jahren habe ich die Seite umgeblättert, um einen zweiten Blick auf das Bürgerhaus zu werfen. Den Blick der Mitarbeiterin auf ein Veranstaltungshaus und einen städtischen Eigenbetrieb. Der Blick hinter die Kulissen oder, um bei Banyai zu bleiben, unter die Oberfläche. Das ist erst einmal wortwörtlich zu verstehen. Eine Vielzahl von Räumen und Gängen verbergen sich im Keller des Bürgerhauses und seinen Nebengebäuden. Die Technik unter der Bühne, der Orchestergraben, die Lagerräume und die verschiedenen Archive, in denen so viel Geschichte steckt, dass problemlos ein ganzes Museum damit bestückt werden könnte. Wenn ich heute das Bürgerhaus betrete, sind mir sofort die Geräusche und Gerüche von früher vertraut: das Klacken der Eingangstür und ihr Schaben am Boden, das Knarzen des Saalparketts. Mein Weg jetzt führt mich durch den großen Saal und durch das Foyer in den Bürotrakt, den ich mit meinem ersten Blick nie bewusst wahrgenommen hatte. Erstaunlich, denn liegen doch die Fenster der Büros alle in Richtung Bürgerpark und bieten

Der Blick von außen nach innen

Außenstehenden erste Einblicke in das Haus. Galt mein erster Blick jahrelang einem typischen, unaufgeregten Vorstadt-Bürgerhaus, sieht mein zweiter Blick heute viel mehr in diesem „Haus für Bürger". Das beginnt mit der Architektur. Da wäre die Anordnung der verschiedenen Gebäudeteile zu einer Art kleinem Kulturcampus mit Veranstaltungshaus, dem „Pavillon" mit seinen Clubräumen, der Stadtbücherei, dem Restaurant und dem Café, alles angrenzend an den Bürgerpark. Auch der Dreizack auf dem Dach, der für das natürliche Licht im großen Saal sorgt, ist ein Element, das ich erst spät entdeckt habe. Was ich schon immer mochte, ist das warme Rot der Lava-Naturstein-Fassade (auch wenn ein Großteil nicht mehr der Originalstein ist). Interessant ist auch der Eingang. Von außen wirkt er eher klein, geht man dann jedoch durch den Windfang, öffnet sich das Haus hin zu einem weiten, großen Gebäude, in dem sich in fast jedem Winkel Kunst befindet. Ein weiteres Detail, das ich vorher nie richtig beachtet hatte. Die vielen unterschiedlichen Kunstwerke regionaler Künstler*innen, die im ganzen Haus verteilt sind, mal als Teil des Gebäudes wie das Wand-Stein-Relief der Künstlerin Inge Hagner im Foyer, mal als klassisches Ausstellungsstück wie „Karin" von Georg Roth oder die schwarzen Hunde von Ottmar Hörl.

Mein zweiter Blick geht aber auch hinter die Kulissen des Veranstaltungsbetriebs Bürgerhaus. Fragen, die ich mir als Gast ab und an gestellt habe, kann ich jetzt beantworten. Was ist nötig, damit Besucher*innen den Weg in das Haus finden? Wie entsteht das Programm? Wie funktioniert die Technik? Wer kümmert sich um die Künstler*innen? Wie werden Ideen finanziert? Wie läuft die Vermietung ab? Durch meine Arbeit im Veranstaltungsbüro habe ich gelernt, wie viel Arbeit nötig ist, um ein Jahresprogramm mit weit über 100 Veranstaltungen zu realisieren. Eine Vielzahl von Faktoren müssen berücksichtigt werden. Passt die Veranstaltung zur Zielgruppe? Lässt sie sich finanzieren? Findet sich ein geeigneter Termin? Oftmals werden die Veranstaltungen weit im Voraus geplant, sodass das eigentliche Ergebnis erst sehr viel später zu sehen ist. Bis dahin gibt es aber eine Menge zu tun. Verträge werden gemacht, Absprachen mit den Künstler*innen getroffen, Webseiten gepflegt, Anzeigen, Banner und Flyer erstellt, Redakteur*innen informiert, Newsletter geschrieben, Social-Media-Kanäle gefüttert. Ist das eine Programm fertig, wird schon das nächste geplant.

Langweilig wird es also nie. Und selten gleicht ein Arbeitstag dem anderen. Aber nicht nur die Arbeit im Veranstaltungs-

Der Blick auf die Programme

MIR GEFÄLLT DER BLICK AUF EIN HAUS MIT EINER LANGEN HISTORIE, IN DEM GESCHICHTEN VOR UND HINTER DER BÜHNE ERZÄHLT WERDEN …

büro ist vielschichtig, das gilt sicherlich auch für alle anderen Abteilungen. Im Bürgerhaus werden Veranstaltungen angeboten, aber auch Säle und Räume vermietet. Es gibt also ausreichend zu tun. Sah mit meinem ersten Blick alles so einfach aus, zeigt mir der zweite Blick, wie komplex und vielfältig die Aufgaben sind. Angefangen bei der täglichen Reinigung und den Anforderungen an die technische Ausstattung über den nicht seltenen Umbau der Bestuhlung in den Sälen und Räumen, die Betreuung der Gäste und Mieter*innen, den Verkauf der Karten, die Programmplanung bis zur Werbung, Finanzierung und schließlich der Abrechnung. Und dafür braucht es Menschen, die all diese Aufgaben erfüllen. Kolleg*innen mit unterschiedlichen Hintergründen und Kompetenzen, Ideen und Leidenschaften füllen das Bürgerhaus mit Leben. Sie sorgen dafür, dass die Besucher*innen und Mieter*innen positiv auf das Haus blicken, sich hier wohlfühlen und gerne wiederkommen.

Nun habe ich also zwei Blicke auf das Bürgerhaus. Den Blick der ehemaligen Besucherin und den Blick der jetzigen Mitarbeiterin. So wie im Bilderbuch entzaubert dieser zweite Blick nicht, weil er vielleicht ideale Vorstellungen auflöst, sondern macht das Gesamtbild noch viel spannender. Mir gefällt der Blick auf ein Haus mit einer langen Historie, in dem Geschichten vor und hinter der Bühne erzählt werden – alltägliche, rührende, witzige, schmerzhafte, erfreuliche, außergewöhnliche, glückliche und spannende Geschichten. Einige dieser Geschichten werden auf den nächsten 200 Seiten erzählt, andere werden in der Zukunft noch erzählt werden. Sie alle gilt es zu entdecken.

GÄSTE-HAUS

30. September 1972: Das Attentat bei den Olympischen Spielen in München liegt nur dreieinhalb Wochen zurück. Der blutige RAF-Terror ist noch in vollem Gange, die heftige (nicht nur) innenpolitische Auseinandersetzung um die Ostverträge mit Moskau und Warschau gerade ausgestanden. Die Anrede „Fräulein" ist abgeschafft, der Radikalenerlass in Kraft gesetzt. Der Club of Rome zeigt „Die Grenzen des Wachstums" auf. Heinrich Böll kriegt den Literaturnobelpreis, Hildegard Knefs „Der geschenkte Gaul" ist Bestseller Nummer eins und das meistgekaufte Buch der Nachkriegszeit. Auch in Sprendlingen ist das alles Thema. Doch Stadtgespräch und „Blättche"-Aufmacher ist die Schlagzeile: „Heute wird das Bürgerhaus eröffnet!"

ZEITREISE — ins Sprendlingen des Jahres 1972. Wir treffen „aale Sprennlenger", „Eingeplackte" und „Schläächtbabbeler", informieren uns über die stürmische Bautätigkeit und die explosionsartige Bevölkerungsentwicklung, gehen auf die Kerb und besichtigen eine Baustelle im toten Winkel. Hier soll das Bürgerhaus entstehen.

ERÖFFNUNG — am 30. September 1972. Das kurz vor Toresschluss fertig gewordene Bürgerhaus stößt seine Tore weit auf, und es steigt ein Fest, wie es noch keines zuvor gab in Sprendlingen. Festredner überbieten sich in Lobeshymnen à la „Ein kühner Plan ist Wirklichkeit geworden". Ein Minister stiftet das Gästebuch für den Musentempel und überschreibt die Frontseite mit „Stadt im Aufbruch".

COUNTDOWN — Kommunalpolitik, öffentliche und veröffentlichte Meinung ziehen seit Ende der 1950er-Jahre an einem Strang: Es fehlt ein Bürgerhaus in der Boomtown Sprendlingen-„Maulwurfshausen". Doch es dauert 14 Jahre, bis das Kultur- und Gesellschaftszentrum steht und eröffnet wird. Hier im Zeitraffer: die Bau- und Planungsgeschichte von 1958 bis 1972. Es geht um bella figura am Schaufelbagger, einen Silberspaten und einen Politiker, der für sich reklamiert, zugleich „Zeuger, Pate und Entwicklungshelfer" des BHS zu sein.

EINGEPLACKTE UND... SCHLÄÄCHTBABBELER

ZEITREISE 1972: LAND, LEUTE UND EINE BAUSTELLE IM TOTEN WINKEL

Von Peter Holle

„Wo komme' Sie dann her?"
Zeitreise 1972: Nach Sprendlingen soll's gehen. Ab in die Zeitmaschine! Die Order: Bring mich zu Leuten, die neu hier sind! Zu Neubürgern, die in Sprendlingen eine Wohnung gefunden haben und sich akklimatisieren! Zu den „Eingeplackten", die ja hierzulande noch recht häufig von den Einheimischen mit der Frage „Wo komme' Sie dann her?" empfangen werden! Was finden die vor in der neuen Heimat? Was ist da los?

SEIT DEM 13. MAI 1972 DARF SICH SPRENDLINGEN AUCH „GEMEINDE EUROPAS" NENNEN ...

Wie auch immer die Auswärtigen von den „Sprennlengern" begrüßt und behandelt werden - sie sind keine Fremde unter Fremden. Die Hälfte der Menschen, die 1972 in Sprendlingen leben, sind nicht mit Hengstbachwasser gedaaft. Sie stammen aus allen Teilen der BRD, der DDR, den ehemaligen Ostprovinzen von jenseits der Oder-Neiße-Linie. Und in der 23.000-Einwohnerstadt leben 2.219 Menschen aus 53 Nationen - eine Quote von immerhin zehn Prozent. Seit dem 13. Mai 1972 darf sich Sprendlingen auch „Gemeinde Europas" nennen - die Stadt hat sich mit dem niederländischen Oisterwijk, der „Perle von Brabant", verschwistert.

Offiziell sind auch Schüleraustausch-Aktionen mit Frankreich und Fußballturniere in Dänemark und Great Britain. Die Pfadfinder vom Stamm Sankt Laurentius treffen sich zu internationalen Sommerlagern mit spanischen, englischen und französischen Scouts. An der Ricarda-Huch-Schule steht als Wahlfach Russisch auf dem Stundenplan.

Überhaupt die Schulen: Die Stadt verfügt über ein komplettes System an Lehr- und Lernstätten: Vorschulklassen, Grundschulen, Hauptschulen, Realschulen, Förderstufen, Gymnasium, „Sonderschule", Kreisberufsschule - alles da!

Es hat unterm Strich 600 Kita-Plätze - dafür wurden in den drei Jahren zuvor 1,2 Millionen Mark verbaut. Getreu dem Programm der SPD Sprendlingen, das da „Jedes Jahr einen neuen Kindergarten" proklamierte. Das Geld steckt im Kindergarten Ohmstraße (1968), den Kindergärten Hirschsprung und Parkstraße (beide 1971). Im Oktober 1972 wird dann auch noch der Kindergarten Gravenbruchstraße eingeweiht - ein eingeschossiger Fertigbau mit vier Gemeinschafts- und einem Mehrzweckraum plus Musikzimmer für zusammen 100 Kinder. Kostenpunkt: 480.000 Mark.

Damit nicht genug. Für einen Kinderhort in der alten Gewerbeschule in der Eisenbahnstraße ist ebenfalls 1972 der Bau-/Umbaustart.

Die örtlichen Sozialdemokraten hatten 1971 auch die Idee und Initiative, für daheimgebliebene Sprendlinger Kinder Ferienspiele zu starten. Die hiesigen Genossen waren damit Vorreiter und Taktgeber für den „Rest von Hessen". In 1972 geht der „Kinderplanet" (so heißen die Ferienspiele damals) in seine zweite Umlaufbahn: 320 Mädchen und Buben werden von 14 Pädagogikstudenten betreut. *„Die KLEINEN werden in SPRENDLINGEN groß geschrieben"*, heißt es denn auch im städtischen Verwaltungsbericht 1972.

Für alle Altersgruppen offen sind traditionsgemäß die vier evangelischen und die beiden katholischen Kirchengemeinden im Städtchen, das sich zudem durch ein, wie es heißt, „reges Vereinsleben" charakterisiert: 52 Zusammenschlüsse mit zusammen 6.030 Mitgliedern, wovon 3.700 in Turn- und Sportvereinen organisiert sind. Sportflächen im Stadtgebiet: 92.200 Quadratmeter.

Dieses Sprendlingen ist für alle Welt gut erreichbar, die Menschen sind mobil. Im Ort sind 7.000 Kraftfahrzeuge zugelassen, die über ein 45 Kilometer langes Straßennetz rollen. Wer kein Auto hat oder es in der Garage lässt, kann öffentliche Verkehrsmittel nutzen: 230 Bahnbusse wochentäglich, 20 Züge halten pro Werktag am Bahnhof.

Die Ortsdurchfahrt der B3 ist gerade „umfassend" ausgebaut worden – mit zwei Großkreuzungen an B3/Gabelsberger-/Dreieichstraße und B46/Robert-Bosch-/Otto-Hahn-Straße. Die Autobahn Offenbach – Darmstadt (damals A49, jetzt A661), der sogenannte Main-Neckar-Schnellweg, steht im Bau.

Überhaupt wird kräftig gebaut. Sprendlingen ist seit den 1960er-Jahren „ein einziger großer Bauplatz", schreibt der *Stadtanzeiger (SSA)* und die *FR* macht den running gag von „Maulwurfshausen". Das sieht der Neubürger an allen Ecken und Enden. Die sind noch frisch, manche leuchten noch: Ricarda-Huch-Gymnasium, Sportplätze an B3 und Maybachstraße, riesige Neubauflächen an August-Bebel-Straße, Breslauer Straße, Stettiner Straße, Parkstraße (= der späteren Erich-Kästner-Straße).

„Spennegickes": die letzte Kerb ohne Bürgerhaus

Der alte Teil von Sprendlingen endet am Kerbplatz/Mittelstraße. Dort feiern die Einheimischen alljährlich ihr Traditionsfest Kerb.

Die ist von jeher eine Gaudi für Jung und Alt – auch und gerade für Zugereiste und Neubürger aller Nationen.

In 1972 nimmt sie zum 256. Mal (Freitag, 11., bis Dienstag, 15. August) ihren Lauf. Es ist bullenheiß an diesen „Sprennlenger" Nationalfeiertagen. Schon seit Anfang Juli wabert eine Hitzewelle durchs Hengstbachtal. Täglich passieren bis zu 5.000 (!) Badegäste das Kassahäuschen im Parkschwimmbad.

Hitzewelle 1972: Täglich stürmen 5.000 Menschen das Parkschwimmbad

„ICH BIN ÜBERZEUGT DAVON", SAGTE MINISTER DR. HORST SCHMIDT, „DASS HIER NICHT NUR EIN MITTELPUNKT GESCHAFFEN WIRD, SONDERN DASS DIESES GEMEINSCHAFTSHAUS AUCH DIE GEISTIGEN UND GESELLSCHAFTLICHEN KRÄFTE DIESER STADT MOBILISIEREN WIRD."

„Uff de Kerb" dennoch das volle Programm. Umzüge durch die Innenstadt. Zwei Kerbborsche-Bälle. Benefiz-Fußballspiele. Visite im Altenwohnheim. Beatnachmittag. Das alles meistern 25 Kerbborsche des Jahrgangs 1953/54 unterm Kerbvadder Gerd Wittmer. Ihre Kluft: Strohhut und grünweiße Schärpe, im Portemonnaie pro Tag und pro Nase Biermarken für 40 Gläser.

Ein 21 Meter langer Baum wird am Samstag auf dem Kerbplatz in die Senkrechte gehievt. Die von Zimmermannsmeister Albert Werkmann dirigierten Jungmannen brauchen 30 Minuten Aufstellzeit - womit sie die bisherige Bestleistung (20 Minuten) deutlich verfehlen. Kerbborsch Günter Hartel absolviert vor Hunderten von Kiebitzen eine archaisch anmutende Mutprobe. Er klettert mit Steigeisen und Gurt in den Wipfel des Nadelbaums und hievt dort die Kerbbobb „Spennegickes" unterm Kranz auf ihren Thron.

„Spennegickes" wird in der Nacht zum Sonntag gekidnappt und erst am Dienstagnachmittag von den Entführern gegen gebrautes Lösegeld - 30 Liter Bier - wieder freigegeben. Rechtzeitig zur Verbrennung auf dem Schwimmbadparkplatz.

Die macht Skandal im Kerbbezirk. Die Bobb-Napper haben nämlich den „Spennegickes" mit Knallfröschen gefüllt. Während der Sprünge über den in Flammen stehenden Scheiterhaufen, die die Kerbborsche altem Brauch zufolge hinter sich bringen müssen, explodieren etliche der Feuerwerkskörper, und die Lohe gerät zu einem „Flamme empor!". Kerbborsch Carlo stürzt in die Glut, zieht sich aber nur leichte Verbrennungen am Arm zu.

Baustelle im toten Winkel

Unweit des Kerbplatzes im Areal zwischen Fichtestraße/Erich-Kästner-Straße/August-Bebel-Straße tut sich das ganze Jahr 1972 über etwas, was ein paar Kiebitze und Neugierige und Nachbarn auf die Beine bringt, den weitaus meisten Sprendlingern aber entgeht und sie ungerührt lässt. Zwischen wogendem Kornfeld und einer Kieskaut wird das Bürgerhaus hochgezogen, das just vor den Kommunalwahlen nach 30-monatiger Bauzeit mit großem Spektakel eingeweiht werden soll.

Da gibt es zwar immer was zu gucken, doch auch zur Kerb ist noch nicht allzu viel zu sehen. Wer sich durch die von Bulldozern zerpflügte Mondlandschaft auf einer halbfertigen Straße zum künftigen Kultur- und Gesellschaftszentrum vorkämpft, findet zehn Wochen vor Eröffnung nur ein funktionstüchtiges Element vor: die Kegelbahn!

Aale Sprennlenger wackeln mit dem Kopf und zerreißen sich bei Frühschoppen und anderen Mecker-Gelegenheiten das Maul, ob und wenn ja wie das überhaupt noch zu schaffen sein soll ... Unkenrufer und „Schläächtbabbeler" gab es schon seit Mitte der 1960er-Jahre. Sie malten ihren Zuhörern und Lesern das düstere Schreckgespenst eines verödeten öffentlichen Prunkbaus aus. Dr. Horst Schmidt, Hessens Sozialminister und Sprendlingens Stadtverordnetenvorsteher, hält ein ums andre Mal dagegen: „Wenn der Bau erst mal steht, dann wird diese Diskussion verstummen."

Will man der 1970 veröffentlichten soziologischen Strukturanalyse glauben, die das Geographische Institut der Uni Frankfurt recherchierte und verfasste, so ist das Projekt

Bürgerhaus jedoch beim Gros der Sprendlinger ohnehin nicht sonderlich populär. In einer Wunsch-Rangliste votieren sie mit überwältigender Mehrheit für ein Hallenbad, nur eine „Randgruppe" (O-Ton der Uni-Studie) favorisiert das Vorhaben, einen „kulturellen und gesellschaftlichen Mittelpunkt zu schaffen". Bürgermeister Erich Scheid geht darauf bei der Grundsteinlegung des Bürgerhauses am 3. Oktober 1970 in öffentlicher Rede ein: „... aber solch ein Haus ist doch so notwendig wie Schulen, Straßen und Kindergärten."

Das sahen die Zeitgenossen anders, die in den Tagen vor der Grundsteinlegung bei Nacht und Nebel auf der Baustelle ein Papp-Transparent platziert hatten. „Hier baut sich die SPD ein Denkmal", stand da zu lesen, es entstehe ein „Bürgerhaus ohne Geist". Hessens Sozialminister Dr. Horst Schmidt geht vor den obligatorischen Hammerschlägen am Grundstein auf diese anonyme Attacke ein. Er verweist darauf, dass nicht die Sozialdemokraten das BHS-Projekt allein durchgepaukt hätten. Der Stadtverordnetenbeschluss, ein Bürgerhaus zu bauen, sei am 27. April 1965 gefallen - und zwar einstimmig. Und die Sache mit dem „Geist"? „Ich bin überzeugt davon", sagt der Minister, „dass hier nicht nur ein Mittelpunkt geschaffen wird, sondern dass dieses Gemeinschaftshaus auch die geistigen und gesellschaftlichen Kräfte dieser Stadt mobilisieren wird."

„Sprunghaft und explosionsartig"

Christian S. ist einer von denen, der die Bürgerhaus-Baustelle vor und während der Kerb 1972 stets vor Augen und im Argusauge hatte. Er hat dem Autor dieses Textes (= P. H.) Informationen gegeben und über seine Erinnerungen berichtet, will aber anonym bleiben.

Christian S. hat sich ganz in der Nähe, im Neubaugebiet Erich-Kästner-Straße/August-Bebel-Straße, ein Haus gebaut und ist dort in den 1960er-Jahren eingezogen. Er ist vom Fach, seines Zeichens Bauingenieur, Architekt und Planer. Und: Er zählt vom Jahrgang her - geboren in den 1920er-Jahren - zu den „aale Sprennlengern", für die das Bürgerhaus nicht nur „uff de Kerb" 1972 Stoff für Diskussionen liefert.

Der durchaus gesellige Christian S. gibt sich indes bei diesem Thema eher zurückhaltend. Hat ja nicht viel mitbekommen vom Großprojekt, mal im Blättche was drüber gelesen und gesehen, dass da in der Nachbarschaft was Neues hochgezogen wurde. „Ich war eher neugierig", erinnert er sich.

In Christians Jugend hörte Sprendlingen am Kerbplatz auf. Am Kaiserplatz ist er aufgewachsen, hat in der Schillerschule schreiben und lesen gelernt und in Frankfurt eine Maurerlehre gemacht.

„Der Samstagvormittag in der Sprendlinger Innenstadt unterschied sich nur wenig von denen des übrigen Jahres: Ein Autostrom tröpfelt zähflüssig durch das Nadelöhr City, Menschen hasten in Supermarkets und Einzelhandelsgeschäfte, um das shopping fürs Wochenend zu erledigen. Nichts, aber auch gar nichts deutet darauf hin, dass nur wenige Meter Luftlinie entfernt ein kommunales Ereignis der ersten Güteklasse zelebriert wurde: die Grundsteinlegung für das Sprendlinger Bürgerhaus. An der Maxi-Baugrube August-Bebel-/Ecke Fichtestraße hatte sich ein illustrer Prominentenzirkel eingefunden: Magistrat, Hessens Sozialminister Dr. Horst Schmidt, Männer der Verwaltung, Vereinsvertreter. Ganz zaghaft am Rande ließen sich auch einige Sprendlinger Bürger blicken, hörten, was dazu zu sagen war, und schauten zu."

(Frankfurter Rundschau vom 5. Oktober 1970)

S. ist immer hier wohnen geblieben im sogenannten „Dorf der Maurer und Pflästerer", hat hier sein Leben verbracht, sozusagen live die Bautätigkeit und das Bevölkerungswachstum in seinem Heimatort mitbekommen und miterlebt. Es ist die Geschichte einer „sprunghaften Entwicklung".

Das belegt und verdeutlicht der Vergleich der Einwohnerzahlen von 1939, 1960 und 1972. Zu Beginn des Zweiten Weltkriegs, als Christian gerade seine Lehre begann, waren es 8.150. Im Jahre 1960 - da arbeitete S. schon bei einem Frankfurter Bauunternehmen - wurden 15.351 Frauen, Männer und Kinder gezählt. Jetzt, anno 1972, sind es noch mal 8.000 mehr.

Christian S. verdient da sein Geld mittlerweile als freier Architekt und Planer. In all den Jahren ist er Zeitzeuge für diese „explosionsartige

Alt-Sprendlingen 1959 – die Ypsilon-Kreuzung Hauptstraße/Frankfurter Straße/Offenbacher Straße

Entwicklung" gewesen, die der städtische Verwaltungsbericht 1972–1976 so beschreibt: Nach dem Zweiten Weltkrieg *„riss in Sprendlingen der Knoten: Kriegsflüchtlinge, Vertriebene, später Tausende Bürger aus großen Städten, vor allem aus Frankfurt, verdoppelten die Einwohnerzahl"*.

Verdoppelt hat sich auch die Einwohnerzahl von Frankfurt, und zwar an jedem Werktag! Wegen der Einpendler! Die wohnten nämlich außerhalb, da es in Frankfurt selbst an bezahlbarem Wohnraum mangelte! Sind also Auspendler! Die kommen auch und gerade aus Sprendlingen.

Christian ist einer von ihnen. Ist im Juni 1945 aus amerikanischer Kriegsgefangenschaft entlassen worden, erkämpft sich einen Studienplatz in der Staatsbauschule Darmstadt, wo er 1949 Examen macht.

Als „Baumensch" mischt er fortan mit, Frankfurt aus Ruinen „auferstehen" zu lassen. Nach Feierabend erlebt er dehaam mit, welch ähnliche „stürmische bauliche Entwicklung" – so liest sich das in den damaligen Parteiprogrammen und Verwaltungsreports – das einstige Dorf Sprendlingen nimmt.

Gemeinnützige Baugenossenschaft und Nassauische Heimstätte legen hier Anfang der Fiftys los. Östlich des Stadtwerke-Areals in der Eisenbahnstraße lassen sie lang gestreckte Wohnblöcke hochziehen. Parallel dazu läuft die Erschließung der Liebknechtstraße gen Westen! Und es werden die östlichen Stadtteile (dort, wo hinterm Friedhof an der „Lach" jahrhundertelang Schluss war mit Sprendlingen) besiedelt: Herrnröther Straße, Pestalozzi- und Odenwaldstraße, Schulwiese. Gleiches gilt für den bis dato brachliegenden Gemarkungsteil Am Trauben/Weibelfeld.

Doch den größten Bebauungscoup landet die öffentliche Hand in der riesigen Ödfläche beidseitig der B3 auf dem Wilhelmshof-Territorium. Die Stadt kauft dort 1952 in zwei Tranchen 716.000 Quadratmeter Bauland. Das östlich der B3 liegende Gelände wird Industriegebiet. Westlich der B3 wird mit Wohnungsbau geklotzt, und zwar in einer ersten Etappe vom Stadtrand aus – das war damals die Fichtestraße! – in Nordrichtung zwischen den „Grenzstraßen" Im Hirschsprung, Frankfurter Straße und der (geplanten) Immanuel-Kant-Straße. Es entsteht ein Wohngebiet mit Birken-, Linden-, Ulmen-, Immanuel-Kant-Straße, Schäferpfad, Tannenweg,

Zwei Grenzkirchen zum künftigen Bürgerhaus-Bauplatz: gen Norden die katholische Laurentiuskirche an der Eisenbahnstraße (fotografiert 1959), Richtung Osten die Christuskirche in der Fichtestraße (1961)

Am Wilhelmshof. Gebaut werden Goetheschule, die Kreisberufsschule sowie zwei Kirchen: eine katholische (St. Stephan, 1966) und eine evangelische (Christuskirche, 1959).

Zwischen diesem neuen Stadtteil und dem Isenburger Wald verbleibt aber immer noch ein großes zusammenhängendes Gelände. Diese Lücke schließt ein bundesweit als „einmaliges Modellprojekt" gerühmtes und gefördertes Vorhaben: die vom grünen Tisch aus „im Grünen" geplanten Wohnstädte Hirschsprung (1955 - 1959) und Breitensee (Baustart 1964).

Christian S. hat mit solchen Siedlungsbauvorhaben wie die im hohen Norden von Sprendlingen nichts am Hut: „Schöpferisch ist sowas doch null!" In Frankfurt und anderswo macht der Sprendlinger als Bauleiter Karriere mit solitären Einzelbauten: Krankenhäuser, Schwesternschulen und -häuser, Kindergärten, Hörsäle.

Das benachbarte Bürgerhaus in Sprendlingen hat er zwar im Blickfeld, aber nicht aufm Radar. Aber neugierig, wie er halt nun mal ist, will er wissen, was sich da „bei diesem Italiener Tonini" tut und was das wohl mit diesem Kulturmanager Halberstadt auf sich hat. Geht öfters mal rüber, dann in Gesellschaft, wird schließlich Stammgast für Jahrzehnte. Aus Neugier ist Begeisterung geworden: „Der Tonini und der Gustav - diese beiden: ein Glückstreffer für die Stadt!"

Vor der Eröffnung: das Bürgerhaus 1972

„EIN KÜHNER PLAN IST WIRKLICHKEIT GEWORDEN“

EIN FEST, WIE ES NOCH KEINES GAB – DAS BÜRGERHAUS MACHT AUF

Von Peter Holle

Samstag, 30. September 1972. Das Bürgerhaus macht auf! Die Sprendlinger sind eingeladen! Zwei Tage Trubel innen und draußen! Ein Festprogramm, wie es noch keines gab im Ort! Den Schlüssel hat Architekt Schmitt mitgebracht. Der gibt ihn weiter an Bürgermeister Erich Scheid, schließlich hält ihn Bürgerhausmanager Gustav Halberstadt in Händen.

Und alle, alle kommen sie. 16.000 Besucher sollen es sein in der Eröffnungswoche. Ein Riesenauftrieb! Es wird vielen

Schlüsselgewalt für Bürgerhausmanager Gustav Halberstadt – übertragen von Bürgermeister Erich Scheid

vieles geboten. Platzkonzerte, Feuerwerk, Volksradfahren, „Tanz für Jung und Alt bis in den frühen Morgen." Tänzer der Ballettschule Sieglinde Kieffer und die Gardeböbbcher der SKV-„Hengstbachstelzen" zeigen beim „Bunten Abend der Vereine", was sie draufhaben.

Und die Musik spielt dazu. Unter anderem treten auf: die Sprendlinger Stadtmusikanten des STG-Musikzugs, das überregional renommierte SKG-Akkordeonorchester und die Bässe und Tenöre der MGV „Eintracht". Die sind heuer besonders bei Stimme, denn man feiert in diesem Jahr 1972 nebenbei auch noch ganz groß das Hundertjährige.

Im Schatten von RAF und Olympia

Zum offiziellen Festakt bei „Geschlossener Gesellschaft" erklingen Beethovens „Die Himmel rühmen", die Ouvertüren zur Wagner-Oper „Die Meistersinger von Nürnberg" und Rossinis „Wilhelm Tell". Helmut Steinbach dirigiert das Sinfonieorchester der Philharmonischen Gesellschaft Frankfurt.

Danach weihen zwei Sprendlinger Politiker das BHS-Rednerpult ein. Begrüßung Stadtverordnetenvorsteher Hans Salomon, die Festansprache hält sein Vorgänger im Amt Dr. Horst Schmidt, nunmehr Staatsminister in Wiesbaden.

Die Manuskripte der beiden Ansprachen werden an die Journalisten verteilt. Die Pressebank ist dicht besetzt. Das ist aber nicht ungewöhnlich, sondern eher die Regel bei Terminen in der Dreieich, denn die Zeitungslandschaft im Westkreis von Offenbach-Land hat großstädtischen Zuschnitt. Die drei großen überregionalen Frankfurter Zeitungen *Frankfurter Rundschau (FR), Frankfurter Allgemeine Zeitung (FAZ), Frankfurter Neue Presse (FNP)* erscheinen hier mit täglichen, aktuell aufgemachten Lokalausgaben, beschäftigen eigene gut ausgebildete und gut bezahlte Lokalredakteure vor Ort und machen der alteingesessenen *Offenbach Post (OP)* das Revier streitig. Dazu landet in jedem Briefkasten zweimal in der Woche der *Dreieich Spiegel (DS)* – ein meinungsfreudiges, journalistisch hochprofessionell gemachtes Anzeigenblatt mit hundertprozentiger Haushaltsabdeckung.

Die Zeitungsreporter und die Festgäste finden auf ihren Plätzen die orangefarbene Broschüre „Bürgerhaus Sprendlingen". Das Heft beinhaltet Zahlen, Daten, Fakten und eine knapp gefasste Chronologie der BHS-Gründungsgeschichte. Aufgelistet sind die kommunalhistorischen Eckdaten:

- *Grundsatzbeschluss, „in Sprendlingen ein Bürgerhaus zu errichten", am 27. April 1965;*
- *Entscheidung übers Raumprogramm am 23. Mai 1967;*
- *ein Architektenwettbewerb wird im Juni 1967 ausgeschrieben, das Preisgericht tagt im Februar 1968, die Stadtverordnetenversammlung gibt einen Monat später dem Sieger – dem Mühlheimer Architekturbüro Schmitt+Ehnes – den Zuschlag;*
- *erster Spatenstich am 22. Juni 1970;*
- *Grundsteinlegung am 3. Oktober 1970;*
- *Richtfest am 26. März 1971.*

Für die Chefredaktionen ist die Riesenfete am Bürgerhaus allerdings nicht der ganz große Brüller, sondern höchstens ein lokaler Aufmacher. Gerade dreieinhalb Wochen zuvor – am 5. September – ereignete sich nämlich das blutige Attentat bei der Olympiade in München. Aus war's mit den heiteren Sommerspielen an der Isar – da feiert man nicht unbedingt die Maxi-Gaudi am Hengstbach als den Knüller des Spätsommers.

Wobei sich das Attentat in eine Serie schlechter Nachrichten einreiht, die seit Jahresbeginn allüberall die Frontseiten der Zeitungen und die Schlagzeilen dominieren. Zum traurigen journalistischen Dauerbrenner geraten sind die News über den gewaltsamen Terror, mit dem die sogenannte „Rote Armee Fraktion" (RAF) das Land überzieht.

Die RAF bläst im Frühjahr 1972 zur „Mai-Offensive" und hat dabei vor allem das Rhein-Main-Gebiet im Fokus. Gudrun Ensslin, Andreas Baader, Jan-Carl Raspe, Holger Meins und Gerhard Müller haben sich in einer konspirativen Wohnung in Sprendlingens Nachbarstadt Frankfurt festgesetzt und bereiten die Anschlagsserie vor, kundschaften Ziele aus, besorgen Material.

Am 11. Mai explodieren drei Rohrbomben im Offizierscasino des V. US-Corps im Frankfurter IG-Farben-Haus. Ein Oberstleutnant stirbt, 13 Personen sind verletzt.

Drei Tote und fünf Schwerverletzte – das ist die verheerende Bilanz des RAF-Attentats in Heidelberg am 24. Mai. Das RAF-Kommando parkt zwei mit 120 Kilo Sprengstoff beladene Fahrzeuge auf dem Kasernengelände der 7. US-Armee. Zu Tode kommt ein Soldat, der bei der Detonation regelrecht zerrissen wird; ein GI lässt sein Leben, als ihn die Wucht der Explosion gegen eine Hauswand schleudert; ein dritter wird unter einem Cola-Automaten begraben und stirbt.

In der Woche drauf, am 1. Juni, endet für Andreas Baader, Holger Meins und Jan-Carl Raspe ihre „Mai-Offensive" an einer Garage im Hofeckweg 2 – 4 im Frankfurter Dornbusch. Sie werden nach einer Schießerei mit der Polizei festgenommen. Die Übrigen vom „inneren Zirkel" (Meinhof, Ensslin, Mohnhaupt, Müller) werden bis Mitte Juni verhaftet – in Hamburg, Berlin und Hannover.

In Offenbach am Wasserhäuschen vor dem Stadtkrankenhaus werden am 8. Juli schließlich noch Irmgard Möller und

STADT IM AUFBRUCH

Mit der Überschrift „Der kühne Plan gefällt bald jedem" berichtete am 5. Januar 1962 der Sprendlinger Stadt-Anzeiger erstmals über die Planung des Bürgerhauses. Nach 10 Jahren ist aus den ersten Gedanken – tatsächlich waren es kühne Pläne – Wirklichkeit geworden. Sicherlich ein langer Weg voller Diskussionen und auch Auseinandersetzungen, – aber auch ein Weg, der sich gelohnt hat. Die Einweihung des Bürgerhauses ist ein stolzer Tag für unsere Heimatstadt und auch ein Ereignis, das in HESSEN gewürdigt wird. Wieder sind wir in unseren Bemühungen einen großen Schritt weitergekommen, dem Bürger unserer Stadt ein breites Angebot sozial-kultureller Einrichtungen zur Verfügung zu stellen. Ich danke allen, die an der Verwirklichung dieses Bürgerhauses Anteil hatten: der Stadtverordnetenversammlung, dem Magistrat, den Planern und den Männern vom Bau. Herrn Ersten Stadtrat Heinrich Keim schulde ich einen besonderen Dank, weil er von Anbeginn Motor der Bürgerhaus-Planung war.
Stadt, Kreis und Land haben in enger Partnerschaft gemeinsam ihr Bestes getan, um der Bürgerschaft von Sprendlingen mit dem Bürgerhaus vielfältige sozial-kulturelle Einrichtungen zur Verfügung zu stellen. Jetzt liegt es am Bürger selbst, die Einrichtungen zu nützen. Es ist ein glücklicher Umstand, daß ich selbst als ehemaliger Stadtverordnetenvorsteher meiner Heimatstadt und jetziger Sozialminister nicht nur aus der Sicht der Stadt, sondern auch mit den Möglichkeiten des Landes zur Realisierung beitragen konnte. Das Bürgerhaus ist als Begegnungsstätte, als ein gesellschaftliches u. kulturelles Zentrum gedacht.
Diesen Band widme ich der Bürgerschaft als Gästebuch des neuen Bürgerhauses.

DR. H. SCHMIDT
HESSISCHER SOZIALMINISTER

Band 1, Seite 1 des Bürgerhaus-Gästebuchs

Klaus Jünschke gefasst. Sie wollten sich dort treffen, um weitere Aktionen vorzubereiten.

Gästebuch, Standort und „stolzer Schwan"

Nur ganz am Rande registriert der eine oder andere Pressevertreter, dass Horst Schmidt an diesem „stolzen Tag" noch ein Geschenk für die Bürgerhausverwaltung und Bürgerschaft mitgebracht hat: einen gewichtigen, in rotem Kunstleder gebundenen und mit Büttenpapier bestückten Folianten. Der schwere dicke Band firmiert als GÄSTEBUCH.

Noch hat sich – naturgemäß – keiner drin verewigt. Doch es gibt eine Seite 1, ein in Schreibschrift kunstvoll gestaltetes Vorsatzblatt aus des Ministers Feder mit der augenfälligen Überschrift: „Stadt im Aufbruch". Da schreibt er den Lesern gleich im ersten Absatz was ins Stammbuch.

Er zitiert eine Überschrift von vor zehn Jahren aus dem *Sprendlinger Stadtanzeiger*: „Der kühne Plan gefällt bald jedem." Und er resümiert: „Nach zehn Jahren ist aus dem ersten Gedanken – tatsächlich waren es kühne Pläne – Wirklichkeit geworden", nämlich mit einem Bürgerhaus „eine Begegnungsstätte als gesellschaftliches und kulturelles Zentrum zu schaffen."

„Begegnungsstätte" – das hat in Sprendlingen ob seines enormen Bevölkerungswachstums und Bauboom vor allem mit dem Standort zu tun. Schmidt und seine Mitstreiter haben es ja seit 1962 immer und immer wieder proklamiert: Ein kulturelles Zentrum müsse vom „alten Stadtgebiet genauso günstig zu erreichen sein wie von den beiden Wohnstädten Hirschsprung und Breitensee".

Und das sei ja nun gegeben, heißt es in einer Pressemitteilung des Sprendlinger Magistrats vom September 1972:

„Das für das Bürgerhaus gewählte Grundstück macht es möglich, dass das kulturelle Zentrum über die günstigen Straßenverbindungen der Fichte-/August-Bebel-/Hegelstraße aus dem alten Stadtgebiet ebenso bequem zu erreichen sein wird wie aus den beiden Wohnsiedlungen Hirschsprung und Breitensee.

Mit dem Bürgerhaus, dem Hallenbad, das etwa im April 1974 eröffnet werden soll, sowie dem Kindergarten an der Parkstraße soll auf der jetzt noch vorhandenen Freifläche in naher Zukunft eine Grünanlage angelegt werden. Die schon bestehende Außenanlage des Bürgerhauses ist im Übrigen schon so geplant, dass sie mit dem künftigen Bürgerpark eine architektonische Einheit bilden wird."

(Auszug aus Magistratspressemitteilung zur BHS-Einweihung)

Im Gästebuch und in den bis zum 50-Jahre-Jubilee immerhin 17 Folgebänden gleichen Formats finden sich keine weiteren politischen Statements. Die ersten Einträge bringen die Künstler, die im BHS auftreten, zu Papier: das Ensemble der Operette „Der Vogelhändler", das TAT, die „Katakombe", die Donkosaken, das Frankfurter Volkstheater. Dessen Prinzipalin, die als „Mama Hesselbach" höchst populäre Liesel Christ, ist die Erste, die eine Art Wertung für den Standort niederschreibt: „Jetzt komme ich wieder gern nach Sprendlingen, aus dem häßlichen Entlein ist ein stolzer Schwan geworden."

Hallenbad, Gewerbeschau, Wahlen

Ganz nebenbei melden die Zeitungen in ihren Berichten zur Bürgerhauseinweihung den ersten Spatenstich fürs Hallenbad. Ein symbolischer Baubeginn, denn erst im November soll die Grube für die Bassins ausgehoben, die Schwimmstätte im Frühjahr 1974 fertig werden. Ein Schelm ist, wer sich Böses bei diesem mehr als einen Monat vorverlegten „Spatenstich" denkt. Am 22. Oktober ist nämlich Kommunalwahl ...

Dabei steht das dann sieben Wochen alte Bürgerhaus nochmal im Mittelpunkt. Denn von Freitag bis einschließlich Wahlsonntag steigt im Innern des Kultur- und Gesellschaftszentrums und in drei Außenzelten die dreitägige Gewerbeschau des Verkehrsvereins Sprendlingen mit 80 beteiligten Firmen/Ausstellern von A (= Autos) bis Z (= Zähne). Etliche Tausend Besucher bummeln zwischen den Ständen und verbinden den Messebesuch damit, ihr Kreuzchen im Wahllokal zu machen.

Es obsiegt die SPD mit 57,4 Prozent, die mit diesem Resultat ihre absolute Mehrheit ausbaut (1968: 52,4 Prozent). Aber auch die CDU legt zu – um 5,1 Prozent, steigert sich von 33,9 auf 38,8 Prozent.

Die örtlichen Wahlkämpfer können indes nicht Pause machen bis zum nächsten Mal. Denn es steht für November die Bundestagswahl an. Die war am 19. Mai in Bonn beschlossen worden, und seitdem tobt landauf, landab ein Bundestagswahlkampf wie keiner zuvor in der Republik.

Es geht ja auch um was: Das angeschlagene sozial-liberale Bündnis unter SPD-Kanzler Willy Brandt (im Vorjahr mit dem Friedensnobelpreis geehrt) und FDP-Außenminister Walter Scheel hat zwar ein Misstrauensvotum am 27. April überstanden und die innenpolitisch umstrittenen und befehdeten Ostverträge mit der Sowjetunion und der Volksrepublik Polen am 16. Mai mit Ach und Krach durchbekommen – doch mehr ist nicht mehr drin. Patt im Parlament – die Wähler sollen's an der Urne richten.

Und die folgen den „Willy wählen"-Appellen und bescheren der staunenden Weltöffentlichkeit eine historisch hohe (und bislang nie wieder erreichte) Wahlbeteiligung von 91,1 Prozent, der Koalition aus Brandt-SPD (45,8 Prozent) und Scheel-FDP (8,4 Prozent) die Mehrheit im Bundestag.

14 JAHRE COUNTDOWN FÜRS BÜRGERHAUS

ZEITRAFFER: PLANUNG UND BAU DAUERTEN VON 1958 BIS 1972

Von Peter Holle

ANFÄNGE: Bereits 1958 macht sich der SPD-Stadtverordnete Karl Leopold, der die örtliche Volksbücherei leitet, für ein kulturelles Zentrum (Albert-Schweitzer-Haus) stark. Was seinen Plänen zufolge alles unter ein Dach kommen soll, ähnelt stark dem Bürgerhaus-Konzept, das 14 Jahre später realisiert wird: Bibliothek, Theater- und Konzertsaal für bis zu 600 Menschen, VHS, „Jugendheim", „mindestens drei Räume für die Verbände, die soziale Betreuung ihrer Mitmenschen bestreiten". Kosten: 1,8 Millionen, die Hälfte Zuschüsse vom Land.

Leopold, von Haus aus Architekt, stößt dabei auf offene Ohren. Die Sprendlinger SPD-Oberen, die die Leitlinien der Kommunalpolitik bestimmen – allen voran der spätere hessische Sozialminister Dr. Horst Schmidt – sind dafür.

Auch der neue Bürgermeister, der Genosse Wilhelm (Willi) Banse, der just zu Beginn des Jahres 1958 ins Amt kommt, treibt das Projekt voran. Der Bau von Hirschsprung und Breitensee mache ein Bürgerhaus dringend vonnöten, lautet seine Botschaft und Forderung, die er bei nahezu jeder sich bietenden Gelegenheit bei Haushaltsreden im Parlament und öffentlichen Auftritten unter die Leute bringt: vor der Kolpingfamilie, beim Sprendlinger Verkehrsverein und auch schon mal bei einer Büttenrede.

Banse sorgt dafür, dass das BHS in den Investitionsplan für 1966 – 1971 als eines der „großen Brocken" aufgenommen wird. O-Ton der Vorlage: „Jeder Sprendlinger Bürger, der das Bedürfnis hat, am kulturellen Leben in seiner Stadt auch in einem angemessenen Rahmen teilzunehmen, vermisst seit Jahren schmerzlich das Fehlen geeigneter Räumlichkeiten, besonders für Konzerte und Theateraufführungen. Dem soll mit dem Bau eines Bürgerhauses abgeholfen werden. (...) Nachdem nun abgesehen werden kann, dass ein Gelände für den geplanten Bau eines in genügender Größe der Stadt zur Verfügung stehen wird, muß vorrangig Planung und Bau des Bürgerhauses vorangetrieben werden."

„JEDER SPRENDLINGER BÜRGER, DER DAS BEDÜRFNIS HAT, AM KULTURELLEN LEBEN IN SEINER STADT AUCH IN EINEM ANGEMESSENEN RAHMEN TEILZUNEHMEN, VERMISST SEIT JAHREN SCHMERZLICH DAS FEHLEN GEEIGNETER RÄUMLICHKEITEN ...

Erster Streich: Horst Schmidt macht Spatenstich mit Baggerschaufel

Zweiter Streich: Schmidt nimmt Stadtrat Keim zuliebe auch noch diesen, jetzt 52 Jahre alten Spaten, damit er ein Souvenir bekommt

Bürgermeister Scheid redet zur Grundsteinlegung

Dass das auch so kommt – dafür soll Heiner Keim sorgen. Der Sprendlinger Sozialdemokrat aus der ersten kommunalpolitischen Reihe wird 1964 zum hauptamtlichen Ersten Stadtrat gewählt und tritt 1965 sein Amt an. Er soll sich als Baudezernent vorrangig ums BHS kümmern.

Keim und Banse formulieren gemeinsam den Grundsatzbeschluss, ein Bürgerhaus zu bauen, und skizzieren dessen Raumprogramm.

Die Verabschiedung der Vorlage am 27. April 1965 erlebt Banse nicht mehr. Er stirbt am 16. April 1965 zwei Tage vor seinem 54. Geburtstag.

Sein Nachfolger Erich Scheid (SPD) übernimmt.

ARCHITEKTENWETTBEWERB: Die Sprendlinger Stadtverordneten beschließen am 28. Februar 1967, in Sachen „Planung des Bürgerhauses“ einen bis zum 2. Oktober befristeten Architektenwettbewerb auszuschreiben, der sich an alle freischaffenden Architekten in Hessen richtet. Gesamtsumme und Preise der Aufkäufe: 33.500 Mark. Es nehmen 76 Architekten teil.

Das Preisgericht tagt am am 23./24. Februar 1968, nimmt zehn Entwürfe in die engere Wahl und entscheidet sich für den des Architekturbüros Schmitt + Ehnes aus Mühlheim am Main.

Die Sieger erhalten den Zuschlag für Planung und Vorentwurf. Das Büro liefert, das Stadtparlament billigt das Konzept am 16. Dezember 1968.

Fünf Monate später, am 26. Mai 1969, gibt die kommunale Volksvertretung grünes Licht für das Großprojekt. Alle technischen Fragen sind geklärt, das Land Hessen hat das Vorhaben in sein Förderprogramm aufgenommen.

SPATENSTICH: Das ist jetzt en vogue unter Politikern. Bei Großbaustellen der öffentlichen Hand – und das Bürgerhaus Sprendlingen ist eine in den Augen der Welt – beim obligatorischen ersten Spatenstich sich nicht mehr mit dem Grabgerät abzumühen, sondern bella figura in einem Schaufelbagger zu machen. Sozialminister Dr. Horst Schmidt ist einer der ersten im Hessenlande, der zum Entzücken der versammelten Pressefotografen und TV-Kameraleute so den Erdaushub tätigt.

So geschieht's auch am 22. Juni 1970 auf dem Grundstück des künftigen Bürgerhauses. Schmidt legt aber, nachdem die Medienleute abgezogen sind, mit dem konventionell-traditionellen Silberspaten nach. Er tut das für seinen Freund, den

Baustadtrat Heiner Keim. Der sammelt nämlich Baustellen-Utensilien und bunkert sie in einem Schrank seines Rathausbüros.

GRUNDSTEINLEGUNG: Bürgermeister Erich Scheid hält eine Rede an diesem 3. Oktober 1970, in der er das künftige BHS wie folgt charakterisiert: „unser Sprendlinger Gut Stubb", „unser Klubgelände", „unser Wochenendhaus und Vereinslokal". Und es solle kein „kommunales Luxus-Etablissement" werden.

Was es denn nun werden soll, steht in der Grundsteinurkunde, die allerdings auf alle Zeiten versenkt und eingemauert werden soll. Sollte sie einmal wieder ans Licht der Sonnen kommen, liest sich das so: „Wir wünschen, dass dieses Bürgerhaus zu einem Treffpunkt aller Einwohner und der Gäste unserer Stadt werden möge. Es soll außerdem dazu beitragen, das kulturelle Leben in Sprendlingen zu bereichern, bessere nachbarliche Beziehungen zwischen unseren Bürgern anzubahnen, jüngere und ältere Menschen zusammenzuführen und dem Frieden zu dienen."

WAS ES DENN NUN WERDEN SOLL, STEHT IN DER GRUNDSTEINURKUNDE, DIE ALLERDINGS AUF ALLE ZEITEN VERSENKT UND EINGEMAUERT WERDEN SOLL.

RICHTFEST: Sozialminister Schmidt ist dort an diesem 26. März 1971. Er stellt sich den Journalisten als „Zeuger, Pate und schließlich Entwicklungshelfer des Bürgerhauses" vor. Und tituliert das Gebäude als „neuen Markstein in der vorbildlich baulichen Entwicklung, die Sprendlingen seit den 1950er genommen habe." Die Reporter schreiben das alles auf.

Souvenirjäger Heiner Keim treibt anderes um. Dem FR-Reporter verrät der Baustadtrat: „Jetzt habe ich schon den Spaten, mit dem der Sozialminister den ersten Spatenstich für unser BHS gemacht hat, in meinem Schrank und auch Hammer und Kelle von der Grundsteinlegung aufbewahrt, und jetzt kann ich den Richtkranz nicht in die Sammlung einreihen. Das Ding ist nämlich aus Metall und viel zu groß."

Bürgermeister Erich Scheid macht sich Gedanken um die Gastronomie. „Von dem Wirt in so einem Bürgerhaus hängt viel ab, er bestimmt die Atmosphäre und das Milieu in wesentlichen Punkten. Wir müssen uns da mit der Auswahl sehr viel Mühe geben."

Und das dauert. Ein Jahr später, im April 1972, ist immer noch nicht raus, wer dort Keller, Küche, Restaurant, Saalbewirtung und Keglerstube managen soll.

BAUSTELLE 1971/72: An der Bürgerhausbaustelle haben 92 Firmen mit rund 1.000 Mitarbeitern gewerkelt – nahezu unfallfrei. Gekostet hat das Ganze 8,4 Millionen Mark – drei Millionen mehr als ursprünglich veranschlagt.

Mitte Juni 1970 haben die Erdarbeiten, im August die Rohbauarbeiten begonnen. Es gibt Startschwierigkeiten, der Terminplan gerät ins Wanken. In Höhe der Kegelbahn sind zusätzliche Gründungsarbeiten nötig, da eine ehemalige Kiesgrube die Anlage des Fundaments erschwert. Starker Regen im August flutet die ausgehobene Baugrube. Die im Außenbereich geplante Trafostation ist ästhetisch eine Katastrophe. Der laut Magistrat „störende Betonkasten" wird ins BHS-Souterrain verlegt.

Von März 1971 laufen die Maurer- und Betonierarbeiten auf vollen Touren. Die Arbeiter geben auch Gas beim Setzen der Stahlkonstruktion in den Erdgeschossen und machen Tempo bei den Stahlbeton-Arbeiten in den Kellergeschossen. Und sie werkeln zügig an den „schallhemmenden Maßnahmen", die eingebaut werden, um Flug- und Straßenlärm draußen zu halten.

April 1971 bis April 1972 wird dann die Haustechnik installiert: 20 Kilometer elektrische Leitungen; Lautsprecher- und Mikro-Anlagen, Be- und Entlüftung, Kanal-Trennsystem. Besonderheit bei der Wärmeversorgung: Säle und Foyer haben keine Heizkörper, stattdessen wird angewärmte Frischluft eingeblasen und verbrauchte Luft abgesaugt, die zum Teil von Filtern gereinigt wieder in diese Räume kommt. Die anderen Räume im BHS werden mit Erdgas beheizt.

Spät dran ist man mit dem Innenausbau und mit den Außenarbeiten – damit geht es erst im Februar 1972 los. Kurz vor der Eröffnung am 30. September 1972 beginnen die Arbeiten an der Natursteinverkleidung, dem BHS-typischen Rotlava.

GASTGEBER

Die in den 1970er-Jahren in Bonn, Wiesbaden und der Stadt Sprendlingen regierenden Sozialdemokraten propagieren „Kultur für alle". Staatsknete soll nicht mehr nur in die teure Hochkultur fließen, sondern auch und gerade in Kultur- und Gesellschaftszentren mit einem Programm für viele und einem Dach, unter dem die Vereine ihr Plätzchen finden. Das Bürgerhaus Sprendlingen ist dafür vom Hessischen Sozialministerium, das vom Sprendlinger Dr. Horst Schmidt geleitet wird, als Prototyp auserkoren.

PORTRÄT __ Die Ausschreibung für den Bürgerhausmanager lief erst kurz vor Toresschluss, Gustav Halberstadt wirft seine Bewerbung „fünf Minuten vor 12" in den Rathausbriefkasten. Das war knapp, aber erfolgreich: Halberstadt erhält Mitte Juli 1972 den Zuschlag – gerade mal zehn Wochen vor Eröffnung des Bürgerhauses. Auch das ist knapp, zumal „der Gustav" laut Personalakte nicht „vom Fach" ist. Doch er kann organisieren, und er kann's mit Gauklern und Zeitungsleuten. Mit Erfolg: Fernsehen und Presse beschreiben Halberstadt als „Glücksgriff" und seine Berufung als „eine Art Sternstunde".

HOMESTORY __ Gustav und Heike Halberstadt führen ihren eigenen Kulturbetrieb. Sie pendeln dabei durchs Bürgerpark-Gelände von Haus zu Haus. Ihr Eigenheim steht nur einen Steinwurf weit von ihrem „Arbeitsplatz Bürgerhaus" entfernt. Der neue Manager findet dort bei seinem Amtsantritt einen leeren Schreibtisch vor. Ihm redet zwar keiner rein, aber er muss mit vielen reden, Nachtschichten einlegen und ein Netzwerk knüpfen. Das schafft er nachhaltig – es hält 27 Jahre bis zur Pensionierung.

SCHWARZE KUNST, SCHÖNE KÜNSTE UND GAUKLER

GUSTAV HALBERSTADT ÜBERNIMMT PROTOTYP – „STERNSTUNDE" FÜR SPRENDLINGEN

Von Peter Holle

Die Frist endet Schlag Mitternacht. Danach geht nichts mehr. Wer den Posten haben, Geschäftsführer des Bürgerhauses Sprendlingen werden will, muss bis 24 Uhr den Bewerbungsbrief abgeben. Heike und Gustav Halberstadt diskutieren in dieser Juninacht des Jahres 1972 über Stunden, ob ER das tun soll.

Seit der amtlichen Stellenausschreibung im Frühjahr ist das Dauerthema unter den Eheleuten. Immerhin: Es geht ja um eine lebensgeschichtliche Weichenstellung für ihn, den 38-jährigen Gewerkschaftssekretär der IG Druck und Papier, und seine Familie.

Wobei die Halberstadts schon seit Mai augenfällig vor Augen haben, dass die Zeit drängt. Da sind sie nämlich mit Tochter Annette (9) und Sohn Benjamin (4) in ihren Neubau in der Parkstraße eingezogen – nur Steinwürfe von der Bürgerhaus-Baustelle in der Fichtestraße entfernt. Heike und Gustav haben von ihrem Bungalow aus direkt und rund um die Uhr im Blick, wie das künftige Kultur- und Gesellschaftszentrum hochgezogen wird. Auch der Eröffnungstermin ist festgesetzt und bekannt: 30. September 1972.

Der Antwort auf die im wahrsten Sinne existenzielle Frage „Ob oder ob nicht?" sind sie bislang ausgewichen. Haben aber schon mal die Bewerbungsunterlagen zusammengesucht. Das mit dem Lebenslauf ging schnell von der Hand.

IMMERHIN: ES GEHT JA UM EINE LEBENSGESCHICHTLICHE WEICHENSTELLUNG FÜR IHN, DEN 38-JÄHRIGEN GEWERKSCHAFTSSEKRETÄR DER IG DRUCK UND PAPIER, UND SEINE FAMILIE.

Gustav Halberstadt bei der Frankfurter Societätsdruckerei an der Setzmaschine von Linotype

Geboren am 3. Oktober 1934 in Dortmund-Hörde als Sohn des Journalisten Benno Halberstadt; Kinderlandverschickung 1944 nach Husum; 1945 nach Frankfurt, wohin die Familie nach dem Krieg verschlagen worden ist; lernt in der Bauerschen Gießerei Frankfurt & Leipzig (Hamburger Allee, nahe Gutenbergschule) Schriftherstellung – Berufsbezeichnung: Schriftgießer und Setzer; mit 15/16 Jahren in die IG Druck und Papier eingetreten; zehn Jahre stellvertretender Betriebsratsvorsitzender in der Societätsdruckerei; seit 1967 Bezirkssekretär der IG Druck und Papier (Drupa) in Frankfurt, zudem Drupa-Schulungsleiter im Schulungszentrum im Taunus; Heirat 1961, Umzug in den Westkreis OF, die Familie wohnt seit 1965 in Sprendlingen, wo er auch DGB-Ortskartellvorsitzender ist und im SPD-Ortsverein aktiv ist; zwei Kinder: Tochter Annette (9) und Sohn Benjamin (4).

Gustav Halberstadt (rechts) hält Gautsch-Täufling fest und leitet die „Zeremonie“

Doch mit den anderen Papieren tun sich Heike und Gustav schwer. Es wird den Bewerbern aber auch nicht leicht gemacht, die Frage(n) zu beantworten, warum man sich überhaupt bewirbt; was die Motivation ist, diesen Job anzustreben; welche Qualifikationen man dafür hat; welche Ideen man einbringt.

Über die Erwartungen der Bürgerhaus-Bauherren kann man nämlich nur spekulieren – und auch darüber, weshalb sich die Rathausoberen bis kurz vor Toresschluss so gar nicht im Klaren darüber sind, was sie eigentlich wollen. Davon zeugt ein verräterischer Aktenvermerk von Bürgermeister Erich Scheid. Er datiert vom 16. Februar 1972, ist also sieben Monate vorm BHS-Eröffnungstermin diktiert und getippt worden. „Die bisher angestellten Überlegungen zum zukünftigen Betrieb des Bürgerhauses“, heißt es da, „lassen ohne jeden Zweifel erkennen, dass es notwendig ist, einen Sachbearbeiter für den Bürgerhaus-Betrieb zu beschäftigen. Dieser neu einzustellende Mitarbeiter benötigt im Bürgerhaus einen genügend großen Büroraum (...) Der Raum soll so groß sein, daß eine weitere Sachbearbeiterin (Schreibkraft) ggf. im gleichen Raum ihren Arbeitsplatz findet.“ Der Rathauschef hat da auch eine Idee: „Nach Überprüfung des Grundrisses empfehle ich, den sogenannten ‚Hobbyraum II‘ am Bühneneingang hierfür vorzusehen und entsprechend einzurichten.“ Abschluss: „Ich empfehle, Magistrat und Stadtverordnetenversammlung entsprechend zu informieren und die Bauleitung anzuweisen, alles Weitere zu veranlassen.“

Da ist vieles unklar und bleibt auch nach der Stellenausschreibung weitestgehend im Dunkelbereich: Was soll der „neu einzustellende Mitarbeiter" denn genau tun? Welche Kompetenzen und Freiräume hat er? Gibt's Beinfreiheit beim Programm? Kann er über einen eigenen Etat verfügen?

Halberstadt hört sich um, was denn nun Sache ist. Genosse Hans Salomon, der starke Mann der Sprendlinger Sozialdemokraten in Partei (seit 1948) und Ortsparlament (seit 1956), weiß mehr und teilt es dem Gustav mit.

Drupa-Sekretär
Gustav Halberstadt, 1967

Auf kurzem Wege, denn die beiden arbeiten Tür an Tür im Gewerkschaftshaus Frankfurt: Halberstadt als Bezirkssekretär für die IG Druck und Papier, Salomon als Geschäftsführer für die Gewerkschaft „Holz und Kunststoff". „Bewirb Dich!" lautet die Aufforderung.

Halberstadt folgt dem schließlich. Er rafft sich auf, legt im Sturmschritt den Weg von der Parkstraße zum Rathaus in der Hauptstraße zurück und wirft in letzter Minute den Umschlag in den Briefkasten. „Es war wirklich 5 vor 12".

Und dann geht die Warterei los. Ein Vorstellungsgespräch erst in der entscheidenden Magistratssitzung am 12. Juli 1972, auf der auch gleich die Entscheidung fallen soll, wer das Rennen macht. Informell sickert durch, dass 13 Bewerbungen für den Posten eingegangen sind. In die engere Wahl kommen vier – darunter Halberstadt. Mit ihm konkurrieren „drei beachtliche Persönlichkeiten" (Bürgermeister Scheid) aus Frankfurt und Langen.

Die Auswärtigen ziehen den Kürzeren. Der Sprendlinger Magistrat – vier SPD-Vertreter, je einer von CDU und FDP – entscheidet sich „mit Mehrheit", wie es in den Zeitungen heißt, „für einen Sprendlinger". Weißer Rauch für Gustav Halberstadt.

Die Entscheidung in Sprendlingen ist für einen Sprendlinger gefallen:

DGB-Ortskartell-Chef Gustav Halberstadt (38) übernimmt Geschäftsführung des Bürgerhauses

Sprendlingen — Die Position des Bürgerhaus-Geschäftsführers ist besetzt. Von den insgesamt 13 Bewerbern hatte der Magistrat vier der Anwärter zunächst in eine engere Wahl genommen und sich schließlich in dieser Woche für Gustav Halberstadt entschieden.

Vom Bürgermeister Erich Scheid wurde in einer Pressekonferenz ausdrücklich darauf hingewiesen, daß bei der vom Magistrat getroffenen Entscheidung keinerlei parteipolitische Gründe maßgebend gewesen seien.

Der Hinweis des Rathauschefs bezog sich dabei auf dieses aus vier SPD-Angehörigen und je einem CDU- und FDP-Mitglied bestehende Gremium.

Der künftige Geschäftsführer des städtischen kulturellen Zentrums wohnt in Sprendlingen und ist seit 1967 in Frankfurt als Bezirkssekretär und Geschäftsführer der IG Druck und Papier tätig, zugleich ist er Vorsitzender des DGB-Ortskartells in Sprendlingen.

Die weiteren drei, besonders berücksichtigten Bewerber, stammten aus Frankfurt und Langen.

Fortsetzung Seite 2

Bürgermeister Scheid bis 11. 8. in Urlaub

Sprendlingen — Vom kommenden Montag, 1. Juli, an (bis einschließlich 11. August) befindet sich Bürgermeister Erich Scheid in Urlaub. Die Amtsgeschäfte werden in der Zeit der Abwesenheit des Rathauschefs vom Ersten Stadtrat Heinrich Keim wahrgenommen. -walsto-

Bürgerhaus-Geschäftsführer

Fortsetzung von Seite 1

Wie von Bürgermeister Scheid hervorgehoben wurde, habe es sich auch bei ihnen um beachtliche Persönlichkeiten gehandelt.

Die Mehrheits-Entscheidung für Gustav Halberstadt ist, wie sich Erich Scheid äußerte, besonders zurückzuführen auf die von ihm unterbreiteten und dabei ebenso imponierenden wie realisierbaren Gedanken über die Führung des Bürgerhauses.

Der Magistrat hat sich in seiner Mehrheit letztlich deswegen auch für Gustav Halberstadt entschlossen aufgrund der von ihm angedeuteten Betreuung der Jugend.

Gustav Halberstadt ist seit 1961 verheiratet, Vater zweier Kinder im Alter von neun und vier Jahren und stammt aus Dortmund.

Der künftige Chef des Bürgerhauses zählt 38 Jahre und war als gelernter Schrift- und Maschinensetzer beruflich lange Jahre in verschiedenen Druckereien, darunter auch in Frankfurt, tätig.

Der Amtsantritt von Gustav Halberstadt steht noch nicht fest. -walsto-

Sprendlinger Stadtanzeiger, 14.07.1972

Weshalb der Lokalmatador das Rennen gemacht hat, erklärte Magistratschef Scheid vor der Presse dann so: „Keinerlei parteipolitische Gründe" hätten den Ausschlag gegeben, die „Mehrheitsentscheidung" sei „besonders zurückzuführen" auf die von Halberstadt „unterbreiteten und dabei ebenso imponierenden wie realisierbaren Gedanken über die Führung des Bürgerhauses" und auch und gerade „aufgrund der von ihm angedeuteten Betreuung der Jugend".

Organisieren: Schwarzmarkt, Falken, China

Halberstadt traut sich das zu. Er sagt zu. Und das durchaus selbstbewusst.

Denn eines weiß er: Er ist organisiert, kann organisieren und improvisieren. Als Zwölfjähriger ist er auf dem Frankfurter Schwarzmarkt aktiv und „besorgt" Kohle und Winterkartoffeln. Auf den Trümmergrundstücken klaubt er Alteisen und Metalle zusammen und verhökert die beim Alteisenhändler – er spart auf ein Fahrrad. Seine Selbstbeschreibung: *„Überall und alles habe ich organisiert: Kohlen, Kaffee, Zigaretten."*

Dass er darin gut ist, beweist er auch bei der Sozialistischen Jugend „Die Falken". Bruder Heiner hat ihn für deren „Freundschaftsbund Bockenheim" angeworben, und Gustav macht sich gleich nützlich. Organisiert die Zeltlager und Fahrten. Hilft dem Bruder, den Falken-Zeltplatz im Usatal (Taunus) anzulegen und das Falkenheim (Walter-Wölker-Haus) an der Großen Seestraße aufzubauen. Er schafft Werkzeuge bei, räumt mit Loren auf Schienen Schutt weg.

Und er mischt organisatorisch mit bei den Sing- und Tanzkreisen der „Falken" und der „Naturfreunde". Managt Veranstaltungen, reist von Hamburg bis München rum, um Informationen zu sammeln, ist immer darauf aus, zu sehen und zu hören, was und wie dort gesungen, gespielt und getanzt wird. Das ist ihm später in Bürgerhausdiensten nützlich.

Gustavs Organisationsvermögen zeigt sich 1957/58 auch auf internationalem Parkett. Er nimmt an den Weltjugendfestspielen in Moskau teil, bei denen 45 Nationen mitmachen. Anschließend Einladung, drei Monate die Volksrepublik China zu besuchen. Sechs Deutsche bekommen den Zuschlag, darunter ein Bergsteiger, ein Pfarrer und „ein Mensch aus dem Kohlenpott". Gustav leitet das Büro und stellt mit der Dolmetscherin, ein Fräulein Ming, das Programm auf die Beine. Zehn Tage lang mit der Transsib von Moskau gen Rotchina. Dort

Gustav Halberstadt in China, 1958

ICH ORGANISIERE, BIS ALLES LÄUFT, DANN GEHE ICH IN DEN HINTERGRUND.

drei Monate unterwegs mit Bus, Flugzeug, Bahn, Schiff, bis kurz vor Nepal. *„Wie gesagt, ich habe schon immer gerne organisiert. Meine Devise ist: Ich organisiere, bis alles läuft, dann gehe ich in den Hintergrund."*

Von Haus aus Medienmensch

Als Kulturmanager fürs neue Bürgerhaus kann er sich dergleichen Zurückhaltung aber nicht leisten. Er weiß: Ich muss ran ans Publikum, ran an die Medien, muss den Laden gut in der Öffentlichkeit verkaufen. Werbung machen, PR treiben.

Das Geschäft ist ihm nicht fremd. Keine Berührungsängste mit der Journaille. Er kennt die Medien, die Redaktionen, das grafische Gewerbe, die schwarze Kunst. Und das nicht nur von Berufs wegen, sondern von Haus aus, denn er ist in einem Journalistenhaushalt aufgewachsen! Sein Vater, der 1904 geborene Benno Halberstadt, war gelernter Redakteur, arbeitete seit Mitte der 1920er-Jahre für die SPD-Presse. Während der NS-Zeit hat er Berufsverbot, wird politisch verfolgt und nach Kriegsbeginn ob seiner linken Gesinnung und „politischer Unzuverlässigkeit" als „bedingt wehrwürdig" eingestuft. Die Nazis pressen ihn ins berüchtigte „Strafbataillon 999", eine sogenannte „Bewährungseinheit". Zwangseinsätze als Sanitäter 1944/45. Russische Kriegsgefangenschaft 1945.

Benno Halberstadt, Anfang der 1950er-Jahre

Noch im gleichen Jahr Entlassung nach Frankfurt am Main, wo nach und nach sich die ganze Familie einfindet.

Dort meldet er sich bei der soeben neu konstituierten SPD zurück und legt sich sofort ins journalistische Geschirr. Er soll im Auftrag der SPD die Wiedergründung der *Volksstimme* als Tageszeitung vorbereiten. Vor 1933 war die *Volksstimme* „die" Frankfurter und hessische SPD-Tageszeitung gewesen.

Benno Halberstadt startet am 16. Februar 1946 als „Schriftleiter" die neue *Volksstimme* – zunächst „nur" als „Mitteilungsblatt der SPD Hessen". Es erscheint wöchentlich in einer Auflage von 128.000. Von 1947 an firmiert er zudem als Chefredakteur für die „Sozialistische Tribüne", die Monatsschrift der SPD Hessen.

Sohn Gustav macht sich da wieder einmal nützlich. Der gerade mal zwölfjährige Steppke holt die Matrizen für Papas Publikationen ab, die ja von der US-Zensurbehörde in Wiesbaden das „Okay" bekommen mussten. Fährt also mit dem Bus von Frankfurt in die Landeshauptstadt bis zur Haltestelle „Spielbank". Geht von dort aus zu den Amis, holt die Matrizen und bringt sie heim nach Frankfurt in die Uniondruckerei an der Bockenheimer Warte. Gustavs Pendelverkehr für seinen alten Herrn endet Anfang 1947. Die SPD stoppt das Projekt „Wiederaufbau der Volksstimme".

Benno Halberstadt wechselt die Seiten und heuert an als Pressesprecher der Frankfurter Polizei.

Gustav und die Gaukler

Organisationstalent und die Kenntnis des Medienbetriebs – das sind nicht die schlechtesten Voraussetzungen, um ein Kultur- und Gesellschaftszentrum zu leiten. Doch kann er auch Kulturbetrieb, der just ernannte Kulturmanager von Sprendlingen?

Bürgermeister Erich Scheid, nominell dessen neuer Arbeitgeber, ist skeptisch und tut seine Zweifel sogar in der Personalakte kund. Halberstadt sei halt „nicht vom Fach", gibt er zu Protokoll.

Der amtlich so Charakterisierte sieht das anders. *„Ich hatte es schon immer mit den Gauklern – und das seit meinem zwölften Lebensjahr."* 1946 ist das gewesen, als der Bub mit den schönen Künsten in Kontakt kommt und ein lebenslanges Faible dafür entwickelt.

Und das kam so: Vater Benno kandidiert bei den ersten freien Kommunalwahlen nach dem Krieg, die am 26. Mai über die Bühne gehen, auf der SPD-Liste, wird zum Stadtverordneten gewählt und übernimmt den Vorsitz eines gewichtigen Parlamentsausschusses im Römer: den für Kultur. Die Position behält er bis in die dritte Legislaturperiode und bis zu seinem Tod – Benno Halberstadt stirbt am 16. Dezember 1955 an einem Hirnschlag.

Im Ausschuss avanciert er zum Frontmann, baut, wie es so schön heißt, „an maßgeblicher Stelle" im zerbombten Frankfurt das Theater- und Musikleben mit auf, kämpft dafür, dass in den Ruinen wieder kulturelle Infrastruktur geschaffen wird. Mit Erfolg: Es wird Theater gespielt, Musik gemacht, Artisten und Gaukler treten auf. Premieren aller Art hat's Schlag auf Schlag.

Sei es Oper, Kabarett, Konzert, Varieté – Benno Halberstadt nimmt seinen Filius überallhin mit. Gustav inhaliert Kultur an der Quelle und lernt bei diesem Quellenstudium, dass die Menschen im Nachkriegs-Frankfurt nicht nur an leiblichen und materiellen Entbehrungen leiden. „Das Verlangen nach Kultur kann so stark sein wie das nach dem täglichen Brot."

Vier provisorische Bühnen gibt es 1946 in Frankfurt, Gustav lernt sie an der Seite des Vaters kennen: den großen Börsensaal der IHK für Schauspiel und Oper; den großen Handwerkersaal in der Braubachstraße für Dichterlesungen, Matineen und Kabarett; die Turnhalle in der Veitsgasse in Sachsenhausen, wo das „Kleine Komödienhaus" domiziliert; den Innenhof des Karmeliterklosters, wo Freilichtaufführungen gegeben werden – so am 12. August 1946 der „Jedermann".

Schon im Monat drauf, im September 1946, öffnet das Varieté „Palette", in den ersten Januartagen 1947 Fritz Rémonds „Kleines Theater im Zoo". Im Tierpark gastieren zudem Gaukler, Artisten, Zirkusse. Gelegentlich hat's auch Open-Air-Kintopp, doch das macht den - Stand Ende 1946 - 20 Frankfurter Kinos mit 6.647 Sitzplätzen kaum Konkurrenz.

In den 1950er-Jahren geht es dann Schlag auf Schlag.

Im Herbst 1951 öffnet das wieder aufgebaute Schauspielhaus - eine gemeinsame Spielstätte mit der Oper. Harry Buckwitz wird Generalintendant von Oper, Schauspiel, Kammerspiel, Ballett. Sir Georg Solti übernimmt im September 1952 die Stabführung in der Oper.

Buckwitz macht mit insgesamt 15 Brecht-Inszenierungen Furore - unter anderem „Der gute Mensch von Sezuan" (1952), „Der kaukasische Kreidekreis" (1955). „Brecht-Theater von epochalem Rang", bilanziert 2012 der spätere Kulturdezernent Hilmar Hoffmann und konstatiert, „dass die Städtischen Bühnen Frankfurt mit Harry Buckwitz und Georg Solti Anfang der fünfziger Jahre Weltgeltung erlangen konnten". Und der damals 18-jährige Gustav kann sagen: *„Ich bin dabei gewesen!"*

Er ist auch mit von der Partie, als im Dezember 1953 das Volksbildungsheim am Eschenheimer Tor wieder aufmacht. Die Stadt Frankfurt hat es im Jahr zuvor gekauft, mit tausend Plätzen im Großen Saal und je 180 Plätzen in den drei kleineren Sälen möbliert, damit der Landesbühne Rhein-Main (später TAT) eine feste Spielstätte geschaffen.

Und nach Theater, Konzert, Kulturfete im Volksbildungsheim ziehen Benno und Gustav weiter und lassen den Abend im (1952 eröffneten) Jazzkeller in der Kleinen Bockenheimer Straße ausklingen. Da blasen Gillespie, Chet Baker, Gerry Mulligan, Albert Mangelsdorff und viele andere Jazz-Stars eine heiße Kanne. Die treten auch beim Deutschen Jazzfestival auf, das der hr 1953 in Frankfurt aus der Taufe hebt.

Nein, der Gustav Halberstadt ist nicht „vom Fach". Von daher hat der Sprendlinger Bürgermeister das korrekt in der Personalakte vermerkt. Aber der neue „Mitarbeiter" in der Stadtverwaltung hat eine kulturpolitische Sozialisation vom Feinsten erlebt.

Und er bekommt 1972 auch noch aus erster Hand mit, was sich in Frankfurt, Land und Bund in der Szene so tut. Was ihm durchaus in die Karten spielt.

„Kultur für alle!"

Was sind das auch für Zeiten für solch ein Start-up wie das Bürgerhaus Sprendlingen! Der Frankfurter Kulturdezernent Hilmar Hoffmann propagiert „Kultur für alle" - und macht 1972 was los „am Maa". Das Kommunale Kino wirft den Projektor an. Das Historische Museum samt Kindermuseum (!) öffnet seine Pforten. Im Alt-Sachsenhäuser Ebbelwoiviertel müssen Autos draußen bleiben - „Fußgängerzone"! Durchfahrt verboten auch samstags am Mainufer - Flohmarkt! Vieles Neues umsonst und draußen: in der City die „Summertime Happenings", in den Grünanlagen die „Lieder im Park".

Eine Frankfurter Erfindung - dieses „Kultur für alle"? Ein lokaler Ausfluss des Zeitgeists nach 68 ff.? Mitnichten! Das ist überregional und bundesweit gewollt und amtlich besiegelt. Die Sozialliberalen, die in Bonn und Hessen regieren, machen sich dafür stark, Staats-, Stadt- und Tourneetheater, Oper und Fassenacht, Philharmoniker und Harmonika-Spielring gleichrangig zu fördern.

Staatsknete soll nicht mehr nur in die teure Hochkultur fließen, die in großstädtischen Museen und Musentempeln für ein handverlesenes Publikum zelebriert wurde.

Mehr noch: In diesen wilden frühen 1970ern werden die Vereine als Ur- und Keimzelle der Demokratie (wieder)entdeckt. Damals sorgt Alexander Mitscherlichs Pamphlet wider „Die Unwirtlichkeit der Städte" für Furore, in dem der renommier-

NEIN, DER GUSTAV HALBERSTADT IST NICHT „VOM FACH". ... ABER DER NEUE „MITARBEITER" IN DER STADTVERWALTUNG HAT EINE KULTURPOLITISCHE SOZIALISATION VOM FEINSTEN ERLEBT.

Fast fertiggestelltes Bürgerhaus, 1972

UND IN DEN 1970ERN WERDEN SIE GEBAUT.
DAS BETONHARTE HAUS IN SPRENDLINGEN IM SCHUHKARTON-DESIGN
MIT DEM TYPISCHEN DREIFACHEN OBERLICHT-ZACKENKAMM
AUF DEM DACH SOLL DER PROTOTYP WERDEN –
UND DAS NICHT NUR ÄUSSERLICH!

te Psychoanalytiker und Sozialpsychologe einen augenfälligen Mangel an Begegnungsstätten im Lande konstatiert – Orten also, wo Menschen sich versammeln und feiern können.

Die in Hessen-Süd mit absoluten Mehrheiten regierende Sozialdemokratie bindet das alles im Konzept des Bürgerhauses zusammen: ein Kultur- und Gesellschaftszentrum mit Programm für viele und einem Dach, unter dem die Vereine ihr Plätzchen finden.

Und in den 1970ern werden sie gebaut. Das betonharte Haus in Sprendlingen im Schuhkarton-Design mit dem typischen dreifachen Oberlicht-Zackenkamm auf dem Dach soll der Prototyp werden – und das nicht nur äußerlich!

Das ist Wunsch und Wille des damaligen hessischen Sozialministers Dr. Horst Schmidt und damit auch, na klar, kulturpolitischer Auftrag für den neuen Bürgerhausmanager.

Dass der Bürgerhaus-Prototyp ausgerechnet in Sprendlingen hochgezogen wird, scheint alles andere als Zufall. Schmidt ist dort aufgewachsen, hat von hier aus kommunal- und bundespolitisch Karriere gemacht. Er war, bevor er in Wiesbaden zu Kabinettswürden kam, direkt gewählter Bundestags- und Landtagsabgeordneter, Europaparlamentarier und – nicht zu vergessen – auch und gerade Stadtverordnetenvorsteher in seinem Heimatstädtchen, wo er immer wohnen geblieben ist – nur wenigen Hundert Meter Luftlinie vom neuen Bürgerhaus entfernt.

„Der Horst" ist bis dato Hansdampf in allen Sprendlinger Gassen geblieben, Mitglied in etlichen Vereinen. Und selbstverständlich hat „der Horst" den „Genossen Gustav" wissen lassen, dass er den Musentempel und die „Gut' Stubb" in der Fichtestraße regelmäßig besuchen und ein Argusauge darauf haben werde.

„Eine Art Sternstunde"

Was er sieht, hört, miterlebt und mitbekommt, erfüllt den Herrn Minister mit Stolz und Freude. Er holt die Landespressekonferenz nach Sprendlingen, um das Haus und seinen Manager den staunenden Hauptstadtjournalisten zu präsentieren. Er sorgt dafür, dass das Fernsehen kommt: In „Titel, Thesen, Temperamente" (TTT) in der ARD und bei „Aspekte" im ZDF ist das Bürgerhaus Anfang 1973 Mittelpunkt zweier

ER HOLT DIE LANDESPRESSE-KONFERENZ NACH SPRENDLINGEN, UM DAS HAUS UND SEINEN MANAGER DEN STAUNENDEN HAUPTSTADT-JOURNALISTEN ZU PRÄSENTIEREN.

Beiträge. Delegationen aus Kommunen, die eine Mehrzweckhalle, ein Gemeinschaftshaus und/oder ein Kulturzentrum projektieren, reisen an, um zu erkunden, „wie die Sprendlinger das machen".

Und die Presse in Stadt und Land verbreitet einhellig Lob. *„Phantastisch, was da läuft"*, titelt die „Frankfurter Rundschau". *„Bürgerhaus mit Modellcharakter"* lautet eine gängige Schlagzeile nicht nur in der „Offenbach Post" und im „Dreieich-Spiegel", sondern in nahezu allen überregionalen Gazetten. Die „Frankfurter Neue Presse" jubelt per Headline über ein *„Theaterprogramm, das jeder Großstadt Konkurrenz macht"*. Halberstadts Berufung wird „als eine Art Sternstunde" und „Glücksgriff" gewertet. Und alle Redaktionen scheinen sich unabhängig voneinander und unbewusst darauf geeinigt zu haben, den Bürgerhausmanager als *„Institution Halberstadt"* zu titulieren. Oder sie schreiben schlicht und einfach voneinander ab ...

Was die Journalisten zu Papier bringen und die Zeitungen drucken, sind jedenfalls Erfolgsgeschichten über den Sprendlinger Bürgerhaus-Prototyp. Der bietet ja nun auch jede Menge Stoff für Berichte, Reportagen, Features, Kritiken und Storys aller Art.

Die Immobilie gibt in der Tat ja auch einiges her.

Der Ort bekommt erstmals eine richtige Bühne mit einem Zuschauerraum, einer Theaterbestuhlung und Platz für maximal 850 Menschen. Richtige Schauspielkunst hat dort ihre Sprendlinger Premiere.

Ein großer Sprung nach vorn. Kulturveranstaltungen liefen nämlich in all den Jahren zuvor in manchmal recht muffigen Schul- und Vereinsturnhallen und in kirchlichen Gemeinde-

„Phantastisch, was da läuft ...“

Lob für Sprendlingens Kulturmanager Halberstadt / Weitere Bonbons

SPRENDLINGEN. Bürgermeister Hans Pfrommer aus Dreieichenhain kommt weiß Gott weit genug im Kreis Offenbach herum. Ihm sind die Programme der Bürgerhäuser in Dreieich, Rodgau und Seligenstädter Mainkante gut bekannt. Daher wiegt sein Urteil über den „Benjamin“ der Kultur- und Gesellschaftszentren von Offenbach-Land, den Sprendlinger Acht-Millionen-Sprößling, besonders schwer: „Einfach phantastisch, was da laufend auf die Beine gebracht wird“, murmelte er gestern vor Journalisten Anerkennung, „man sieht doch, was so ein Kulturmanager ausmacht.“

Dem Moderator der sich überschlagenden Programme und Ideenfolgen, dem ehemaligen Gewerkschafter Gustav Halberstadt, wird solches Lob wohl in den Ohren klingen. Steht zu erwarten, daß er ähnliche Meriten für seinen neuesten Coup erntet. Denn diesmal hat der vollbärtige Zigarillopaffer „sein“ Bürgerhaus für die Schulen der 24 000-Einwohnerstadt geöffnet und nutzbar gemacht. „Das von mir angeregte Zusammenspiel“, so resümierte er vor der Rathauspressekonferenz, „hat bestens geklappt. Und zwar auf Anhieb.“

Und das hat Halberstadt mit den Rektoren verabredet:

- Im Musikergraben des großen Saales soll zum Beispiel ein komplettes Orchester zu vormittäglicher Stunde Platz nehmen und seine Instrumente auspacken. Den herbeigebetenen Schülern wird dann „live“ demonstriert, wie der „Zusammenklang“ einer Beethovensymphonie in Praxi entsteht, welche Aufgaben ein Dirigent hat, kurz: Daß an der Frau Musika soviel Geheimnisvolles nicht ist.
- Ein ähnliches Unternehmen wollen Halberstadt und die Vorsteher der hiesigen Lehr- und Lernstätten auch auf dem Sektor Ballett starten.
- Lehrfilme und Informationsstreifen, die sonst für teures Geld lediglich für eine Klasse angefordert werden und damit nur geringe Streubreite verzeichnen, sollen jetzt ökonomischer und effektiver eingesetzt werden. Wie? Nun, das Ausbildungsopus flimmert im Bürgerhaus über den Projektor, alle in Frage kommenden Klassen versammeln sich im Saal als Publikum.
- Halberstadt und die Schulbosse denken auch daran, speziell für Unterrichtsbelange aufbereitete Theateraufführungen, Kabarettveranstaltungen und Filmklassiker im Bürgerhaus ablaufen zu lassen. Erste Kontaktfäden sind bereits mit dem Frankfurter „Theater am Turm“ geknüpft. Es soll in einigen Wochen mit Bert Brechts „Turandot“ und dem Jugendstück „Das Untier von Samarkand“ Abwechslung in den täglichen Unterrichtsfahrplan bringen.

peh

Frankfurter Rundschau, 13.12.1972

Bürgerhaus bietet Theaterprogramm, das jeder Großstadt Konkurrenz macht

Neue Saison erfüllt Wünsche selbst anspruchsvollster Besucher

Sprendlingen (st). — Bürgerhausgeschäftsführer Gustav Halberstadt hat eigentlich keinen Grund, mit sich und seinem Organisationsteam unzufrieden zu sein. Ist es ihnen doch wieder gelungen, für die kommende Theaterspielzeit 1975/76 im Sprendlinger Bürgerhaus ein anspruchsvolles Theaterprogramm aller Sparten auf die Beine zu stellen, das zahlreiche echte „Bonbons“ aufweist.

großer Triumphe Slavko Avsenik mit seinen Oberkrainern zurück, während am 13. März 1976 das Hebbel-Theater Berlin mit „Schwarzer Jahrmarkt“ gastiert. Mitwirkende sind unter an-

Frankfurter Neue Presse, 27.06.1975

Freitag in „Titel, Thesen, Temperamente“

Bürgerhaus ist Mittelpunkt einer Fernsehsendung

Sprendlingen — In der Fernsehsendung „Titel, Thesen, Temperamente“, die am Freitag, 12. Januar, um 20.15 Uhr vom ersten Programm ausgestrahlt wird, präsentiert sich telegen Sprendlingens Bürgerhaus.

Im Haus des Hesssischen Rundfunks am Frankfurter Dornbusch „hatte man davon gehört“, daß im jüngsten hessischen Bürgerhaus in der Hengstbachstadt „am meisten los“ sei.

Anlaß genug für die „TTT“-Redaktion, in den Mittelpunkt einer Sendung zum Bürgerhaus im allgemeinen und besonderen das Sprendlinger kulturelle Zentrum zu stellen.

Seit einigen Tagen ist darum ein Fernsehteam bemüht, nicht allein das architektonische äußere und innere Dekor des Hauses in Bildern einzufangen, sondern auch den Dingen nachzuspüren, die sich vor einer breiten Öffentlichkeit abspielen.

Den Auftakt bildete die Aufführung des Frankfurter Volkstheaters mit „Schneeweißchen und Rosenrot“ vor den Kindergartenkindern. Ein weiterer Anlaß war das Konzert der Don-Kosaken unter Serge Jaroff und schließlich auch die Juso-Party in der Altentagesstätte.

Das Drum und Dran haben die Fernsehleute mit Interviews der Bürgerhausgäste vervollständigt.

Nicht genug damit wird TTT auch bei der Eröffnung der Kunstausstellung heute, Dienstag, dabeisein und im übrigen der Volkshochschule und der Musikschule ebenso einen Besuch abstatten wie der Kegelbahn. „Titel, Thesen, Temperamente“ wird schließlich auch Bürgermeister Erich Scheid und Bürgerhaus-Manager Gustav Halberstadt über bisher gemachte Erfahrungen und weitere Pläne befragen.

Erfreuliches Fazit: Das Bürgerhaus macht's möglich, daß Sprendlingen nun auch Fernsehkanäle bekannt wir[...]

DGB bemüht sich um zwei Millionen Ausländer

Der Deutsche Gewerkschaftsbund begrüßt die verstärkten Bemühungen um die Lösung der Probleme der über 2 Millionen ausländischen Arbeitnehmer in der Bundesrepublik.

Leider würden aber noch oft die objektiven Schwierigkeiten der ausländischen Arbeitnehmer und ihrer Angehörigen ignoriert.

Mit Entschiedenheit müßten alle Vorschläge zurückgewiesen werden, die den ausländischen Arbeitnehmer diskriminieren und zur „Ware Arbeitskraft“ abstempeln. Bei allen Maßnahmen müsse der Mensch vorrangig gesehen werden.

Sprendlinger Stadtanzeiger, 09.01.1973

Heute um 20.15 Uhr Fernsehbericht über Bürgerhaus

Sprendlingen (Sto) — Vom 3., dem hessischen Fernsehprogramm, wird heute (Mittwoch, 20.15 Uhr) in der Sendung „Frankfurter Studio“ der von der Titel-Thesen-Temperamente-Redaktion wiederholt angekündigte Sprendlinger Bürgerhaus-Bericht ausgestrahlt.

Lobende Studie zum 6. Geburtstag:

„Bürgerhaus mit Modellcharakter"

Dreieich (DS/ob) – Wenn man in Dreieich von Kultur spricht – von kulturellen Veranstaltungen jeder Art – meint man Gustav Halberstadt, und (Hansdampf in allen Gassen, der er ist) dieser wehrt sich auch gar nicht dagegen, in den sechs Jahren seiner Tätigkeit als Bürgerhausgeschäftsführer zu einer „Institution" geworden zu sein. Zum sechsten Jubiläum des Bürgerhauses, das morgen mit einer Riesenshow, Egerländern und Jazzern aus Oisterwijk unter dem Motto „Tanz unterm Eichenbaum", in Wirklichkeit aber unter dem Symbol der 6 gefeiert wird, hat Halberstadt vor kurzem ein besonders schönes Geburtstagsgeschenk bekommen: Eine für das von ihm geführte Bürgerhaus Dreieich hervorragende Bewertung in einer von der Bundesregierung in Auftrag gegebenen Studie über „Nutzungsvariabilität öffentlicher Einrichtungen der sozialen Infrastruktur".

Dreieich Stadtanzeiger, 20.10.1978

6 Jahre Bürgerhaus Sprendlingen -

Der erfolgreiche Weg zur Spitzengruppe

Dreieich Nachrichten, 26.10.1978

Abonnements sind sämtlich ausverkauft

Bürgerhaus ist Stätte des lebendigen Theaters

Sprendlinger Stadtanzeiger, 01.12.1972

sälen. Konzerte gab's in den Kirchen, Theater fand so gut wie gar nicht statt.

In der Ära Halberstadt avanciert „die Hütte", wie er das Bürgerhaus nannte, zu einer Jazz-Hochburg. Musicals, Operetten, Klavier-, Orchester- und Kammerkonzerte sind Legion. Die hiesigen Gesangs- und Orchestervereine sowie die Musikschule haben ihr Podium gefunden. Erstmals intonieren sie ihr Repertoire in akustisch vertretbarem Ambiente.

Das Sprendlinger Vereinsleben erlebt einen mächtigen Aufschwung. Für Bälle gibt's nun ein Parkett, für Fastnacht eine Narrhalla, für Hobbykunst ein Foyer. Fünf Bürgerhaus-Clubräume öffnen ihre Türen – gut tausendmal per anno für Briefmarkentausch, Filmer-Treffs, Kabarett-Proben, VHS-Seminare. Und vor- oder hinterher geht man im Bürgerhaus-Ristorante Tonini gepflegt speisen oder zischt einen Schoppen in der Keglerstube. Die gerät zum Szene-Treff nicht nur der Sprendlinger Jugend der Generation 68 ff.

Und auf dem Parkplatz vor der „Hütte" herrscht reger Verkehr. Der kommt nicht von ungefähr, beobachtet der Lokaljournalist Hans Obermann (1924 – 1992) und erklärt: „Wenn nun an manchen Abenden ein erheblicher Anteil der dort geparkten Autos die Kennzeichen von Frankfurt/Main, Offenbach und Darmstadt tragen, dann liegt das ganz einfach daran, dass Großstädter nach Dreieich kommen, um ein Kulturangebot zu genießen, dass sie so – etwa Gastspiel der legendären Ballettsolisten aus Moskau oder hochkarätige Jazz-Oldtimer aus den Staaten – auf den Bühnen der städtischen Theater nicht und vor allem nicht für so niedrige Eintrittspreise erleben können."

VON HAUS ZU HAUS

DIE HALBERSTADT-HOMESTORY

Von Peter Holle

„Gustav Halberstadt – who? Wer issn des? Den kenn' ich net!" Für das Gros der Sprendlinger dürfte der neue Bürgerhausmanager, der im Juli 1972 mit Riesenschlagzeilen in den Zeitungen ausgerufen worden ist, der „große Unbekannte" sein. Dabei lebt er mit Familie seit 1963 im Dreieichgebiet, wohnt seit 1965 in der Mittelstraße vis à vis der „SKG" und mit Blick auf den Sprendlinger Kerbplatz. Sohn Benjamin kommt dort 1968 zur Welt, Tochter Annette war fünf Jahre zuvor in Buchschlag geboren worden.

Die Eltern hatten sich 1961 im Frankfurter Römer das „Ja"-Wort gegeben: Die 19-jährige Heike Kerber trägt von da an den Nachnamen ihres Mannes Gustav. Der ist acht Jahre älter als seine Braut, kennt die Heike aber schon seit ihrem neunten Lebensjahr.

Die Familien Halberstadt und Kerber sind seit 1950 befreundet und quasi Nachbarn. Heikes Vater Walter war – wie Benno Halberstadt – Sozialdemokrat und Journalist in der frühen

Heike, geborene Kerber, und Gustav Halberstadt heiraten im Frankfurter Römer, 1961

Über 2200 Sprendlinger Bürger bekundeten ihr Ja zur baldigen Ratifizierung der Ostverträge

Sprendlingen — Während der letzten zehn Tage haben sich mehr als 2200 Sprendlinger Bürger mit ihrer Unterschrift für die baldige Ratifizierung der Ostverträge im Bundestag ausgesprochen.

Dieses stolze Ergebnis kann die von Pfarrer i.R. Max Rudolf Weber und Gustav Halberstadt (DGB-Ortskartell) veranlaßte Bürgerinitiative, der sich in einem Aufruf an die Bevölkerung Stadtverordnetenvorsteher Hans Salomon, Bürgermeister Erich Scheid und Stadtrat Heinz Wolff angeschlossen hatten, als einen besonderen Erfolg werten.

Rund 900 Antworten kamen auf den in ahezu alle Hausbriefkästen verteilten Aufruf bei den Initiatoren zusammen. An drei Informationsständen — Hauptstraße, Breitensee und an der Robert-Bosch-Straße in der Nähe des Kaufpark-Geländes setzten fast 1000 Bürger ihre Unterschrift unter den Aufruf.

Bei der von den Jungedemokraten unterstützen Aktion erklärten sich mehr als 400 Bürger für die Außenpolitik der Regierung.

Das gesamte Material ist inzwischen dem Bundestag zugesandt worden.

Die Initiatoren, die bis zuletzt praktisch ohne jeden „Apparat" gearbeitet haben, sind der Überzeugung, daß die positive Stellungnahme zu den Verträgen um ein Vielfaches größer ist, als die Unterschriften erkennen lassen.

Sprendlinger Stadtanzeiger, 05.05.1972

DDR. Er flieht als politisch Verfolgter 1946 in den Westen nach Frankfurt. Kommt zur *Volksstimme* und lernt da den Kollegen Benno kennen. Seine Angehörigen, die in der Sowjetzone zurückgeblieben waren, kommen vier Jahre später per DRK-Transport nach.

Der Altersunterschied zwischen Heike und Gustav - neun vs. 17 Jahre - ist schon gewichtig, doch das Mädchen hat ein Auge auf den jungen Burschen geworfen. „Der war damals schon ein richtiges Mannsbild."

Man(n) bleibt in Kontakt, nicht zuletzt deshalb, weil Heike in der Branche bleibt und eine „vom Fach" wird. Sie lernt Verlagskauffrau und bekommt einen Job in der Oberfinanzbuchhaltung der Societätsdruckerei, wo auch der „Kollege Gustav" arbeitet und gewerkschaftlich aktiv ist. Zwischen den beiden, so Heike, „knistert" es, und als das „Mannsbild" von den Weltjugendfestspielen und aus China zurück ist, kommt man sich näher ...

Bürgerhaus in Sichtweite

Die Wohnverhältnisse in Frankfurt sind beengt. Das jung verheiratete Paar zieht zunächst nach Buchschlag in den Buchweg, wo eine Tante von Gustav wohnt und Herberge in einem Anbau offeriert.

Ihr Eigenheim bauen Heike und Gustav aber dann in der Parkstraße (später Erich-Kästner-Straße), das sie im Mai 1972 beziehen. Das ist in Sichtweite des Bürgerhauses. Ein Schelm, wer Böses dabei denkt?

Die Halberstadts ärgert noch heute das damals gestreute Gerücht, „der Gustav" habe nur an dieser Stelle gebaut, weil er auf den Job scharf war und die Arbeitsstelle bequem vor der Haustür haben wollte. *„Wir wollten hierbleiben in Sprendlingen, weil wir das wollten - nicht wegen des Bürgerhauses."*

Sie haben sich erklärtermaßen wohlgefühlt in der Hengstbachstadt und Gustav sich einen Namen als DGB-Ortskartellvorsitzender gemacht. Er ist dazu im Mai 1968 gewählt worden und hat gleich mit einer Kampagne gegen die Notstandsgesetze losgelegt. Hat einen Tag vor deren Verabschiedung mit den Jusos eine Protestveranstaltung „Notstandsgesetze - Militärdiktatur" durchgezogen. Die Versammelten verabschieden eine Resolution, in der sie die hessische Landesregierung aufrufen, Verfassungsklage einzureichen.

Im Mai 1972 organisiert Halberstadt eine Aktion mit Postwurfsendungen und Infoständen zur baldigen „Ratifizierung der Ostverträge". Sensation! 2.200 Sprendlinger unterschreiben die Petition an den Bundestag.

70-Stunden-Woche: „Gustav, komm rüber!"

An seinem ersten Arbeitstag findet Gustav einen leeren Schreibtisch vor. Aber wenigstens das Programm bis zum Jahresende steht. Amtsrat Helmut Leonhardt hat das besorgt, dafür gesorgt, dass das Bürgerhaus in seinem ersten Quartal „mit Leben erfüllt ist".

Leonhardt ist im Rathaus Sprendlingen zuständig für das Ressort Sport und Kultur, fungiert als Pressesprecher des

Foto: © Filmclub Manfred Friedhof

Gustav bei der Arbeit, 1981

„MACH DOCH ALLES, WAS DU MEINST, DASS ES RICHTIG IST." DAFÜR HAT HALBERSTADT EIN BUDGET, UND ER ENTSCHEIDET ALLEIN, WIE DAS GELD AUSGEGEBEN WIRD. FREIE HAND.

Magistrats und Schriftführer der Stadtverordnetenversammlung. Ein Mann mit vielen Verbindungen und Beziehungen – vor allem zu den Vereinen. Die holt er mit ins Boot: Asternfest der Fußballer, Bälle der Stenografen, des Tennisclubs und der Feuerwehr, Fastnachts-Sause am 11.11., Tanzturnier des TSC und Akkordeonkonzert der SKG …

Na gut, Leonhardt sei Dank, kein Leerstand in den kommenden drei Monaten – aber was danach?

Die, die in der Stadt das Sagen haben, haben ihm gesagt: „Mach doch alles, was Du meinst, dass es richtig ist." Dafür hat Halberstadt ein Budget, und er entscheidet allein, wie das Geld ausgegeben wird. Freie Hand.

Es redet ihm keiner rein, aber er muss jetzt mit vielen reden. Das Abklappern von Litfaßsäulen und von den Plakaten die Telefonnummern von Agenturen und Gastspieldirektionen abzuschreiben, reicht bei Weitem nicht. „Ich musste ganz schnell Kontakte suchen und finden." Es gilt, ein Netzwerk zu knüpfen über Sprendlingen hinaus. Mit Gewerkschaftsfreunden von „Wohnen und Leben", dem kulturellen Dienst der gemeinnützigen Wohnungsunternehmen; mit Bruder Heiner, der in Frankfurt den politisch-literarischen Club Voltaire schmeißt und beste Connection zur Scene hat; zu Manfred von Keitz, dem Kulturamtsleiter der Stadt Offenbach, mit dem er später die InThega (Interessengemeinschaft der Städte mit Theatergastspielen) gründet.

Die Arbeitswoche hat 60 bis 70 Stunden. Nach den Veranstaltungen brennt noch Licht bis 3, 4 Uhr morgens im Büro. Nachtarbeit ist angesagt. Im Morgengrauen Telefonate von Haus zu Haus: „Gustav, mach Schluss! Komm rüber."

Benjamin allein zu Haus

Während der Veranstaltungen im Bürgerhaus ist Sohn Benjamin oft allein zu Haus. Die Eltern sind drüben, die fünf Jahre ältere Schwester Annette geht eigene Wege, übernachtet bei Freunden, Oma Helene ist in der Publikumsgarderobe beschäftigt. *„Da lag das Bürgerhaus zwar in sichtbarer Nähe"*, erinnert er sich, *„aber ich war in einem Haus, das groß und leer war. Da hat es auch mal geknackt und geknistert und da hab ich schon Angst bekommen: Man konnte ja zu der Zeit nicht so einfach anrufen aufm Handy – und da bin ich halt rübergelaufen. Und da stand ich hier vorne am Eingang, im Pyjama, Kuscheltier in der Hand: ‚Wo sind meine Eltern?'"* Die schicken ihn nicht weg, setzen ihn zur Oma in die Garderobe, *„bis ich müd' war. Dann bin ich wieder heim, oder es hat mich jemand mitgenommen."*

Auch tagsüber bestimmt das Bürgerhaus das Familienleben. *„Daheim geht es weiter"*, erzählt er einem OP-Reporter in 1994. *„Wenn ich rüberkomme und mir dann vornehme: ‚Jetzt rede ich aber nicht mehr von der Arbeit' – dann fängt bestimmt meine Frau damit an."* Die weiß, wovon sie spricht und worum es geht. Seit 1977 arbeitet sie angestellt im BHS und gilt als Halberstadts engste Mitarbeiterin.

Der Rund-um-die-Uhr-Job ist der reinste Raubbau an Kräften und Gesundheit. Die Halberstadts machen dagegen konsequent Urlaub. Sie machen in den Sommerferien das Bürgerhaus einfach dicht, fahren 18 Jahre lang – von 1970 bis 1988 – jeweils an die Adria, auf die Insel Ugilijan in Kroa-

IM MORGENGRAUEN TELEFONATE VON HAUS ZU HAUS: „GUSTAV, MACH SCHLUSS! KOMM RÜBER."

Heike bei der Arbeit, 1977

tien. Die Tradition endet dann wegen der Jugoslawienkriege.

Seit Beginn der 1990er-Jahre ist das Bürgerhaus auch während der großen Ferien offen – „Summertime" mit Programm.

Wanderer zwischen den Bühnen

Doch das Reisemobil der Familie rostet nicht. Es wird eifrig als Dienstfahrzeug genutzt – für Einkaufstouren à la Halberstadt. Der Bürgerhauschef legt dafür manchmal binnen vier Tagen 3.500 Kilometer zurück, geht jeden Abend in einer anderen Stadt ins Theater, Kabarett, Musical und übernachtet im Campingbus. Das berichtet er 1990 der Rundschau-Kulturredakteurin Sylvia Staude, die ihn daraufhin mit der Schlagzeile „Wanderer zwischen den Bühnen" benamt.

Er folge dabei, so Staude im FR-Bericht, seiner Devise *„Möglichst viel selbst anschauen!"*. Nur das, was ihm zusagt, kommt auf die Bürgerhausbühne.

Das geht so 27 Jahre lang. Mit dem neuen Jahrtausend gehen die Halberstadts in Pension. In der Erich-Kästner-Straße sind sie wohnen geblieben.

Sie haben im Bürgerhaus dienstlich nichts mehr zu suchen, sind aber als Besucher stets willkommen. Von Haus zu Haus.

„MÖGLICHST VIEL SELBST ANSCHAUEN!" NUR DAS, WAS IHM ZUSAGT, KOMMT AUF DIE BÜRGERHAUSBÜHNE.

HAUS-GÄSTE

Von Anfang an Hochbetrieb im Bürgerhaus. „Open house" rund um die Uhr – Hausgäste aller Generationen geben sich ein Stelldichein. Die Gastronomie brummt, das Vereinsleben erlebt einen mächtigen Aufschwung. Und die lebenshungrige Sprendlinger Jugend findet endlich einen Ort, „wo was los ist" und wo man was losmachen kann.

GASTRONOMIE — Mauro Tonini meistert den gastronomischen Dreisprung im Bürgerhaus: das turbulente Saalgeschäft, die Bewirtung „oben" im Edel-Restaurant und „unten" die coole Location für Künstler, die Scene und Kegler – die legendäre Keglerstube. Hier agieren die Kult-Kellner Mimoun und Nino.

JUGENDBEWEGUNG — September 1972: Das Bürgerhaus öffnet seine Tore auch für Pilzköpfe, Schlaghosenträger und die Mofa-Generation – und leitet damit eine Zeitenwende für die örtliche Jugend ein. Disco, Beatschuppen, Live-Konzerte, Kellerpartys, Rocker-Krawalle gab's jetzt auch im Ort – im Musentempel Fichtestraße 50.

ROCKPALAST — Eröffnungsfeier 1972: Sechs langhaarige Jungs im Parka rocken das neue Bürgerhaus – mit einem Sitzstreik! Mit ihrer Aktion schaffen sie es nicht nur ans kalte Buffet, sondern sind auch Wegbereiter für die lokalen Bands, die das Kultur- und Gesellschaftszentrum zum Sprendlinger Rockpalast machen.

OBEN: EDEL – UNTEN: COOL

DER GASTRONOMISCHE DREISPRUNG DES MAURO TONINI

Von Sonja Arnold und Peter Holle

Der „Sprendlinger Stadtanzeiger" (SSA) macht am 24. März 1972 mit einer Dach- und Schlagzeile in kreischendem Rot auf: „Trotz vieler Interessenten noch keine Magistrats-Entscheidung: Wer übernimmt die Gastronomie im Sprendlinger Bürgerhaus?"

Die Leser des Blättchens erfahren, dass sechs Monate vor der geplanten Bürgerhaus-Eröffnung die „Frage der Bewirtschaftung durch einen erfahrenen Gastronomen (...) nach wie vor ungeklärt ist". Trotz der „Fülle der Angebote" habe sich der Magistrat „noch zu keiner endgültigen Entscheidung entschließen können". Es seien aber 100.000 Mark bereitgestellt worden für Buffet- und Kücheneinrichtungen des BHS, womit „alles für den Gast geboten werden" könne.

Die Story macht Furore bei den kommunalen Volksvertretern. Die CDU-Stadtverordnetenfraktion stellt einen Antrag ans Plenum, der am 11. April vom Ortsparlament einstimmig angenommen wird. Inhalt: Fünf Monate vor Eröffnung habe das Parlament „noch keine Infos bekommen" über „Organisation des Betriebes und der Bewirtschaftung des BHS". Es handele sich schließlich um ein mehrfaches Millionen-Projekt. Die Pläne sollen „schnellstmöglichst" unterbreitet werden.

Doch bis zum Juli passsiert nix. Der Magistrat übt sich in Funkstille – die Union drängt auf Antworten. Und beklagt sich, dass Vertreter der Stadtregierung und Leute aus der Verwaltung schon mit „detaillierten Angaben", wer den Zuschlag kriege, hausieren gingen.

In der Tat ist es ein offenes Geheimnis, dass unter den 40 Bewerbern ein Edelgastronom aus Darmstadt das Rennen gemacht hat. Es ist der 36-jährige Mauro Tonini, dessen Restaurant in DA von Testessern, deren Autos das OF-Kennzeichen tragen, überzufällig gehäuft frequentiert wird.

Der große Unbekannte

Für die meisten Sprendlinger ein großer Unbekannter. Wer ist das, dieser Tonini?

Er ist in Italien, in der Emilia-Romagna, geboren, aufgewachsen und ausgebildet worden. In seinem Heimatort Riccione an der Adria absolviert er eine Schreinerlehre, doch während der Saison ist er rund um die Uhr in der Gastronomie aktiv und macht da rasch Karriere. Fängt als Zigarettenboy an, steigt zum Commis auf, startet 1950 eine Profiausbildung als Kellner und bekleidet bereits mit 18 einen „Chef de Rang" – das ist ein Oberkellner, der sein Revier mit zwei Helfern betreut. Es folgen Wanderjahre mit Stationen in Mailand und Sestrière.

1958 begibt er sich, als Urlaubsreise getarnt, auf gastronomische Erkundung gen Schweiz und Bundesrepublik. Er schaut sich in Basel um, in Kaiserslautern und Heidelberg. In Darmstadt bleibt er hängen und macht sich dort 1961 selbstständig. Betreibt zwei Lokale, wo sich – so ein Klatschreporter – die „high society" ein Stelldichein gebe. Attraktion und „Sensation" damals: Bei Tonini gibt's Seezunge vom Grill für 4,20 Mark – und er legt einen gebratenen (!) Ruccolasalat dazu.

Mauro Tonini mit Hund vorm Eingang

... UND ER LEGT EINEN GEBRATENEN (!) RUCCOLASALAT DAZU.

Dieser passionierte Fachmann rückt nun mit 28 Mann - seinem Darmstädter Team und neu angeworbenen Leuten aus Italien - in Sprendlingen an und ein. Eine Woche vor der großen BHS-Einweihungsparty, am 23. September 1972, macht Mauro Tonini auf. An seiner Seite als Restaurantgeschäftsführer und Oberkellner ein weit gereister Landsmann aus Legnano nahe Mailand: Stenio Pezzoni, Jahrgang 1939. Er hat sich seine gastronomischen Sporen bei der britischen Fluggesellschaft BEA, als Commis de Rang und Barkeeper in London und im Frankfurter Interconti verdient. Die kommenden 32 Jahre arbeitet er - bis zu seiner Rente in 2004 - im Bürgerhaus.

„Durchgehend ausgebucht"

Tonini muss einen Großbetrieb in Gang bringen und managen. Denn das Bürgerhaus ist groß: Restaurant und Kolleg mit 120 Plätzen; die vier Kegelbahnen, die für 100 Spieler ausgelegt sind, und die dazugehörige „Keglerstube" mit nochmal 40 Plätzen. Weitere fünf Räume für Konferenzen, Tagungen und Festivitäten aller Art sind zu bespielen. Und nicht zu vergessen: der große Saal für Großveranstaltungen, in den mehr als 800 Menschen passen.

Da gibt es gut zu tun. Da hilft kein Spagat, da ist Dreisprung angesagt. Wie heißt es doch in Paragraf 2,3 des Pachtvertrags: „Der Pächter ist verpflichtet, die Bewirtung sämtlicher Veranstaltungen im Bürgerhaus zu übernehmen." Also vormittags eine Konferenz mit Gabelfrühstück, nachmittags Kaffee und Kuchen beim Altennachmittag, abends Pausengastronomie beim ausverkauften Theaterabend. An Wochenenden wechselweise Parteitag, Tanzturnier, Philatelistentreffen, Mineralienbörse, Skatmeisterschaften, ein bunter Abend.

Dazu kommen im Tagesschnitt 400 (!) Essensgäste in Ristorante und Keglerstube – Trinkkundschaft nicht mitgezählt. Das weist die im Oktober 1973 via Pressekonferenz mitgeteilte Statistik aus, die auch Kollegveranstaltungen auflistet: 27 Hochzeiten plus zwölf „silberne" und vier „goldene", 86 Firmenfestlichkeiten, neun Taufen, 96 Konfirmationen & Kommunionen und 84 Geburtstage. Tonini: „Wenn es so weiterläuft, bin ich sehr zufrieden. Kegelbahnen und Nebenräume sind praktisch durchgehend ausgebucht." Bürgermeister Scheid ergänzt: „Herr Tonini zahlt so viel Getränkesteuer wie die anderen gastronomischen Betriebe in Sprendlingen zusammen."

Es begann am Aschermittwoch

Aber er hat auch etwas bekommen in diesem Jahr 1973. Das geschieht am Aschermittwoch, dem 7. März, zum Ausklang der „tollen Tage", die für Tonini Großkampftage gewesen sind. Das Bürgerhaus ist da zur Narrhalla für den 1. Sprendlinger Karnevalsverein (SKV) erkoren worden – mit Disco, Kreppelkaffee, Faschingsball, Rosenmontagstreiben, Kehraus nach dem Umzug am Fastnachtsdienstag. Mauro Tonini hat das alles so gemeistert, dass ihn die SKV-Oberen zum Ehrensenator küren und zum traditionellen Heringsessen in die „Sonne" einladen.

Er geht hin und kommt neben einer „Hengstbachstelze", einer Gardistin des SKV, zu sitzen. Sie heißt Diana Hubel, ist 19 Jahre jung, im Zivilberuf Sachbearbeiterin in der Textilfirma Wiedekind, und zählt im Ort als „eingeplacktes Sprennlenger Mädsche". Im Alter von vier Jahren zieht die in Eschwege geborene Tochter einer sudetendeutschen Vertriebenenfamilie mit ihren Eltern in den Hirschsprung, besucht Goethe- und Heinrich-Heine-Schule.

Diana und Mauro verlieben sich an diesem Aschermittwoch und waren seitdem ein Paar. Sie jobbt noch anderthalb Jahre bei Wiedekind, wechselt dann zum Lebensgefährten, macht von da an das Büro für „La Mannschaft" der Bürgerhaus-Gastronomie. Sie tut das bis zum Ende der „Ära Tonini", die nach 23 Jahren, fünf Monaten und acht Tagen endet.

OBEN: RISTORANTE OHNE PAUSE

Strikt getrennt vom Saalbetrieb ist das Restaurant. Das zeigt sich schon bei der Namensgebung. Nach dem ursprünglichen Willen der Stadtoberen soll die Lokalität „Bürgerhaus-Restaurant" heißen, doch dem widerspricht Tonini – und setzt den Schriftzug „Ristorante Tonini" durch. „Ich habe darauf bestanden. Das ist schließlich mein Name."

Im „Ristorante Tonini" ist Platz für 80 Gäste. Auf den Tischen liegen weiße Damastdecken und darauf abgestimmte Stoffservietten. Frische Blumen, frisches Brot. Kellner und Servicepersonal, die wissen, wie man einen Tisch richtig eindeckt und dass man immer von rechts serviert.

Die Karte fasst neun Seiten, davon fünf für Speisen. Erstmals in Sprendlingen wird italienisch-mediterrane Küche offeriert: Pizza & Pasta, warme und kalte Vorspeisen aus der Vitrine – frische Austern, Meeresfrüchte, Salat- und Käsebufett, Suppen, Desserts.

Nicht zu vergessen Schwein, Kalb und Rind – wobei Rumpsteaks und Lendchen mit einer pfeffrigen weißen Sauce „à la Tonini" serviert werden. Die ist von ihm in Darmstadt kreiert worden. Das Rezept gilt – wie das von Coca-Cola oder Maggi – als geheim. Es sickert indes durch, dass da mit Cognac flambiert und mit Sahne von 38 Prozent Fettgehalt operiert wird. Selbige soll als Sonderabfüllung von einer Darmstädter Molkerei am Ostbahnhof geliefert worden sein.

Für Tonini ist es Ehrensache, zusätzlich zur Karte zwei bis drei „Spezialitäten des Tages" anzubieten. Welche das sind, entscheidet sich nach den allmorgendlichen Einkaufstouren – je nachdem, was der Chef an Frischware auf seiner Route

PROMINENTE GÄSTE GEBEN SICH DIE EHRE. DREI BUNDESKANZLER SIND DARUNTER: WILLY BRANDT, HELMUT SCHMIDT UND HELMUT KOHL.

ergattern kann. Die führt für Salat, Obst und Gemüse zur Großmarkthalle; fürs Fleisch zum Schlachthof; an die „Deutsche See" am Güterbahnhof für den Frischfisch ...

Tonini kann auch kochen – und keiner kann ihm was vormachen! Er mischt Salate und stellt dekorative Vorspeisen zusammen, stellt italienische Teigwaren wie Cannelloni, Lasagne und Tortellini eigenhändig her.

Auf den vier Seiten Getränkekarte finden sich neben Bier, Ebbelwoi und Mineralwässern jede Menge Aperitifs, Cocktails, Spirituosen, Champagner und Vino aus allen italienischen Anbaugebieten. Im Keller lagern 40.000 Flaschen Wein und Sekt.

Kalte Getränke und warme Küche gibt's täglich 13 Stunden und ohne Pause. Das Ristorante ist nur an Heiligabend geschlossen.

Prominente Gäste geben sich die Ehre. Drei Bundeskanzler sind darunter: Willy Brandt, Helmut Schmidt und Helmut Kohl. Der Pfälzer wählt Pizza mit Tomaten, Käse und Salami.

Was die beiden sozialdemokratischen Regierungschefs sich munden lassen, ist nicht überliefert. Und Tonini hat es nicht verraten. Sie waren Gäste in seinem Ristorante – und bei Gästen war Tonini diskret.

Dippegucker bei einer Bürgermeister-Dienstversammlung 1972 (v. l.): Mauro Tonini, Landrat Walter Schmitt, Sprendlingens Baudezernent Heiner Keim, der Sprendlinger Stadtverordnetenvorsteher Hans Salomon und Bürgermeister Erich Scheid

STAMMGÄSTE SIND AUCH GRÖSSEN AUS DER WELT DES FUSSBALLS: RUDI VÖLLER, JÜRGEN KLINSMANN, UWE BEIN, JÜRGEN GRABOWSKI, BERND HÖLZENBEIN.

Das gilt und galt auch und gerade für Musiker und Schauspieler, die nach ihrer Vorstellung im Bürgerhaus den Arbeitstag im Ristorante ausklingen lassen. Wobei allerdings nicht selten auch Besucher der Veranstaltung am Nebentisch sitzen, die über das Erlebte plauschen wollen und nun auch einiges mitbekommen über die leibhaftig anwesenden Stars – was wiederum Stoff zum Tuscheln liefert. Stammgäste sind auch Größen aus der Welt des Fußballs: Rudi Völler, Jürgen Klinsmann, Uwe Bein, Jürgen Grabowski, Bernd Hölzenbein.

Große Firmen aus Stadt und Westkreis buchen bei Tonini – für Betriebsfeiern, Jubiläen, Bewirtungen und andere Veranstaltungen. Wiedekind, AMP, Massa Dekor reservieren regelmäßig.

Hinzu kommt ein Stamm an Stammgästen, die zu Gesellschaften einladen und Familienfeste feiern. Da hat's auch schon mal einen besonderen Service: An Geburtstagen singen die fünf Kellner dem Jubilar ein Ständchen.

Nicht gern gesehen sind Einheimische, die sich zum Skatspielen an den gedeckten Tischen niederlassen und einen Schoppen Ebbelwoi ordern. Die werden höflich, aber bestimmt „nach unten" komplimentiert. Ihr Platz ist in der Keglerstube.

UNTEN: KEGLERSTUBE MIT KULT-KELLNERN

Während „oben" die Atmosphäre von ruhiger Gediegenheit geprägt ist, geht es „unten" in der dem Restaurant angeschlossenen Keglerstube im Kellergeschoss durchaus laut und lebhaft zu. Auf den vier ständig ausgebuchten Asphaltkegelbahnen wird abgeräumt und lautstark gejubelt, jede Musikberieselung im Background ist überflüssig. Gleichzeitig sorgt nebenan die aktuelle politische Lage für hitzige Diskussionen. Hier sitzt die lokale Politprominenz zum Absacker nach der im Bürgerhaus tagenden Stadtverordnetenversammlung genauso wie die Aktiven aus der einen oder anderen Bürgerinitiative, die nach dem Treffen in einem der benachbarten Clubräume noch lange nicht den Weg nach Hause finden. Und was gab es da nicht alles als Gesprächsstoff in den goldenen Kellerjahren: die Gebietsreform, die 1977 aus fünf Orten ein Dreieich machen sollte und von der so viele nur das Schlimmste erwarteten; die hoch umstrittenen Straßenbauprojekte Odenwaldzubringer und Südumgehung Buchschlag, die beide wegen der damit verbundenen Naturzerstörung nach Jahrzehnten am Ende ad acta gelegt wurden; die einst geplante Stilllegung der Dreieichbahn; die ernsthaft diskutierte Bebauung der Sprendlinger Baierhansenwiesen inklusive einer dort gelegenen Bahnschleife. Und der Flughafenausbau, der mit seinen unterschiedlichen Planungsvarianten die Seelen köcheln ließ.

Das politisierte Jungvolk der Dreieicher Region, das den Bürgerhauskeller über Jahrzehnte als seinen Treffpunkt begriff, traf hier zusammen mit der Dreieicher Musik- und Kunstszene. Die Keglerstube war eben kein reines Künstlerlokal im klassischen Sinne, wo sich nur die lokale Boheme traf und ein Promi-Wirt die Einlasskontrolle managte.

Donnerstags gesellten sich die „Saunadamen" dazu und anderntags der Lehrerchor des benachbarten Ricarda-Huch-Gymnasiums oder die Judokas. Man traf sich und konnte ganz sicher sein, auch andere bekannte Gesichter zu treffen – die einen beim Valpolicella oder beim Ebbelwoi, die anderen beim begehrten Ureich-Bier, von dem in Spitzenzeiten alle

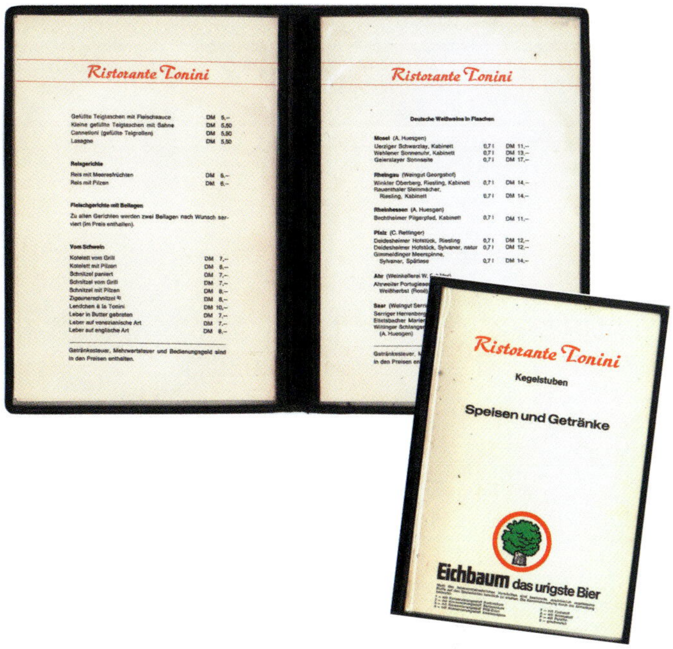

zwei Stunden ein Fass angestochen ward. Und den Makkaroni nach Art des Hauses oder Pizzen, für die die Kellnerschaft lange Wege aus dem Obergeschoss zurücklegen musste.

Die Keglerstube ist „der" Ort/„die" Adresse für Verabredungen, Dates, Rendezvous. Eine coole Location – auch für Singles! Hier kann man jemanden kennenlernen, auf Brautschau gehen – à la Monaco Franze: „A bisserl was geht immer ..." Solche Möglichkeiten zum Flirten, zum Verlieben, zur, na ja, Eheanbahnung gab's in keiner Gaststätte in Sprendlingen. Einfach mal reinschauen, um zu gucken und/oder jemanden anzusprechen, war – außer in der Keglerstube – eher schwierig, wenn nicht gar unmöglich.

Mimoun und Nino

Und zwei waren mittendrin und immer mit Leidenschaft und Seele dabei: die überwiegend zur Bedienung der Kellergäste eingesetzten Mimoun und Nino – Kellner mit Kultstatus, wie es im Dreieicher Ländle wohl einmalig geblieben ist.

HIER SITZT DIE LOKALE POLITPROMINENZ ZUM ABSACKER NACH DER IM BÜRGERHAUS TAGENDEN STADTVERORDNETENVERSAMMLUNG.

Trio (v. l.): Nino Compilati, Mimoun Bellahsen, Stenio Pezzoni

Passfoto 1970er-Jahre: Mimoun Bellahsen

Mimoun und Pezzoni

IHM WAR ES WICHTIG, DASS SIE - SO MIMOUN - STETS „GUT GEGESSEN HATTEN".

Mimoun war 1971 als ältester Sohn seiner Familie mit 16 Jahren der dörflichen Armut Marokkos per Anhalter via Spanien entflohen und über einige Umwege in einem der beiden Tonini'schen Restaurants in Darmstadt als Küchenhilfe gelandet. Nachdem sein Chef Mauro Tonini den Zuschlag für Pachtvertrag und Bewirtung des gesamten Bürgerhauses bekommen hatte, kam mit dem Eröffnungstag auch Mimoun - da schon als Kellner! - an die Fichtestraße.

Mimoun war denn auch zur Einweihungsfeier am 30. September 1972 im Einsatz - und er keilte sich gleich künftige Stammkundschaft für die Keglerstube. Das waren sechs langhaarige Teenager im Parka, die sich den Einlass für die den Honoratioren und gut gekleideten geladenen Gästen reservierte Promi-Fete mit Sitzstreik und Zugangsblockade gegenüber den - wie sie es nannten „Großkopferten" - erkämpft hatten. Gustav Halberstadt hatte ihnen einen Tisch zugewiesen und auch dafür gesorgt, dass sie von Mimoun bedient und betreut wurden.

Ali Dietrich, einer von den Sechsen, erinnert sich nach 50 Jahren: *„Er kam sehr oft - auch unaufgefordert - an unseren Tisch, gab wertvolle Tipps zur teils sehr schwierigen Entscheidungsfindung an der Buffet-Front: ob Fisch ob Fleisch, ob warm oder kalt, zu jeweils passenden Getränkealternativen ... Wir waren umgehend per Du mit ihm.*

Er nahm uns ernst, er sprach mit uns und war für alle Fragen zur Stelle. Und er lächelte und lachte sehr viel. Nach den Desserts raunte er verschwörerisch etwas von guten Zigarren, die er uns - natürlich nur, wenn wir wollten - zum Abschluss des guten Mahles besorgen könne.

Wir wollten! - Kurze Zeit später tauchte er mit einer schön verzierten Zigarrenkiste wieder auf und bat uns formvollendet, zuzugreifen. Dies taten wir! - Natürlich!

Und so saßen wir an einem weiß gedeckten Tisch, unter den Augen der augenscheinlich leicht irritierten übrigen Gäste, im neu eröffneten Bürgerhaus und pafften, mittlerweile eingehüllt in riesige Qualmwolken, gemütlich zurückgelehnt, dicke Zigarren.

Wir würden Mimoun noch sehr, sehr oft begegnen. Natürlich in der Kegler-Stube, die zu unserem Stammlokal mutierte, aber auch bei jeder Art von Veranstaltung im Saal. Immer wieder schallte mir - über viele Jahre hinweg bis zum heutigen Tag - bei Betreten der jeweiligen Lokalität sein Ruf entgegen: „Hallo Aaaliii, wie geht's, mein Lieber?!"

Im August 1975 stieß Nino dazu - ein 16-Jähriger aus den Gassen Palermos, der sich zunächst im Küchenspüldienst verdingte. Zum bilateralen Nutzen lernte er Deutsch von seiner Chefin Diana Tonini und sie von ihm Italienisch. 1978 wurde er Kellnerkollege von Mimoun. Beide geraten bis heute ins Schwärmen über Mauro Tonini, der ihnen beiden nach eigenen Worten auch ein Stück Vater war und ein „wirklich guter Chef". Der sie auch in ihrem Keglerstuben-Revier in Ruhe schalten und walten ließ: „Er hat sich da so gut wie nie blicken lassen."

Er war bei der Entlohnung nicht knauserig, sorgte für angemessene Unterkunft und für das leibliche Wohl seines Teams. Ihm war es wichtig, dass sie - so Mimoun - stets „gut gegessen hatten". Er holte manchmal sogar einen aus der Schicht raus und komplimentierte ihn zur Mahlzeit.

Mimoun und Nino, 2022

Wanderpokal „Alle Neune" der „Hesifihomo"

Und beim Behalt des Trinkgeldes gab er sich stets großzügig - auch, als bei einer großen Firmenfeier einmal das Personal mit 10.000 Mark für großen Einsatz bedacht wurde. Wann immer es sich ergab, aß das gesamte Restaurant-Team an einem Tisch: „Wir waren wie eine Familie." Die ward bekocht vom Chef, der stets in der Frühe der Erste in der Küche war und sich dem Fleisch widmete, das er selbst beim Schlachthof mit Kennerblick ausgesucht hatte. Und der Tortellini und Cannelloni eigenhändig zubereitete.

Mimoun und Nino erinnern sich an viele Dauergäste im Souterrain des Bürgerhauses, die sie in zwei Schichten meist bis 2 Uhr bedienten. Da gab es die ein oder andere arme Kirchenmaus aus der lokalen Szene, die auch mal kostenlos eine Pizza bekam. Oder einen, dem das Kellnerduo am arbeitsfreien Tag beim Umzug half. Da gab es Jungs, die auch mal die Klampfe auspackten und diejenigen, die subversive Plakataktionen gedanklich in Angriff nahmen. Und auch den einen, der mal im Schlafanzug vorbeikam. Sie hießen Robert und Dieter, Uli, Werner, Müxler, Cordy, Atzo, Hartmut, Jürgen, Gerhard, Specki, Gabi, Wulli, Mucki, Dicky, Peter, Chrissy, Walter, Hanne und viele mehr. Und der eine oder andere frönt bis heute noch dem Kegelvergnügen im Keller.

Zu denjenigen, die die Keglerstube als zweites Wohnzimmer nutzten, gehörte auch die Clique aus einem benachbarten Haus in der Hegelstraße, die unter dem Decknamen „Hesifihomo" regelmäßig die Kegelbahnen besetzte und dort auch interne Meisterschaften - mit Wanderpokal! - austrug.

Den kurzen Heimweg fanden die fünf oft nur, wenn der Wirt versprach, für sie am nächsten Morgen das Frühstück zuzubereiten. Mit Tonini teilten sie auch die Leidenschaft für Boxkämpfe: Unvergessen geblieben sind ihnen die sporthistorischen Highlights mit Muhammad Ali, die sie im Morgengrauen im Obergeschoss des Bürgerhauses im Fernsehen verfolgten: „Thrilla in Manila", „Rumble in the Jungle" - übertragen vom deutschen Fernsehen mit traumhaften Einschaltquoten mitten in der Nacht.

Mimoun bediente bis 2012 in der Bürgerhaus - Gastronomie. Und bis heute ist der Vater von fünf erwachsenen Kindern derjenige, der kommt, wenn am Abend der Schließdienst für Bürgerhaustüren gebraucht wird. Und er ist nicht selten der, der bei Veranstaltungen das Glas füllt - mit professioneller Ruhe und immer einem freundlichen Lächeln.

Nino hielt seiner ersten Arbeitsstelle bis 1996 die Treue. Heute mischt er mit in einem italienischen Restaurants in der Nachbarstadt Langen. Dort kann man sich auch das legendäre „Rumpsteak à la Tonini" schmecken lassen ...

SO JEMANDEN WIE TONINI, DER DAS IN DER HAND HATTE – IN DIESER GRÖSSE –, SO EINEN GIBT ES NICHT MEHR!

NACHFOLGER, UMBAUTEN, RUHIGES FAHRWASSER

Auf das Ristorante Tonini folgte 1996 bis 2006 das „Ambiente" mit zunächst österreichischer, später griechisch-deutscher Küche. Nach einem Restaurant-Umbau in 2007 übernahm von 2008 bis 2014 das „Mosaique", in dem mediterran und von 2012 an kroatisch-deutsch gekocht wurde.

Den gastronomischen Dreisprung à la Tonini – sprich: Saalgastronomie plus Ristorante plus Keglerstube – haben die Nachfolger aber kaum mehr hinbekommen.

Das lag an der Struktur des Hauses. Die Gastronomie war ja so ausgerichtet und auch gebaut worden, dass der Restaurantpächter auch die Bewirtung für sämtliche Bürgerhausveranstaltungen übernehmen musste. Was im Umkehrschluss heißt: Alle Veranstalter, alle Mieter mussten den Gastronomen aus dem Haus nehmen. Egal ob da eine Hochzeit gefeiert wurde oder eine Veranstaltung im BHS über die Bühne gegangen ist.

Die baulichen Rahmenbedingungen für den so zwangsverpflichteten jeweiligen Restaurantpächter waren nicht ideal. Es gab keine separate Catering-Küche, keine zweite Spüle, noch nicht einmal eine Spülecke.

Mauro Tonini habe das all diesen Widrigkeiten zum Trotz zu seiner Zeit dennoch „ganz hervorragend hinbekommen", bilanziert Benjamin Halberstadt, Bürgerhauschef seit 2005. „Tonini konnte seine 80 oder 100 Gäste im Laden betreuen mit Menü und normaler Gast-Restaurant-Betreuung und konnte zugleich auch noch 700 Leute im Saal bedienen – und das auch fix!"

Und schnell musste es allemal gehen. Als Beispiel nennt Halberstadt den Karneval. „Um acht geht der Laden los und zwischen halb acht und acht kommen 500 bis 600 Leute rein. Da ist noch kein Programm – die wollen alle im Augenblick was zu trinken und was zu essen. Wenn du das nicht gut organisierst, haste ein Problem. Und Tonini konnte das – und die Gäste waren zufrieden."

Toninis Crew war auch schnell in den Veranstaltungspausen, in denen die Zuschauer die Buffet-Ecke für Drinks und Snacks stürmten. Und seine Mannschaft meisterte auch die Essen-und-Trinken-Lage bei gesellschaftlichen Veranstaltungen wie Silvesterparty, Sportlergala, Abiball, Bockbierfest oder den Tanzschul-Abschlussbällen.

Mit Toninis Demission war das passé. Für Benjamin Halberstadt begannen die Probleme. „So jemanden wie Tonini, der das in der Hand hatte in dieser Größe –, so einen gibt es nicht mehr! Wir haben keinen gefunden. Die neuen Pächter haben sich alle abgequält, es gab immer mehr Ärger zwischen den Mietern und den Pächtern. Ich musste dann immer vermitteln. So konnte das nicht weitergehen."

2016 war es dann so weit. Ein Umbau und der Bau einer neuen Catering-Küche machten es möglich, die Saalgastronomie vom Restaurantbetrieb abzukoppeln. Beide Bereiche sind getrennt. Die neu zugeschnittene Restaurant-Einheit wird vom Pächter alleine betrieben. Die Mieter und Veranstalter nutzen die neue Catering-Küche und können den Caterer ihres Vertrauens mitbringen. Oder sie können den Gastronomen im Haus beauftragen. Aber die Zwangsverpflichtung, den Restaurantpächter für die Bewirtung nehmen zu müssen, ist jedenfalls gestrichen. „Das haben wir komplett umgesetzt", resümiert Halberstadt im BHS-Jubiläumsjahr und gut drei Jahrzehnte nach Toninis Weggang. „Wir sind wieder im ruhigen Fahrwasser."

VON KELLERN UND „KNATTERPROTZEN"

DIE WIEGE DER JUGENDHAUSBEWEGUNG STAND IM BÜRGERHAUSPAVILLON

Von Klaus Tscharnke

Geld hatten sie keines – umso größer war der Lebenshunger der Parka- und Mofa-Generation. Das drohte in den 1970er-Jahren in Sprendlingen beinahe zu einem handfesten Problem zu werden. Gut, dass das Bürgerhaus seine Tore öffnete – auch für die Jugend. Dass damit eine Zeitenwende eingeleitet wurde, ahnte damals wohl nicht einmal Bürgerhausmanager Gustav Halberstadt.

Es lagen kühle und graue Wintertage vor uns. Tage, an denen selbst unsere olivgrünen Parkas wenig Schutz vor der Kälte boten, wenn wir mit unseren Mofas abends ziellos durch Sprendlingen knatterten. Die Freiheit roch nach öligem Zweitakter-Benzin. Das Geld zum Betanken unserer Hercules, Moto Guzzis, Zündapps oder Garellis war freilich knapp; und noch weniger Geld hatten wir für einen Kneipen- oder Discobesuch. Wer sich trotzdem in die Langener Disco „Second Life" verirrte, hielt sich den ganzen Abend an seiner teuren Cola fest – und hatte danach trotzdem das Gefühl, geneppt worden zu sein.

Aber aufgemotzte Tanzpaläste mit glitzernder Discokugel, grellbunter Lightshow und umsatzbeflissenen Barkeepern waren eh nicht das, was wir damals suchten. Wir wollten Leute treffen, quatschen, kickern, Tischtennis spielen, dabei ein bisschen mit Mädels schäkern, möglichst ungestört und möglichst kostenlos. Irgendwo, wo es warm war und es eine billige Cola oder Fanta gab.

Und klar, am Wochenende sollte schon auch was los sein. Beatparty – Schulfrust abtanzen zu den „Stones" („Brown Sugar"), Schmachten zu Juliane Werding („Der Tag, als Conny Kramer starb") oder Schmusen zu den Bee Gees („Lonely Days"). Viel mehr brauchte man als 17-Jähriger im November 1972 eigentlich nicht zum Glück.

Pilzköpfig und lebenshungrig

Aber wo fand man das schon in Sprendlingens Siedlungsgürteln? Dort hatte sich die Kriegsgeneration unserer Eltern nach den harten Aufbaujahren gerade wohlig eingerichtet. Dabei hatte sie völlig übersehen, dass aus den pflegeleichten Wirtschaftswunderkindern auf einmal pubertierende, pilzköpfige Schlaghosenträger geworden waren. Voller Lebenshunger irrlichterten sie abends mit ihren frisierten Mofas durch die zugigen Siedlungsstraßen – stets auf der Suche nach einem Ort, „wo was los war". Schon bald entlud sich erster Ärger über die „Mofa-Rocker", die überall rumhingen und mit ihrem Mofa-Geknatter die Nerven der Anwohner strapazierten.

GELD HATTEN SIE KEINES – UMSO GRÖSSER WAR DER LEBENSHUNGER DER PARKA- UND MOFA-GENERATION.

DABEI HATTE SIE VÖLLIG ÜBERSEHEN, DASS AUS DEN PFLEGELEICHTEN WIRTSCHAFTSWUNDERKINDERN AUF EINMAL PUBERTIERENDE, PILZKÖPFIGE SCHLAGHOSENTRÄGER GEWORDEN WAREN.

Dabei waren wir, die man später wegen ihrer großen Zahl die Babyboomer-Generation nennen wird, als Hosenmatze eigentlich noch leicht zu bändigen gewesen. Nach der Schule uns selbst überlassen, lernten wir alles, was wir fürs Leben brauchten, direkt vor der Haustür: Unser Spielplatz war die Siedlungsbaustelle, unsere Kita der Hirschsprungwald. Und wer das Abenteuer suchte, fand es in der „Kieskaut" (Bauer-Kiesgrube nördlich des Hirschsprungs). Unsere Vorbilder fanden wir schließlich in den Bauwagen: Dort formten die zupackenden Gastarbeiter schon früh unsere Berufswünsche.

Jetzt aber, dem Kinderzimmeralter entwachsen, lag vor uns plötzlich eine undefinierbare Leere. Die Siedlungen fühlten sich wie ein zu eng gewordener Anzug an, das Leben dort erschien uns fad und eintönig. Da sorgten immerhin die Kirchen für einen kleinen Lichtblick. Sie begannen ihre teils nagelneuen Gemeindezentren, wie etwa die Versöhnungsgemeinde in Breitensee, für die Jugend zu öffnen. Junge Diakone brachten den Mut auf, gegen die Widerstände sittenstrenger Kirchenvorstandsmitglieder zu ersten Beatpartys in schummrigen Kellerräumen einzuladen.

Und der 1967 gegründete Sprendlinger Stadtjugendring? Der lud immerhin gelegentlich zu Livekonzerten mit drittklassigen Beatbands aus der Region in die STG-Turnhalle in die Jahnstraße ein. Einen Treffpunkt für die Jugend ersetzte das aber nicht. Kurzum: Uns drohte nach dem Ende der Freibadsaison mal wieder ein langweiliger Winter ohne Abwechslung und Spaß auf Sprendlingens kalten und windigen Straßen und Plätzen.

Doch irgendwie war es anders in diesen trüben Spätherbsttagen des Jahres 1972. Denn es gab auf einmal dieses Bürgerhaus. Viel konnten wir uns zunächst darunter nicht vorstellen – und noch weniger erwarteten wir davon. Und mit ihm kam ein Mann, der als früherer Gewerkschaftsfunktionär viel von gesellschaftlichem Miteinander verstand und der künftig das Bürgerhaus managen sollte: Gustav Halberstadt. Ein vollbärtiger Enddreißiger von kräftiger Statur, stets gut gelaunt und einer, der mit seiner einnehmenden Art Menschen begeistern und mitreißen konnte.

Und schon weit vor der offiziellen Eröffnung des neuen Bürgertreffs eilte dem Sprendlinger der Ruf voraus, ein Ohr

Stadtjugendring hatte eingeladen

Vor restlos ausverkauftem Haus spielte am Samstag die britische Beatgruppe „Nektar" in einer Veranstaltung des Stadtjugendrings im Sprendlinger Bürgerhaus. Foto: wenho

Sprendlinger Stadtanzeiger, 23.01.1973

für die Jugend zu haben. Jedenfalls vermerkte der „Sprendlinger Stadtanzeiger" Mitte Juli 1972 bei der Vorstellung des neuen Bürgerhauschefs: „Die Mehrheit des Magistrats hat sich letztlich deswegen auch für Gustav Halberstadt entschieden aufgrund der von ihm angedeuteten Betreuung der Jugend." Aber auch das blieb uns zunächst verborgen. Keiner von uns Jugendlichen las in jener Zeit den „Sprendlinger Stadtanzeiger".

Aber immerhin: Gustav Halberstadt wollte Wort halten. Schon zwei Tage nach der offiziellen Eröffnung des Sprendlinger Bürgerhauses mit Promis, Ehrengästen und kaltem Buffet überließ er dem Stadtjugendring Räume in dem Bürgertreff für einen Beatabend.

Das große Beat-Showbusiness

Was Jugendliche an dem ersten Discotheken-Abend unter dem Bürgerhausdach erlebten, war freilich nur ein fader Abglanz des vom Stadtjugendring veranstalteten Live-Konzerts mit der hoffnungsvollen Beat- und späteren Hardrockband „Nektar" am 20. Januar 1973. Es war die größte Beatsause, die Sprendlingen je erlebt hatte. Die britische Gruppe, die sich seinerzeit in Seeheim an der Bergstraße niedergelassen hatte, war mit ihrer ersten LP „Journey to the Centre of the Eye" gerade erst der Durchbruch gelungen. Eine Deutschlandtournee, zwei Abstecher nach England und Auftritte bei etlichen Festivals im Jahr 1972 hatten hinter ihr gelegen.

Selbst der eher betuliche „Sprendlinger Stadtanzeiger" war begeistert und stellte fest: „In einem perfekten Zusammenspiel von Licht und Klang weiß die aus vier Musikern und zwei ‚Lichtgestaltern' bestehende Nektargruppe zu überraschen."

Rund 700 Jugendliche drängten sich dicht an dicht auf dem Boden hockend im großen Saal des noch jungen Bürgerhauses – langhaarig und dem Fotografen der „Offenbach Post" provokant in die Linse grinsend. Das Bürgerhaus war restlos ausverkauft. Wer beim Kartenkauf leer ausging oder sich das Eintrittsgeld sparen wollte, versuchte über Nebeneingänge trotzdem reinzukommen. Mitglieder des Organisationsteams hatten alle Mühe, leer ausgegangene Jugendliche zurückzudrängen.

Für viele Jugendliche war es freilich mehr als ein riesiges Livemusik-Happening. Mit der Aufsteigerband „Nektar" im

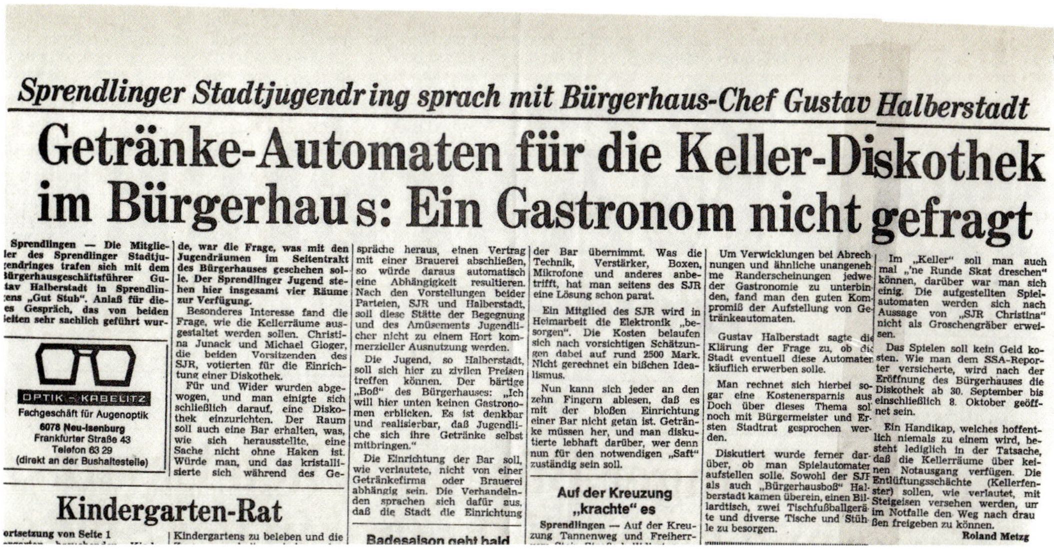

Sprendlinger Stadtjugendring sprach mit Bürgerhaus-Chef Gustav Halberstadt

Getränke-Automaten für die Keller-Diskothek im Bürgerhaus: Ein Gastronom nicht gefragt

Sprendlingen — Die Mitglieder des Sprendlinger Stadtjugendringes trafen sich mit dem Bürgerhausgeschäftsführer Gustav Halberstadt in Sprendlingens „Gut Stub". Anlaß für dieses Gespräch, das von beiden Seiten sehr sachlich geführt wurde, war die Frage, was mit den Jugendräumen im Seitentrakt des Bürgerhauses geschehen solle. Der Sprendlinger Jugend stehen hier insgesamt vier Räume zur Verfügung.

Besonderes Interesse fand die Frage, wie die Kellerräume ausgestaltet werden sollen. Christina Junack und Michael Gloger, die beiden Vorsitzenden des SJR, votierten für die Einrichtung einer Diskothek.

Für und Wider wurden abgewogen, und man einigte sich schließlich darauf, eine Diskothek einzurichten. Der Raum soll auch eine Bar erhalten, was, wie sich herausstellte, eine Sache nicht ohne Haken ist. Würde man, und das kristallisierte sich während des Gespräche heraus, einen Vertrag mit einer Brauerei abschließen, so würde daraus automatisch eine Abhängigkeit resultieren. Nach den Vorstellungen beider Parteien, SJR und Halberstadt, soll diese Stätte der Begegnung und des Amüsements Jugendlicher nicht zu einem Hort kommerzieller Ausnutzung werden.

Die Jugend, so Halberstadt, soll sich hier zu zivilen Preisen treffen können. Der bärtige „Boß" des Bürgerhauses: „Ich will hier unten keinen Gastronomen erblicken. Es ist denkbar und realisierbar, daß Jugendliche sich ihre Getränke selbst mitbringen."

Die Einrichtung der Bar soll, wie verlautete, nicht von einer Getränkefirma oder Brauerei abhängig sein. Die Verhandelnden sprachen sich dafür aus, daß die Stadt die Einrichtung der Bar übernimmt. Was die Technik, Verstärker, Boxen, Mikrofone und anderes anbetrifft, hat man seitens des SJR eine Lösung schon parat.

Ein Mitglied des SJR wird in Heimarbeit die Elektronik „besorgen". Die Kosten belaufen sich nach vorsichtigen Schätzungen dabei auf rund 2500 Mark. Nicht gerechnet ein bißchen Idealismus.

Nun kann sich jeder an den zehn Fingern ablesen, daß es mit der bloßen Einrichtung einer Bar nicht getan ist. Getränke müssen her, und man diskutierte lebhaft darüber, wer denn nun für den notwendigen „Saft" zuständig sein soll.

Um Verwicklungen bei Abrechnungen und ähnliche unangenehme Randerscheinungen jedweder Gastronomie zu unterbinden, fand man den guten Kompromiß der Aufstellung von Getränkeautomaten.

Gustav Halberstadt sagte die Klärung der Frage zu, ob die Stadt eventuell diese Automaten käuflich erwerben solle.

Man rechnet sich hierbei sogar eine Kostenersparnis aus. Doch über dieses Thema soll noch mit Bürgermeister und Ersten Stadtrat gesprochen werden.

Diskutiert wurde ferner darüber, ob man Spielautomaten aufstellen solle. Sowohl der SJR als auch „Bürgerhausboß" Halberstadt kamen überein, einen Billardtisch, zwei Tischfußballgeräte und diverse Tische und Stühle zu besorgen.

Im „Keller" soll man auch mal „'ne Runde Skat dreschen" können, darüber war man sich einig. Die aufgestellten Spielautomaten werden sich nach Aussage von „SJR Christina" nicht als Groschengräber erweisen.

Das Spielen soll kein Geld kosten. Wie man dem SSA-Reporter versicherte, wird nach der Eröffnung des Bürgerhauses die Diskothek ab 30. September bis einschließlich 8. Oktober geöffnet sein.

Ein Handikap, welches hoffentlich niemals zu einem wird, besteht lediglich in der Tatsache, daß die Kellerräume über keinen Notausgang verfügen. Die Entlüftungsschächte (Kellerfenster) sollen, wie verlautet, mit Steigeisen versehen werden, um im Notfalle den Weg nach draußen freigeben zu können.

Roland Metzg

Kindergarten-Rat

Fortsetzung von Seite 1

Kindergartens zu beleben und die

Badesaison geht bald

Auf der Kreuzung „krachte" es

Sprendlingen — Auf der Kreuzung Tannenweg und Freiherr-

Sprendlinger Stadtanzeiger, 08.09.1973

Bürgerhaus war auf einmal das große Beat-Showbusiness in Dreieich angekommen. Zugleich setzte der frischgebackene Bürgerhausmanager ein unmissverständliches Ausrufezeichen, das klar machte: Das Bürgerhaus ist ein Haus für alle Dreieicher – auch für die Jugend. Auch wenn die Bilder von johlenden Langhaarigen in dem nagelneuen Musentempel so manchem konservativen Sprendlinger überhaupt nicht behagten.

In den Bürgerhauskeller „umgesetzt"

Für noch mehr Bauchgrimmen sorgten die ursprünglichen Pläne der Stadt, die vier Clubräume im Seitentrakt der Jugend zur Verfügung zu stellen. Mit der rasant steigenden Nachfrage nach den Bürgerhaus-Clubräumen hatte sich das Thema allerdings bald schon wieder erledigt. Die Jugend wurde, wie es der „Anzeigen-Kurier" im Oktober 1973 formulierte, kurzerhand in die Kellerräume „umgesetzt".

Der Jugend selbst war das nur recht. Denn als Gustav Halberstadt Anfang September 1972 die Vorständler des Stadtjugendrings (SJR) die steile Außentreppe hinabführte, die wuchtige Kellertür aufschloss und sie durch einen Vorraum in einen dahinter liegenden nahezu quadratischen, weiß-getünchten Kellerraum führte, war den seinerzeitigen SJR-Vorsitzenden Christina Junack und Mike Gloger sofort klar: „Hier kommt eine Jugenddiscothek rein."

Grundlegende Fragen waren rasch geklärt: Die Stadt übernimmt die Bareinrichtung. Verstärker, Boxen und Mikrofone und weiteres Discotheken-Equipment organisiert der Stadtjugendring. „Ein Mitglied des Stadtjugendrings wird in Heimarbeit die Elektronik besorgen", berichtet seinerzeit der „Sprendlinger Stadtanzeiger". Die dafür erforderlichen 2.500 Mark kamen ebenfalls aus der Stadtkasse.

Einig war man sich im Gespräch mit Gustav Halberstadt auch, „dass diese Stätte der Begegnung und des Amüsements Jugendlicher nicht zu einem Hort kommerzieller Ausnutzung werden sollte". Weshalb man sich dagegen aussprach, in puncto Getränkeverkauf einen Vertrag mit einer Brauerei oder eine Getränkefirma abzuschließen. Man einigte sich vielmehr auf einen Getränkeautomaten, wie Chronisten seinerzeit ungewöhnlich ausführlich berichteten. Auch ein Billardtisch und zwei Tischfußballgeräte sowie „diverse Tische und Stühle" sollen zur Grundausstattung des neuen Jugendraums gehören.

CDU: „Zustände am Bürgerhaus sind gegenwärtig unzumutbar"

Sprendlingen — „Ein heißes Eisen" hatte in der Stadtverordnetenversammlung dieser Woche die CDU-Fraktion auf den Tisch des Hauses gelegt. Zu klären war: „Welche Maßnahmen müssen getroffen werden, um die bestehenden erheblichen Belästigungen von Veranstaltungsteilnehmern, Bücherei-Besuchern und Gästen des Restaurants auf dem Bürgerhausgelände durch „einzelne" (diesen Zusatz verlangte die SPD) Jugendliche zu unterbinden."

Die gegenwärtigen Zustände am Bürgerhaus bezeichnete Christdemokrat Hans-Wilhelm Rengstorf als „unzumutbar". Die Jugend werde von einer Minderheit von „Randalierern und Kriminellen" in Verruf gebracht. Schon habe der Bürgerhaus-Gastronom verdeutlicht, er werde sein Restaurant schließen und könne seine Absicht, seine Gäste im Freien zu bewirten, nicht verwirklichen.

CDU-Sprecher Rengstorf wies darauf hin, einzelne Bürger seien bereits „körperlich angegangen und mit leeren Bierflaschen beworfen worden". Zum anderen habe sich das Bürgerhausgelände zu einen Motorradrennplatz entwickelt.

Stadtverordnetenvorsteher Salomon, der den Stuhl des Vorsitzenden mit dem Rednerpult eintauschte, konterte scharf die Begründung von Christdemokrat Rengstorf. Dem Problem könne nicht mit „Verallgemeinerungen und dem Schreckgespenst der langen Haare" begegnet werden. Die Jugend unserer Tage habe ein anderes Verhältnis zu ihrer Umwelt. Für die ältere Generation bestehe die Pflicht, ihr zu helfen.

Hans Salomon: „Wenn wir andere Verhältnisse vor dem Bürgerhaus schaffen wollen, müssen wir zugleich den Jugendlichen ein Angebot machen". Er sei bereit, darüber mit den Jugendlichen im Keller-Jugendtreff des Bürgerhauses zu diskutieren. Im übrigen nannte der Stadtverordnetenvorsteher als eine unabdingbare Forderung die möglichst baldige Verpflichtung eines städtischen Jugendpflegers.

Bürgermeister Erich Scheid versah die CDU-Begründung mit der Bemerkung, hier werde „mit ganz großen Kanonen auf ganz kleine Spatzen geschossen". Überhaupt keine Rede könne davon sein, daß der Gastronom Tonini sich mit der Absicht trage, seinen Vertrag aufzukündigen. Im übrigen stehe bereits fest, daß in der Woche nach Pfingsten vom Magistrat, dem Stadtjugendring, Bürgerhaus-Geschäftsführer Halberstadt und Hauptkommissar Schuster gemeinsame Erörterungen darüber geführt würden, auf welche Weise sich eine Verbesserung erreichen ließe. Entschieden widersprach der Rathauschef der christdemokratischen Formulierung „desolater Verhältnisse und krimineller Handlungen". Die Dinge sollten nicht unnötig hochgespielt werden, weil ein solcher Schuß sehr leicht nach hinten losgehen könnte.

Hans-Klaus Korff glättete als weiterer CDU-Sprecher mit dem Hinweis, „die CDU störe keiner mit langen Haaren" in etwa die hochgehenden Wogen der Diskussion. Hier gehe es im wesentlichen um „einzelne Auswüchse". Keinesfalls habe die CDU etwas gegen die Jugend, nur solle sie nicht durch Randalierer in ihrer Entwicklung „gehemmt und gebremst" werden.

Christina Junack (SPD) meinte, wenn die Jugend zum Bürgerhaus strebe, so sei dies kein Wunder, schließlich handele es sich auch um „ihr Zentrum". Sozialdemokrat Haida wandte sich gegen die als wesentlich zu betrachtende Belästigung durch Motorräder, Freidemokratin Karin von Moltke stellte nochmals die Frage nach dem Jugendpfleger, die Bürgermeister Scheid mit „Wir stehen in Verhandlungen" beantwortete.

Der CDU-Antrag mit dem SPD-Zusatz passierte die Abstimmungshürde mit einem interessanten Ergebnis. Von der Mehrheit akzeptiert, schlossen sich der ablehnenden Haltung von Stadtverordnetenvorsteher Hans Salomon fünf seiner Genossen an. Die Freidemokratin Karin von Moltke und Dieter Laux enthielten sich der Stimme. —walsto—

Urlaub im Klub für ältere Bürger

Sprendlingen — Nach einer Fahrt ins Grüne am Mittwoch, 13. Juni, schließt der städtische Klub für ältere Bürger in der Zeppelinstraße seine Pforten aus Urlaubsgründen bis zum 18. Juli. Treffpunkt für alle, die an der Fahrt am 13. Juni teilnehmen wollen, ist um 13 Uhr am Klub. -walsto-

Trotzdem

DJD-Versammlung

Sprendlingen — Vom Kreisverband Offenbach-Land der Deutschen Jungdemokraten (DJD) wird eine öffentliche Mitgliederversammlung am Mittwoch, 13. Juni, 19.30 Uhr, im Bürgerhaus veranstaltet.

Volker Herrling, Mitglied des DJD-Landesvorstandes Rheinland-Pfalz, referiert über das Thema „Wie kann man Jugendliche zu politischer Arbeit anregen". -walsto-

Sprendlinger Stadtanzeiger, 08.06.1973

Sprendlinger Stadtanzeiger, 14.09.1973

Die Jugend sprach über ihr neues Zentrum

Hobbyräume im Bürgerhauspavillon sollen wieder geöffnet werden!

Sprendlingen — Das Projekt des Sprendlinger Jugendhauses, das nach vorliegenden Informationen des Magistrats erst in den Jahren 1974/75 realisiert werden soll, stand im Mittelpunkt der Diskussion einer Arbeitsgruppe „Jugendzentrum" aus Jugendlichen, die weder Vereinen noch Organisationen angehören.

Unter der provisorischen Leitung von Christina Junack (Stadtjugendring) wurde von den Versammlungsteilnehmern übereinstimmend der Standpunkt vertreten, die Jugendarbeit in Sprendlingen sei im höchsten Grade unbefriedigend und werde von offizieller Seite stark vernachlässigt.

Unter allen Umständen sollte nach den Wünschen der Arbeitsgruppe bis zur Inbetriebnahme eines der Jugend angemessenen Zentrums eine Übergangslösung geschaffen werden. Gefordert wurde, die Hobbyräume im Pavillon des Bürgerhauses möglichst schnell wieder zu eröffnen oder andere stadteigene Räume der Sprendlinger Jugend zu geben.

Von der Arbeitsgruppe „Jugendzentrum" wird darüber hinaus als eine dringende Sofortmaßnahme die Einstellung eines Jugendpflegers gewünscht, damit die nötige Vorarbeit für das Jugendhaus begonnen werden kann.

Im Hinblick auf die Größe der Stadt und zu erwartende Aufgaben waren die Versammlungsteilnehmer der Ansicht, die Stadt sollte gegebenenfalls bereits jetzt einen zweiten Sozialpädagogen heranziehen. Alle Jugendlichen, die sich näher über die Absichten der Arbeitsgruppe „Jugendzentrum" informieren oder mitarbeiten möchten, wird empfohlen, sich an Stephan Böhme, Sprendlingen, Hegelstraße 41, zu wenden. -walsto-

Magistrat wird über Reihenuntersuchungen verhandeln

Sprendlingen — Der Magistrat ist von der Stadtverordnetenversammlung beauftragt worden, in Verhandlungen mit der Röntgenschirmbildstelle Hessen zu erreichen, daß die Reihenuntersuchungen in Sprendlingen künftig im Abstand von jeweils zwei Jahren erfolgen können. -walsto-

Kleines Fest für Gemein

Der neue
wurde M

Fünf Jahre nach

Buchschlag — „Wir alle hoffen, daß dieser neue Bürgersaal zu einem Haus der Freude wird." Dieser Ausspruch des

Der Stadtjugendringvorstand spricht, so wird er später in der örtlichen Presse zitiert, von einem „Meilenstein der Jugendpflege", einem „Kontrastprogramm zu den kommerziellen Discotheken". Geöffnet ist der Jugendtreff jeden Dienstag, Donnerstag und Samstag. Es gebe dort Brettspiele und „Musik, die eine Unterhaltung zulässt", an den Samstagen auch mal Beatabende. Jugendliche könnten auch eigene Schallplatten mitbringen. Für Ideen seien keine Grenzen gesetzt, lässt sich in den Annalen nachlesen. Und damit das Ganze nicht zum „reinen Konsumterror" auswachse, seien auch Diskussionsabende zu jugendrelevanten Themen geplant.

Ob es Gustav Halberstadt damals bereits geahnt, womöglich sogar einkalkuliert hatte, ist unklar: Jedenfalls trat er mit der Eröffnung des ersten städtischen Jugendraums bald schon eine Lawine los, die Sprendlingens Jugendkultur nachhaltig verändern sollte. Denn er legte damit den Keim für eine über Jahre, teils erbittert geführte Debatte – an deren Ende die Sprendlinger Jugend endlich – wenn auch mit vielen Jahren Verspätung – das erhoffte Jugendzentrum erhielt.

Selbst der damalige Sprendlinger Bürgermeister Erich Scheid, anfänglich keineswegs ein glühender Verfechter eines städtischen Jugendhauses, räumte Jahre später voller Respekt ein: „Noch keine Bürgerinitiative ist so erfolgreich gewesen wie die der Jugend."

Ärger mit den „Mofa-Rockern"

Aber erwartungsgemäß bewegte sich das im Grunde genommen selbst verwaltete Jugendzentrums-Projekt auf dünnem Eis. Schon die vielen Aufsichtsdienste zu besetzen, war für das aus Schülern und Lehrlingen bestehende Stadtjugendring-Team schwierig genug. Nicht immer war der abendliche Dienst ein Zuckerschlecken: Denn wenn dann mal wieder eine Gruppe „Mofa-Rocker" aus dem Breitensee im Keller „einfiel", konnte das schnell in Stress ausarten. Bierflaschen schwenkend machten die Kuttenträger raumgreifend klar, dass das ihr Treffpunkt sei – wer das nicht akzeptierte, dem drohte Ärger.

Aber als das größte Problem entpuppte sich bald die große Attraktivität des „Beatschuppens" im Bürgerhauskeller. Vor allem zu den samstäglichen Beatabenden strömten Jugendliche aus der ganzen Umgebung herbei, nahmen den Vorplatz mit ihren Mofas und Mopeds in Beschlag und präsentierten dort mit aufheulenden Motoren und wildem Herumgekurve ihre erfolgreichen Tuning-Bemühungen. Jeder, der sich ein bisschen mit Mofas und Mopeds auskannte, hatte schnell herausgefunden, wie man die Drossel an den Motorauslässen entfernte und aus einem lahmen Mofa einen heißen Feuerstuhl machte.

SELBST DER DAMALIGE SPRENDLINGER BÜRGERMEISTER ERICH SCHEID ... RÄUMTE JAHRE SPÄTER VOLLER RESPEKT EIN: „NOCH KEINE BÜRGERINITIATIVE IST SO ERFOLGREICH GEWESEN WIE DIE DER JUGEND."

Als im Frühjahr auch noch Unbekannte irgendwann nachts die Kellertür des Jugendtreffs aufbrachen und Teile der Musikanlage mitgehen ließen, war es um den eh schon ramponierten Burgfrieden zwischen Jugendlichen und den verantwortlichen Sprendlinger Kommunalpolitikern endgültig geschehen. Anfang Juni 1973 machten einige mit Klagen von Anwohnern konfrontierte CDU-Stadtverordnete im Stadtparlament ihrem Ärger Luft.

Die Zustände im Bürgerhaus seien gegenwärtig unzumutbar, klagten die Vertreter der Oppositionsbank. Die Jugend werde von einer „Minderheit von Randalierern und Kriminellen in Verruf gebracht", warnte Christdemokrat Hans-Wilhelm Rengstorf. Schon habe der seinerzeit ausgesprochen beliebte Bürgerhausgastronom Mauro Tonini angedroht, er werde sein Restaurant schließen, falls dem Treiben kein Einhalt geboten werde. Den eigentlich für den Sommer geplanten Terrassenbetrieb könne er vergessen. Gäste, so führte Rengstorf weiter aus, seien „körperlich angegangen und mit Bierflaschen beworfen worden". Zum anderen habe sich das Bürgerhausgelände zu einem „Motorradrennplatz"entwickelt.

Rasch entspann an sich in der Stadtverordnetenversammlung eine turbulente Debatte. SPD-Stadtverordnetenvorsteher Hans Salomon, selbst Vater eines halbwüchsigen Sohnes, konterte scharf: Dem Problem könne nicht mit „Verallgemeinerungen und dem Schreckgespenst der langen Haare" begegnet werden. Die Jugend unserer Tage habe ein anderes

Verhältnis zu ihrer Umwelt. Für die ältere Generation bestehe die Pflicht, ihr zu helfen, gab der Sozialdemokrat zu bedenken und sprach sich für die „baldige Verpflichtung eines Jugendpflegers" aus. „Wenn wir andere Verhältnisse vor dem Bürgerhaus schaffen wollen, müssen wir zugleich den Jugendlichen ein Angebot schaffen."

Wie sehr der Jugendtreff seinerzeit die Sprendlinger bewegte, zeigt nicht zuletzt die „Schorsch"-Glosse von „Stadtanzeiger"-Kolumnist Willi Schlapp wenige Tag nach der besagten Stadtparlamentssitzung. Auch er hielt das Verhalten der „Rüpel" und „Knatterprotze" für bedenklich. „Ein Dutzend Zweiräder sind dort stets leicht zu zählen, und fast alle haben manipulierte Auspuffanlagen ... Wenn die Fahrer besonders gut aufgelegt sind, lassen sie ihre Motoren aufheulen und fahren Karussell auf den Fußgängerwegen. Das aber ist die beste Methode, das Image des Bürgerhauses zu zerstören. Und das ist halt kein Spaß mehr."

Der Stadtjugendring reagierte schon gut eine Woche später mit einem Diskussionsabend – und präsentierte dort seine Antwort auf die Probleme mit dem Kellerjugendtreff. Es brauche endlich ein richtiges Jugendzentrum. Der Jugendtreff sollte mindestens die Größe des Bürgerhauspavillons haben und über genügend Spiel-, Bastel- und Gemeinschaftsräume verfügen, fordert Stadtjugendring-Vorsitzende Christina Junack. Ein solches Zentrum sollte weder am Rande der Stadt noch in einer dicht bewohnten Gegend liegen. Und: Jugendliche müssten sich auch im Freien aufhalten können.

Milchbartträger im Clinch

Doch längst hatte der Ärger um den Keller-Jugendtreff eine solche Eigendynamik entwickelt, dass auch der Stadtjugendring und sein Jugendtreff-Team das Unvermeidliche nicht mehr aufhalten konnten: Ende Juni 1973 – kurz vor den Sommerferien 1973 – ordnete der Magistrat „bis auf Weiteres" eine Schließung des Jugendtreffs an. Künftig sollten die Hobbyräume, wie man die Kellerräume auch nannte, nur noch geschlossenen Jugendgruppen zur Verfügung stehen. Die seinerzeitige FDP-Nachwuchsorganisation Deutsche Jungdemokraten protestieren heftig, aber erfolglos. Zugleich machen sie deutlich: Ein Jugendzentrum muss her.

... DER STREIT UM DEN KELLER-JUGENDTREFF HATTE IN SPRENDLINGEN EINE DISKUSSION ENTFESSELT, DIE KAUM NOCH ZU STOPPEN WAR.

Und auch wenn die Sommermonate 1973 trügerisch ruhig verliefen – der Streit um den Keller-Jugendtreff hatte in Sprendlingen eine Diskussion entfesselt, die kaum noch zu stoppen war. Vor allem offenbarte sie ein völlig verändertes Jugendbild, das sich von dem früherer Generationen deutlich unterschied. Langhaarige Milchbärte im Parka-Look traten auf einmal lang gedienten und Schlips tragenden Kommunalpolitikern mit einem Selbstbewusstsein gegenüber, das für manchen Mandatsträger schon fast an Frechheit grenzte.

Dass mit dieser Generation zwangsläufig auch alte Sprendlinger Ortstraditionen vor die Hunde gehen würden, überraschte in dem Sommer 1973 kaum noch einen. Erstmals in der Geschichte der Sprendlinger Kerb meldete sich im August kein einziger Jugendlicher der Jahrgänge 1954/55 als Kerbborsche. Bürgermeister Erich Scheid (SPD) fügte sich resigniert: „Wo ein Desinteresse besteht, kann keine noch so freundliche Aufforderung etwas nutzen", zitiert ihn der „Sprendlinger Stadtanzeiger". Den Transport des Kerbbaums aus dem Sprendlinger Wald übernahmen städtische Arbeiter, die Errichtung des Baums Handballer der Sprendlinger Turngemeinde (STG).

JUZ-AG tritt auf den Plan

Wer in Sprendlingen aber glaubte, das Gezerre ums Jugendzentrum würde sich über die Sommerferien erledigen, sah sich getäuscht. Mitte September lud auf einmal eine „Arbeitsgruppe Jugendzentrum" ins Bürgerhaus ein und präzisierte ihre Vorstellungen in Sachen Jugendtreff. Vor allem aber forderte der Zusammenschluss vereinsungebundener Jugendlicher eine sofortige Öffnung des Keller-Jugendtreffs im Bürgerhaus. Auch andere städtische Räume müssten umgehend für die offene Jugendarbeit zur Verfügung gestellt werden. Die Jugendarbeit in Sprendlingen sei „im höchsten Grade unbefriedigend" und werde „von offizieller Seite stark vernachlässigt".

Die AG Jugendzentrum wurde binnen kürzester Zeit zur Speerspitze all jener, die jenseits der traditionellen Vereinsjugendarbeit einen Jugendtreffpunkt forderten. Das Team des Keller-Jugendtreffs erhielt dabei vor allem von Oberstufenschülern des Ricarda-Huch-Gymnasiums Verstärkung, die der Streit um den Jugendkeller-Treff wachgerüttelt hatte. Die Stadt zeigte sich jedoch weiter hart: Der Hobbykeller im Nebentrakt des Bürgerhauses bleibt weiter geschlossen.

Dass es in Sprendlingen ein „Jugendproblem" gab, das nicht länger ignoriert werden konnte, manifestierte sich freilich nicht nur beim Bürgerhauskeller. Nur zehn Mofa-Minuten entfernt offenbarte sich die Sehnsucht vieler Jugendlicher nach einem abendlichen Treffpunkt nicht minder deutlich: im neuen Pfarrzentrum der Erasmus-Alberus-Gemeinde in der Sprendlinger Altstadt. Pfarrer Georg-Dieter Kehr, einer jener evangelischen Seelsorger, die in den 1970er-Jahren mit neuen Ideen nach Sprendlingen gekommen waren, hatte gegen die Bedenken einiger Kirchenvorstandsmitglieder das neue Gemeindezentrum für Jugendliche geöffnet.

Als der kirchliche Jugendtreff bei den samstäglichen Discotheken-Abenden regelrecht überrannt wurde, sah er sich bald schon zu einem „Hilfeschrei" veranlasst. Trotz der neuen Möglichkeiten im Gemeindehaus scheine ihm bei bis zu 100 Besuchern an den Discoabenden „dringend eine Entlastung durch andere Räume geboten". Die Stadt müsse endlich etwas für die Jugendarbeit tun, befand er.

Im Januar 1974 zieht aber auch der als „besonders progressiv" geltende Pfarrer Kehr die Reißleine: Der Lärm vor dem Gemeindezentrum und der Ärger mit lärmgeplagten Nachbarn zwangen ihn nach einigem Hin und Her zur Schließung des kirchlichen Jugendtreffs. Bis zu 200 Jugendliche hatten sich an den Discoabenden eingefunden, viele versammelten sich wegen der Enge im Gemeindezentrum vor dem Gebäude. „Der Krach, den sie dort zwangsläufig veranstalteten, war den Anliegern nicht zumutbar."

Jugendumfrage bringt neuen Schub

Die streitbare AG Jugendzentrum blieb derweil nicht untätig. Den Herbst 1973 organisierte sie an Sprendlingens Schulen eine Umfrage zu den Bedürfnissen der Jugendlichen. Befragt wurden Schüler ab zwölf Jahren. Von den 1.650 ausgegebenen Fragebögen kamen 910 beantwortet zurück. Die Auswertung der Bögen erwies sich als penible Fleißarbeit.

Umfrage der Arbeitsgruppe Jugendzentrum:

Am meisten gefragt: Tanzraum und Jugendcafé

Sprendlingen — Eine aus 20 Lehrlingen und Schülern (Alter 14 bis 21 Jahre) bestehende Arbeitsgruppe will die Jugendzentrum-Frage endlich gelöst sehen. „Hinhaltende Versprechungen" und ein „Auf-die-lange-Bank-schieben" der Stadtverwaltung habe die Arbeitsgruppe Jugendzentrum (so deren Sprecher Stephan Böhme) veranlaßt, der Sache auf den Grund zu gehen.

In einer gezielten Aktion sind von der Arbeitsgruppe 1650 Fragebogen an den Sprendlinger Schulen verteilt worden. Insgesamt 910 Antworten kamen zurück.

Sozialminister (Mitte) wurde mit ...dtagskandidaten gewählt. Links: ...s: Erster Stadtrat Heinrich Keim
Foto: Latzke

Die Altersgruppe zwischen elf und 15 Jahren beteiligte sich mit 78 Prozent, die 16—19jährigen zu 22 Prozent. Das Ricarda-Huch-Gymnasium war mit 36,7 Prozent der Antworten vertreten, die Haupt- und Realschule mit 34,8 Prozent, die übrigen Antworten kamen aus der Handels-, Berufs- und Sonderschule.

In der Rangfolge der speziellen Wünsche nach einem Jugendzentrum rangierte der Tanzabend an der Spitze, gefolgt vom Filmabend, den Diskussions-Veranstaltungen, Spielabenden und allgemeinen Informationen.

Bei der Auswertung der Fragebogen ergab sich, daß ein großer Bereich, der mit dem Begriff Alt-Sprendlingen umrissen werden kann. Er ist begrenzt im Norden von der Breslauer-/Westendstraße, südlich von der Darmstädter Straße, im Osten von der Frankfurter- und im Westen von der August-Bebel-Straße.

Wie vom Sprecher der Arbeitsgruppe Jugendzentrum, Stephan Böhme, geäußert wurde, müßte danach der Standort eines Jugendzentrums etwa zwischen dem alten Stadtbezirk und den Wohnstädten Hirschsprung und Breitensee liegen. Zum Vergleich: Aus Breitensee kamen 15,5 und dem Hirschsprung 19 Prozent der Antworten.

Interessant erscheint, daß von den befragten Jugendlichen nur in gerigem Maße politische Aktivitäten angegeben wurden. Mitgliedschaften in Vereinen bewegen sich zu etwa 55 Prozent im sportlichen Bereich.

Die Notwendigkeit einer Jugendkommunikation beweist nach Ansicht der Arbeitsgruppe daß rund 56 Prozent der Jugendlichen ihre Freizeit zu Hause verbingen. Im Vergleich dazu: 9,5 Prozent in Jugendgruppen, 4,3 Prozent in konfessionellen Jugendclubs.

Stephan Böhme sieht eine solche Tatsache als einen klaren Beweis dafür, daß die Jugendlichen durch ein Jugendzentrum zu einer „gewissen Aktivität angeregt und angeleitet werden müssen". Eine attraktive Alternative müßte daher angeboten werden.

Als erfreuliches Ergebnis der Fragebogenaktion kann die Tatsache gewertet werden, daß 47,7 Prozent der Jugendlichen angegeben haben, in ihrer Freizeit zu lernen. Interessant erscheint, daß von 48 Prozent eine Bücherei gewünscht wird. Die Arbeitsgruppe Jugendzentrum versteht darunter einen Leseraum, in dem eine gute Handbücherei mit aktuellem Lesematerial (vor allem Jugendzeitschriften) zur Verfügung steht.

Rechnung getragen werden müsse aber auch einer Hausaufgabenhilfe, die sich in den Antworten immer wieder herauskristallisiert hat. Unter Berücksichtigung der einzelnen Vorschläge „wie ein Jugendzentrum aussehen müßte" hat die Arbeitsgruppe Jugendzentrum deren Rangfolge ermittelt.

Tanzraum und Jugendcafé werden mit fast 60 Prozent am meisten gewünscht. Es folgen die Bücherei, der Spielraum, Diskussions- und Fernseh-/Radio-Raum, Räumlichkeiten zum Werken, für ein Fotolabor und sogar eine Kraftfahrzeugwerkstatt (16,7 Prozent). Auch an ein kommunales Kino wurde gedacht.

Das Fazit der Arbeitsgruppe Jugendzentrum aus der Fragebogenaktion: Die Stadt sollte endlich aktiv in der Jugendarbeit werden.

Kurzfristig sei eine Zwischenlösung anzustreben.

Das Jugendzentrum, im Investitionsplan der Stadt in den Jahren 1974/75 vorgesehen, müsse in diesem Zeitraum realisiert werden. Bei dem von der Arbeitsgruppe Jugendzentrum entwickelten Raumprogramm aufgrund der ermittelten Antworten handele es sich um Mindestforderungen. Als entscheidend sieht es die Gruppe nach den Worten von Stephan Böhme an, einen Jugendpfleger zu engagieren, der „vorher da sein müsse". Nach den der Arbeitsgruppe vorliegenden Informationen soller von der Stadt eine Reihe vo Bewerbern bereits abgelehr worden sein.

Darunter auch der bisheri Kreisjugendpfleger Grein, d inzischen in Langen tätig ist.

Die Arbeitsgruppe habe (s Stephan Böhme) den Eindruck daß die Stadt „es darauf anlage, die Jugendarbeit zu unterbinden". Erwiesene Tatsache sei nun einmal, daß die Hobbyräume im Bürgerhaus-Pavillon nicht mehr verfügbar sind, ferner, daß auch die im Kellergeschoß des Kindergartens, Schulstraße, vom Stadtjugendring bislang genutzten Räumlichkeiten auf Verlangen der Stadtverwaltung nicht mehr von den jungen Leuten des DRK und der Feuerwehr benutzt werden sollen.

-walsto-

Sprendlinger Stadtanzeiger, 11.12.1973

20 Jugendliche versammelten sich an einem der autofreien Sonntage im November im Bürgerhauspavillon und werteten die ausgefüllten Antwortbögen auf langen Tischgalerien mit einem zuvor ausgeklügelten System aus - eine schiere Mammutaufgabe, die der AG Jugendzentrum aber viel Respekt und Anerkennung bei örtlichen Kommunalpolitikern eintrug.

Was dabei herauskam, überraschte die Mitglieder der AG Jugendzentrum nicht: In der Rangfolge dessen, was sich die Jugendlichen wünschten, standen Tanzabende ganz oben, gefolgt von Filmabenden, Diskussionsveranstaltungen, Spielabenden und „allgemeinen Informationen". Und was auch bei der Umfrage deutlich wurde: Gemessen an den Wohnorten

Neues Jugendzentrum wird bald Gestalt annehmen

Stadtverordnete billigten einen SPD-Antrag

Sprendlingen — Von der Stadtverordnetenversammlung ist in dieser Woche der SPD-Antrag, den Magistrat zu beauftragen, für die Errichtung eines Jugendzentrums ein Raumprogramm sowie Bau- und Finanzierungsvorschläge zu erarbeiten, einstimmig angenommen worden. In der Begründung des Antrages seiner Fraktion betonte Klaus Rampold, es sei dringend erforderlich, eine von den Jugendlichen anzunehmende Stätte zu schaffen, weil die im Bürgerhaus vorhandenen Jugendräume den starken Andrang nicht bewältigen können.

Interessierte Angehörige der jungen Generation sollten an den Planungen beteiligt werden. Zugleich müsse für das Jugendzentrum eine hauptamtliche Betreuungskraft verfügbar sein.

Klaus Rampold betonte, in dem zu schaffenden Jugendzentrum sollte die Kommunikation zwischen Kindern und Jugendlichen unter pädagogischer Anleitung gefördert und andererseits aufgestaute Aggressionen mit sinnvollen Betätigungen behoben werden.

An die Haushaltsrede der CDU erinnernd, äußerte der Stadtverordnete Rampold, wenn die Christdemokraten Gewalt und Kriminalität anprangerten, so habe man auf SPD-Seite von der CDU aktiv-vorbeugende Maßnahmen vermissen müssen. Wenn die CDU auf dem Standpunkt stehe, eine hauptamtliche Jugendarbeit sei nicht erforderlich, so müsse die gleiche Partei sich sagen lassen, daß wer nach Recht und Ordnung rufe, zugleich auch dafür zu sorgen habe, daß es gar nicht erst zu Kriminalität komme.

„Gut, daß uns gesagt wird, was wir zu tun haben", konterte in der Diskussion seinen Vorredner der Sprecher der CDU-Fraktion Karl Gutberlet. Er plädiere für ein Jugendzentrum in Nähe des Bürgerhauses. Allerdings sei dazu ein sorgfältig zu planendes Rangprogramm unabdingbare Voraussetzung. Lehren sollten insbesondere aus den Fehlern gezogen werden, die beim Jugendsektor im Bürgerhaus gemacht worden seien.

Bei der Planung müßten neben den Finanzierungs- auch die Folgekosten Berücksichtigung finden, betonte FDP-Fraktionsvorsitzender Klaus Ehrlich, der im übrigen die Unterstützung des Antrages durch die Freien Demokraten zusagte.

Standort-, Raum- und Finanzfragen könnten schnellstmöglich geklärt werden, versicherte Bürgermeister Erich Scheid, wenn der (wie es scheine) interfraktionelle Antrag direkt an den Magistrat gerichtet werde.

Der Rathauschef unterstrich im übrigen, das künftige Jugendzentrum solle vor allem zu einem Treffpunkt der nicht-organisierten Jugendlichen werden, denn ausreichende Räume stünden ohnehin der vereinsgebundenen Jugend zur Verfügung.

- walsto -

Sprendlinger Stadtanzeiger, 11.05.1973

der Umfrageteilnehmer müsse der Standort eines Jugendzentrums „zwischen den alten Stadtbezirken und den Neubausiedlungen im Norden liegen".

Nicht zuletzt diese Umfrage brachte mächtig Schub in die städtischen Jugendplanungen. Der Magistrat erkannte rasch, dass die Stadt an einem Jugendzentrum trotz der zu erwartenden Baukosten von rund 1,1 Millionen Mark wohl kaum noch vorbeikommt. Bereits im Haushalt für das Jahr 1974 tauchten die Jugendzentrumsplanungen erstmals auf - in der Liste notwendiger Investitionen allerdings an allerletzter Stelle. Erste Pläne für das Raumprogramm des Jugendzentrums kursieren bald im Rathaus und werden danach in den Stadtverordnetenfraktionen und der örtlichen Presse heftig diskutiert. Bürgermeister Erich Scheid macht schließlich in der Debatte klar: Man wolle ein „Jugendzentrum ohne Firlefanz", aber natürlich auch keine „Bruchbude".

Die Arbeitsgruppe Jugendzentrum hält derweil ihren Druck aufrecht, kritisiert öffentlich die Behäbigkeit des Magistrats bei den Bürgerhaus-Planungen, schreibt Leserbriefe und versucht vergeblich, die Sprendlinger Jugend für den Kampf um ein Bürgerhaus stärker zu mobilisieren. Einer Einladung der AG Jugendzentrum zu einer „Jugendbürgerversammlung" folgten freilich nur wenige Jugendliche, das danach folgende Livekonzert war dagegen stark besucht.

Im Januar 1974 trifft sich die AG schließlich mit Mitgliedern des Magistrats und der Stadtverordnetenversammlung. Die seinerzeitigen AG-Sprecher Stephan Böhm und Klaus Tscharnke präzisierten „die Wünsche der Jugend" und forderten die Stadt erneut auf, mit der Einstellung eines hauptamtlichen Jugendpflegers nicht bis zur Eröffnung des künftigen Jugendzentrums zu warten. Außerdem forderte Böhm eine Mitbestimmung der AG bei der Auswahl des geeigneten

BIS DAS ERSTE SPRENDLINGER JUGENDZENTRUM ERÖFFNET WURDE, SOLLTE NOCH VIEL HENGSTBACHWASSER DURCH SPRENDLINGEN FLIESSEN. ERST VIELE JAHRE SPÄTER KOMMT ES ZUR ÖFFNUNG DES JUGENDZENTRUMS IN DER BENZSTRASSE.

Bewerbers – was Bürgermeister Scheid erwartungsgemäß brüsk zurückwies.

Trotzdem zeigte der anhaltende Druck der vereinsungebundenen Sprendlinger Jugend Wirkung. Wohl wissend, dass der Bau eines Jugendzentrums noch einige Zeit dauern würde, gab sich die Stadt in Sachen provisorischer Jugendtreff auf einmal wieder konzilianter: Der Magistrat zeigt sich im Frühjahr 1974 bereit, sowohl die Kellerräume in der Schulstraße als auch den Kellerraum im Bürgerhaus wieder für die offene Jugendarbeit und Discoabende zu öffnen – allerdings nur unter der Voraussetzung, dass auch die Erasmus-Alberus-Gemeinde dem städtischen Beispiel folgt. Man wollte so eine Massierung der Jugendlichen verhindern.

Eine neue Hausordnung der Stadt sorgte für ein strenges Reglement; die Zahl der Besucher sei auf 40 in der Schulstraße und auf 80 im Bürgerhaus-Keller zu begrenzen. Mofa-Geknatter vor den Räumen sei zu vermeiden, die Räume besenrein zu verlassen.

Und auch die Planungen für das künftige JUZ kamen voran. Im Juni 1974 brachte das Stadtparlament das JUZ-Raumprogramm auf den Weg. Später wird beschlossen, 800.000 Mark im 1975er-Haushalt für das Jugendhaus einzustellen. Bürgermeister Scheid sprach davon, dass das Jugendhaus bereits im Jahr 1975 eröffnet werden könnte. Das erwies sich freilich als völlig unrealistisch. Bis das erste Sprendlinger Jugendzentrum eröffnet wurde, sollte noch viel Hengstbachwasser durch Sprendlingen fließen. Erst viele Jahre später kommt es zur Öffnung des Jugendzentrums in der Benzstraße. Das seinerzeit ins Auge gefasste Jugendzentrum an der Erich-Kästner-Straße (damals Parkstraße) unweit des Bürgerhauses wurde nie errichtet.

MIT EINEM SIT-IN ANS KALTE BUFFET

SECHS JUNGS IM PARKA ROCKEN DAS NEUE BÜRGERHAUS

Von Alfred (Ali) Dietrich

Wir waren jung, 16, 17 Jahre alt, und wir kamen aus dem Norden Sprendlingens aus den Blocks an Kurt-Schumacher-Ring und Sudetenring. Als Clique eine verschworene Truppe. Wir versuchten uns an absurdem Theater in der Schule. Wir spielten in Rockbands und Fußball bei der SKG oder 06. Wir lasen Kafka und diskutierten Remarques „Im Westen nichts Neues", liebten Deep Purple, die Stones und Hesses „Steppenwolf". Wir waren aber auch sehr engagierte Anhänger der Eintracht aus Frankfurt, standen alle 14 Tage im Waldstadion – Block F – und trafen uns regelmäßig zur samstäglichen Sportschau.

Wir gingen auf das Ricarda-Huch-Gymnasium. Das lag quasi in Nachbarschaft zu der riesigen Baustelle zwischen Erich-Kästner- und August-Bebel-Straße. Schnell von zu Hause zu erreichen, cool auf dem Garelli-Mofa sitzend. Und eigentlich noch schneller, weil dieser fahrbare Untersatz von den jeweiligen Besitzern „etwas hergerichtet" wurde: Vergaser mit der Feile behandelt, Auspuff mit der Säge gekürzt. Das machte einen Mega-Lärm. Man war im Umkreis von gefühlt zehn Kilometern gut zu orten, wenn man mit wehenden Haaren durch die Gegend donnerte.

Baustelle BHS, 1972

Alfred (Ali) Dietrich – lässig, in olivfarbigem Armeeparka und verblichenen Jeans, die obligatorische Zigarette in der Hand

Wo früher noch Wiesen und andere Freiflächen u. a. als Bolzplatz genutzt wurden, entstand also das neue Wahrzeichen der Stadt. Jeden Tag konnten wir den Fortgang der Arbeiten auf dem Schulweg beobachten. Das neue Bürgerhaus – so hieß es allenthalben – wird ein Ort der Kultur, der Begegnung, für „Bürger und Vereine". Für alle Bürger der Stadt. Die Betonung auf ALLE.

Sitzstreik im Parka: „Wir wollen mit rein!"

Im September 1972 war es dann so weit.

Da stand er. Der fertige Bau. Das neue Bürgerhaus. Nicht so futuristisch, wie der Presse vorab zu entnehmen und von Stadtoberen gebetsmühlenhaft hochgelobt, aber immerhin ...

Die feierliche Einweihungsfeier am 30. September stand bevor. DAS Ereignis schlechthin.

Eine Feier zur Eröffnung eines Ortes der Begegnung, einer Kultur-Spielstätte für die Einwohner der Stadt, unser Jahrhundertbauwerk. Eine Feier, die alles Vorangegangene in den Schatten stellen sollte. Keine Frage: Bei solch einer Einweihungsfeier wollten – ja, mussten – WIR dabei sein.

Schon sehr frühzeitig waren wir zur Stelle. Lässig, in olivfarbigem Armeeparka und verblichenen Jeans, die obligatorische Zigarette im Mundwinkel, bezogen wir die strategisch wichtige Position direkt auf dem Vorplatz, um zu gegebenem Zeitpunkt unserem – wie wir meinten – berechtigten Verlangen um Einlass Ausdruck zu verleihen.

Wie Priele in der Nordsee strömten mittlerweile von allen Seiten die geladenen Gäste und Honoratioren aus Stadt und Land auf das ausladende Gelände des neuen Bürgerhauses. Den vorfahrenden Limousinen entstiegen Politiker, mehr oder weniger wichtige Offizielle und andere durchgehend gut gekleidete und gelaunte Besucher.

Wir wollten mit rein – was zu einer ziemlich unbarmherzigen Aktion ausartete. Uns fehlte es ja nicht nur an gültigen Einlassdokumenten. Auch mögliche Fürsprecher waren weit und breit nicht zu erblicken. Trotzdem waren wir der felsenfesten Überzeugung: Ein Fest zur Einweihung FÜR ALLE! – FÜR UNS! – Davon wollten wir uns unter gar keinen Umständen abbringen lassen. Zudem lockte die verheißungsvolle Vorstellung von mit feinsten Delikatessen vollgeladenen, weiß gedeck-

EIN FEST ZUR EINWEIHUNG FÜR ALLE! – FÜR UNS! – DAVON WOLLTEN WIR UNS UNTER GAR KEINEN UMSTÄNDEN ABBRINGEN LASSEN.

... LIESSEN WIR UNS ZU EINEM SITZSTREIK NIEDER, NICHT OHNE VERNEHMLICH ZU VERSTEHEN ZU GEBEN, HIER AUSZUHARREN – NOTFALLS BIS IN ALLE EWIGKEIT. WIR WÜRDEN NICHT WEICHEN!

ten Tischen, wo schon bald die heiße Schlacht am kalten Buffet beginnen sollte.

Fragen dazu, warum diese riesige, in unseren Augen luxuriöse Feier mit bestem Essen nur einigen wenigen, mehr oder weniger gut gekleideten Menschen vorbehalten bleiben sollte, konnte uns keiner der an uns feierlich vorbeidefilierenden Großkopferten wirklich substanziell beantworten. Der Normalsterbliche, so schien es uns, musste draußen bleiben. Erst recht die Jugend und damit die Hoffnung und Zukunft dieser Stadt. Also auch wir. Dies wollten wir ändern – und zwar sofort – und zwar hier.

Unser Einlassbegehren wurde von zunächst vermeintlich wohlgesonnenen, später aber immer bestimmender auftretenden Honoratioren mehr oder weniger höflich abgelehnt. Geschicktes Parlieren mit Zeitgenossen aus der mit uns in der Einlass-Schlange stehenden Menschenmenge unter Verwendung der lässig von uns eingeworfenen Stichworte – „einzigartiger Kult-Tempel", „Architektur-Ikone", „Aufbruch ins neue Zeitalter" usw. – erbrachte dann doch ein gewisses wohliges Zugehörigkeitsgefühl, vor allem aber Raumgewinn. Wir näherten uns langsam und stetig dem Saal.

Sogar aus dieser Distanz sahen wir Unfassbares: Weiß gekleidete Kellner, die gemessenen Schrittes am Buffet vorbeipatrouillierten, das eine oder andere Salatblatt zupfend und Hühnerbein wieder gerade rückend. Köche mit hohen Mützen, die aus den Tiefen des Raumes kommend noch mehr Platten an Köstlichkeiten auftürmten, begleitet von dem leisen, aber hörbaren Ploppen der Wein- und Sektflaschen.

Doch dann, wir hatten mittlerweile fast die Eingangspforte erreicht, geriet unser Plan ins Stocken. Man verlangte nach gültigen Einladungsnachweisen. Zu allem Überfluss erschienen nun doch noch Sicherheitskräfte auf dem Plan. Die zunächst höflich geäußerten Aufforderungen, den Eingangsbereich zu verlassen, mündeten in immer schärfere Ansagen und sogar Griffe an die Oberarme. Selbstverständlich nutzten wir unsere damalige Kraft (und Enthusiasmus) zu entschlossenem Widerstand, um an Ort und Stelle zu bleiben. Selbstredend – wie es unserem Naturell und Selbstverständnis entsprach – passiv und vor allem gewaltfrei.

Dies gelang relativ gut, weil durch die etwas unkoordinierten Maßnahmen der Wach-Instanz der Strom der Gäste zum Stillstand gekommen war. Vereinzelt waren Rufe nach der Staatsgewalt zu vernehmen. Wir erwiderten lautstark, dass wir schließlich genau die Bürger sind, für die dieses Bürgerhaus gebaut wurde. Warum sollten also ausgerechnet wir keinen Einlass gewährt bekommen?

Um dieser Forderung Nachdruck zu verleihen, ließen wir uns zu einem Sitzstreik an der rechten Seite der Hauptpforte nieder, nicht ohne vernehmlich zu verstehen zu geben, hier auszuharren – notfalls bis in alle Ewigkeit. Wir würden nicht weichen!

Der Unmut der Gäste allerdings wuchs daraufhin dann doch eher exponenziell. Uns wurde klar: Es konnte nicht mehr lange dauern, bis der Staatsapparat seine ausführenden Organe schicken würde.

Im Gänsemarsch zu den dicken Zigarren

Mitten in dieser etwas unübersichtlichen Lage löste sich aus der Menge plötzlich eine stattliche, bärtige Gestalt im Anzug und beugte sich direkt über uns am Boden Sitzende. Mit fester Stimme bot er uns eine Kompromisslösung für die verfahrene Situation an. Wir fragten im Gegenzug, wie diese

Das Festbankett zur Eröffnungsfeier des BHS

denn aussehen solle. Und: Mit welchen Kompetenzen er denn bitteschön ausgestattet sei, um diesem Kompromiss dann auch belastbar Nachdruck zu verleihen? Wir kannten diesen Mann schließlich nicht. Mit kurzen, aber klaren Worten gab er sich zu erkennen. In diesem Moment beugte sich kein geringerer als der neue Bürgerhausmanager über unsere Sitzgruppe. Sein Name: Gustav Halberstadt.

Nach dem ersten Überraschungsmoment, das war uns sofort klar, kam es also jetzt unbedingt darauf an, Haltung und Standhaftigkeit zu bewahren. Um uns herum war es deutlich leiser geworden. Wir standen langsam auf und erläuterten in ruhigen Worten unseren Standpunkt. Der neue Chef des Musentempels hörte aufmerksam zu und zeigte sich tatsächlich verhandlungsbereit. Mehr noch: Wir gewannen zunehmend den Eindruck, dass er in diesem Moment gar eine gewisse Art der Sympathie für uns hegte. Das Verhandlungsergebnis ließ jedenfalls darauf schließen: Wir bekamen eine volle Stunde im Saal, und wir könnten essen und trinken, was und so viel wir wollen. Danach aber sollten wir bitte umgehend das Feld räumen. Als dann auch noch vereinzelte Detailnachfragen aus unserer Gruppe, ob dies auch für wirklich alle Köstlichkeiten vom Buffet, auch Nachspeisen sowie jede Art von Getränken gelten sollte, zustimmend beantwortet wurden, nahmen wir feierlich diesen Kompromiss an und beendeten mit sofortiger Wirkung unseren Sitzstreik.

SECHS LANGHAARIGE JUGENDLICHE IN ARMEEPARKAS SASSEN AN EINEM WEISS GEDECKTEN TISCH IM NEU ERÖFFNETEN BÜRGERHAUS UND PAFFTEN GEMÜTLICH ZURÜCKGELEHNT DICKE ZIGARREN.

Im Gänsemarsch folgten wir „Herrn Halberstadt“ durch die sich vor uns teilende Menschenmenge direkt in den großen Saal.

Wir bekamen einen Sechsertisch zugewiesen. Etwas abseits zwar, aber mit feinem Linnen, gutem Porzellan und edlem Besteck festlich eingedeckt. Mit kurzen Worten wies Halberstadt die etwas verdutzt dreinschauenden Kellner an, uns jeden Wunsch von den Augen abzulesen, und wünschte uns einen schönen Abend. Sprachs und verschwand.

Da saßen wir also in unserem nicht unbedingt adäquaten Outfit und schauten uns sprachlos um. Helle lichte Hölzer, schönes Parkett, eine riesige Bühne mit großen Scheinwerfern, gedämpftes Licht, dazu leise Musik aus großen Lautsprechern, und nicht zu vergessen: das üppig beladene kalte Buffet. Als unser aller Bürgermeister Erich Scheid dann selbiges endlich für eröffnet erklärte, ließen wir uns nicht zweimal bitten. Wir holten mehrfach nach und bestellten den einen oder anderen köstlichen Tropfen zum Essen.

Der neue Bürgerhausmanager kam einige Mal an unseren Tisch, fragte nach unserem Befinden und wünschte uns einen guten Appetit. Die Service-Brigade tat weiter mit großer Professionalität ihren Dienst. Aus einer fein verzierten Holzkiste wurden uns formvollendet auch noch edle Zigarren angeboten. Wir fühlten uns zunehmend wohler. Sechs langhaarige Jugendliche in Armeeparkas saßen an einem weiß gedeckten Tisch im neu eröffneten Bürgerhaus und pafften gemütlich zurückgelehnt dicke Zigarren.

Nach gut anderthalb Stunden trat der Chef der neuen Institution an unseren Tisch und erinnerte uns an unsere Vereinbarung. Wir hielten fest, dass wir sowieso gerade gehen wollten und traten mit ihm den Weg zum Hallenausgang an, beobachtet und taxiert von gefühlt tausend Augenpaaren. Draußen vor der Halle nahm er sich noch ausgiebig Zeit, mit uns – alles in allem eher wohlwollend – über den Sinn/Unsinn solch einer eben von uns abgezogenen Aktion zu diskutieren. Wir meinten dabei ein gewisses Verständnis für unser Anliegen und unsere Argumente herauszuhören. Zudem zeigte er sich interessiert an unseren aktuellen kulturellen Aktivitäten und unseren geplanten Vorhaben. Wir wiesen auf unsere (in Wahrheit nicht wirklich großen) Erfolge bei Auftritten mit einer Hardrock-Band hin – und dass doch solch ein schöner Saal und vor allem solch eine riesige Bühne genau das Richtige für einen Gig unserer Band wäre ...

Sein skeptischer, trotzdem freundlicher Blick verfehlte seine Wirkung nicht. Wir wussten nun, dass es bei diesem Mann in diesem Zusammenhang keinen Zweck hatte zu flunkern. Also hielten wir die Klappe. Ohne Umschweife bot er mir, als vermeintlichem Wortführer, das „Du" an! Als alter Gewerkschafter sei das für ihn völlig normal.

ZUM ABSCHIED LUD ER MICH MIT HANDSCHLAG IN SEIN NEUES BÜRO EIN.

Zum Abschied lud er mich mit Handschlag in sein neues Büro ein. Wir sollten mal in Ruhe über Möglichkeiten sprechen, den bei mir anscheinend sehr ausgeprägten Willen zu kulturellen Ambitionen zu fördern und vielleicht auch mit seinen Mitteln zu unterstützen.

„Ich möchte auf dieser Bühne stehen"

Keine drei Monate später saß ich in seinem neuen Bürgerhausbüro.

Was denn mit den anderen fünf Kumpanen aus der Clique sei? Ich musste zugeben, dass der Drang, im kulturellen Bereich aktiv zu bleiben, bei denen eher auslaufend war. Die Interessen verlagerten sich auf anderes – Mädels, Disco etc. Bei mir wäre das definitiv anders, gab ich zu Protokoll: Ich spiele in einer Rockband aus Neu-Isenburg. Wir proben im Keller einer Turnhalle und haben schon drei Auftritte hinter uns. Wir fühlen uns stark genug, auch größere Aufgaben anzugehen.

Meinen Vortrag beendete ich – wie ich glaubte – mit zwei Paukenschlägen. Zum einen „spiele ich aktuell die original VOX Jaguar. DAS Keyboard, das die DOORS bei „Light my Fire" einsetzten". Zum anderen sei ich bis vor zwei Jahren Mitglied auch im international erfolgreichen SKG-Akkordeonorchester gewesen, hätte als Kind in der Seilerstraße Klavier und elektrisches Keyboard gelernt und sei als knapp 15-Jähriger mit dem Ensemble bei der feierlichen Grundsteinlegung fürs Bürgerhaus anno 1970 aufgetreten. Nicht ohne einen Hauch von Süffisanz bemerkte ich, dass ich damit das BHS immerhin schon zwei Jahre länger als Gustav kennen würde.

„Was also willst Du?" Mit dieser nicht unfreundlichen Frage fasste er seine Reaktion auf den von mir ausführlich dargelegten Sachverhalt, lässig in seinem Bürostuhl zurückgelehnt, kurz und bündig zusammen.

Ich nahm allen meinen Mut zusammen: Ich möchte auf dieser Bühne stehen, egal ob mit Musik oder mit Theater. Und ich will eigentlich die Hütte vollbekommen, ausverkauft. Nicht mehr und nicht weniger.

Mit fester Stimme fügte ich an: Die pubertären Zeiten seien vorbei. Endgültig. Seit zwei Jahren konzentriere ich mich nur noch auf die Rockmusik und vor allem das Theater.

Mit feinem Lächeln und undurchdringlichem Blick sah er mich an: „Gut, ich will sehen, was sich machen lässt. Wenn Ihr gut genug seid, melde Dich einfach ..."

Der Wahnsinn beginnt

Es war heiß und laut, sehr laut. Ja, es war der reine Wahnsinn. Der brechend voll besetzte Saal kochte. Die fast 800 überwiegend jugendlichen Zuschauer rasten. Von der Bühne aus gesehen eine einzige wogende pulsierende Masse, die im Bühnen-Nebel und in zuckenden Scheinwerfern nur schemenhaft wahrzunehmen war. Ich stand im fast dunklen Backstagebereich zwischen den dröhnenden Lautsprechern. Die Band spielte wie im Rausch. Ich war im siebten Himmel …

Man schrieb das Jahr 1973.

Die Band NEKTAR spielte im neuen Bürgerhaus Sprendlingen.

**DIES WAR EIN AUFBRUCH.
FÜR ALLE.
GERADE FÜR DIE JUGENDLICHEN.
FÜR UNS.**

Es war also tatsächlich wahr geworden. Der Stadtjugendring und der neue Bürgerhauschef hatten ein absolutes Highlight, die Rockband Nektar, nach Sprendlingen gebracht. Eine solche Veranstaltung für die Jugend der Stadt hatte es vorher nie gegeben. Die Konzerte liefen ja damals üblicherweise in Frankfurt - Kongresshalle, Festhalle - oder in der Offenbacher Stadthalle. Dort musste hin, wer die große Musik miterleben wollte. Das war schwierig, weil kein Führerschein. Und nun das! In Sprendlingen! Die Jugendlichen - und nicht nur die - waren elektrisiert. Dies war ein Aufbruch. Für alle. Gerade für die Jugendlichen. Für uns.

Andererseits: Die Tickets für solche Großkonzerte kosteten, für unsere damaligen Verhältnisse, ein wahres Vermögen. Dagegen stand - wie bei fast allen Jugendlichen - eine geradezu desaströse Finanzlage. So war guter Rat teuer.

Die ältere Schwester einer Freundin war mit einem Top-Keyboarder aus Wien zusammen, Christian Kolonowitz. Dieser war wegen diverser Auftritte oft in Frankfurt und Neu-Isenburg. Denn hier hatte ein gewisser Peter Hauke die Bacillus-Studios gegründet. Ein magischer Ort für mich, ich durfte tatsächlich hie und da mal reinschauen. Dort bekam ich mit, wie Hauke die englische Hardrockband Nektar produzierte. Für die Dauer der Arbeiten an der LP hatten sie sich im Odenwald einquartiert. So erfuhr ich rechtzeitig von ihrem anstehenden Gig in Sprendlingen. Im Bürgerhaus.

Nachmittags war ich zum Aufbau der Band zur Stelle. Es gab trotz der mitgereisten Roadies eine Menge zu tun. Ich trug Kabeltrommeln, Verstärkerkisten, ja selbst eine der Gitarren durfte ich ins Innere des Bürgerhauses tragen. Keiner der Einlasskontrolleure schöpfte Verdacht.

Am Abend stand ich dann Backstage auf der neuen Bürgerhausbühne …

Demut: keine Zugabe im Knast

Es kam, wie es kommen musste. Gustav hatte mich nach dem Konzert trotz der immer noch wabernden Rauchschwaden identifiziert und mit der Frage konfrontiert, ob ich zur Band gehöre. Nicht direkt, war die wahrheitsgemäße Antwort. Aber ich hatte kein Geld für ein Ticket. So hätte ich halt im Tausch meine Arbeitskraft zur Verfügung gestellt. Dann sollte ich das in Zukunft bitteschön offiziell - über ihn - abwickeln. Von nun an hatte ich einen kleinen Aushilfsjob im neuen Bürgerhaus. Ich wickelte Kabel, stellte Stühle, trug Notenständer. Insgeheim aber dachte ich: Das ist eine Arbeit, die zu mir - angehender Student, aufstrebender Musiker - nicht so recht passen wollte …

Gustav war immer vor Ort. Kam aus seinem Büro in den Saal. Legte Hand an, korrigierte hier, kommentierte dort. Er war sich für nichts zu schade.

Das zeigte sich augenfällig bei einem Turnier des Sprendlinger Tanz-Clubs. Ein Galaabend mit entsprechendem Dresscode. Wir steckten den ganzen Nachmittag Blumen und stellten Stühle und Tische um das Turnierviereck im Saal. Hinzu kamen große „Verfolger-Scheinwerfer", auf einfachen Tischen stehend, rechts und links, welche mit ihrem scharfen Lichtstrahl die wirbelnden Turnierpaare bei ihren Vorführungen einfangen sollten. Dann das Malheur - kurz vor Beginn sagte einer der Beleuchter ab. Kurzerhand erklomm der Bürgerhauschef selbst, über einen bereitgestellten Stuhl, den „Verfolger-Tisch". Ich sah von hinten, wie Gustav Halberstadt vor den Augen der übrigen Galagäste im perfekt sitzenden Smoking mit dazugehörender Fliege den „Verfolger" führte und die Situation rettete.

Alfred (Ali) Dietrich und seine Band „Headvoice" beim Music Poll, 1983

Verkaufsschlager – die handgehämmerten Schlagzeugbecken aus der Türkei

Gustav Halberstadt, der Bürgerhausmanager, mit seinem Terminkalender

In diesem Augenblick hatte ich genügend Zeit, meine eigene Einstellung zu überdenken und zog meine Schlüsse für die Zukunft. Ohne einen großen Schuss Demut würde gar nichts gehen. Es wurde eh schwer genug ...

Mit der Neu-Isenburger Band kamen wir nicht weiter. Die Vorstellungen zu Musikstil, Auswahl der Stücke und vor allem Probenaufwand waren nicht mehr in Übereinstimmung zu bringen. Als Student der Volkswirtschaft in Frankfurt verfügte ich über ein größeres freies Zeitkontingent als meine Bandkollegen, die als Heizungsmonteur, Gerüstbauer oder Fliesenleger hart malochend ihren Tagesablauf zu organisieren hatten. Genau aus diesen Gründen legte unser Gitarrist seinen Job als Raumausstatter nieder und machte sich mit einem Musikladen in Sprendlingen selbstständig. Gemeinsam schlossen wir uns einer Truppe an, die im Keller der Schillerschule probte. Unser erster Auftritt übrigens in einem Gefängnis (JVA) in Gießen. Nach dem Bühnenaufbau, erst kurz vor Beginn, wurden die jugendlichen Häftlinge hereingeführt und sollten umgehend Platz nehmen. Alle im „Blaumann“. Dann legten wir mit unserem Hardrockprogramm los. Nach exakt einer Stunde mussten wir aufhören, keinerlei Zugabe. Ein Gig also, den man nicht alle Tage braucht. Immerhin eine Erfahrung mehr. Nicht zu vergessen eine gut bezahlte ...

DIE KANNTE DAMALS KAUM JEMAND. SIE NANNTEN SICH „RODGAU MONOTONES“.

So tingelten wir durch kleine Clubs und Jugendveranstaltungen. Als einziges Highlight verbuchten wir einen Auftritt in der gut besetzten Hugenottenhalle in Neu-Isenburg. Nach großem Krach löste sich die Band anschließend auf.

So um 1978/1979 – mit der neuen Band „Transport Heavy“ – bekamen wir das Angebot, bei einer Veranstaltung des WIRIC Clubs im Bürgersaal Buchschlag aufzutreten. Wir sollten den Abend gemeinsam mit einer zweiten Band bestreiten, ob als Vor- oder Hauptgruppe, sollten wir untereinander klären. Diese neue Band kam aus den Tiefen des Ostkreises. Die kannte damals kaum jemand. Sie nannten sich „Rodgau Monotones“. Gut, dass wir uns nach dem Soundcheck lieber für den Part der Vorgruppe entschieden. Nicht, dass die mehr probten oder gar weniger tranken. Aber der Gig, den die an diesem Abend ablieferten, war vom Feinsten. Die Stimmung im Bürgersaal entsprechend. Und – sie brachten es irgendwie weiter als wir ... viel weiter ...

Danach trennten sich unsere Wege, und ich gründete mit unserem alten Gitarristen eine neue Band, „Headvoice“. Es lief nicht schlecht, wir bekamen einige Engagements (Uni-Fest TH Darmstadt, Steinbruch-Theater Ober-Ramstadt etc.). Klar, dass wir uns auch als Teilnehmer beim Dreieich Music Poll im Bürgerhaus bewarben. Letztendlich bekamen sechs Bands nach langen, wilden Vorentscheidungen die Einladung zum Finale im Bürgerhaus. Im Jahr 1982 gingen wir tatsächlich als Sieger des Music Poll Dreieich von der Bühne des voll besetzten Bürgerhauses.

Geschmiedete Cimbeln aus Istanbul

Zwischenzeitlich hatte ich mein Volkswirtschafts-Studium mit diplomiertem Abschluss beendet.

Nicht gerade zur riesigen Freude meiner Eltern übernahm ich kurz danach – mit allen Angestellten – eine Großhandelsfirma für Import/Export von Musikinstrumenten. Ich verlegte deren Sitz von Frankfurt nach Sprendlingen in ein gemietetes Haus mit riesigem Lagerkeller. Das war ein idealer Probenraum, praktischerweise nebenan zum Musikladen unseres Gitarristen.

Fortan war ich also im Musikgeschäft unterwegs. Und das weltweit. Wir kauften Gitarren in Taiwan, Geigen in der DDR, Blechblasinstrumente in der Tschechoslowakei, Gitarren-Saiten in den USA. Unser größter Erfolg aber waren die handgehämmerten Schlagzeugbecken aus der Türkei. Bei einem Besuch seiner Eltern in Istanbul hatte ich mit unserem Bassisten – einem gebürtigen Türken – bei einem Spaziergang durch die Altstadt eine alte Schmiedewerkstatt für Folklore-Cimbeln entdeckt. Wir freundeten uns schnell mit den zwei Chefs an. Mein spontaner Einfall, doch Schlagzeugbecken für den deutschen Musikermarkt zu schmieden, fiel auf fruchtbaren Boden.

Schon nach knapp einem Jahr hatte die Schmiede ihre Angestelltenzahl verdoppelt, und alle hämmerten auf Teufel komm raus. Wir schlossen einen Exklusiv-Vertriebsvertrag und tauften die Becken auf „ISTANBUL, Handmade Cymbals from Turkey".

Der Durchbruch gelang, als auf unserem Stand bei der Frankfurter Musikmesse kein Geringerer als der Top-Schlagzeuger Simon Philips (damals Paul McCartney und „Wings") unsere handgemachten Becken mit dem Knöchel des Zeigefingers traktierte und vom Klang einfach nur noch begeistert war. Mit einem Mal war ich mit vielen Profi-Schlagzeugern – vor allem aus der Jazzszene – im Gespräch. Aber auch die Jungs aus der direkten Umgebung waren begeistert. Hier vor allem zu nennen Jürgen Zöller (BAP, Wolf Maan) oder auch unser aller Schlagzeuger Michael (Micha) Kercher aus Neu-Isenburg.

„Bei uns hat keiner gesungen"

Nach dem Gewinn des Music Poll Dreieich wurde ich bei Gustav vorstellig. Er hatte gerade die holländische Band „BOTS" für einen Auftritt im Bürgerhaus gebucht. „Da kannst Du übermorgen mit Deiner Band spielen, als Vorgruppe, das passt." Sprachs und schlug den Terminkalender zu. Ich war mal wieder fassungslos, vor allem aber unendlich dankbar. – Mit den großen BOTS auf einer Bühne ...

Wegen der doch sehr kurzfristigen Ansetzung hatte Gustav die Idee, unsere PA und Instrumente auf der Vorbühne aufzubauen, um die bereits fertig angeschlossene Anlage der Hauptband nicht noch mal von der Bühne zu nehmen. So spielten wir also auf der Vorbühne ein kurzes Programm vor voll besetztem Saal.

Wie in einem riesigen Aufzug fuhr die gesamte Band nach dem letzten Ton samt PA und Verstärkeranlage nach unten, wo die Bühnenhelfer in Rekordzeit die Lautsprecher, unsere Instrumente und das gesamte Kabelsammelsurium in die Tiefen des Bürgerhauskellers hinter den Orchestergraben schoben. Danach wurde die Bühne wieder hochgefahren und ebenerdig verankert, sodass das Publikum nach vorne an die große Bühne stürmen konnte.

Während die Vorbühne nach unten fuhr, stand ich am Keyboard und sah die Zuschauer dicht gedrängt an der Kante stehen. Als ich nur noch die Füße der Leute sah, schoss es mir durch den Kopf. Dies ist symbolträchtig: Wir verschwinden im Keller, die Profis stehen oben im grellen Scheinwerferlicht. Und mir wurde in diesem Augenblick klar: Wir würden es wohl nie ins Profilager schaffen.

Wir Musiker standen dann Backstage, als die Holländer ihre Hits spielten („Aufstehn", „Was wollen wir trinken, sieben Tage lang"). Der gesamte Saal sang mit. Bei unseren Songs hatte keiner gesungen!

Ich saß danach bei Gustav und informierte ihn: Schluss mit Musik!

Er schob langsam seinen Terminkalender zur Seite. „Dann konzentrier Dich eben auf das Amateurtheater, Dein KOFFERTHEATER. Da kannst Du mehr erreichen. Melde Dich, wann es weitergehen soll, ich hör von Dir ..."

ER SCHOB LANGSAM SEINEN TERMINKALENDER ZUR SEITE. „... MELDE DICH, WANN ES WEITERGEHEN SOLL, ICH HÖR VON DIR ..."

GAST-SPIELER

Das Bürgerhaus hat durch seine Theaterprogramme und Gastspiel-Events der Stadt seinen Stempel aufgedrückt und Spuren hinterlassen. Hatten im „aale Sprennlenge" die kirchlichen und gesetzlichen Feiertage den Jahreskalender in der Kommune diktiert, so bestimmten von 1972/73 an die BHS-Veranstaltungen und -Festivitäten den Jahresreigen vieler Dreieicher – und das über Generationen. Dabei bildete sich über ein halbes Jahrhundert so etwas wie eine Stamm-Belegschaft der dem Musentempel verbundenen Künstler heraus.

TOURNEE __ Ob Vico Torriani, Marika Rökk, Zarah Leander oder Blacky Fuchsberger – wer die Show-Größen seiner Zeit live erleben wollte, brauchte dazu Mitte der 1970er-Jahre nicht mehr als eine Theaterkarte für das Bürgerhaus. Über Nacht, so schien es, war Sprendlingen zum Treffpunkt von Deutschlands TV- und Showgrößen und zur Top-Adresse für Tourneetheater avanciert. Rund 75.000 Besucher kamen schon im ersten Jahr.

BADESALZ __ Auf keiner anderen Bühne haben Henni Nachtsheim und Gerd Knebel von Badesalz öfter gestanden als auf der in Dreieich. All ihre Premieren steigen im Bürgerhaus. Dabei gab es binnen 30 Jahren einige Überraschungen. Das Duo berichtet von einem Busenattentat und über 40 Zechpreller von Eintracht Frankfurt.

KEATON __ Aber noch viele andere bekannte Kunstschaffende sind dem Bürgerhaus herzlich verbunden: Sabine Fischmann, Vince Ebert, Michael Quast, Matthias Richling – und auch der international renommierte Magier Harry Keaton. Er zaubert seit seinem 14. Lebensjahr vor Publikum auf der Bühne von Fichtestraße 50.

KOFFERTHEATER __ Dreieicher Lokalmatadore und Eigengewächse, erwiesen sich mit ihren Heimspielen auf der Bürgerhausbühne als Publikumsmagneten und gingen nicht selten nach dem Start „dehaam" mit ihren Inszenierungen und Revuen auf Tournee. Das ist auch die Story des Sprendlinger „Koffertheaters", das von 1982 bis 1992 die lokale Scene dominierte.

BÜHNEN-FEUERWERK IM KULTUR-VAKUUM

WIE DAS BÜRGERHAUS VON DEN GOLDENEN JAHREN DES TOURNEETHEATERS PROFITIERTE

Von Michael Dinter und Klaus Tscharnke

Es gab nur wenige, die hier nicht Station machten. Ob Vico Torriani, Marika Rökk, Zarah Leander oder Blacky Fuchsberger - wer die Show-Größen seiner Zeit live erleben wollte, brauchte dazu Mitte der 1970er-Jahre nicht mehr als eine Theaterkarte für das Sprendlinger Bürgerhaus. Das profitierte in seinen Anfängen vor allem vom seinerzeitigen Tourneetheater-Boom - und dem gewieften, gut vernetzten Bürgerhaus-Impresario Gustav Halberstadt.

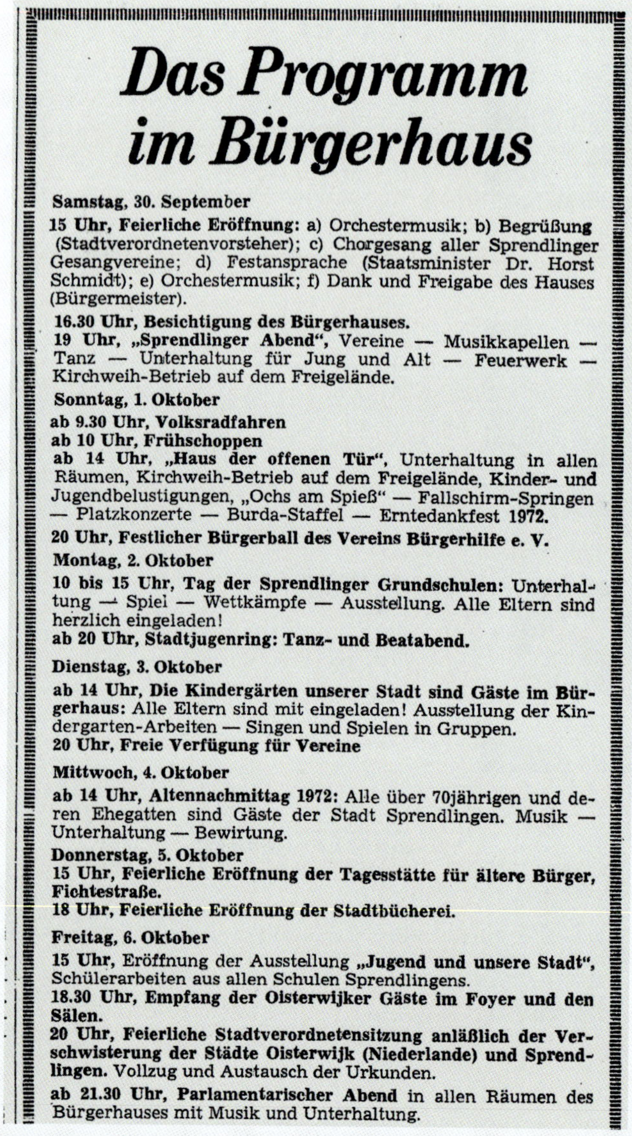

Das Programm im Bürgerhaus

Samstag, 30. September

15 Uhr, Feierliche Eröffnung: a) Orchestermusik; b) Begrüßung (Stadtverordnetenvorsteher); c) Chorgesang aller Sprendlinger Gesangvereine; d) Festansprache (Staatsminister Dr. Horst Schmidt); e) Orchestermusik; f) Dank und Freigabe des Hauses (Bürgermeister).

16.30 Uhr, Besichtigung des Bürgerhauses.

19 Uhr, „Sprendlinger Abend", Vereine — Musikkapellen — Tanz — Unterhaltung für Jung und Alt — Feuerwerk — Kirchweih-Betrieb auf dem Freigelände.

Sonntag, 1. Oktober

ab 9.30 Uhr, Volksradfahren

ab 10 Uhr, Frühschoppen

ab 14 Uhr, „Haus der offenen Tür", Unterhaltung in allen Räumen, Kirchweih-Betrieb auf dem Freigelände, Kinder- und Jugendbelustigungen, „Ochs am Spieß" — Fallschirm-Springen — Platzkonzerte — Burda-Staffel — Erntedankfest 1972.

20 Uhr, Festlicher Bürgerball des Vereins Bürgerhilfe e. V.

Montag, 2. Oktober

10 bis 15 Uhr, Tag der Sprendlinger Grundschulen: Unterhaltung — Spiel — Wettkämpfe — Ausstellung. Alle Eltern sind herzlich eingeladen!

ab 20 Uhr, Stadtjugenring: Tanz- und Beatabend.

Dienstag, 3. Oktober

ab 14 Uhr, Die Kindergärten unserer Stadt sind Gäste im Bürgerhaus: Alle Eltern sind mit eingeladen! Ausstellung der Kindergarten-Arbeiten — Singen und Spielen in Gruppen.

20 Uhr, Freie Verfügung für Vereine

Mittwoch, 4. Oktober

ab 14 Uhr, Altennachmittag 1972: Alle über 70jährigen und deren Ehegatten sind Gäste der Stadt Sprendlingen. Musik — Unterhaltung — Bewirtung.

Donnerstag, 5. Oktober

15 Uhr, Feierliche Eröffnung der Tagesstätte für ältere Bürger, Fichtestraße.

18 Uhr, Feierliche Eröffnung der Stadtbücherei.

Freitag, 6. Oktober

15 Uhr, Eröffnung der Ausstellung **„Jugend und unsere Stadt"**, Schülerarbeiten aus allen Schulen Sprendlingens.

18.30 Uhr, Empfang der Oisterwijker Gäste im Foyer und den Sälen.

20 Uhr, Feierliche Stadtverordnetensitzung anläßlich der Verschwisterung der Städte Oisterwijk (Niederlande) und Sprendlingen. Vollzug und Austausch der Urkunden.

ab 21.30 Uhr, Parlamentarischer Abend in allen Räumen des Bürgerhauses mit Musik und Unterhaltung.

Gut möglich, dass sich so mancher Sprendlinger ordentlich die Augen rieb, als er im Spätherbst 1972 den „Sprendlinger Stadtanzeiger" aufschlug. Über Nacht, so schien es beim Blick auf das 1973er-Veranstaltungsprogramm, war Sprendlingen zum Treffpunkt von Deutschlands TV- und Showgrößen avanciert. Tatsächlich sollten in den kommenden Jahren etliche Stars und Sternchen der deutschen Film-, TV- und Theaterwelt für Glanz und Glamour in der bisherigen Kulturdiaspora Sprendlingen sorgen – und damit das Lebensgefühl in der 20.000-Einwohnerstadt einschneidend verändern.

Was später Theaterensembles und Kulturpromis anlocken sollte, verbarg sich lange hinter einem grauen Bauzaun an der Fichtestraße, bevor es mit seiner dunkelroten Lavastein-Fassade zum Hingucker wurde: das im September 1972 eröffnete Bürgerhaus. Der neuartig konzipierte lokale Kulturtreff sorgte vom Start weg für bundesweites Interesse. Dem ARD-Kulturmagazin „Titel, Thesen, Temperamente" (TTT) war es Ende 1972 sogar einen TV-Beitrag wert. Zugleich bot das Haus mit seiner für die damalige Zeit hochmodernen Bühnentechnik beste Voraussetzungen für die gerade aufstrebende Tourneetheater-Szene.

Michael Dinter, Bürgerhaushelfer und Kulissenschieber der ersten Stunde, erinnert sich:

„Die Bühnenkulissen wurden mit Lastwagen angeliefert. Die Schauspieler kamen meist später mit dem Tourbus. Die Strapazen einer solchen Tour waren ihnen oft anzusehen (unausgeschlafen und leicht verquollene Gesichter). Meistens verschwanden sie dann gleich in der Garderobe. In der Zeit liefen dann auf der Bühne die Lichteinstellungen. Die großen Scheinwerfer an der Decke des Bürgerhauses, erreichbar durch einen kleinen Gang, wurden ausgerichtet. Auch die Seitenscheinwerfer und die Lichtbrücke über der Bühne wurden justiert. Man konnte über das Lichtpult die Bühnenausleuchtung voreinstellen. Das ging damals noch manuell. Wenn die Schauspieler dann kurz vor dem Auftritt die Bühne inspizierten, waren sie meistens schon umgezogen und geschminkt. Die Schminke war zentimeterdick aufgetragen und es sah fürchterlich aus. Dann erstrahlten die Bühnenscheinwerfer und die Saalbeleuchtung erlosch. Jetzt geschah etwas Unglaubliches. Auf einmal wurde aus bemalten Pressspanplatten und dick geschminkten Schauspielern eine neue Welt erschaffen. Das war für mich immer wieder ein Wunder.

Gustav Halberstadt hat „eingekauft":
Zarah, Ohnesorg-Theater, Wiener Sängerknaben und und ...
Sprendlingen (DS/rar) – Bürgerhausgeschäftsführer Gustav Halberstadt hat noch vor der Sommerpause kräftig „eingekauft", auf daß dem Kultur- und Gesellschaftszentrum Fichtestraße 50 im Herbst und Winter nicht die Veranstaltungspuste ausgehe. So ist es ihm gelungen, neben dem Theater-Abonnement (wir berichten darüber an anderer Stelle) noch elf Sondergastspiele an Land zu ziehen.
Gastvorstellung („Zwei Engel") und offeriert seinen Star, die TV-bekannte Heidi Kabel.
Und das soll abrunden: das „Golden Gate Quartett (21. November), die Prager Marionettenkünstler ... Speibl ...

Dreieich Spiegel, 28.08.1973

Zarah Leander sagte in Sprendlingen „Adieu"
Noch einmal erklang „Nur nicht aus Liebe weinen ..."

Offenbach Post, 06.10.1973

Von den Oberkrainern bis zu Hans Söhnker
Sprendlingen (Sto) – Nach der Devise „Wer vieles bringt, wird manchem etwas bringen" ist der Oktoberfahrplan des Bürgerhauses ausgerichtet.
len in dem Stück „Don Juan in der Hölle" aus Shaw's „Mensch und Übermensch" in einer Bearbeitung von Annemarie und Heinrich Böll.

Offenbach Post, 06.10.1973

II Südost TAGESANZEIGER FÜR
Bürgerhaus bietet Theaterprogramm, das jeder Großstadt Konkurrenz macht
Neue Saison erfüllt Wünsche selbst anspruchsvollster Besucher

Frankfurter Neue Presse, 7.10.1973

ÜBER NACHT, SO SCHIEN ES BEIM BLICK AUF DAS 1973ER-VERANSTALTUNGSPROGRAMM, WAR SPRENDLINGEN ZUM TREFFPUNKT VON DEUTSCHLANDS TV- UND SHOWGRÖSSEN AVANCIERT.

Gästebucheinträge von Marika Rökk,
Zarah Leander und Heidi Kabel

Die Tourneetheater-Szene hatte Ende der 1960er und Anfang der 1970er begonnen, sich neu aufzustellen. Mit der wachsenden Zahl von Spielstätten ohne eigenes Ensemble wuchs der Bedarf an Wanderbühnen rasant. So war das renommierte, bis heute bestehende Hannoveraner Tourneetheater „Thespiskarren" erst vier Jahre vor der Bürgerhauseröffnung gegründet worden. Andere, wie das traditionsreiche Tourneetheater Euro-Studio Landgraf, hatten Ende der 1960er-Jahre damit begonnen, prominente Schauspieler für Inszenierungen zu engagieren, um sie zusammen mit hoffnungsvollen Talenten wochenlang auf Tournee zu schicken.

Die nahmen die Strapazen des bisweilen harten Tourneetheaterlebens anscheinend gerne in Kauf. Schließlich war es für junge Schauspieler in einer Zeit eingeschränkter TV-Auftrittsgelegenheiten die Top-Chance, sich bundesweit einem breiten Publikum zu präsentieren. Kurzum: Es waren die goldenen Jahre des deutschen Tourneetheaters – und das Sprendlinger Bürgerhaus samt seinem treuen Publikum profitierten davon.

ES WAREN DIE GOLDENEN JAHRE DES DEUTSCHEN TOURNEETHEATERS – UND DAS SPRENDLINGER BÜRGERHAUS SAMT SEINEM TREUEN PUBLIKUM PROFITIERTEN DAVON.

Michael Dinter:
Es gibt sie wirklich – Stars und Sternchen, aber auch arrogante Schnöselinnen. Wem bin ich in dieser Zeit nicht alles begegnet. Vico Torriani, Martin Benrath, Marika Rökk, Zarah Leander, Jürgen von Manger, Heidi Kabel, Blacky Fuchsberger, Ewald Balser, Mario Adorf, Klaus Schwarzkopf, Hannelore Elsner, Peer Schmidt, Sonja Ziemann, Götz George, Gustav Knuth. Sie waren sehr unterschiedlich. Oft ziemlich genervt vom anstrengenden Reisen auf einer Tournee. Jeden Tag in einem anderen Theater, jeden Tag in einem anderen Provinzhotel, viele Kilometer im Tourbus. Die meisten aber dankbar für unsere Hilfe. Es gab aber auch einige, die meinten, wir wären ihre Sklaven. Für manche waren wir auch einfach nur Luft. Wenn ich dann stolz meinen Eltern erzählte, wem ich mal wieder begegnet war, waren die doch ziemlich beeindruckt.

Von „goldenen Jahren" kann beim Tourneetheater inzwischen kaum noch die Rede sein. Heute, so berichtet der Branchendienst „Tourneetheater-Portal", seien ausschließlich für eine Tournee erstellte Inszenierungen „zu einem fast untragbaren Risiko" geworden: „Immer steigende Personal-, Material- und Hotelkosten, die vom Gesetzgeber vorgeschriebenen Ruhezeiten für Bus- und Lkw-Fahrer mit enormen Zusatzkosten stoßen auf reduzierte Zahlen garantierter Buchungen ...". Tourneen könnten sich heute eigentlich nur noch feste Theater leisten.

Gustav Halberstadt, der Mann der ersten Stunde im Bürgerhaus, erkannte jedenfalls schon bald die Chancen, die in jenen Tagen der Bedeutungsgewinn der Tourneetheater für ihn bot. Wurde „sein" Kulturprogramm anfangs noch von einer externen Veranstaltungsagentur gemanagt, so entschied sich Halberstadt schon knapp vier Monate nach der Eröffnung dafür, die Gestaltung des Bürgerhausprogramms selbst in die Hand zu nehmen.

Im Jahr drauf entzündete der Impresario geradezu ein Bühnenfeuerwerk, das Sprendlingen binnen kürzester Zeit in der Region südlich von Frankfurt zu einem kulturellen Zentrum machte. Und je mehr sich Halberstadt mit der deutschen Theaterszene vernetzte, desto stärker wuchs das Renommee des Sprendlinger Bürgerhauses bei Tourneetheatern und Künstleragenturen – und damit die Chance, immer exklusivere Produktionen nach Sprendlingen zu holen.

Hinzu kam, dass große Künstler das Frankfurt-nahe Sprendlingen gerne für ihre Vorpremieren nutzten, in denen sie ihre Show vor kleinerem Publikum testen konnten, bevor sie damit in großen Häusern durch die Metropolen tourten. Diesem Umstand verdankte das Dreieicher Publikum beispielsweise die Tanzshow mit Altstar Marika Rökk und dem Schlagersänger Gus Backus am 1. Juli 1973. Die Deutsche Gastspieloper Berlin mietete das Bürgerhaus im November 1973 gleich für vier Tage – für Proben der Operette „Die Schöne von Galathée", verbunden mit einer Vorpremieren-Aufführung für das Sprendlinger Publikum.

Dass Kulturinteressierte in jener Zeit Halberstadt geradezu die Bude einrannten, überraschte kaum. Füllte das Sprendlinger Bürgerhaus doch in jenen Tagen ein gigantisches

Kulturvakuum im südlichen Rhein-Main-Gebiet aus. Denn das Bürgerhaus war in Sachen Bühnenkultur zumindest im Westkreis Offenbach konkurrenzlos. So war zum Zeitpunkt der Eröffnung 1972 die Stadthalle Langen noch eine riesige Baustelle, die Neu-Isenburger Hugenottenhalle gerade erst in der Vorplanung.

Und die mit öffentlichen Verkehrsmitteln schlecht erreichbare Kreisstadt Offenbach bot ebenfalls keine wirkliche kulturelle Alternative. Zwar gab es dort seit den 1960er-Jahren das „Theater an der Goethestraße"; der einst als Synagoge genutzte Kuppelbau war allerdings in die Jahre gekommen und schon in den 1970er-Jahren wegen baulicher Schäden kaum mehr vernünftig bespielbar. Die Macher der Offenbacher Stadthalle wiederum sahen ihr Haus eher als Auftrittsort für Rock- und Popmusikbands denn als Ort für Theaterkultur.

Sieht man einmal vom Staatstheater Darmstadt ab, das just 1972 – also dem Jahr der Sprendlinger Bürgerhaus-Eröffnung – in den Neubau am Georg-Büchner-Platz umzog, blieb Sprendlinger Theaterinteressenten eigentlich nur noch das Frankfurter Schauspielhaus.

Für den Geschmack des bürgerlichen Publikums durchlebte das freilich gerade eine schwierige Phase. Der 1972 von Stuttgart an den Main gewechselte neue Generalintendant Peter Palitzsch hatte – inspiriert von den Ideen der 68er-Bewegung – gerade erst ein Mitbestimmungstheater verwirklicht. Mehrere seiner Inszenierungen lösten Proteste aus. Gerade bürgerliche Kreise, die sich eher Unterhaltungstheater wünschten als die spröde Aufarbeitung des Baader-Meinhof-Terrors, wendeten sich vom Frankfurter Schauspiel enttäuscht und verärgert ab.

So blieb für Kulturinteressierte im Westkreis Offenbach nur der Gang ins Sprendlinger Bürgerhaus. Die erwartete dort keineswegs nur „leichte Kost vom Boulevard", wie der „Sprendlinger Stadtanzeiger" am 23. November 1973 vermerkte. Gustav Halberstadt wartete von Anfang etwa mit Brecht-Klassikern wie der „Der gute Mensch von Sezuan" oder „Turandot oder der Kongress der Weißwäscher" sowie anspruchsvollem, psychologisch-tiefgründigem Kammerspiel auf. Er holte sich dabei Schauspieler-Legenden wie Martin Benrath, Mario Adorf, Hannelore Elsner, Götz George, Joachim Fuchsberger und Hardy Krüger auf die Bühne.

ER HOLTE SICH DABEI SCHAUSPIELER-LEGENDEN WIE MARTIN BENRATH, MARIO ADORF, HANNELORE ELSNER, GÖTZ GEORGE, JOACHIM FUCHSBERGER UND HARDY KRÜGER AUF DIE BÜHNE.

Was aber ebenfalls nicht außer Acht gelassen werden darf: Für viele Menschen in der Region bestand Theater bis dahin weitgehend aus TV-Aufzeichnungen aus dem Hamburger Ohnsorg- oder dem Kölner Millowitsch-Theater. Die im Bürgerhaus gezeigten Live-Aufführungen waren also für viele Sprendlinger, Dreieichenhainer oder Götzenhainer die erste große Theatererfahrung ihres Lebens. Denn trotz der relativen Nähe war das Frankfurter Schauspiel für viele gefühlt „weit weg", fremd und auch mit Schwellenängsten versehen – ein Musentempel für die „anderen".

Ähnlich erging es auch den jungen Bürgerhaushelfern der ersten Stunde.

Klaus Tscharnke, den Gustav Halberstadt 1972 als allerersten Kulissenschieber angeheuert hatte:
Ich war damals gerade 17, mit Theater hatte ich, ehrlich gesagt, nicht viel am Hut. Das änderte sich schlagartig mit dem Bürgerhaus. Auf einmal war Theater Teil meines Lebens – aber in ganz anderer Weise als gemeinhin üblich. Wer bereits am frühen Nachmittag deckenhohe, mit Leinwand gespannte Holzgerüste – die Kulissen – aus einem Lkw ins Bühnenhaus wuchtet, um sie später mit Handbohrern provisorisch im Bühnenboden zu verankern, der erlebt Theater eher von seiner desillusionierenden Seite. Hinzu kam, dass wir während der Aufführung neben der Bühne oder auf einem der Beleuchterkanzeln kauerten und so Theater eher aus der Backstage-Perspektive erlebten.

Diese erlebte Entzauberung, so muss man es wohl nennen, prägt bis heute mein Theatererleben. Wenn sich der Bühnenvorhang hebt, die Schauspieler die Bühne betreten, gilt mein

Eintrag des Londoner und New Yorker Musicalensembles „Hair", 1973

Schön und kaffeebraun

Brasil Tropical in Aktion: ein Aufgebot an Charme und Klasse, von unserem Fotografen wenho entdeckt.

Offenbach Post, 05.02.1975

erster Blick dem Bühnenbild. Dann habe ich sofort die Fragilität der wuchtigen Kulisse vor Augen, sehe in dem barocken Schloss, dem düster illuminierten Wald oder dem antiken Tempel kaum mehr als labil zusammengezimmerte Holzkonstruktionen, die mit bemalter Leinwand bespannt und wackeligen Ständerkonstruktionen oder Stahlseilen aus dem Schnürboden provisorisch gesichert sind.

Bei allem Promi-Theater – Gustav Halberstadt behielt auch das jugendliche Publikum im Blick. So brachte er mit dem Musical „Hair" Ende März 1973 eine Hommage an die seinerzeit angesagte und umstrittene Hippiebewegung auf die Bürgerhausbühne. Dabei trat keineswegs eine dritt- oder viertklassige Musicaltruppe auf, sondern die „New Yorker und Londoner Original-Besetzung", wie der „Sprendlinger Stadtanzeiger" vermerkt. Und mit der ebenso sprühenden wie freizügigen Latino-Show „Brasil Tropical" erfüllte der Bürgerhaus-Manager schließlich selbst den Wunsch manchen Sprendlingers nach einem Hauch Exotik und Erotik – in einer Zeit, in der Reisen an palmengesäumte Südseestrände oder zum freizügigen Karneval in Rio für die meisten lebenslang ein Wunschtraum blieb.

Michael Dinter erinnert sich an *„die für die damalige Zeit etwas verruchten, weil nicht ganz jugendfreien Auftritte. Am 28. März 1973 kam das amerikanische Schock- und Rock-Musical „Hair" aus den 60er-Jahren auf die Bühne ins Bürgerhaus. Da waren wir aber so was von gespannt. Hippies, die gegen den Vietnam-Krieg protestieren. Ein Musical zwischen LSD und Räucherstäbchen, freier Liebe und Esoterik. Allein schon der Bühnenaufbau, die Begegnung mit den Darstellern und das ganze Drumherum waren einfach überwältigend. Dann die Musik mit dem legendären Titel „The Age of Aquarius". Auch blitzte hin und wieder ein nackter Busen hervor. Und am 2. Februar 1975 dann „Brasil Tropical". Es war eine tolle farbenfrohe Show zu rhythmischem Getrommel und Gesang. Das Highlight waren für uns natürlich die barbusigen Tänzerinnen. Mein Kumpel Ulli und ich hatten uns einen Platz auf der Lichtbrücke über der Bühne ausgesucht und konnten somit dem Tanzfestival im wahrsten Sinne hautnah zuschauen."*

Wer nach diesem über der Dreieich ausgeschütteten kulturellen Füllhorn immer noch Zweifel an der enormen Magnetwirkung des neuen Kultur- und Theaterzentrums hatte, sah sich mit der Erstbilanz von Bürgerhausmanager Halberstadt widerlegt: Rund 75.000 Besucher kamen im ersten Jahr des Bestehens zu den Theater- und Konzertveranstaltungen, Bällen, bunten Abenden, Kongressen und Jugendveranstaltungen. „An 283 Tagen – von 366 möglichen – stand ‚ausgebucht' in Halbstadts Terminplan für die Belegung der Säle, des Foyers oder der Bühne", berichtet der „Anzeigenkurier" am 4. November 1973.

Dass der Run auf Bürgerhauskarten mitunter auch seine Schattenseite hatte, zeichnet sich schon wenige Monate nach der Bürgerhauseröffnung ab. Vor allem bei Top-Veranstaltungen, etwa der mit Marika Rökk, aber auch der Operette „Im Weißen Rössl" mit dem absoluten Publikumsliebling jener Tage, Vico Torriani, entlud sich der Ärger über ausverkaufte Karten schon mal öffentlich. Offenbar, so mutmaßte Anfang Februar 1973 die Sprendlinger FDP, müsse „man beim Kartenvorverkauf über Beziehungen verfügen".

Gustav Halberstadt konterte prompt: Dass Karten für das „Weiße Rössl" binnen eineinhalb Stunden ausverkauft seien, habe andere Gründe. Einige Käufer versorgten anscheinend ihren halben Verein – und verließen die Vorverkaufsstellen mit bis zu 35 Tickets. Künftig werde man Karten in dieser Menge wohl nicht mehr abgeben ...

Was bis heute erstaunt: Das spektakuläre Bühnen-Feuerwerk finanzierte sich im ersten Jahr weitgehend selbst. Mal abgesehen von 276.700 Mark Unterhaltskosten für den neuen Bürgertreff kam das Kulturprogramm selbst mit gerade mal 40.000 Mark an städtischen Zuschüssen aus. Ganz offensichtlich hatte der Kartenverkauf die Gagen der Tourneetheater und die Kosten anderer Kulturveranstaltungen zu großen Teilen gedeckt – ein Deckungsgrad, von der heute vor allem öffentliche Theater nur träumen können.

Kaum vorstellbar ist aus heutiger Perspektive auch, dass der gesamte Bürgerhausbetrieb mit seinen 283 Tages- und Abendveranstaltungen im ersten Jahr von gerade mal vier fest angestellten Mitarbeitern gemanagt wurde: Neben Gustav Halberstadt waren das dessen Sekretärin Rosi Katzer und die Hausmeister Heinz Eibisch und Wolfgang Pfaff.

RUND 75.000 BESUCHER KAMEN IM ERSTEN JAHR DES BESTEHENS ZU DEN THEATER- UND KONZERTVERANSTALTUNGEN, BÄLLEN, BUNTEN ABENDEN, KONGRESSEN UND JUGENDVERANSTALTUNGEN.

Nicht vergessen werden darf freilich das von Halberstadt bald nach der Eröffnung angeheuerte Team von „Bürgerhaushelfern" – ein halbes Dutzend ältere Schüler, die überall dort einsprangen, wo gerade Not am Mann war. Sie wurden als Kartenkontrolleure eingesetzt, halfen bei der Bestuhlung, unterstützten die Hausmeister bei Umbauten, übernahmen Nachtwachen oder halfen bei der üppigen Faschingsdekoration für die tollen Tage. Hauptsächlich aber unterstützten die Bürgerhaushelfer, später neudeutsch „Hands" genannt, die Bühnenmeister der Tourneetheater beim Aufbau der Kulissen oder sorgten als Kulissenschieber für einen raschen Bühnenumbau in den Pausen.

Michael Dinter:

„Ein normaler Tag mit einem Tourneetheater lief meistens so ab: Gegen Nachmittag wurde der Lkw mit dem Bühnenbild erwartet. Sehr oft kam er zu spät, was uns aber nichts ausmachte, denn auch die Wartezeit wurde bezahlt. Wenn er hinten an der Rampe andockte, ging es los. Oft war es ein Fahrer, der gleichzeitig auch für den Bühnenaufbau zuständig war. Wir schleppten dann die Bühnenelemente auf die Bühne und lehnten sie erst mal an die Wand oder legten sie behutsam auf den Boden. Sie bestanden meistens aus Sperrholz und hatten nach hinten ausklappbare Ständer. Nachdem der Bühnenmeister die Örtlichkeit gecheckt hatte, ging es an das Aufbauen. Mit Bühnenbohrer wurden sie dann am Boden fixiert.

Wurde das Bühnenbild während der Veranstaltung gewechselt, kamen diese Teile erst mal ganz nach hinten oder in den Vorraum, wie auch anderes Inventar wie Tische, Stühle etc. Stressig wurde es, wenn die Ständer ausgeleiert waren, die Sperrholzplatten schon Löcher hatten oder die Farbe abgeplatzt war. Dann wurde versucht, sie zu reparieren. War die Veranstaltung eher am Ende der Tournee, wirkte das Bühnenbild meist schon ziemlich mitgenommen. Dann musste oft improvisiert werden. Das hatten wir mit der Zeit schon ganz gut drauf. Musste das Bühnenbild während der Vorstellung umgebaut werden, musste jeder Handgriff sitzen. Dafür bekamen wir meist eine Einweisung vom Bühnenmeister und probten es, wenn es ging.

Nach der Vorstellung hieß es: Alles wieder in den Lkw. Da ging auch manchmal etwas kaputt, je nachdem wie voll der Lastwagen geladen war. Das wurde dann aber meistens erst bei der nächsten Station erledigt. Oft schlief der Fahrer in der Nacht in seinem Lkw und fuhr am nächsten Tag zum nächsten Auftritt. Wir fielen dann meistens ziemlich erschöpft, oft auch erst nach Mitternacht, in unsere Betten. Das fanden meine Eltern dann nicht gut, weil wir ja am nächsten Tag meist in die Schule mussten."

... und dann waren da noch die legendären Nachtwachen auf Sprendlingens Weihnachtsmarkt auf dem Bürgerhaus-Vorplatz. Michael Dinter erinnert sich:

„Weihnachten 1973 und 1974 fand auf dem Platz vor dem Haupteingang zum Bürgerhaus der Sprendlinger Weihnachtsmarkt statt. Wir wurden gefragt, ob wir nicht die Nachtwachen übernehmen könnten. Immerhin lagen die angebotenen Waren offen an den Ständen aus. Das ließen Ulli und ich uns natürlich nicht nehmen. Wir wurden ja stundenweise bezahlt und das waren ca. zehn Stunden pro Nacht. Ich weiß nicht mehr genau, was wir damals pro Stunde bekamen, aber ich glaube, es waren so um die fünf Mark, und das war für uns richtig viel Geld. Es gab einen Bauwagen, in dem wir es uns mit einem kleinen Ölofen warm halten konnten. Leider neigte er dazu, öfters mal auszugehen, was uns neben der Beaufsichtigung schon ziemlich beschäftigte. Einige der Marktbetreiber hatten uns erlaubt, etwas von ihren Süßigkeiten und Gebäck zu nehmen. Das haben wir dann auch ausgiebig getan. Was wir am nächsten Morgen aber bitter bereuten. Es war einfach zu viel geworden. Wacker haben wir dann in den frühen Morgenstunden gegen das aufkommende Schlafbedürfnis kämpfen müssen. Ich möchte nicht ausschließen, dass der Weihnachtsmarkt für kurze Zeit auch mal unbewacht war. Gott sei Dank ist aber nichts passiert."

„DAS IST UNSERE WOHNZIMMER-BÜHNE"

LIEBESVERHÄLTNIS: BADESALZ-PREMIEREN NUR IM BÜRGERHAUS

Von Henni Nachtsheim und Gerd Knebel

Was ist eigentlich eine Wohnzimmer-Bühne?

Nun, fangen wir erst mal mit dem an, was wir Künstler als eher „normale Bühnen" bezeichnen. Das sind all die Bretter, die – laut Friedrich Schiller – die Welt bedeuten, und auf denen wir im Laufe einer Tour auftreten. Für uns bei „Badesalz" befinden sich diese Bretter zwar nicht in London oder Paris, dafür aber immerhin in Wetzlar, Stuttgart, München, Berlin oder auch Offenbach, wo wir in der Regel in Theatern, Stadthallen oder Bürgerhäusern spielen. Da wir immer ziemlich aufwendige Bühnenbilder haben, dürfen die Bühnen möglichst nicht zu klein sein, sollten zudem mit ausreichend Scheinwerfern ausgestattet sein und ihre Böden aus richtigem Holz oder zumindest gutem Laminat bestehen. Darüber freuen sich nämlich besonders unsere nicht mehr ganz so jungen Knochen, vor allem die in den Füßen!

Und da wir seit Jahrzehnten immer wieder auf solchen Bühnen auftreten dürfen, wäre das natürlich schon ausreichend Grund, damit mehr als zufrieden zu sein. Zumal wir meist auch noch sehr anständige Garderoben haben und ... was noch wichtiger ist ... in den meisten Häusern überwiegend nette Menschen arbeiten!

Aber als wäre das nicht alles schon schön genug, gibt es da zu allem Überfluss auch noch diese eine, diese andere, diese ganz besondere Bühne ... die wir auch „unsere Wohnzimmerbühne" nennen! Die im Bürgerhaus Dreieich-Sprendlingen!

Zusammenarbeit seit zwei Generationen

Gefühlt sind wir dort schon einige Tausend Mal aufgetreten in den letzten 30 Jahren. Meist zu zweit, aber auch mit unseren Solo- oder Musikprogrammen. Auf keiner anderen Bühne haben wir öfter gestanden als auf der in Dreieich, und so ist es natürlich auch kein Wunder, dass sich da im Lauf der Zeit eine enge Freundschaft zwischen ihr und uns entwickelt hat. Wobei man natürlich dazusagen muss, dass wir, wenn wir von der Bühne reden, nicht nur den Boden unter unseren Füßen meinen. Zu so einer Bühne gehören nämlich natürlich auch all die, die für sie sorgen! Weshalb es rund um so eine Bühne verschiedene wichtige Abteilungen gibt. Eine, die dafür zuständig ist, dass genügend Auftritte und Veranstaltungen gebucht werden, für die dann die Karten verkauft werden. Eine, die sich darum kümmert, dass auch hinter der Bühne alles vorhanden ist, was der Künstler so braucht. Und natürlich eine, die sich um die Technik kümmert! All diese

ALL DIESE ABTEILUNGEN GIBT UND GAB ES IN DREIEICH SCHON IMMER UND OHNE AUSNAHME, BESETZT VON KOMPETENTEN UND SUPERNETTEN LEUTEN!

Abteilungen gibt und gab es in Dreieich schon immer und – ohne Ausnahme – besetzt von kompetenten und supernetten Leuten!

Genau deswegen haben wir schon ab dem dritten Programm all unsere Premieren nur noch in Dreieich stattfinden und dort auch gleich mehrere unserer Tour-Abschluss-Abende aufzeichnen lassen! Denn das Gefühl, dass man als Künstler willkommen ist und gemocht wird, ist nach wie vor unbezahlbar. Genauso übrigens die Tatsache, dass wir dort immer schon einige Tage vor einer Premiere unser Bühnenbild aufbauen und zusammen mit unseren Technikern proben dürfen! Was alles andere als selbstverständlich ist!

So, das erst mal zum Liebesverhältnis Badesalz/Bürgerhaus Dreieich und unserem tief freundschaftlichen Verhältnis zur Familie Halberstadt, mit der wir dort schon seit zwei Generationen zusammenarbeiten!

Bier und Busen-Attentat

Aber so ein Rückblick wäre sicher nicht wirklich komplett, wenn man nicht auch ein paar Begebenheiten erzählen würde.

Unvergessen zum Beispiel unser erster Auftritt hier. Davor hatten wir nur auf deutlich kleineren Bühnen gespielt, in Jugendzentren, in Freizeitclubs oder Gaststättensälen. Und auf einmal standen wir mit unserem ersten Programm „Das Super-Dong-Dong" auf dieser ungewohnt großen Bühne, auf der unser minimalistisches Bühnenbild fast zu verschwinden schien.

Obwohl wir ziemlich aufgeregt waren, fühlten wir uns von der ersten Minute an wohl, genossen es sehr, endlich mal mehr Platz zum Spielen zu haben und uns mit deutlich besserem Licht und Ton präsentieren zu können. Außerdem roch die Bühne nach Bohnerwachs. Wunderbar! Es wurde ein super Abend mit einem sehr gut gelaunten Publikum und war der Auftakt für viele weitere sehr schöne Auftritte in Dreieich! Bei denen es ab und zu auch mal durchaus Überraschungs-Momente für uns gab!

Einmal spielten wir gerade eine Szene, als plötzlich zwei offenbar nicht mehr ganz nüchterne Typen vor der Bühne standen, ein paar Bierdosen auf den Bühnenrand stellten, um dann bei totenstillem Saal lallend zu sagen: „Hier, des is mal richtiges Bier!" Wir guckten ihnen kurz hinterher, dann meinte Gerd nur zu mir: „Die kenn ich! Des sind die zwei Jungs vom Mathias Rust. Die sind net ganz dicht!"

Zur Erklärung: Mathias Rust war ein durchgeknallter Pilot, der ein paar Jahre zuvor mit einer Cessna auf einer Brücke nahe des Roten Platzes in Moskau gelandet war, und Glück gehabt hat, dass er damals nicht von russischen Abfangjägern abgeschossen worden war! Und weil das an diesem Abend in Dreieich jeder wusste, sorgte Gerds Bemerkung für ziemlich große Belustigung!

Das Super

DONG DONG

ein Comedy Krimi

vom Badesalz-Theater

15. + 16. August '89
Bürgerhaus Sprendlingen
Einlaß: 19.30 Uhr Beginn: 20.00 Uhr
Eintritt: DM 10,– zzgl. Verkaufsgebühr • Abendkasse DM 12,–

Vorverkauf: Frankfurt: Kartenkiosk Sandrock, Hauptwache B-Ebene Passage • **Dreieich:** Bürgerhaus Dreieich-Sprendlingen, Theaterkasse und „Karten per Post" Tel. 0 61 03 / 60 00 31; Lebensmittel Damm, Buchschlag; Reisebüro Brühl, Sprendlingen; Hayner Reisebüro, Dreieichhain; Genossenschaftsbank Götzenhain; Außenstelle der Stadt Dreieich, Offental • **Neu-Isenberg:** Hugenottenhalle, Frankfurter Straße • **Langen:** Buchladen, Wassergasse • **Darmstadt:** Akzent-Buchladen, Lauteschläger Straße.

Es spielen:
Gerd von „Flatsch"
und
Hendrik von den „Rodgau Monotones"

hessischer rundfunk
hr

Diese Veranstaltung wird vom Hessischen Fernsehen aufgezeichnet.

Karten an allen bekannten Vorverkaufsstellen.

„Un' vom Gerippte in de ‚Häbbät' nei"

„Badesalz" im Bürgerhaus: „Seide heiß?"

Sprendlingen (mho) – Für 21 Mark kann man käuflich erwerben: eine Staude Bananen (fünf „Baneensche"), drei Dosen Clausthaler (Alkohol für Abstinenzler), vier (einfaltslos) bemalte Ostereier, ein Spültischmatte aus Plastik (günstig: 1,19 Mark), einen Sack Zwiebeln (fünf Kilo, Handelsklasse 2), eine Packung Kondome (gefühlsecht, fünf Stück), eine Damenstrumpfhose (schwarz, elastisch), einen Satz Hühneraugenpflaster und einen Ring Fleischwurst (abgepackt mit Nitritpökelsalz, Stabilisator und Geschmacksverstärker) – oder eine Eintrittskarte (Abendkasse) fürs Badesalztheater.

Badesalz-Gerd: „Des is de Rack". Foto: Debes

Thema: Das Kultstück „Der König und Frau Batz". Die meisten nennen's ein Märchen, aber die meisten sagen, es ist eine Comedy, würde Gerd Knebel (breitester Scheitel, Charakterkopf), Unikum des Zweimann-Ensembles, wohl auseinanderklamüsern. Zuhausegebliebenen oder der großen Schar derer, die einfach nie 'ne Karte kriegen, sei's gleich gesagt: Ihr habt gewaltig was versäumt.

Und das war's dann: Ort: Bürgerhaussaal, heringseng. Bühne: Henny und Gerd, das Salz in der Badesuppe (Na, seide heiß?"), Zuschauerraum: die Fangemeinde, bewaffnet mit Fleischwurstringen, Riesenbananen, haufenweise guter Laune und nicht zu schocken („Na, ihr schlicht gestrickten Menschen da unten"). Dauer: satte zweieinhalb Stunden mit dem obligatorischen Finale „Und tschüs".

Programm: Der König, der eine Frau sucht (bös witzig), sein schlimmer Bruder („de Didä"), die Frau Batz am Telefon („Ham Se en Femmewache bei de Polizei übbrisch?", Herbert, der Bembelwirt („Stöffsche in de Bembel, vom Bembel ins ‚Gerippte', vom ‚Gerippten' in de Häbbät"), die nervige Annemarie aus Duisburg, der derbe Karli-Sepp aus Wuppertal mit seiner kurzen Lederhose („Immer, wenn i hinsitz', hangt mei Schwanzl raus") und der Schauspieler, der keine Rolle abbekam, sich aber die Halle anschauen wollte („Echt schö habters hier, un do hinne obbe des Licht").

Humor: derb bis schwarz, so gerade nach dem Geschmack des versammelten Volkes, bisweilen beträchtlich jenseits der Gürtellinie („Didä, Du Sau"). Kostüme: grell, greller, am grellsten (Henny als Riesen-Lutschbonbon). Tanz: zum Brüllen. Gesang: Konserve und live – hitverdächtig (Ein schöner Ahahabend, I still haven't found ...) Zuschauerreaktionen: begeistert (Zugabe-Rufe noch vor Beginn der Vorstellung). Begabung: Badesalz eben, das genügt doch).

Stimmen vor Beginn: „Wenn isch gwußt hätt, dasses sou voll wäd, abbä velleischd bleibt ja was frei". Ein Späßlein, wie sich herausstellte.

Lacher: vereinzelt. Gegröle: ständig. Stimmen am Schluß: „Jetzt derf isch mir widder e Woch' im Büro die Witz anhörn. Vom viele Lache hab isch Hunger gegrischd, esse mer e Pizza?".

Offenbach Post, 20.03.1992

Asbestfaser Andy singt, heiße Luft knottert

Tradition seit 1994: Badesalz-Duo probt im Bürgerhaus Sprendlingen die neue Show / Comedy und Comic zu viert

VON PETER HOLLE

DREIEICH · 23. SEPTEMBER · Das haben selbst Altgediente des Bürgerhauses Sprendlingen noch nicht erlebt. Auf dem Podium von Fichtestraße 50 schmettert Andy, die singende Asbestfaser, ihren Song „Das Leben ist ein Fachwerkhaus". Und ein „eigenartiges Wesen" namens „die heiße Luft" ätzt und knottert ihr übelstes Rodgauerisch über die Rampe. Mittenmang ein Mädchen, das dem hier statthabenden Comedy-Märchen den Titel gibt: „Das Baby mit dem Goldzahn".

„Das Ganze ist die hessische Sichtweise auf Rotkäppchen", behauptet Gerd Knebel, Ex-Flatsch-Barde und 50 Prozent des hier auftrumpfenden Badesalz-Blödelduos. Und stellt gleich richtig: „Ist nix für Kinder – dazu ist es teilweise zu obszön." „Auf jeden Fall machen wir etwas, das komplett in eine andere Richtung geht", präzisiert Comedy-Kumpel Henni Nachtsheim (ehemals: Rodgau Monotones).

Frankfurter Rundschau, 24.09.2004

Ein anderes Mal stand ich als Polizist Walter Schmidt allein vorne am Bühnenrand und wollte in der Rolle einen Witz erzählen. Als Überbrückung, bis Gerd sich hinten umgezogen hatte. In der ersten Reihe links von mir saß eine größere Gruppe von jungen Frauen, offensichtlich eine zusammengehörige Clique. Also beschloss ich, den Witz in ihre Richtung zu erzählen. Und während ich das machte, schaute sich die auf dem äußersten Platz am Ende der Reihe sitzende Frau kurz um, zog dann ihr Oberteil samt BH hoch und zeigte mir grinsend ihre Brüste. Ich kann mich nicht daran erinnern, dass mich etwas je mehr aus dem Konzept gebracht hat als dieser Moment! Jedenfalls erzählte ich stotternd den Witz vollkommen falsch, worauf mich das Publikum nur fragend anschaute, während ich Gerd hinterm Vorhang kreischend lachen hörte. Als ich noch mal zu ihr sah, hatte die schon wieder alle Klamotten nach unten gezogen und lächelte mich unschuldig an.

Die Zechpreller von der „Eintracht"

Auch unvergessen bleibt dieser „Eintracht-Abend"! Ein paar Tage vor unserer Premiere mit „Uffgeplugged" hatte mich Andy Möller angerufen, der zu dieser Zeit bei Eintracht Frankfurt spielte und den ich schon einige Zeit kannte.

„Henni, Ihr spielt doch nächste Woche in Sprendlingen! Mer wollte allesamt komme, aber es is ja alles ausverkauft!" „Moment Andy, wer ist, allesamt'?" „Ei die komplette Mannschaft! Samt Frauen!" „Aha, und wie viel Leute wärt Ihr?" „So um die vierzig!" „Okay, Andy, ich guck, was ich machen kann ..." Direkt nachdem ich aufgelegt hatte, rief ich Gustav Halberstadt an, den damaligen Bürgerhaus-Chef. „Gustav, Du weißt, ich bin schlimmer Eintracht-Fan, und wenn Du irgendeine Idee hast, wie wir die Mannschaft samt Anhang noch reinbekommen, wäre ich Dir ewig dankbar!" Er überlegte kurz und sagte dann: „Ich hab's! Wir stellen noch die Reihe null auf, direkt vor die erste Reihe. Das müsste gehen!" Also rief ich Andy Möller wieder an und sagte ihm, dass das klappen würde.

Dann kam der große Abend. Ich betrat die Bühne und direkt vor mir saßen meine Helden. Andy Möller, Lothar Sippel, Manni Binz, Uli Stein und und und. Nach dem Auftritt zogen Gerd und ich uns schnell um und gingen dann ins Restaurant. Wo die gesamte Mannschaft an langen Tischen saß und uns freundlich applaudierend begrüßte. „Und, wie ist das für Dich?", frage Gerd. „Poh, ich könnt grad platzen vor Stolz!" Was es wirklich traf. Der weitere Verlauf des Abends war großartig. Wir feierten den schönen Auftritt und fast jeder der Spieler kam, bevor er nach Hause fuhr, noch mal zu uns an den Tisch, um zu sagen, wie gut es ihm gefallen hatte. Schließlich saßen nur noch Gerd und ich alleine im Raum. Er nickte mir zu. „Ich geh noch mal für kleine Jungs ... Du kannst ja schon mal bezahlen!"

Als der Kellner kam, sagte ich: „Ich zahl, was noch offen ist!"

Woraufhin er prüfend auf seinen Block schaute, die Augenbrauen leicht nach oben zog und dann meinte: „Gut, das sind dann 985 Mark!"

Als ich am nächsten Morgen Andy Möller anrief, war ich immer noch fassungslos. „Andy, wir haben Euch 40 Freikarten gegeben, ihr wart komplett umsonst in der Show! Und dann schlagt Ihr Drecksäcke Euch danach den Magen voll und haut ab, ohne dass auch nur einer von Euch bezahlt! Kannst Du mir das mal erklären?" Er überlegte einen kurzen Moment, und meinte dann: „Ich glaube, das nennt man ‚mannschaftliche Geschlossenheit'!"

Ich gebe zu, dass ich, nachdem ich aufgelegt hatte, darüber lachen musste! Ob sie nachträglich bezahlt haben? Natürlich nicht! Profi-Fußballer zahlen nie selber!

Natürlich gäbe es noch viele weitere kleine Geschichten rund um das Bürgerhaus Dreieich und uns. Wie zum Beispiel die, als die Mitglieder einer amerikanischen Musicalgruppe vorm Haupteingang ausstiegen, im Schaukasten das Plakat von uns sahen und zusammenbrachen vor Lachen. Weil „Super Dong-Dong" in der englischen Umgangssprache eher so was wie „Super Schwanz-Schwanz" bedeutete!

Geballte Blödeleien vom Badesalz-Duo
Bürgerhaus-Saal restlos ausverkauft

Dreieich Stadtanzeiger, 01.06.1991

PROBEBÜHNE FÜR LAS VEGAS

MIT 14 ZAUBERTE HARRY KEATON ERSTMALS IM BÜRGERHAUS

Von Dr. Harry Keaton

Das Bürgerhaus Dreieich: Als Kind war das für mich ein Ort, der Sehnsucht weckte und meine Träume beflügelte. Das Tor zur Welt der großen Shows und des Theaters. Ein magischer Ort. Wie ein roter Faden zieht sich dieses Gebäude mit der Rotlava-Fassade durch mein Leben.

Das Haus selbst ist keiner dieser imposanten Prachtbauten mit repräsentativem Anspruch. Es ist kein erhabener, majestätischer Kulturtempel – natürlich nicht. Es will sich nicht messen mit den prächtigen Theatern am New Yorker Broadway, die ich während meiner Zeit in den USA immer wieder aufsuchte. Und das Bürgerhaus widmet sich nicht ausschließlich „dem Wahren, Schönen, Guten" – was auch immer das ist. Hier ist vieles möglich: Ü-Ei-Börsen, Hauptversammlungen, Abi-Feiern, Ausstellungen ... vor allem aber wird hier ein hochkarätiges, abwechslungsreiches Programm quer durch alle Sparten geboten. Dieses Haus ist schon etwas Besonderes.

ER GAB MIR DEN KLUGEN, DAMALS ABER NICHT GERN GEHÖRTEN RAT, ERST EINMAL ETWAS „RICHTIGES" ZU LERNEN.

Journalist und Magier

Als kleiner Junge beeindruckte mich der gewaltig wirkende Orchestergraben, der sich lautlos, wie von Geisterhand, hoch- und hinunterbewegte. Ich war verblüfft, als sich die kleine Tür an der Bühnen-Laderampe als Teil eines großen Rolltors entpuppte und sich einfach mit aufrollte. Denke ich ans Bürgerhaus, erinnere ich mich an Herzklopfen und freudige Erwartung. Mit 14 Jahren durfte ich dank Gustav Halberstadt eine „magische Revue" präsentieren – damals noch unter meinem bürgerlichen Namen „Harald Kurz". Eine erste, eigene Show mit Tänzern und Musikern. Mein Name groß auf einem Plakat. Uiii, war das aufregend! Das Adrenalin flutete den Körper und trug dazu bei, dass ich fleißig an meinen Zaubertricks übte und die Schulaufgaben vernachlässigte. Manchmal muss man eben Prioritäten setzen.

Mit Gustav beratschlagte ich mich seinerzeit, worauf es denn als Entertainer und Magier ankäme. Er gab mir den klugen, damals aber nicht gern gehörten Rat, erst einmal etwas „Richtiges" zu lernen. Um diese Zeit verfasste ich bereits Artikel für die Lokalzeitungen im elterlichen Verlag. Mit Vorliebe schrieb ich über Aufführungen im Bürgerhaus – als „Journalist" hatte ich schließlich freien Eintritt und machte davon regen Gebrauch. Zuweilen durfte ich Interviews mit Größen aus Show und Film führen. Mit der Schweizer Schauspielerin Ursula Monn etwa oder der Showlegende Hans-Joachim Kulenkampff. Und was staunte ich, wenn ich in dem Gästebuch mit den Künstlern blätterte: Wer hier schon alles aufgetreten war!

Dr. Harry Keaton, Pressefoto

Dr. Harry Keaton bei der Probe

Multimediales Magie-Spektakel

„The Brain" Harry Keaton im Bürgerhaus

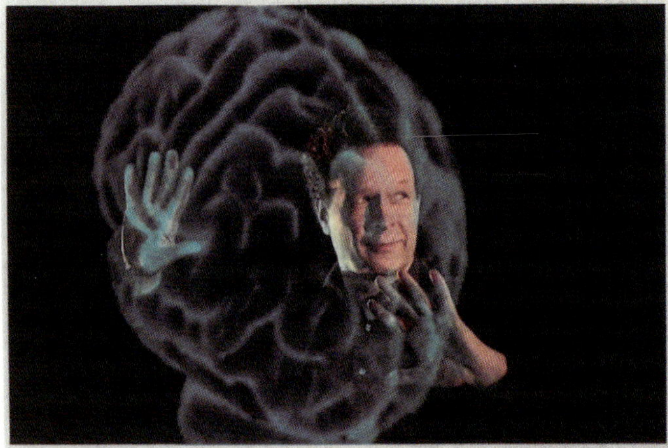

Das Gehirn ist unser komplexestes Organ. In einer Show mit spektakulären 3D-Projektionen mischt Dr. Harry Keaton Fakten und Fiktion auf höchst unterhaltsame Weise. FOTO: VERANSTALTER

Dreieich – Sie haben noch nichts vor an diesem Freitag? Dann lassen Sie sich verzaubern! Der Magier, Hirnakrobat, Moderator und Redner Dr. Harry Keaton stellt am 20. Mai, 20 Uhr, seine Show „The Brain" im Bürgerhaus vor. Der Mann mit den Dreieicher Wurzeln, bürgerlich Harald Kurz, ist ein erstklassiger Illusionist, sorgte mit seinen Programmen auch schon in etlichen Fernsehshows für Verblüffung. Vor Kurzem hatte der Unterhaltungskünstler seinen ersten Auftritt in Las Vegas.

Am Freitag geht's um das Gehirn. Der Magier präsentiert ein multimediales Spektakel: Gehirnakrobatik, mentale und visuelle Magie, Animation – kombiniert mit viel Humor. Und Keaton erklärt, was es mit der Schwarmintelligenz auf sich hat oder was ein Mensch durch Multitasking bewirken kann. Die Show beruht auf einer geschickten Lenkung der Wahrnehmung – in Verbindung mit seinem „magischen" Denken.

Karten kosten 18, 21 und 24 Euro. Sie sind im Bürgerhaus, Fichtestraße 50, ☎ 06103 60000, zu haben. fm

Offenbach Post, 18.5.2022

Das Haus ist etwas Besonderes

Vielleicht spielt mir mein Gehirn einen Streich, aber ich kann mich nicht entsinnen, dass irgendwann irgendjemand aus dem Bürgerhaus-Team unfreundlich oder abweisend gewesen wäre. Im Gegenteil, jeder ist hilfsbereit und in das Gelingen verliebt. Zur Kultur gehört eben auch, Stühle zu stapeln, schwere Podeste zu bewegen, Programmhefte zu gestalten, auf Befindlichkeiten von Künstlern und Zuschauern einzugehen und sich – besonders in Prä-LED-Zeiten – an heißen Lampen die Finger zu verbrennen. Viele fähige Leute arbeiten hier und sie ziehen engagiert und mit viel Herzblut an einem Strang. Dieses Haus ist etwas Besonderes.

Als Hans Obermann 1982 die StudioBühne Dreieich gründete, war ich als Ensemble-Mitglied dabei. Nun raten Sie mal, wo wir unser erstes Kinderstück „Rasmus und der Landstreicher" aufführten …

Drei Jahre später hatte ich wieder großes Herzklopfen: Die StudioBühne und ich teilten uns den Förderpreis der Stadt Dreieich, verliehen natürlich im Bürgerhaus. Dann durfte ich auf den Brettern dieses Hauses weitere magische Aufführungen gestalten, die Laudatio zum 50-jährigen Bestehen der Ricarda-Huch-Schule halten, für Auftritte in Las Vegas proben, die Premiere meiner Show „The Brain" feiern, mit Benjamin Halberstadt über unsere geplante Tournee sprechen … unzählige Bilder kommen mir in Verbindung mit dem Bürgerhaus in den Sinn.

Hier und da blitzt im Haus der spröde Charme der Mehrzweckhallen aus den 1970ern durch. Auf den ersten Blick kommt das Gebäude zweckgerichtet, unprätentiös und ein wenig nüchtern daher. Aber schon die verspielten, schwungvollen Wandarbeiten der Bildhauerin Inge Hagner weisen über den reinen Zweck hinaus, hin zu einem künstlerischen Anspruch.

ZUR KULTUR GEHÖRT EBEN AUCH, STÜHLE ZU STAPELN, SCHWERE PODESTE ZU BEWEGEN, PROGRAMMHEFTE ZU GESTALTEN, AUF BEFINDLICHKEITEN VON KÜNSTLERN UND ZUSCHAUERN EINZUGEHEN.

NAHE BEI DEN BÜRGERN, BEI DEN MENSCHEN. ALLES WIRKT GEERDET, NICHT ÜBERKANDIDELT, UND VIELLEICHT WIRD GERADE DESHALB AN DIESEM ORT SO BEMERKENSWERT VIEL PROGRAMM GESTEMMT.

An vielen Stellen entdecke ich immer wieder Kunstwerke und verspielte, liebevolle Details: Die Hoschebaa-Figur des Sprendlinger Urgesteins und Künstlers Hermann Will. Werke von so renommierten Künstlern wie Barbara Beisinghoff oder Ottmar Hörl. Eine Skigondel mit Soundanlage. Einen Werkzeugkasten namens Eußner: Gewidmet ist er Herbert Eußner, der 34 Jahre lang im Dienste der Stadt Dreieich und der Gemeinde Buchschlag arbeitete und tüftelte. Im Bürgerhaus hat er mit seinen praktikablen, cleveren Konstruktionen viele Spuren hinterlassen.

Neulich zeigte mir ein Mitarbeiter die „Z-Brücken". Das sind zwei schlauchförmige Gänge über dem Zuschauerraum. Darin hängen Scheinwerfer. Diese Brücken sind - schon das ist ungewöhnlich - nur übers Dach zu erreichen. Während die Zuschauer im Warmen und Trockenen sitzen, ist oben bei Wind und Wetter ein Techniker zugange. Einer dieser Z-Brücken ist übrigens nur kriechend nutzbar; das mutet kurios und geradezu kafkaesk an. Ja, dieses Haus ist eben etwas Besonderes.

Die Lust am Machen

Trotz der drei winkligen Erhebungen auf dem Dach wirkt das Gebäude flach, nahe am Boden. Vielleicht sollte ich besser sagen: nahe bei den Bürgern, bei den Menschen. Alles wirkt geerdet, nicht überkandidelt, und vielleicht wird gerade deshalb an diesem Ort so bemerkenswert viel Programm gestemmt.

Glauben Sie, ein Haus kann leben? Im Allgemeinen nicht. Und doch kommt es mir beim Bürgerhaus so vor, als atme es den Geist seiner Macher und Akteure. Eine Art kindliche Freude am Spiel, eine ungeheure Lust am Machen prägen dieses Haus. Wie ein Künstler, der sich immer wieder neu erfindet, verändert und wächst auch dieses Haus. Es reckt und streckt sich in den angrenzenden Bürgerpark hinein oder hinaus auf die Parkterrasse. In Zeiten, wo andere Häuser wegen Corona resignieren, suchen und finden die Bürgerhaus-Macher*innen Wege, die kulturelle Grundversorgung ihrer Stadt zu sichern.

Mit viel Leidenschaft im Gepäck hat das Team in fünf Jahrzehnten unglaublich viel bewegt. Kein Wunder, dass viele bekannte Kunstschaffende diesem Haus herzlich verbunden sind ... Badesalz zum Beispiel oder Sabine Fischmann, Vince Ebert, Michael Quast, Ulrike Neradt, Birgit Nonn, Matthias Richling und viele mehr.

Dieses Haus ist etwas Besonderes, ein Glücksfall für Dreieich. Es ist ein wichtiges und wertvolles Aushängeschild. Mit seinem großen Renommee weit über die Region hinaus trägt das Bürgerhaus auf herausragende Weise zur Identität der Stadt bei.

ABSURDES UND EIGENES IN „ATOMWAFFENFREIER ZONE“

ZEHN JAHRE KOFFERTHEATER UND GUSTAVS DICKES TERMINBUCH

Von Alfred (Ali) Dietrich

Es war heiß am Ende, der Beifall bei der Zugabe sehr laut. Ja, es war der reine Wahnsinn! Vor uns der brechend volle, ausverkaufte Große Saal des Bürgerhauses! Standing ovations. Die 850 Zuschauer wollten nicht aufhören zu applaudieren. Eine einzige klatschende, pfeifende Menge, die gegen das grelle Scheinwerferlicht nur schemenhaft wahrzunehmen war. Wir verneigten uns zum x-ten Mal. – Wir alle waren im siebten Himmel. Für uns ein so nie da gewesener, denkwürdiger Abend. Man schrieb das Jahr 1991. Das Koffertheater mit TOTAL SAT(T) auf der Bühne des Bürgerhauses.

Satirische Pfeile zielen auf das Fernsehen

Koffertheater Dreieich bringt im Bürgerhaus Sprendlingen die Revue „Total Sat(t)

Dreieich (pam) - Eine Persiflage auf die deutsche Fernsehunterhaltung bringt das Koffertheater Dreieich mit seiner musikalischen Revue „Total Sat(t)“ am Freitag, 27. Oktober, 20 Uhr, auf die Bühne im Bürgerhaus Sprendlingen. Vor drei Monaten hatte das Stück, das in der Zwischenzeit auf Bühnen im gesamten Bundesgebiet zu sehen war, dort Premiere gefeiert.

„Total Sat(t)“ stammt aus der Feder des Götzenhainers Alfred Dietrich, der auch Regie führt. Seine satirischen Pfeile richten sich gegen die „tägliche, mit Werbung durchtränkte TV-Unterhaltungslawine“. In Dietrichs imaginärer Fernsehshow agieren „abgebrühte Moderatoren“, „flockige Assistentinnen“, „abgehangene Showgrößen“ und „aufregende Quizkandidaten“.

Live erleben die Zuschauer einen Wettkampf „Mensch gegen Maschine“ mit und eine Saalwette, können mit dem Champion beim Wettlauf gegen die Uhr zittern, den „Schadstoff der Woche“ wählen, sich diebisch über Beobachtungen mit der versteckten Kamera freuen oder in einem Film mitspielen.

Die acht Hobby-Schauspieler des Koffertheaters übernehmen in der etwa zweistündigen Inszenierung fast alle mehrere Rollen.

Was wäre das deutsche Fernsehquiz ohne Showeinlagen? In „Total Sat(t)“ haben (von links) Claudia Arnold, Mareile Vogel und Gudrun Thassler diesen Part übernommen. Foto: p

Sprendlinger Stadtanzeiger, 1989

Der Chef des Bürgerhauses stand während der Show – wie immer regungslos – in der Eingangstür ganz vorne links, halb vom Türvorhang verdeckt. Dann kam er, Gustav Halberstadt, zu mir hinter die Bühne, reckte den Daumen nach oben. „Gut, gut, mein Lieber!!" Sprachs und verschwand in der Dunkelheit. Für seine Verhältnisse schon fast ein Überschwang.

In der Woche drauf saß ich in seinem Büro. Er hatte sein dickes Terminbuch vor sich liegen, er hatte **immer** sein dickes Terminbuch vor sich liegen: „Wir machen die Hütte ein zweites Mal voll, was meinst Du?" Ich war sprachlos. Er blätterte lange in seinem Buch: „Mit ein bisschen zusätzlicher Werbung kriegen wir das in drei Wochen hin." Im großen Saal. „Du kannst dort mit Deinem Koffertheater auftreten. Das passt." Sprachs und schlug das Buch zu.

Das Bürgerhaus war wieder ausverkauft. Es folgten weitere Engagements. Bürgerhaus Dietzenbach, Stadthalle Langen, drei ausverkaufte Abende im Gallustheater Frankfurt, im KellerKunstKeller in Ingelheim, Kellertheater Bensheim. Wir kamen viel rum.

Im April 1992 spielten wir TOTAL SAT(T) ein drittes und letztes Mal im vollen Bürgerhaus – zum 10-jährigen Jubiläum des Koffertheaters.

„Es lebe der Friede"

Es war wohl das Jahr 1979, als alles begann. In der Bar der Jugendräume der katholischen St. Stephanskirche mit Thomas (Thommy) Steinkopff, meinem langjährigen, besten Freund, und Peter (Pott) Hall. Hier war unser eigentlicher Jugendtreff, lange Jahre unser Rückzugsort.

Wir wollten was Neues, was Frisches, aktiv beginnen. Beschlossen, unser seit der Schulzeit brachliegendes Theaterspiel zu reaktivieren. Thommy war sofort dafür, Pott bot an, die Technik zu machen. Gesagt, getan. Umgehend begannen wir mit zwei Freundinnen, Beate und Claudia, mit ersten Bewegungs- und vor allem Schrei- und Stimmübungen. Pfarrer Weiß hatte uns für Probenzwecke den Gemeindesaal zur Verfügung gestellt. Bis heute wissen wir nicht wirklich, ob er es wegen des Geschreis wieder bereute.

Schon bald stellten wir fest: Wir brauchen jemand, der uns lehrt, führt, unterstützt. In der Zeitung stand, dass der Bund für Volksbildung Sprendlingen Theaterkurse anbietet. Haupt-

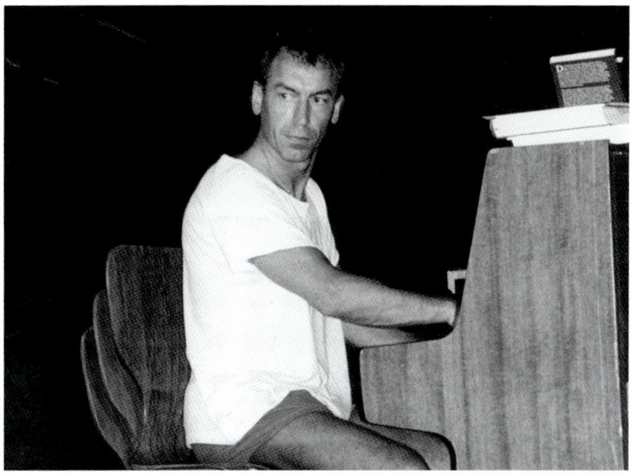

Alfred (Ali) Dietrich

… ER HATTE IMMER SEIN DICKES TERMINBUCH VOR SICH LIEGEN: „WIR MACHEN DIE HÜTTE EIN ZWEITES MAL VOLL, WAS MEINST DU?"

bestandteil: die „Grundbegriffe des Bühnenhandwerks von Atemtechnik bis Mimik, Gebärdenspiel, Stimmbildung und Sprechtechnik". Na also.

Kurze Zeit später saßen Thommy und ich in einer Gruppe von rund 20 Personen allen Alters unserem neuen Lehrer gegenüber: Hans (Obi) Obermann, von Anfang an per Du. Ein, wie wir feststellten, „positiv Verrückter", der uns mit seiner Art und vor allem seinem Know-how sofort in den Bann zog. Das, was Obi uns in wöchentlichen Seminaren „in die Kehle legte", war Rüstzeug und Grundstock für alles Weitere.

Den Probenraum hatten wir schon, im Keller unserer St. Stephanskirche. Durch Beziehungen zur Musikszene kamen wir günstig an eine kleine Licht- und Tonanlage samt Mischpult. Equipment und Kostüme waren überschaubar und passten in drei bis vier Koffer. Damit war der Name der Truppe gefunden: KOFFERTHEATER. Einen gelben Transporter – ein VW-Bus, gebraucht bei der Post gekauft – hatten wir auch. Nach Umrüstung mit Holzpritsche und Einbau von Monsterlautsprechern waren wir mit diesem unserem „Magic Bus", zusammen mit Thommy, sechs Wochen bis nach Istanbul gereist. Und am 10. Juni 1982 fuhren wir mit der gesamten Clique im „Magic Bus" nach Bonn zur Demo gegen den Nato-Doppelbeschluss. Das Motto: „Aufstehn! Für den Frieden!" 500.000 Teilnehmer und wir mittendrin …

Strahlender Applaus für Anna Bolika

DREIEICH

„Kletten, was?" im Sprendlinger Bürgerhauses, und kein Stuhl blieb frei. Bei der letzte Vorstellung des Stücks „Total SAT(T)" des Dreieicher Koffertheaters blieb vor Lachen kein Auge trokken. Die Quizshow „Kletten, was?" stand im Mittelpunkt der Vorstellung, mit „vier Kandidaten aus fünf Bundesländern mit sechs Wissensgebieten". Natürlich wurde die „Sendung" von Nachrichten über das Weltgeschehen, Musikeinlagen und der unvermeidlichen Werbung unterbrochen.

Die Idee zu „Total SAT(T)" geht auf die Anfänge des Kabelfernsehens Ende der 80er Jahre zurück. Die neue, für Deutschland ungewohnte Form der „rund um die Uhr" Berieselung brachte Regisseur und Initiator Ali Dietrich auf die Idee zu diesem Stück „livehaftiger, musikalischer Satirerevue".

Spontaneität ist bei den Laienschauspielern des Koffertheaters angesagt. Aktuelle Themen arbeiten sie satirisch auf: „Nach Verteidigungsminister Stoltenberg", so eine Sondermeldung, „trat auch Bundeskanzler Kohl zurück. Beim Verlassen des Kanzleramtes bemerkte er den Regenschauer – und trat zurück". Auch die „klitzekleinen und größeren" Umweltskandale der vergangenen zehn Jahre blieben nicht unerwähnt, ob Tschernobyl, Maden in Fischkonserven oder Frostschutzmittel im Wein, „Superchampion" Rübsam erriet sie alle. Voraussetzung zur Teilnahme am Quiz: Eine Krankheit, „die sich durch negativeinwirkende Umwelteinflüsse bemerkbar macht".

„Da kriecht das Vergnügen unaufhaltsam der Bühne entgegen, da brodelt der Saal", so „Starmoderator" Benzol Formalini, dem eine ungeheure Ähnlichkeit mit „Tutti-Frutti" Hugo Egon Balder nachgesagt wird. Wissen Sie übrigens, wieviele Dosen Thunfisch benötigt werden, um ein Fieberthermometer mit Quecksilber zu füllen? Frau Anna Bolika wußte es. 17 Dosen. Dafür gab es „strahlenden Applaus" aus Biblis. su

Frankfurter Neue Presse

Weibliche Rundungen sorgten für Lachsalven

DREIEICH

Schräge Beziehungskisten, unverstandene Partner und Eifersüchteleien bis hin zur anatomischen Analyse der Geschlechter, kurz: Im Bürgerhaus Sprendlingen standen das starke und das schwache Geschlecht im Rampenlicht, ein uraltes Thema herrschte auf den Brettern der Bühne: das Buhlen und Locken der Männer und Frauen sowie der permanente Hinweis auf den „kleinen Unterschied".

Freilich, die mit Klischees gespickte Darbietung des Koffertheaters „Verdammt wer liebt mich?" setzte für die Begriffe stark und schwach völlig neue Akzente. Ob Macho mit erfolgloser Masche, eifersüchtelnde Ehefrau, die den Gatten mit typisch „weiblichen" Gehabe unter dem heimischen Pantoffeln hält, hohle Phrasendrescherei oder intellektuelle Gebaren – die Geschlechter kamen beiderseits gleich schlecht weg. Brillant, eine detailgetreue Auflistung männlicher und weiblicher Attribute, die beispielsweise so beschaffen sind, daß dem Jäger (Mann) das Buhlen und Befruchten des „Wildes" (die spätere Trägerin der Frucht) erleichtert wird: „Sie ist fetter, um seine ungestümen Bewegungen abzufedern!" Keine Frage, daß diese Interpretation weiblicher Rundungen für Lachsalven im Publikum sorgt.

Alles in allem: Eine bissige Satire des Quintetts, das ständig Kostüme und Maske wechselte. Die Zuschauer, gemütlich um Tische gruppiert, einen trockenen Weißen oder ein trübes Dunkles vor sich, kamen hier voll auf ihre Kosten. Ein Wermutstropfen bei dieser Produktion Ali Dietrichs blieb dennoch: Trotz ausgefeilter Texte, abgerundeter Charaktere und einer gesunden Portion Realsatire wirkte so mancher Dialog aufgesetzt. Ein derartig klischeehaftes Gebaren hatten die fünf Akteure doch nicht bis ins letzte verinnerlicht. Ursula Friedrich

Frankfurter Neue Presse

Natürlich waren wir für „gewaltfreien Widerstand" und überzeugte „Wehrdienstverweigerer". Selbstredend auch „Kriegsgegner und Pazifisten". Logisch eigentlich, dass unsere Wahl für unser erstes Theaterstück auf Fernando Arrabals Anti-Kriegsstück „Picknick im Felde" fiel.

Ich verschlang damals die Bücher von Ionescu, Tardieu, und Arrabal – den seinerzeit „meistdiskutierten Dramatikern der Gegenwart". Arrabal, mein Lieblingsschriftsteller, galt nicht nur in Frankreich als „Avantgardist und letzter Symbolist".

Mit unserer Inszenierung von „Picknick im Felde" trauten wir uns jedoch noch nicht vors heimische Publikum. Wir verlegten die Premiere vorsichtshalber erst mal in die Ferne. Im Tagungssaal der Kirchengemeinde im Kloster Höchst im Odenwald – hier hatte Thommy einige Lehrgänge seines Zivildienstes geleistet – feierten wir im September 1982 einen guten Erfolg. Danach folgten zwei Aufführungen im jeweils prall gefüllten Schloss-Keller/Darmstadt und ein weiterer Auftritt in Frankfurt. Als auch dieser gute Resonanz zeitigte, sahen wir die Zeit gekommen. Ich wurde bei Gustav Halberstadt vorstellig.

Er hatte sein dickes Terminbuch vor sich liegen. Er hatte **immer** sein dickes Terminbuch vor sich liegen. Er blätterte lange: „Es gibt im Oktober eine Veranstaltung der Grünen und des DGB-Ortkartells zum ‚Antikriegstag' im Großen Saal. Du kannst dort mit Deinem Koffertheater auftreten. Das passt." Sprachs und schlug das Buch zu.

Gustav verfolgte diesen unseren ersten Auftritt im Oktober 1982 stehend und reglos im Rahmen der vordersten Eingangstür ganz vorne links. Seine Kritik danach bezog sich hauptsächlich auf das „ständige Trällern und Pfeifen der Vögel im Hintergrund" – den Begleitsound zum „Picknick"-Geschehen. „Das plätschert viel zu laut abgemischt aus den Lautsprechern. Man versteht ja kaum den Text der Protagonisten." Schon hart, einerseits ... Andererseits ... damit konnte ich leben. Ich war im Prinzip zufrieden, zumal er grünes Licht für weitere Auftritte der neuen Truppe gab.

Mit Hans (Obi) Obermann war ich in ständigem Kontakt. Er hatte ewig viel Zeit und besuchte mich regelmäßig bei mir zu Hause oder im Büro. Wir führten endlose Diskussionen, meist über Theater und „Gott und die Welt". Natürlich hielt

Die kahle Sängerin

Eugene Ionescu

Eine Aufführung vom:

Koffertheater Dreieich

einige Zuschauer der ersten Reihe mit von AC/DC geföhnten Haaren wieder nach Hause gingen.

Uns machten diese Produktionen einen Heidenspaß, indes fiel die Resonanz nicht ganz so überschwänglich aus. Wir hatten uns wohl zu viel vorgenommen. Zwar war der abgeteilte Große Saal des Bürgerhauses mit 300 Leuten voll, tja aber eben nur der abgeteilte ...

Gustav meinte danach, dass wir „die Sängerin" von Ionescu als Weltliteratur im Rollenspiel nicht ernst genug nähmen. Obi ergänzte, behutsam aber bestimmt, die sehr diffizilen Rollen würden nicht von allen voll ausgespielt ... „Überdosis" würde zwar sehr von einzelnen, zwar guten witzigen Sprüchen leben, sei aber insgesamt viel zu langatmig angelegt. Wir müssten endlich weg vom „Laientheater", hin zum „Amateurtheater"! Das saß! - Ja, wir mussten besser werden, um das Ziel „voller Saal" zu erreichen! Es konnte gar nicht anders sein.

TOTAL SAT(T) mit ZDF und SWF 3

Die Idee zu dem neuen Stück - TOTAL SAT(T) - ging zurück auf das Ende der 1980er-Jahre immer stärker und nerviger aufkommende Kabelfernsehen mit seiner permanenten Berieselung durch allzeit präsente Quizshows und Werbung. Diese tägliche, unsägliche, mit seichten Beiträgen durchtränkte Unterhaltungslawine musste aufs Korn genommen werden. Dabei sollten „abgebrühte" Moderatoren mit ihren „flockigen" Assistentinnen „abgehangene" Showgrößen und „aufregende" Quiz-Kandidaten präsentieren. Im Mittelpunkt die Samstagabend-Show „Kletten, was?". Natürlich sollte diese Gigant-Show von Nachrichten über das Weltgeschehen, Musik- und Filmeinlagen und natürlich der unvermeidlichen Werbung immer wieder unterbrochen werden.

Notwendig für diese neue Inszenierung also Musik, Tanz sowie eine Playback-Show mit fortlaufender Handlung. Für diesen Teil der Show - „das ungewürzte Video" - sollte ein Radiosprecher aus dem Hintergrund eine Geschichte erzählen. Jedes Mal, wenn dieser einen neuen Musiktitel „auflegte", „sangen" die Schauspieler auf der Bühne nur mit Mundbewegungen dazu.

Ein Freund war zu dieser Zeit als Radiomoderator bei SWF 3 beschäftigt. Es war nicht einfach, ihn zu überreden, aber er sagte zu. Sprach den von mir geschriebenen Text mit seiner sonoren Radio-Stimme direkt im Studio. Die Techniker schnitten in Baden-Baden die notwendige Musik drunter. Was sollte die hochprofessionelle Aufnahme kosten? „Lass uns nachher gemeinsam ein Bier trinken gehen", verkündeten die beiden Tontechniker. In einer der wohl angesagtesten Kneipen Baden-Badens saßen wir also zu viert und feierten bis zum Morgengrauen. Ich frage mich noch heute, ob es nicht günstiger gewesen wäre, mit dem Sender offiziell abzurechnen ...

Zudem sollte bei dieser Produktion ein Film auf einer riesigen auf der Bühne aufgebauten Leinwand eingespielt werden. Ich hatte meinen langjährigen Freund Thomas (Thommy G.) Gutberlet überzeugt, diesen Film zu drehen. Er arbeitete als Kameramann beim ZDF. Wir waren uns einig: Nur beste Qualität ist gut genug. Also drehte er mit einer 16-mm-Arriflex, der besten Filmkamera aus dem ZDF-Bestand. Für die knapp drei Minuten Film brauchte Thommy fünf Wochen Vor- (Drehbuch, Text) und vier Wochen Nacharbeit (Schnitt, Ton). Für den Schnitt hatten wir die hauptamtliche Cutterin des ZDF - Barbara Gebler - überredet.

Die Dreharbeiten mussten dann mit den Schauspielern in Originalkostümen, bei vollem Licht auf der Bühne, durchgezogen werden. Dazu brauchten wir aber auch den komplett leeren Bürgerhaus-Saal mit voller Bestuhlung. Das konnte nur am Tag einer abendlichen Theateraufführung im BHS geschehen, denn nur dann stand bereits die Bestuhlung. Am frühen Vormittag konnten dann die Dreharbeiten beginnen. Als die ersten Theaterbesucher am frühen Abend erschienen, räumten wir das Feld, um am nächsten Morgen ein weiteres Mal, für die letzten Takes des Films, wieder zu erschei-

DAS
KOFFER
THEATER

zeigt

Verdammt

wer liebt mich ?!?

von A. Dietrich

Ein irrwitzig-realistisches Satire-Kabarett.

Mit Musik von Kreissler, Künneke, Young, Reim, Vivaldi und ... Dietrich.

Kabarett mit Herz und Schmerz

Koffertheater präsentiert „Verdammt, wer liebt mich?!?"

... DOCH BITTESCHÖN LIVE-GESANG ... KEINE PLAYBACK-SHOW MEHR. „AUS DEM ALTER SEID IHR RAUS!!"

nen. Als dann Thommy G. die fertige 16-mm-Filmrolle - groß, schwer, in einer Blechbox - aus Mainz mitbrachte, waren wir nur noch happy.

Es war Gustav Halberstadt, der die alles entscheidende Frage stellte: „Wo ist der Film-Projektor?" Oh Gott! Wir hatten keinen! Das ZDF auch nicht - wozu auch? Einen Projektor leihen? In der Kürze der Zeit unmöglich! Kaufen - zu teuer! Es war wirklich untröstlich! Am nächsten Tag rief Gustav an: Er hatte einen 16-mm-Profi-Projektor für uns organisiert. Wie, von wem, von wo auch immer: Die Premiere zwei Tage später war gerettet!!

Und sie wurde - siehe oben - ein unglaublicher Erfolg, verewigt auf einem professionell geschnittenen Video des Jugendclubs „WIRIC Dreieich" mit Kurt-Peter de Ahna. Das Ziel war erreicht!

Nicht nur im BHS, sondern auch auf Tournee - der Projektor, wenn man so will eine Dauerleihgabe des Bürgerhauses, war immer dabei. Am Auftrittstag holte ich ihn jedes Mal im Bürgerhaus ab. Tontechniker Wolfgang Pfaff hievte ihn vorsichtig aus dem Stahlschrank und übergab ihn mir. Wir behandelten ihn wie ein rohes Ei und brachten ihn, auch nach dem x-ten Auftritt, unversehrt zurück.

Auch Hans Obermann war auswärts - unter anderem in Dietzenbach und Langen - unter den Zuschauern. Er war voll des Lobes über „die gute Regie, Idee, Musik und Sprache" des Stückes und, so glaube ich, sogar ein wenig stolz auf seine „Schützlinge" Ali, Reni und Thommy ... Und hinter der Bühne hatte er immer noch den einen oder anderen Hinweis parat. Vor allem den, dass wir beim nächsten Stück doch bitteschön Live-Gesang bringen sollten, keine Playback-Show mehr. „Aus dem Alter seid ihr raus!!"

Zweistimmig zum Finale

Auch mit dem nächsten Stück „Verdammt, wer liebt mich?" feierten wir 1992 ein ausverkauftes Bürgerhaus. Und ja! Mit Live-Musik!

Ohne eine deutliche Aufwertung der Stimmen für den Gesang wäre dies natürlich niemals möglich gewesen. Meine Freundin hatte den entscheidenden Tipp: Eine Bekannte von ihr verdiene ihr Geld mit Gesang in einer professionellen Unterhaltungsband. Bei einem ihrer nächsten Auftritte spielte sie mit ihrer Band im Großen Saal des Wiesbadener Kurhauses beim „Ball der Ärzte und Chirurgen" vor fast 2.000 Leuten. Superlässiger Auftritt, klare Stimme und nicht zuletzt eine sehr attraktive Erscheinung. Nach ihrem Auftritt stellte ich mich Backstage vor und nach vielen weiteren Treffen hatte ich sie endlich überzeugt. Mit Andrea (Andy B.) Bos und meiner Schwester Renate (Reni) Feldmann hatten wir den zweistimmigen Gesang, den wir brauchten. Im Dreieicher Tonstudio Wolfgang Jost ließen wir professionelle Aufnahmen der im Programm verwendeten Gesangseinlagen erstellen und auf MC (!) ziehen. Diese verkauften wir dann vor Beginn der Show an einem speziellen Stand. Auch mit dieser Produktion waren wir gut unterwegs. Den Projektor brauchten wir jetzt nicht mehr. Es war ja live!

Noch ein letztes Mal spielten wir zum Abschluss der Tour vor ausverkauftem Bürgerhaus. Gustav war auch danach voller Ideen. Wir sprachen über neue Locations. So wollte er am Sprendlinger Schwimmbad gegenüber den Tennisplätzen für unseren kommenden Auftritt eine Open-Air-Bühne bauen. Er hatte sein dickes Terminbuch vor sich liegen, er hatte immer sein dickes Terminbuch vor sich liegen: „Was meinst Du?" Die Idee war unglaublich und sehr verführerisch. Aber ich zögerte. Er blätterte lange in seinem Buch: „Du kannst dort mit Deinem Koffertheater auftreten. Das passt." Er sah mich lange an. Das Buch blieb offen ...

Nur, es passte einfach nicht mehr, die Luft war raus ... die einen hatten Verpflichtungen, Andy heiratete und zog nach Hamburg, mich verschlug es beruflich nach München. Immerhin blieben uns die Videos und Musik-Kassetten als Erinnerung an eine echt geile Zeit.

Alles hat seine Zeit, die des KOFFERTHEATERS war wohl vorbei.

HAUS DER KUNST

HURENKIND, SZENE, GALERIE UND DER „KATALOG DER KATALOGE"

„Die Stadt am Hengstbach hatte bislang weiß Gott keinen allzu guten Ruf als Sitz der Musen und der schönen Künste", behauptet die *Frankfurter Rundschau* am 4. Januar 1973 und teilt mit: *„Dienstag, 9. Januar 1973, ab 20 Uhr, soll dieses Negativ-Image im ersten zarten Anlauf wegpoliert werden. Im Bürgerhaus öffnet zu diesem Zeitpunkt ein Kunstmarkt, der gleichzeitig als Ausstellung fungiert, seine Pforten."*

Die *Offenbach Post* ist bei der Vernissage vor Ort und zitiert den sichtlich erfreuten Bürgermeister Erich Scheid: Die erste Kunstausstellung in dem gerade vor drei Monaten eröffneten Bürgerhaus sei eine *„Ouvertüre besonderer Art für Sprendlingen"*.

„Eine Ouvertüre besonderer Art für Sprendlingen . . ."

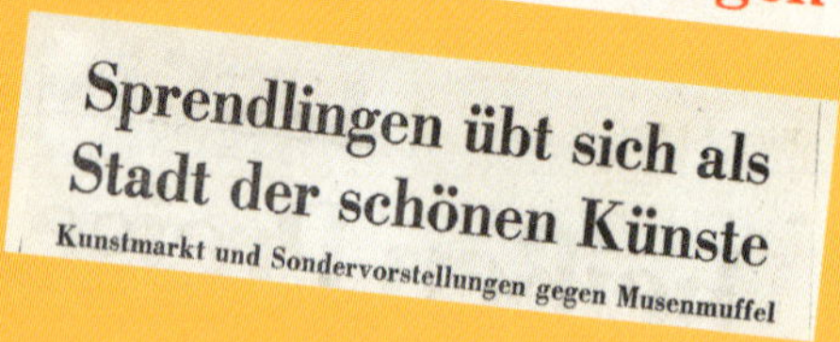
Sprendlingen übt sich als Stadt der schönen Künste

Kunstmarkt und Sondervorstellungen gegen Musenmuffel

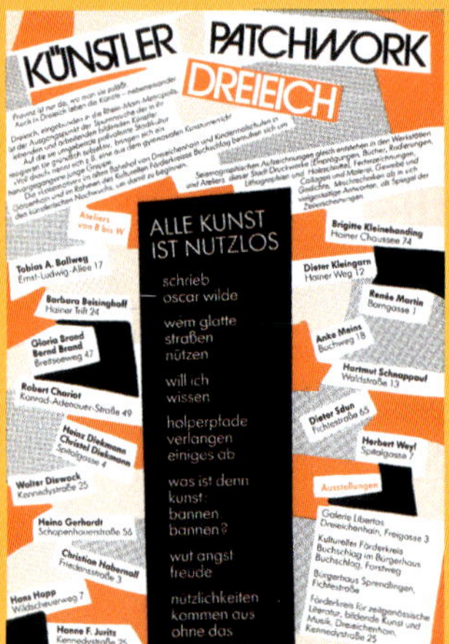

Bürgerhausmanager Gustav Halberstadt hört's gern. Er hat die Schau in Freiburg aufgespürt, hierhergeholt und – mit Erfolg – die, wie er sagt, „bildenden Künstler unserer engen Heimat" ermuntert, „sich dranzuhängen". Die tun das auch und kommen bei dieser kommunalen Premiere gleich zweimal ins Fernsehen: in die „Hessenschau" und ins ARD-Kulturmagazin „Titel, Thesen, Temperamente". Halberstadt nutzt die Chance, den TV-Reportern das BHS als „Haus der Kunst" zu verkaufen. Er lotst sie mit dem Kamerateam in die Siebdruckerei im Keller und stellt ihnen dort den Handpressendrucker, Buchmacher und Kleinverleger Dieter Sdun vor, der die Grafik fürs BHS entwirft und herstellt. Und wo man gerade dabei ist, machen die beiden Jünger der schwarzen Kunst – der gelernte Schriftgießer und Setzer Halberstadt und der Folkwang-Absolvent Sdun – die Fernsehleute auch gleich mit der örtlichen Kunstszene bekannt.

Walter Diewock hat im folgenden Kapitel seinen Freund Dieter Sdun porträtiert („Hurenkind am Mainzer Dom" und die Künstler-Szene in Dreieich beschrieben („Werke, rund um den Globus zu finden").

(v. l.) Gustav Halberstadt, Hermann Heil, Jutta Dröll, Ulrich Benkert

Die erste Ausstellung im Bürgerhaus ist bei Weitem nicht die letzte. Halberstadt startet die Serie „Atelier B", organisiert VHS-Kurse über Drucktechnik und Kalligrafie und bittet zu Performances und Aktionen. Mitstreiter sind ihm dabei der Chef der Volkshochschule, Ulrich Benkert, und der Heimatkundler Hermann Heil, Verfasser regionalgeschichtlicher Standardwerke. Politisch hält die Stadträtin Jutta Dröll (CDU) von 1977 an Gustav Halberstadt den Rücken frei. Bei ihr ressortiert das Dreieicher Kulturdezernat - sie verwaltet es professionell und ehrenamtlich. Ihre Meriten sind Legion. Sie fördert, fordert und pusht die beiden kulturellen Fördererkreise in Dreieichenhain und Buchschlag, die übers Jahr im Dutzend Autorenlesungen, Konzerte und eben auch Kunstausstellungen aufzäumen. Auf ihr Betreiben hin stiftet und vergibt die öffentliche Hand von Dreieich den Kulturpreis und Kulturförderpreis für Kulturschaffende. Drölls Großprojekt, für das sie hartnäckig (und erfolgreich) in Magistrat und Stadtparlament fightet: die Erweiterung der Stadtbücherei als Anbau an die bestehende Bibliothek - mit einem Galerieraum, der das HAUS DER KUNST komplettiert.

Hierzu lesen Sie den Beitrag „Bürgerhaus vermietet Bibliothek und Galerie" und das Interview mit Bernd Abeln, Bürgermeister von Dreieich von 1987 bis 2000 („Die Diskussionen waren sehr emotional").

20 Monate lang beherrschen Bagger, Kran und Baugerüste die Szenerie am Bürgerhaus, ein Vierteljahr lang wird der Büchereibetrieb eingestellt. Am 3. März 1989 ist dann Einweihungstermin. Auf den hat die Kunstinitiative Dreieich lange gewartet. Sie startet in 1990 die Kunsttage Dreieich.

Über die Kunstinitiative und die Kunsttage schreiben Barbara Beisinghoff („Dreieich bekennt Farbe") und Ilse Dreher („Katalog der Kataloge").

„HURENKIND“ AM MAINZER DOM

HOMMAGE AN DEN DRUCKER UND GRAFIKER DIETER SDUN

Von Walter Diewock

Es wird 1972 gewesen sein, grad einmal fünf Jahre bevor fünf Ortschaften eingesammelt, zwangsfusioniert und als Stadt Dreieich ausgespuckt wurden, da im nagelneuen Bürgerhaus Sprendlingen unten rechts von den Kegelbahnen eine manchmal recht feuchtfröhliche Zusammenkunft von Musikern, Malern, Galeristen und anderen stattfand. Das dann über Jahrzehnte.

Als Zeichner und Maler hatte ich das Glück, dort Dieter und seine Frau Doris, Robert Chariot (Grafiker/Maler/Zeichner) sowie Heino Gerhardt (abstrakter Maler) kennenzulernen.

Dieter und Robert hatten im Norden von Neu-Isenburg ein Haus gemietet, in dem sie zeichneten und malten, Grafiken und Plakate entwickelten, nicht zuletzt auch für Messen in Frankfurt am Main. Sich seine Brötchen zu verdienen wurde für freiberufliche Grafiker immer schwerer, besonders durch die Verbreitung von PCs und das Aufkommen von Grafikprogrammen.

Jetzt wurde in der Wohnung gearbeitet: Doris und Dieter wohnten im Hochhaus gegenüber vom Bürgerhaus und Robert wohnte in der nahen Konrad-Adenauer-Straße. Dieter ent-

Das Hochhaus in der Fichtestraße – Arbeitsplatz der Sduns

Dieter Sdun in action

IN DER KEGLERSTUBE WEHTE EIN INSPIRIERENDER KREATIVITÄTSWIND, DORT PLANTE MAN VERANSTALTUNGEN, REGTE SICH GEGENSEITIG AN UND HALF SICH BEI AUSSTELLUNGEN.

wickelte Plakate für Veranstaltungen der Bürgerhäuser, welche Gerd Höpfner auf seiner Siebdruckanlage im Bürgerhauskeller druckte. Bekannt war das „Jazz am 1. Mai"-Plakat mit einer Saxofonisten-Silhouette. Der Umriss stammte von einem Foto mit Reinhard Fenkl aus Dreieichenhain, mit dem ich als E-Gitarrist lange bei der Buchschlager Rockjazz-Kultband „Thaddäus Yps" spielte, die der E-Gitarrist Peter Speckenheuer (Specki) leitete. Auch das vielen bekannte Plakat „Jazz in der Burg" mit den Ritterrüstungen stammte aus Dieters Hand, nebst dem bis heute sichtbaren Emblem für die „Burgfestspiele Dreieichenhain".

In der Keglerstube wehte ein inspirierender Kreativitätswind, dort plante man Veranstaltungen, regte sich gegenseitig an und half sich bei Ausstellungen. Bei einer Gruppenausstellung in der „Galerie auf der Treppe" des Galeristen Dieter Adam in Oberursel lernten sich mehrere Künstler kennen, die später auch in Dreieich ausstellten. Bürgerhaus-Chef Gustav Halberstadt gründete »Atelier B« (B wie Bürgerhaus), wo erste Kunstausstellungen mit Bildern, Plastiken und Skulpturen im Foyer geboten wurden und wo bis heute ausgestellt wird.

Giftig und schön – die Schierlingspresse

Dieter als gelernter Schriftsetzer sammelte so manches an Handpressen, Blei- und Holzbuchstaben. Auf seiner portablen Tiegelpresse druckte er bei Jahrmärkten vor den Augen der Käufer kleinformatige Linol-, Folien- und Holzschnitte. Eine Radierpresse (eher nicht portabel) diente ihm bei Volkshochschulkursen, in denen seine Schüler Kaltnadel-, Aquatinta- und Ätzradierungen lernten – zunächst in einem Raum des Bürgerhauses und nach 1982 in Dreieichenhain in der Atelierwerkstatt im Haus der Schriftstellerin Hanne F. Juritz, in die ich mich im Mai 1983 verliebte und mit der ich seither zusammenlebe.

Am 19. Oktober 1983 gründete Hanne den „Förderkreis für zeitgenössische Literatur, bildende Kunst und Musik e. V., Dreieichenhain". Es folgten viele Dichterlesungen in Einheit mit Konzert und Ausstellung im „atelier bei hanne", meist bei freiem Eintritt. „Hanne wollte dem Verein, der in früheren Jahren schon in anderer Form – mehr als privater Kreis – einmal bestanden hatte, ein neues Gesicht geben", war von Gustav Halberstadt zu hören. Neben der Vereinsvorsitzenden Hanne F. Juritz wurde Dieter Sdun zum 2. Vorsitzenden gewählt. Zu den Gründungsmitgliedern gehörten auch Doris Sdun, Gustav Halberstadt, Ute Wolter, Anna Deuticke und Robert Chariot. Wolfgang Lenz und ich wurden Schriftführer.

Dieter erwarb eine KORREX-Andruckpresse, seine schwerste Druckmaschine. Sie nahm den Platz der Radierpresse ein. Auf der druckte er mit Doris wertvolle Grafiken und Bücher. Die beiden gründeten im „Orwell'schen Jahr 1984" ihren Kleinverlag „Schierlingspresse", benannt nach den giftigen, bis zu drei Meter hohen Schierlingen im Garten der Schriftstellerin. Dieter hatte das Gewächs beim Handsatz der Zeilen im Blick und das Buch „Von den Hasen", eine Fabel, in der „ganz Dreyeych untergrabt wird", entstand als erster gezählter Handpressendruck.

Barbara Beisinghoff (Malerin/Grafikerin) aus Buchschlag regte es an, die 20. Fabel von Erasmus Alberus (1528 – 1539 Pfarrer in Sprendlingen) herauszugeben, ich lieferte Linolschnitte für die Bildseiten, Doris und Dieter druckten und banden das Buch in 100 Exemplaren.

Es folgten Handpressendrucke zu politischen und sozialen Themen, wie 1986 „Fallout" anlässlich der Nuklearkatastrophe im Atomkraftwerk von Tschernobyl. Doch auch Humor und konkrete Poesie fanden Einzug in Bücher und Grafiken, z. B. von Ernst Jandl, Fritz Deppert und Franz Mon, der beim Druck seines Buches „augen genau" persönlich Hand anlegte.

Ihre Werke stellten die Sduns bei den Buchmessen in Frankfurt und bei den Minipressenmessen in Mainz aus. Seit 1990 brachten sie „schischyphusch", zeitschrift für literatur & grafik, heraus. Dieter gestaltete große Fahnen und hängte sie an unterschiedlichen Orten auf, z. B. am alten Rathaus und am Bürgerhaus in Dreieich sowie am Museumsufer in

Doris Sdun am Drucker

Kunstvolle Drucke aus der Handpresse

Im Atelier von Doris und Dieter Sdun kommt eine alte Technik zu neuen Ehren

Dreieich (ho) - Nahezu unbeachtet von der Öffentlichkeit existiert in Sprendlingen eine Rarität: die druckkünstlerische Werkstatt „Schierlingspresse" von Doris und Dieter Sdun.

Herzstück dieses grafischen Ateliers ist eine Handpresse. Folgt man den Schätzungen der Fachleute, dann gibt es im Bundesgebiet nur noch maximal dreißig Handpressen, die für künstlerische Buchproduktionen eingesetzt werden.

Der freiberufliche Grafiker und bildende Künstler Dieter Sdun und seine aus der Werbebranche kommende Ehefrau Doris sahen mit Bedauern, wie die neuen Technologien die traditionellen Satz- und Drucktechniken verdrängten. So gründeten sie, um eine alte Tradition nicht vollends aussterben zu lassen, im Jahr 1984 eine Werkstatt mit eigener Handpresse. Seit dieser Zeit entstehen in Sprendlingen bibliophile Drucke in Kleinauflagen, zum Teil auf der Grundlage eigener Grafiken, manchmal in Zusamenarbeit mit anderen Künstlern.

Die Schierlingspresse hat sich bei Fachleuten und Liebhabern kunstvoll gestalteter Druckerzeugnisse schnell einen guten Namen gemacht. Darum auch wurden Dieter und Doris Sdun, neben zehn anderen Handpressenspezialisten aus dem gesamten Bundesgebiet, zum ersten Symposium der Handpressen- und Drückkünstler, der „Typomania 87", nach Uelzen eingeladen.

In einem ausgedienten Wasserturm wurde während des Symposiums auf vier Etagen gemeinsam oder individuell produziert. Ein Stockwerk war ausschließlich der Präsentation von Arbeiten der beteiligten Künstler vorbehalten. Die Schierlingspresse, die es sich zugute hält, „nicht unpolitisch" zu sein, gestaltete eine Grafik „Writers in Prison" (Autoren im Gefängnis) und ein mit einer Radierung kombiniertes Blatt zu einem Text des Schriftkünstlers Hermann Zapf.

Daheim in Sprendlingen arbeitet die Schierlingspresse gegenwärtig an drei Produktionen. Dazu Dieter Sdun: „Wir machen jetzt den Band ‚Sappho' mit Textfragmenten dieser griechischen Dichterin, die um 600 vor Christi gelebt hat. Wir benutzen diese Texte als idealen Einstieg in die druckkünstlerische Gestaltung der Namen von 25 lebenden Autorinnen."

Ebenfalls in Arbeit ist ein Band zur Erinnerung an den 1980 verstorbenen Dichter Wolfgang Weyrauch, der in diesem Jahr seinen 80. Geburtstag gefeiert hätte. Die Produktion „Lebenslauf" stellt neun Gedichte aus seinem Nachlaß vor. Schließlich soll unter dem Titel „Hexenjagd" die politische Dichtung von Ingo Cesaro gewürdigt werden.

Dieter Sdun und seine Ehefrau Doris arbeiten in ihren Werken im wesentlichen mit kalligrafischen Interpretationen. Die Drucke werden noch vor Weihnachten auf den Markt kommen.

Offenbach Post, 27.10.1987

Frankfurt. Gedichte nahestehender Autoren, Grafiken, Symbole und Begriffe der schwarzen Kunst wie „Schusterjunge" waren drauf. Die Fahne „Hurenkind" hing am Gutenbergmuseum nahe dem Mainzer Dom und war selbst von Schiffen auf dem Rhein aus zu sehen, sie sorgte für große Aufregung und sollte abgehängt werden. Die Sduns freuten sich, als die Verantwortlichen vom Gutenbergmuseum das Abhängen der Fahne verhinderten. Hiesige Künstler hoben 1990 die „Kunsttage Dreieich" aus der Taufe, für die Dieter die frühen Plakate anfertigte. 1991 erhielt die Schierlingspresse bei der Mainzer Minipressenmesse den „V. O. Stomps Preis" für Qualität und persönliches Engagement in der Kleinverlagsszene, Hanne hielt dabei die Laudatio.

Camino und Museo für Emilio

1995 erhielt Dieter den Kulturpreis des Kreises Offenbach. Dieter und Doris lernten Spanisch, sie kauften eine Finca in Spanien, welche sie zu ihrer Wohnung mit Druckwerkstatt umbauten, und zogen samt ihrer KORREX-Andruckpresse 1996 nach Guazamara in die andalusischen Provinz Almería. Sie besuchten dann Deutschland alle paar Jahre, machten halt bei Heike und Gustav Halberstadt in Sprendlingen sowie bei Hanne und mir in Dreieichenhain. In Spanien nannten Doris und Dieter ihren Kleinverlag „Prensa Cicuta" (Schierlingspresse auf Spanisch) und aus Dieter Sdun wurde Emilio Sdun. Es entstanden weitere Originalgrafiken und Handpressendrucke und die beiden brachten ihre Zeitschrift „schischyphusch" als „sisifo" mit Beiträgen spanischer Autoren heraus. Dieter richtete sich eine portable Druckwerkstatt ein und gab Pressendruck-Workshops in Almería.

Im Brief vom 21. Oktober 2013 berichtete uns Dieter, dass er engen Kontakt mit Fernando Arrabal hat, dem spanisch-französischen Schriftsteller und Dramatiker des absurden Theaters. Welch ein Zufall! Denn unsere Band „Thaddäus Yps" komponierte in den 70er-Jahren die Musik für das Arrabal-Stück „Der tausendjährige Krieg", das die „Junge Bühne 54" in Frankfurt gespielt hat, und wir „Ypse" bekamen für die sehenswerte, aufregende Uraufführung Freikarten!

Beim letzten Deutschlandbesuch 2014 legte Dieter seinen Arm um mich und sagte sentimental: „Na, alter Kumpel!" - ich ahnte, dass wir uns nicht mehr wiedersehen werden.

Gestorben ist Dieter im Jahr drauf im Alter von 70 Jahren. Hanne F. Juritz hat den Nachruf geschrieben.

„Wie Zwerge wirkten sie – Dieter und Doris – unter den meterhohen Schierlingsgewächsen im Garten vor der Atelierwerkstatt in Dreieichenhain. Sie druckten, malten und kalligrafierten, sie schufen Sammlergut auf penibelste Art. Sie nannten sich – den Pflanzen huldigend – ‚Schierlingspresse'. Giftig und schön.

Und giftig war mitunter, was die Autoren bei ihnen preisgaben: Traktate, Pamphlete, Lustiges, Tragisches – die 30 Jahre waren prall gefüllt mit Pressendrucken und bibliophilen Büchern vom Feinsten.

‚Schischyphusch' gehörte dazu, eine Zeitschrift mit Originalgrafiken namhafter Künstler und Texten bekannter und unbekannter Autoren, jährlich, halbjährlich erscheinend – bis zum Auszug der Presse nach Spanien 1996.

Dort wurde die Schierlingspresse als ‚Prensa Cicuta' schnell bekannt.

Dieter nannte sich Emilio und druckte in spanischen Lettern, er dozierte an Hochschulen, brachte auf anmutige Art den Studenten neben dem ‚Schöngeistigen' das ‚Schönwerkende' bei und hatte noch viel vor.

Die Krankheit machte es nicht mehr möglich. Am 20. Januar starb er in Almería."

Sduns Bücher befinden sich in den Sammlungen der Tate Gallery London, des Victoria & Albert Museums London, der Kunstbibliothek Berlin, dem Gutenbergmuseum Mainz, der Bayerischen Staatsbibliothek München, dem Art Center College of Design in Pasadena und dem Klingspor Museum Offenbach am Main. Die Stadt Cuevas del Almanzora widmete 2020 dem Typografen Emilio Sdun eine Straße: „Camino Impresor Emilio Sdun" (Drucker-Emilio-Sdun-Pfad), und arbeitete bereits am zukünftigen Museo Emilio Sdun im historischen Stadtzentrum.

Im Februar 2022 ist sein „Museo", von Doris, dem Bürgermeister und Handdruckern eröffnet worden.

WERKE, RUND UM DEN GLOBUS ZU FINDEN

EINE VOR-KUNSTTAGE-ZEITREISE 1970 – 1990

„Lückenhafte Erinnerungen" von Walter Diewock

Vor der Gründung der Stadt Dreieich waren bis 1977 Dreieichenhain und Sprendlingen selbstständige Städte, Buchschlag, Götzenhain und Offenthal firmierten als Gemeinden. In allen fünf Orten lebten, arbeiteten und stellten Künstler bei zahlreichen Ausstellungen ihre Bilder und Kunstobjekte aus. Nur wenige Künstler und Ausstellungsorte bleiben einem nach so langer Zeit im Gedächtnis, weshalb ich um Nachsicht bitte, wenn in meinem Rückblick, meiner Zeitreise durch die Ateliers der beiden Vor-Kunsttage-Jahrzehnte jemand oder etwas fehlt.

Der damals vielleicht produktivste Zeichner und Maler im Dreieichgebiet war Philipp Deiseroth (1921 – 2002), dem ich als Neuntklässler in seinem Hinterhaus-Atelier an der Sprendlinger Kreuzung Darmstädter Landstraße/Hainer Chaussee beim Malen zuschauen durfte und dem die „Freunde Sprendlingens" 2018 – zwei Jahre vor Ausbruch der Corona-Pandemie – im Foyer des Bürgerhauses eine Retrospektive widmeten.

Mit der Unterkante nach oben

In der Gaststube neben den Kegelbahnen im Bürgerhaus wurde gerne „gefachsimbelt", besonders von Künstlern, die es zu Fuß nicht weit nach Hause hatten, wie die aus Berlin stammenden Maler Robert Chariot, Dieter Sdun und Heino Gerhardt. Heino malte abstrakte Bilder, von denen eins Bürgermeister Bernd Abeln so gut gefiel, dass er es erwarb und an die Wand hängte, absichtlich mit der Unterkante nach oben.

HANS HAPP MALTE NICHT NUR, ER HATTE AUCH EINEN LEHRAUFTRAG AN DER STÄDEL-SCHULE IN FRANKFURT AM MAIN UND ENTWICKELTE MODELLE FÜR BEWEGLICHES SPIELZEUG.

Hans Happ aus Buchschlag malte nicht nur, er hatte auch einen Lehrauftrag an der Städel-Schule in Frankfurt am Main und entwickelte Modelle für bewegliches Spielzeug. Ebenfalls in Buchschlag wohnte und arbeitete 34 Jahre lang die Malerin und Grafikerin Barbara Beisinghoff, deren Werke rund um den Globus zu finden sind. Von ihr stammen auch die Kupferplatten-Bodenreliefs um das neue Rathaus in Dreieich, welche sie bei ihrem Grundbuchprojekt mit 250 Kindern geschaffen hat. Barbara zog 2011 mit ihrem Mann Rudolf in dessen Heimatort Diemelstadt-Rhoden nach Nordhessen.

Unter einem Dach in Buchschlag lebt und arbeitet seit 1973 das Künstlerpaar Gloria Brand und Bernd Brand. Glorias Collagen und abstrakte Malereien sind in vielen Museen zu sehen, 1987 und 1988 hatte sie einen Lehrauftrag am Kunstpädagogischen Institut der Johann-Wolfgang-Goethe-Universität in Frankfurt am Main. Gloria ist Mitglied der Darmstädter Sezession. Bernd ist Maler, Grafiker und Objektemacher.

„Bei Hanne" im Atelier und im Burgkeller

Nach dem Studium der freien Grafik und Architektur an der Werkkunstschule, heute Hochschule für Gestaltung in Offenbach am Main, entwarf und bezog 1968 Hanne F. Juritz (Schriftstellerin/Künstlerin) mit Sascha Juritz (freier Maler und Grafiker) ihr frisch erbautes Atelierhaus in der Kennedystraße 25 in Dreieichenhain. Die beiden prägten die kulturelle Szene mit Autorenlesungen in der Stadtbücherei Dreieichenhain. Wegen des großen Zuspruchs ermöglichte Bürgermeister Hans Pfrommer deren Fortsetzungen ab 1974 im damals noch heizungslosen Burgkeller. Über die ersten zweiundzwanzig Lesungen gab Hanne ihr großformatiges Buch „Dichterburg Dichterkeller Dichterberg Dichterhain" mit Gedichten und Grafiken heraus.

Hanne veranstaltete in der Burg Hayn das „333 minuten festival" mit Jazz, Autorenlesungen, Film und Tanz des Darmstädter Tanztheaters mit dem Choreografen Gerhard Bohner, der konsequent neue Musik für seine Werke einsetzte. Zu sehen waren Filme des Darmstädter Künstlers Horst Dieter Bürkle, der später Präsident der „Darmstädter Sezession" wurde.

Die Veranstaltungen boten noch unbekannten wie auch berühmten Künstlern eine Bühne, wie dem Bildhauer Helmut Lander aus Darmstadt, der die beiden Skulpturen am Langener Rathaus/Amtsgericht schuf, und Bernd Rosenheim, mit dessen „Schneckenbrunnen" sich Buchschlag schmückt.

HANNE VERANSTALTETE IN DER BURG HAYN DAS „333 MINUTEN FESTIVAL" MIT JAZZ, AUTORENLESUNGEN, FILM UND TANZ.

Hannes Mann Sascha Juritz ermöglichte jungen Lyriktalenten Veröffentlichungen in seiner 1972 gegründeten „pawel pan presse", mit der er 1981 nach Büdingen umzog. Hanne leitete vier Jahre (1979 – 1982) den VS – Verband deutscher Schriftsteller, Landesverband Hessen – und wurde für die Zeit von 1981 bis 1983 Stadtschreiberin im Offenbacher Bücherturm. 1983 gründete sie den „Förderkreis für zeitgenössische Literatur, bildende Kunst und Musik e. V. Dreieichenhain" – zu dessen Gründungsmitgliedern auch Bürgerhauschef Gustav Halberstadt gehörte – und der bis 1995 weit mehr als 100 Autoren, bildende Künstler und Komponisten vorstellte. So hatte im Atelier „Bei Hanne" einer der weltbesten Jazzposaunisten, Albert Mangelsdorff, einen Soloauftritt. Die letzte Förderkreis-Veranstaltung war 1995 mit dem Schriftsteller Wilhelm Genazino, der 2004 den Georg-Büchner-Preis erhielt.

Documenta-Teilnehmer und Türen der Provence

In Dreieichenhain wohnte und arbeitete Wolfgang Schmidt (1929 – 1995), dessen Kunstwerke auch bei der „documenta 3" 1964 in Kassel ausgestellt wurden. Wolfgang war Grafikdesigner, Typograf, Lehrer und Gestalter der konkreten Kunst und visuellen Poesie. Er gilt als bedeutender Vertreter der Gebrauchsgrafik und künstlerischen Grafik in Deutschland und gehörte zur Kasseler Schule der Plakatkunst, Buch- und Zeitschriftengrafik. Hanne und ich kannten ihn gut, den Bewunderer des Schriftstellers Arno Schmidt, man traf sich oft, es war spannend, für ihn seinen Vorstellungen gemäß auf meinem Selbstbaurechner Strichgrafiken zu zeichnen, die er in seinen Arbeiten einsetzte. Wolfgangs für die Arbeitsgemeinschaft „Hayner Weiber" (hervorgegangen aus dem Arbeitskreis „Frau und Kultur") gezeichnete „3 eichenblätter zwischen den lippen" kennt wohl jeder in Dreieich.

Förderkreis für zeitgenössische Literatur, bildende Kunst und Musik e.V. i.Gr.

ATELIERWERKSTATT

1. Veranstaltung: Es liest: Max von der Grün

Es stellt aus: Walter Diewock

1. November 1983: Es spielt das Michael Sell-Trio

MICHAEL SELL

Michael Sell spielte auch „Bei Hanne" eine heiße Kanne und hat sich in deren Gästebuch verewigt

Michael Sell
KONZERT 9er-Formation
M. Bräsen, Sopran. K. Franke, Harfe. F. Köllges, Schlagzeug und Percussion. C. Levine, Flöten. D. Manderscheid, Kontrabaß. L. Newton, Sopran. M. Riessler, Klarinetten und Saxophone. M. Sell, Trompete. P. Schwarz, Piano. ATELIER »BEI HANNE« Kennedystrasse 25, 6072 Dreieich-Dreieichenh'

Walter Diewock betrachtet sein Werk: gedruckte Veranstaltungsplakate auf der KORREX-Handpresse

DEN BAHNHOF RETTETE DAS EHEPAAR WINTER DURCH ANKAUF, IN IHM ENTSTAND 1979 „DIE LOKOMOTIVE", WERKSTATT MIT KINDERKUNSTSCHULE UND GALERIE.

Der Maler, Lithograf und Radierer Hartmut Schnappauf richtete seine Druckwerkstatt 1975 in Dreieichenhain ein. Seine malerische Spontaneität stellt sich gegen die Reizüberflutung mit Bildern. Kurz bevor die Pandemie ausbrach, erzählte mir Hartmut, er mache jetzt Plastiken und Skulpturen, die in seinem Garten zu sehen sind.

1979 zog Brigitte Kleinehanding nach Dreieichenhain, in die Schulgasse 2. Zeichnend und fotografierend schuf sie viele Landschaftsbilder, gab Kunstunterricht in der Grundschule Götzenhain und privaten Zeichenunterricht, auch in ihrer späteren Wohnung im Götzenhainer Goethering. Aus der Provence, Südfrankreich stammten ihre Ansichten alter Türen, die sie in einem bemerkenswerten Fotobildband und auf Ansichtskarten veröffentlichte.

1983 erhielten Brigitte Kleinehanding und der Buchschlager Maler Tobias Ballweg den Kulturförderpreis der Stadt Dreieich. Im „Atelier B" im Bürgerhaus-Foyer fand mit ihren Werken neben Bildern von Hanne F. Juritz und Walter Diewock eine Gruppenausstellung statt, bei welcher der Musiker und Komponist neuer Musik, Michael Sell, der bereits „Bei Hanne" gastierte, eine Klangperformance mit Blasinstrumenten und einem Wassereimer bot, in der er Trompeten nicht nur blies, sondern sie auch peu à peu mit einer Blechschere auseinandernahm und so neuartige Klänge erzeugte, was besonders beim jungen Publikum zu begeistertem Beifall führte.

Drei Galerien und eine Lokomotive

In Dreieichenhain entstanden drei Galerien: 1978 eröffnete Paula Kablitz ihr „Bilderhäuschen" in der Hainer Chaussee, in dem sie zuerst ortsansässige Künstler vorstellte. Im stillgelegten Bahnhof von Dreieichenhain konnte unsere Jazz-Rock-Gruppe „Thaddäus Yps" für ein paar Monate üben, was uns Bruno Wagner, der ehemalige Gleissteller (solch einen hatte Dreieichenhain wirklich!), ermöglichte. Den Bahnhof rettete das Ehepaar Winter durch Ankauf, in ihm entstand 1979 „Die Lokomotive", Werkstatt mit Kinderkunstschule und Galerie. 1980 eröffneten Edelgard Bühler und Hannelore Priss die „Galerie Libertas" in der Freigasse 3, wo Radierungen, Holzschnitte und Malerei gezeigt wurden.

Der Kulturelle Förderkreis Buchschlag, von Jutta Dröll 1975 gegründet und später von Mime Steinhäuser weitergeführt, hatte ebenfalls viele bildende Künstler, Schriftsteller und Musiker zu Gast. Seine Veranstaltungen fanden im Bürgersaal Buchschlag und später im Bürgerhaus-Foyer statt, nachdem der Bürgersaal 2007 abgerissen war und es an geeigneten Ausstellungsräumen mangelte. Bei der Abschiedsveranstaltung im Mai 2012 las Peter Härtling, musizierte Katharina Martini mit Maximilian Geis und vier Buchschlager Künstler stellten im Bürgerhaus aus: Tobias Ballweg, Barbara Beisinghoff, Gloria Brand und Robert Kögel.

DREIEICH BEKENNT FARBE

STÄDTISCHE GALERIE: DER RAUM SIEHT JEDES MAL ANDERS AUS

Von Barbara Beisinghoff

Wie kam es zu den Kunsttagen? Bürgerhausmanager Gustav Halberstadt hatte schon Kunstausstellungen organisiert, bevor es die Kunstinitiative gab. Wir, die Kunstinitiative, wollten natürlich alles besser wissen und haben die Form der Ausstellungen des Atelier B zunehmend selbst gestaltet. Bernd Brand entwarf seit 1985 die Plakate. Von Stadtbaurat Schliepe stammte die architektonische Planung als Erweiterung der Bücherei. Wir fanden den Raum ideal als Städtische Galerie.

1990 war dieser neue Raum fertig. Die Stadt Dreieich ließ sich dank der Hartnäckigkeit Barbara Beisinghoffs erweichen. Der Magistrat, vertreten durch den Geschäftsführer der Bürgerhausverwaltung Gustav Halberstadt als Veranstalter, schloss einen Rahmenvertrag mit den Ausstellern der Kunstinitiative mit der Vereinbarung, im Galerieraum der Stadtbücherei jeweils eine Frühjahrs- und eine Herbstausstellung durchzuführen. Das Offene und die neutrale Leere der Galerie, die hohe Wand und der Blick darauf von der Galerie sind ideal. Gloria Brand sah sofort die Organisationsform der Kunsttage vor ihrem inneren Auge. Seit 1990 hat die Stadt Dreieich zweimal im Jahr eine Städtische Galerie ohne eigenen Verwaltungsaufwand mit ehrenamtlicher professioneller künstlerischer Leitung. Abwägende Sorgfalt und leidenschaftlicher Eifer bei den Vorbereitungen der Initiative haben den Betrachtern jedes Mal andere Seherlebnisse vor Augen geführt. Der Raum sah jedes Mal anders aus. Dreieich hat dazugewonnen.

Wegbereiter

Im Zwischenraum zwischen Darmstadt, Frankfurt und Offenbach im Dreieicher Bannforst hatten sich kommunikative Kraftfelder der Kunst entwickelt. Diese haben als Wegbereiter hineingewirkt in unsere Initiative.

***WAS IST DENN/ KUNST:/
BANNEN./ BANNEN?/ WUT ANGST/
FREUDE/ NÜTZLICHKEITEN/
KOMMEN AUS/ OHNE DAS/***

Hanne F. Juritz

Hanne F. Juritz, unsere Dichterin, die sich nie vereinnahmen lässt, hat seit 1973 über 22 Jahre internationale Künstleravantgarde nach Dreieichenhain geholt in ihren Förderkreis für zeitgenössische Literatur, bildende Kunst und Musik.

Sie schrieb über die Künstler im Kreis:

***Im kreis/ im umkreis/ sie schöpfen aus dem überfluß
ihrer vorstellungskraft/ ihrer angeeigneten techniken
ihrer beobachtungen/ ihrer materialien ihrer erfahrungen
ihrer umsicht/ ansicht durchsicht vorsicht rücksicht
weitsicht kurz/ sicht im kreis im umkreis.***

Jutta Dröll

Familie Hepp

Margarethe und Christian Habernoll

Dieter Emilio Sdun

Jutta Dröll, *die gute Fee in Sachen Kultur* (O-Ton Hanne F. Juritz), geschult durch die legendäre Zimmergalerie Frank in Frankfurt, brachte jahrzehntelang junge Kunst nach Buchschlag in ihren Kulturellen Förderkreis. Jutta Dröll trug auch die Idee der Kulturpreise in den Magistrat.

Familie Hepp brachte aus dem hr-Sinfonieorchester Weltklasse-Musik nach Dreieich.

Margarethe und Christian Habernoll leisteten Pionierarbeit mit ihrem KunstRaum. Sie zeigten 1989 noch vor dem Fall der Mauer Alltagsdesign aus der DDR, das heute Dauerleihgabe im Haus der Geschichte in Leipzig ist.

Dieter Emilio Sdun (1944 – 2015) hat in seiner Schierlingspresse, seit 1986 Prensa Cicuta, Kritisches auf den Punkt gebracht im Bleisatz in Cicero, in seiner Zeitschrift „schischyphusch". Die hat er auf die Messe in Madrid gebracht als Sisifo. Leuchtende Künstlerbriefe hat er für uns gemalt in seiner Wahlheimat Andalusien.

Dreieich bekennt Farbe, titelte die Offenbach Post am 25. September 1990 und bezeichnet die Stadt während der 1. Kunsttage als Gesamtkunstwerk.

Paten und Säulenheilige

Wir waren von Anfang an keine homogene Künstlergruppe. Jeder Künstler hat seine eigene Ausrichtung und bringt seine Korrespondenzen und Künstlerfreunde international ein in die Initiative. Das soll ausstrahlen und von außen hineinstrahlen. Wir haben uns immer als Kunstpaten verstanden und haben dem Gastkünstler von außen den Weg geebnet in Dreieich. Aus den unterschiedlichen Positionen und Netzwerken ergab sich ein professionelles Programm.

Die Kataloge lagen uns besonders am Herzen. Bis 1986 hat Dieter Sdun Layout und Typografie der Printmedien mitbestimmt, seit 1999 war es Bernd Brand. Die Kataloge haben unsere Mühe über den Augenblick der Ausstellungen hinaus festgehalten. Sie tragen wesentlich zur Professionalität der Kunsttage bei.

In der Gruppe ging es nicht immer ohne Verletztheiten ab. Jeder ist mit Herzblut dabei. Im Rückblick gesehen prägten nicht nur die selbstbewussten Redner die Initiative, sondern auch der zurückhaltende Denker und Säulenheilige im Hin-

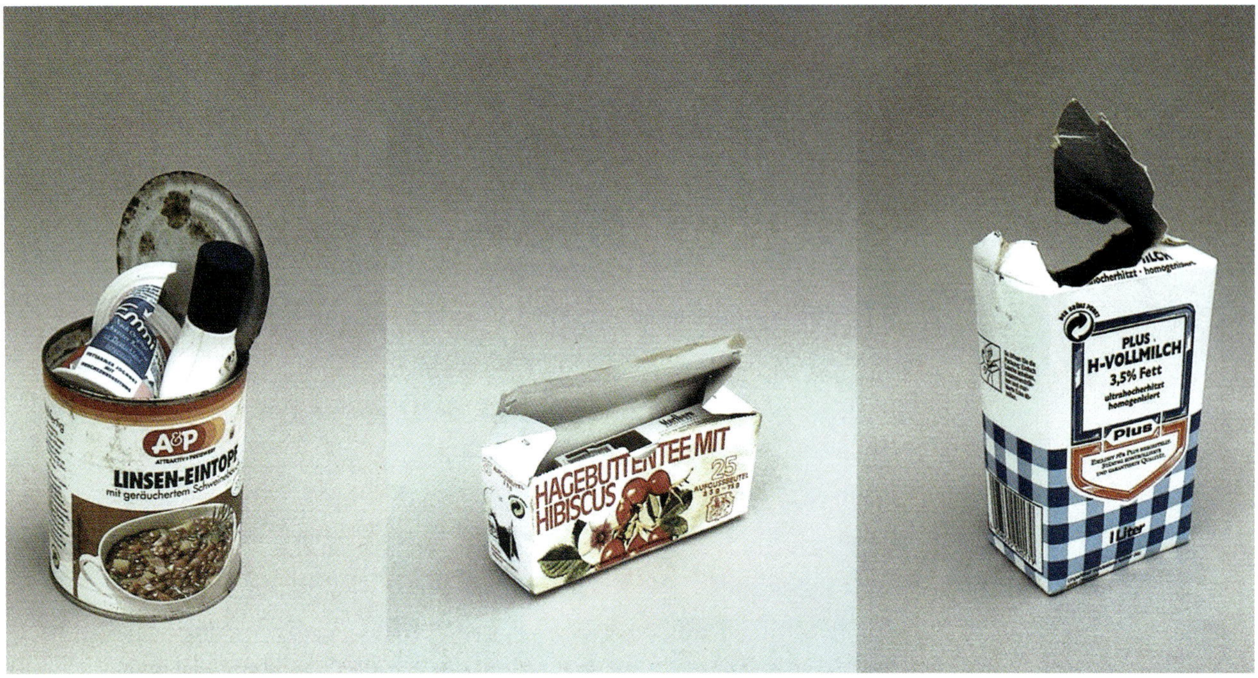

tergrund. Viele Ausstellungsformen wurden durchdekliniert, laute und leise. Hajü Neumann nannte seine Gruppe *„volldrauf"*. 1998 wurden *Gelbe Säcke* von Carsten Bott in der Städtischen Galerie ausgekippt; auf den ersten Blick eine Provokation, ließ die ausgebreitete Wertstoffsammlung nicht nur Rückschlüsse zu auf das Konsumverhalten der Gesellschaft. Immer mehr bedienten sich Künstler wissenschaftlicher Fragen und Methoden. Robert Chariot und Waltraud Munz arbeiteten im selben Jahr mit sieben Künstlern und Wissenschaftlern über *Annäherungen an die Unendlichkeit*. Waltraud Munz, seit Mitte der 90er-Jahre engagiertes Mitglied der Kunstinitiative, lud 1998 Raimer Jochims, ihren Professor vom Städel, zum Vortrag in die Städtische Galerie.

Kunst verändert unsere Wahrnehmung

Zwei Kuratoren haben das Gesicht der Kunsttage bis Anfang der 2000er-Jahre stark geprägt: Dietrich Mahlow und Ute Ritschel. Der Kunstwissenschaftler Dietrich Mahlow konzipierte unsere Ausstellungen *„Reflexionen"*, *„Chaos und Ordnung"* und *„Zeitspuren"*. „Lesen und schreiben", sagt er, „lernt jedes Kind in der Schule. Sehen lernen wir nicht." Sein Credo: „Das Gesehene auf sich beziehen. Zieh den Vorhang deines Lebens auf! Die Welt ist Deine Vorstellung!"

„LESEN UND SCHREIBEN LERNT JEDES KIND IN DER SCHULE. SEHEN LERNEN WIR NICHT." Dietrich Mahlow

Ute Ritschel

Mit der Kuratorin Ute Ritschel erobert die Initiative vehement den Außenraum. Robert Kögel ermöglicht *„Verborgene Orte"* in Park Philippseich. Zum ersten Mal erleben wir eine *ArtTafel* mit Ute Ritschel bei einer ihrer zahlreichen Kunstführungen in dem verwunschenen Park Philippseich. Es gab ein Pilzgericht beim Pilzkleid und Carta della Musica bei einer Papierarbeit ... Art 2000 *„Naturspur I und II"* entlang des Hengstbachs zu den 10. Kunsttagen. Unsere Wahrnehmung der Landschaft ändert sich durch solche künstlerischen Interventionen. Unvergesslich, wie ein von Katharina Sommer halbmondförmiges Boot durch das Wasser des Hengstbachs getragen wurde, wie Zweige eingenäht wurden in bunte Stoffe und wie Secret Messages wisperten: „Sit on the bench/ beside the stream./ the longer you stay,/ the more you can see." Die 10-jährigen Kunsttage wurden in die ganze Stadt hineingetragen. 2001 kuratiert Ute Ritschel *„Energy-Art"*, *„energieRaum"* und *„energieStation"*. Es gibt eine Lichtwiese am Hengstbach. Tanja Hoffmann kreiert ihre Bauch-Skulptur. Rundherum sind Bauchnabelenden in Kunstharz eingegossen. Anjali Göbel entwickelt ihre Seedkeepers. *The Travelling Forest*, Baumstammsegmente mit Koffergriffen, warten am Bahnhof Buchschlag darauf, mitgenommen zu werden. In einer der Energiestationen summen die Bienen.

Die Künstler und Kuratoren investieren Energie. Die Betrachter können diese Energie für sich abrufen, wenn sie sich auf die Kunst einlassen.

Es ist toll, dass die immer noch junge Initiative so vital ist und sich ständig neu erfindet.

Ilse Dreher, Gloria Brand, Waltraud Munz, Bernd Brand, Barbara Beisinghoff

Kunsttage Dreieich 1991

Kunsttage Dreieich 1991

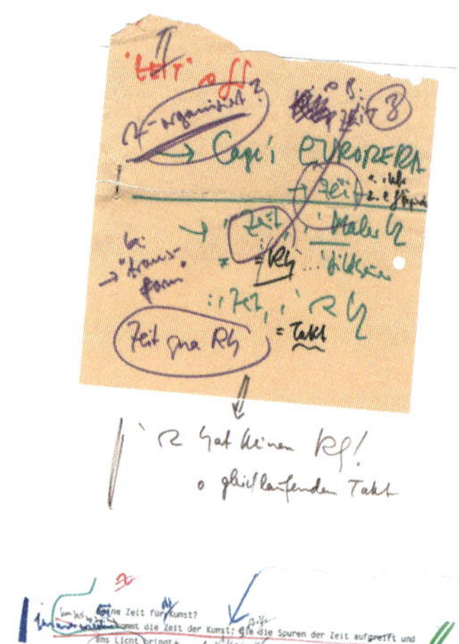

Kunsttage Dreieich 1992

Kunsttage Dreieich 1993

Kunsttage Dreieich 1993

Kunsttage Dreieich 1993

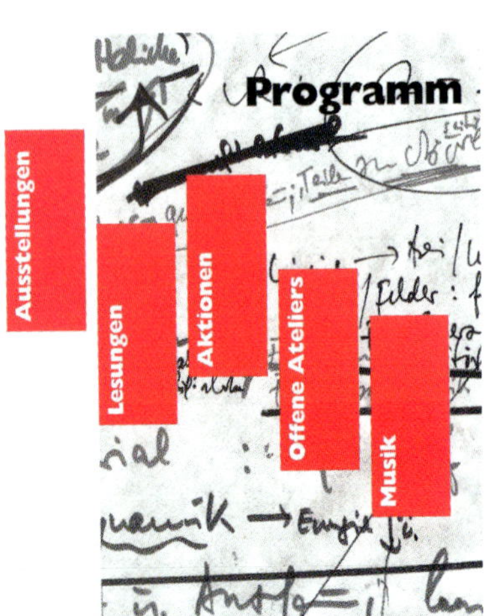

Kunsttage Dreieich 1994

Kunsttage Dreieich 1994

Kunsttage Dreieich 1995

Kunsttage Dreieich 1995

Kunsttage Dreieich 1996

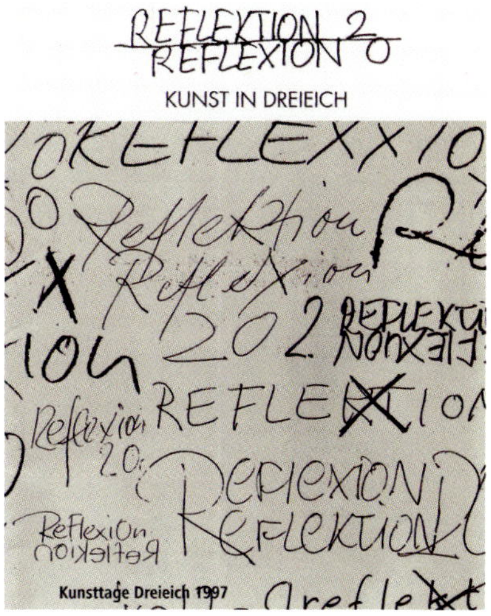

Kunsttage Dreieich 1997

Kunsttage Dreieich 1998
Foto: Waltraud Menz

Kunsttage Dreieich 1998
Foto: Daniel Stier

Kunsttage Dreieich 1999
Foto: Gareth Tynan

Kunsttage Dreieich 2000

Kunsttage Dreieich 2000

Kunsttage Dreieich 2001

Kunsttage Dreieich 2001

Kunsttage Dreieich 2002
Foto: Gareth Tynan

Kunsttage Dreieich 2002
Foto: Gareth Tynan

KUNSTTAGE DREIEICH: „KATALOG DER KATALOGE"

Von Ilse Dreher

Und so sollte es auch weitergehen. 2002, zum 25-jährigen Jubiläum der Stadt Dreieich, wurden aus 133 BewerberInnen 5 KünstlerInnen (5 Stadtteile) ausgewählt. Gabriele Bergers *Rotes Blatt* und Kanoko Hashimotos *Brücke* bestätigen noch heute die *StandOrte* im öffentlichen Raum. 2003 waren es *Standpunkte* mit Gloria Brands RaumCollagen und Robert Kögels Stahl- und Holzskulpturen in der Galerie.

Im Herbst *1 behalte [3] im Sinn*, kuratiert von Waltraud Munz-Heiliger und Kerstin Krone Beyer, war eine Auseinandersetzung von Kunst im Raum. 2004 präsentierte Robert Chariot, der zum Motor der frühen Kunsttage zählte, nach langer Zeit mal wieder seine Werke.

In finanziell abgespeckten Zeiten ist es nicht leicht, Kunst zu den Menschen zu bringen. Dennoch wollten wir nicht darauf verzichten. So forderten Hjü Neumann, Bernd Projan und Stefan Huber mit nur einem Bild *Guernica Void* die Besucher heraus, sich mit der *Reduktion auf das Unwesentliche* auseinander zusetzen.

Und dann gewann 2005 Barbara Beisinghoff die Ausschreibung *Kunst vor Ort* mit ihrem kommunikativen Kunstobjekt *Grundbuchseiten.* 250 Kinder verewigten sich auf fünf Kupferplatten mit einer Zeichnung dessen, was ihnen am Wichtigsten ist in ihrer Stadt. Die Zeichnungen wurden tief geätzt und als Bodenreliefs in den Grund der Stadt rund um das Rathaus verlegt. Sie sind heute noch zu besichtigen.

Rotes Blatt: Länge: 968 cm, Höhe: 121 cm, Breite: 528 cm

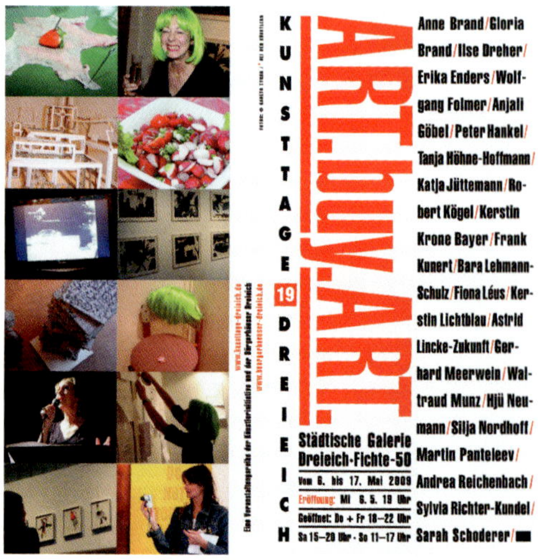

Im selben Jahr rief die Kunstinitiative die *ART.buy.ART* ins Leben, die bis 2011 andauerte. Eine *kleine feine* Kunstmesse mit immer ca. 20 – 26 KünstlerInnen.

Heino Gerhardt wurde im Herbst 2006 mit einer großen Retrospektive geehrt.

Schnittmengen war 2007 das Thema von Anjali Göbel, Peter Görlich und Robert Kressner, 2008 war es Kerstin Krone Bayer mit *Dazwischen*, Waltraud Munz-Heiliger bespielte 2009 mit *Sweet spot-areas* die Galerie.

Mit besonderen Performances zu den Vernissagen verwöhnten wir unser Publikum. 2007 malte Frank Wolff experimentelle Klänge mit seinem Cello, Ruth Geiersberger ließ alle Gäste *Ein Ding* mitbringen, welche später versteigert wurden. Ganz exklusiv konnten 2008 nur 14 Zuschauer der Tanzcompanie aus Gomera der Vorstellung *Die Leere der Wirklichkeit* dabei sein.

Die Musiktage Dreieich gastierten erstmals 2007 mit jungen Talenten. Diese Konzerte gehören bis heute zum festen Repertoire unserer Frühjahrsausstellungen.

2010 – 2012 fanden im Herbst keine Ausstellungen der Kunsttage statt.

„Jetzt muss etwas passieren“, sagte sich der harte Kern der Kunstinitiative – zu diesem Zeitpunkt waren es Gloria und Bernd Brand, Waltraud Munz-Heiliger und Ilse Dreher –: Die Herbstausstellungen mussten wieder aktiviert werden. Im Frühjahr 2013 kamen die *local heroes*, unsere temporären Mitstreiter der Kunstinitiative, zum Zuge – u. a. Robert Kögel, Walter Diewock, Hanne F. Juritz, Tanja Hoffmann, Tobias Ballweg, Gisa Hillesheimer, Hjü und Julia Neumann.

Auch der Kunstnachwuchs sollte nicht zu kurz kommen und gefördert werden.

Als Ehemalige der hfg_OF-MAIN lud Ilse Dreher StudentInnen des Fachbereichs Visualisierung und Materialisierung von Prof. Markus Holzbach ein. Gezeigt wurde faszinierendes Material für Kunst und Anwendung. Das Frühjahr 2014 war für unsere „Künstler-Freunde“ wie Merja Herzog-Hellsten, Waltraud Frese, Klaus Schneider, Volker Steinbacher u. v. a. reserviert. Im Herbst schwebten Ilse Drehers Medusen und andere Wassertiere durch die Galerie, flankiert von großformatigen Fotografien.

Künstler sein und Kurator gleichzeitig, ist das überhaupt möglich? Man wird gefragt: Was machst du da eigentlich? Kommst du nicht weiter in deiner eigenen Kunst? Hast Du keine Ideen mehr? Konzentrier dich doch auf deine Karriere! Bist du denn ein städtischer Angestellter, dass du diese Veranstaltung betreust?“ Bei dem Spagat, als Künstler zu kuratieren, bleibt da nicht deine Kunst auf der Strecke? Verkaufen sich Künstler nicht unter Wert? Schafft nicht erst der Kurator die Wertbildung? Und doch: In einer Zeit, in der die Kuratoren in den Kunstzentren hofiert werden und bestimmen, was zeitgenössisch ist und was nicht, gerade da treten die Produzenten wieder auf den Plan. Waltraud Munz sagt: „Qualität kann man sehen, jedenfalls ein geschulter Blick. Und natürlich sind Künstler geeignete Kuratoren.“ (Zitat B. Beisinghoff)

„JETZT MUSS ETWAS PASSIEREN“, SAGTE SICH DER HARTE KERN DER KUNSTINITIATIVE – ZU DIESEM ZEITPUNKT WAREN ES GLORIA UND BERND BRAND, WALTRAUD MUNZ-HEILIGER UND ILSE DREHER –: DIE HERBSTAUSSTELLUNGEN MUSSTEN WIEDER AKTIVIERT WERDEN.

Die Städtische Galerie und die Kunsttage Dreieich feierten 2015 ihren 25. Geburtstag mit der Kulturpreisverleihung an die Kunstinitiative; stellvertretend an Gloria und Bernd Brand, Waltraud Munz-Heiliger und Ilse Dreher.

„Jeder von ihnen hätte einen Kulturpreis verdient für die Erfindungen des eigenen Werks. Darüber hinaus waren sie

Kunsttage Dreieich 2003

Kunsttage Dreieich 2003

2003
AUSSTELLUNG 30.8.-28.9.
1 behalte 3 im Sinn
Kunsttage Dreieich 2003

11 ➔ 30
SEP'04
GUERNICA
VOID
Stefan Huber, Hjö Neumann und Bert Projahn
zeigen eine Revision von Picassos Guernica
Kunsttage Dreieich 2004

Kunsttage Dreieich 2005

Kunsttage Dreieich 2005

Kunsttage Dreieich 2006

Kunsttage Dreieich 2006

Kunsttage Dreieich 2006

Kunsttage Dreieich 2007

Kunsttage Dreieich 2007

Kunsttage Dreieich 2008

Kunsttage Dreieich 2009

Kunsttage Dreieich 2010

DAS IST
KUNST
DAS MUSS
WEG!
Kunsttage Dreieich 2010

Kunsttage Dreieich 2010

KUNSTTAGE DREIEICH
ART.buy.ART.
Nr. 1001
Ai Weiwei
STUHL
für
Ai Weiwei
4. Mai 2011
Kunsttage Dreieich 2011

Kunsttage Dreieich 2011

Kunsttage Dreieich 2012

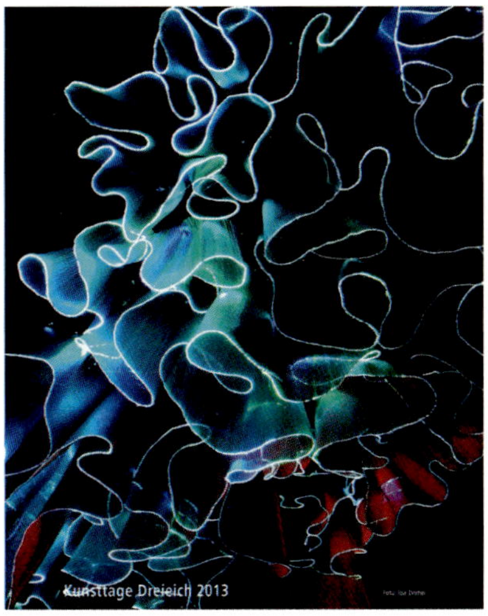
Kunsttage Dreieich 2013

Kunsttage Dreieich 2013

Kunsttage Dreieich 2013

Kunsttage Dreieich 2014

Kunsttage Dreieich 2014

Flechtweck
der 25. Kunsttage Dreieich
hier erhältlich
23. April bis 18. Oktober 2015 · www.kunsttage-dreieich.de
Flechtweck
Der Flechtweck steht analog für
die Kunstinitiative Dreieich, die
sich als Flechtwerk und vielfältig
vernetzte Gemeinschaft versteht.
ART.twenty.FIVE
2008 2009 2010 2011 2012 2013 2014 2015

ART.twenty.FIVE
2008 2009 2010 2011 2012 2013 2014 2015

aber bienenfleißig für die Kunsttage. Mit großzügiger „Kulturdienerei" haben sie ihre Netzwerke und Fähigkeiten in den Dienst der Öffentlichkeit gestellt ... Wenn die Kunsttage Dreieich 1990 von der Presse schon als Gesamtkunstwerk betrachtet wurden, kann man sicher von einer Umwandlung von Dreieich in eine Kunststadt 2015 durch die Künstlerin und Kuratorin Ilse Dreher sprechen. Früher nannte sich Darmstadt Kunststadt und wirbt heute mit dem Titel Wissenschaftsstadt. Vielleicht geht nach Ilse Drehers Turboinitiative *Art.twenty.Five* der frühere Darmstädter Titel über an Dreieich: *Dreieich - Stadt der Künste*?! (Zitat Barbara Beisinghoff)

Zur Jubiläumsausstellung zeigte die Kunstinitiative mit Unterstützung der Bürgerhäuser, der Stadt Dreieich und vielen anderen, wie reich Dreieich an Kunst ist. Die Ausstellungen, normalerweise in der Städtischen Galerie nur im Frühjahr und Herbst, wurden ein halbes Jahr lang auf die ganze Stadt ausgeweitet. Ein Fahnenmeer in der Stadt, gestaltet von Kindern der örtlichen Malschulen, sorgte für eine bunte Einstimmung.

Das Dreieich-Museum, Bürgertreffs, Dreieich-Bücherei, Geschäfte, Privatleute - alle stellten Ihre Flächen der Kunst zur Verfügung.

Und als Novum wurde *Kunst in der Burg* während der *Burgfestspiele Dreieichenhain* realisiert. Mit dem *Projekt Makoko*, den leuchtenden schwimmenden Häuschen von David Bausch, Ruben Fischer und Yacin Boudalfa auf dem Burgweiher, dem *Musenzopf* von Johannes Kriesche, Kunst und Lesungen im Palas.

Kunst in der Burg wurde ab dann fester Bestandteil der Kunsttage während der Burgfestspiele Dreieichenhain.

Highlights wie die *Stadtblüte* aus Gras von Waltraud Munz-Heiliger im Palas, das Konzert von Andreas Hepp im Bürgerhaus, das *Kartoffelkino* von Vollrad Kutscher oder die Gestaltung einer Hauswand am Egenberger Parkplatz von Gloria Brand, Waltraud Munz-Heiliger, Ilse Dreher, um nur ein paar wenige aufzuzählen. Das Wandbild, als temporäre Gestaltung für das Jubiläum konzipiert, ist noch heute zu besichtigen.

In der Broschüre *Kunstpfade Dreieich*, 2018 neu überarbeitet, werden fünf Kunstspaziergänge angeboten.

„WENN DIE KUNSTTAGE DREIEICH 1990 VON DER PRESSE SCHON ALS GESAMTKUNSTWERK BETRACHTET WURDEN, KANN MAN SICHER VON EINER UMWANDLUNG VON DREIEICH IN EINE KUNSTSTADT 2015 DURCH DIE KÜNSTLERIN UND KURATORIN ILSE DREHER SPRECHEN."

Barbara Beisinghoff

Bernd Brand gestaltete bis zum Frühjahr 2015 unsere Flyer und Plakate. Dann übernahm Ilse Dreher diese Aufgabe mit Betreuung der neuen Kunsttage-Website mit bildreicher Dokumentation anstelle der Kataloge.

Die Jugend war wieder gefragt: Spektakulär war die Vernissage 2016 mit Kim Lotte Stübers Performance *Schwarm* mit PerformerInnen in einer gemeinsamen Haut und Mila Hundertmarks (früher Burghardt) Video von aufgegessenen und

VON DER TURMBURG FLOSS MIT 15 M LÄNGE DER GOLDENE ÜBERFLUSS VON ILSE DREHER IN DEN BURGWEIHER.

wiedergekauten Stadtansichten; Nadja Büttners großer Installation *SUM* – alle Kunststudentinnen der hfg_OF-MAIN aus dem Fachbereich Film und Bühnenbild.

In der Burg waren im Sommer Wanda Pratschke mit ihrer *Schönen*, Jürgen Wegener und Inge Hornef. Von der Turmburg floss mit 15 m Länge der goldene *Überfluss* von Ilse Dreher in den Burgweiher.

Im Herbst flimmerten Filme, Videos und Fotografien von Holger Deller, Thomas Brenner, Björn Reimers und Shau Chung Shin durch die Räume, kuratiert von Waltraud Munz-Heiliger.

2017 – die Stadt feierte ihr 40-jähriges Stadtjubiläum: Waltraud Munz-Heiliger und Ilse Dreher entwickelten dafür eine Kunst-Stempel-Aktion. KünstlerInnen der Sezession Darmstadt trafen mit der Kunstinitiative Dreieich aufeinander. Justyna Koeke überzeugte mit ihrer aufregenden Performance für die vielen gesichtslosen Prostituierten.

Auf dem Burgweiher schwammen die sechs goldenen Nymphen von Tanja Hoffmann. Der runde Turm wurde in ein Lichtermeer verwandelt mit Installationen von Martin Böttcher und Corinna Zürcher. Wer sich vorher von den beiden fotografieren ließ, wurde Teil der Installation. Im Spätsommer nutzte Waltraud Munz-Heiliger ihre Kontakte zur Künstlergruppe Yatoo in Südkorea mit Global Nomadic Art Project (GNAP), die mit Ute Ritschel und zahlreichen Assoziierten die Galerie bevölkerte.

Kunsttage Dreieich 2015

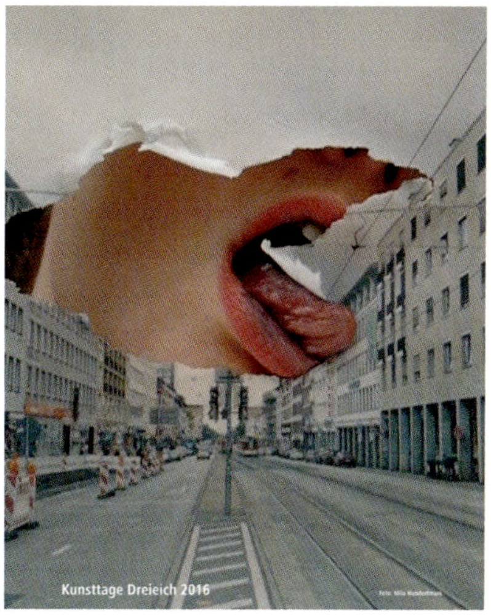
Kunsttage Dreieich 2016

Kunsttage Dreieich 2016

Kunsttage Dreieich 2016

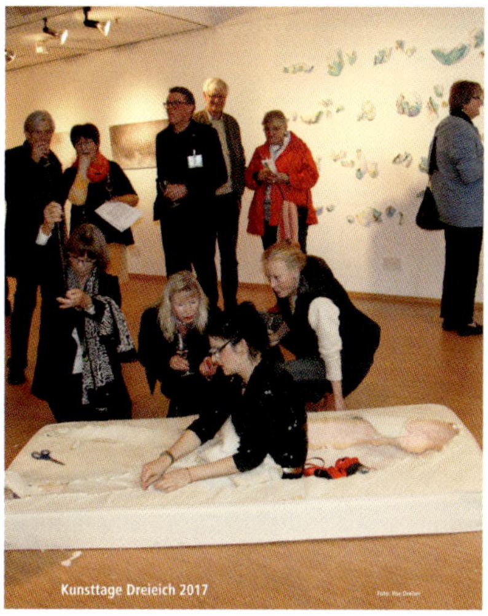
Kunsttage Dreieich 2017

Kunsttage Dreieich 2017

Kunsttage Dreieich 2018

Kunsttage Dreieich 2018

Kunsttage Dreieich 2018

Kunsttage Dreieich 2019

Kunsttage Dreieich 2019

Kunsttage Dreieich 2019

Eine Schau mit Lokalmatadoren

23. Ausgabe der Kunsttage setzt auf Eigengewächse

Von Holger Klemm

DREIEICH ▪ In den vergangenen Jahren luden die Organisatoren der Dreieicher Kunsttage in Zusammenarbeit mit den Bürgerhäusern sich gerne Gäste ein. Bei der 23. Ausgabe wird das anders sein. Bei ihr werden vor allem die Lokalmatadore zum Zuge kommen. Unter dem Motto „ART.local.news" präsentieren vom 2. bis 12. Mai 16 Künstler aus Dreieich oder eng mit der Stadt verbundene Kunstschaffende einen aktuellen Querschnitt ihrer Arbeiten.

In den vergangenen Jahren waren die Mitglieder der Kunstinitiative bei den Kunsttagen etwas in den Hintergrund getreten. Bei den sieben Ausgaben der Frühlingsausstellung „ART.buy.ART" fungierten sie vor allem als Paten für Kollegen aus anderen Städten. Nun war es an der Zeit, mal wieder etwas Neues auszuprobieren. „Wir wollten das Profil der Kunstinitiative etwas schärfen", meint Waltraud Munz, Mitglied der Initiative.

Bei „Local News" werden die Besucher in der Städtischen Galerie auf viele alte Bekannte der Dreieicher Kunstszene treffen. Mit dabei sind Tobias Ballweg, Barbara Beisinghoff, Gloria Brand, Robert Chariot, Walter Diewock, Ilse Dreher, Anjali Göbel, Gisa Hillesheimer, Tanja Hoffmann, Hanne F. Juritz, Robert Kögel, Kerstin Krone Bayer, Waltraud Munz, Julia Neumann, Hjü Neumann sowie Herta Post.

Besonders freut es die Organisatoren, auch Mitglieder der ersten Stunde dabei zu haben. Dazu gehört Hanne F. Juritz, die lange nicht dabei war, nun aber mit zwei Lesungen im Rahmenprogramm vertreten sein wird. Ein Wiedersehen gibt es auch mit Barbara Beisinghoff, die vor zwei Jahren von Buchschlag nach Nordhessen zog. „Sie ist aber noch sehr eng mit Dreieich verbunden", berichtet Ilse Dreher, die großen Anteil am Konzept hat.

16 Künstler bieten aktuellen Querschnitt

Sie besuchte die Ateliers der Kollegen auf der Suche nach geeigneten Werken für die Schau. Eine thematische Festlegung gab es nicht. So werden Arbeiten aus den Bereichen Malerei, Skulptur, Fotografie und Film zu sehen sein. Bedingung war jedoch, dass es sich um aktuelle Werke handelt, die bislang noch nicht öffentlich zu sehen waren. Bis auf eine Ausnahme ist das gelungen. „Und wir legen Wert auf Qualität", berichtet Waltraud Munz. Die Auswahl ist getroffen. Nun geht es an die Pläne, wie alles in der Städtischen Galerie spannend präsentiert werden kann. Einig sind sich die Mitglieder, dass der Raum nicht so überladen wirken soll.

Es ist schon erstaunlich, dass eine Initiative über so einen langen Zeitraum in der Regel zwei Ausstellungen im Jahr organisiert. „Wir diskutieren manchmal schon kontrovers", erzählt Waltraud Munz. Doch immer sei etwas Gemeinsames entstanden, was beim interessierten Publikum gut angekommen ist. Die Kunsttage bieten für die Teilnehmer ebenfalls die Möglichkeit, Experimentierfreude zu entwickeln.

Doch die Finanzsituation der Stadt setzt auch der Kunstinitiative Grenzen. Gerne möchten die Mitglieder wieder in Herbstausstellungen Einzelkünstler präsentieren und dazu Kataloge veröffentlichen. Momentan sei dies aber nicht möglich. Das heißt aber nicht, dass es in diesem Jahr keine Herbstausstellung geben soll. Überlegungen sind im Gange.

Auf jeden Fall sollen die 25. Kunsttage in zwei Jahren groß gefeiert werden. Dafür beginnt schon die Suche nach Sponsoren.

Sie freuen sich auf die 23. Kunsttage, die am 2. Mai um 19 Uhr eröffnet werden. Das Foto zeigt Anjali Göbel, Ilse Dreher, Waltraud Munz und Bernd Brand, die zu der Initiative gehören, sowie Benjamin Halberstadt, Geschäftsführer des Bürgerhauses. ▪ Foto: hok

Vernissage mit einer essbaren Kunstaktion

Die Ausstellung „ART.local.news" der 23. Kunsttage wird am Donnerstag, 2. Mai, um 19 Uhr in der Städtischen Galerie, Fichtestraße 50a, eröffnet. Zur Vernissage bereiten Julia & Hjü Neumann eine ihrer Aktionen unter dem Motto „ARTig essen" vor. Hanne F. Juritz sorgt für die literarische Einführung. Die Öffnungszeiten sind bis 12. Mai freitags von 18 bis 22 Uhr, samstags von 15 bis 19 sowie sonntags von 11 bis 17 Uhr. Im Rahmen der Kunsttage gibt es auch ein Konzert der Musiktage am Freitag, 10. Mai, um 20 Uhr mit Lidia Favaretto (Fagott) und David Rheinert (Cello). Bei der Finissage am Sonntag, 12. Mai, um 16 Uhr liest Hanne F. Juritz. Der Pianist Georgi Mundrov lässt die Kunsttage musikalisch ausklingen.

KUNSTTAGE

ART.by.friends

Eröffnung Do 8. 5. 14 / 19 Uhr/
Begrüßung: Bürgermeister Dieter Zimmer/
Einführung: Ilse Dreher / Waltraud Munz (Kunstinitiative Dreieich) Kuratorinnen/

Suppenlesung
Horst Dieter Bürkle/Autor/Künstler/Filmemacher

Musikabend
Mi 14. 5./20 Uhr/
Werke von Bärmann/Schumann/Chopin/Brahms
Anke Pan (Klavier)/Stefan Barth (Klarinette)

(Im Rahmen der Musiktage Dreieich) Eintritt frei
www.musiktage-dreieich.de

Slam Poetry
So 18. 5./15 Uhr/
Gedichte und Slam Poetry mit Synthesizer Klängen
Be Poet Michael Bloeck/
Elektro Sound Poetry

»Calanda« Film von Otto Horn und Horst Dieter Bürkle zum 100. Geburtstag des spanischen Filmregisseurs Luis Bunuel, der in Calanda geboren wurde.

(Während derGalerie-Öffnungszeiten)

Eine Zusammenarbeit der Kunstinitiative und der Bürgerhäuser Dreieich
www.buergerhaeuser-dreieich.de · www.kunsttage-dreieich.de

Waltraud Frese/
PAPIEROBJEKTE-TRACHT

Merja Herzog-Hellstén/
SKULPTUR AUS ACRYLGLAS

Kurt Wilhelm Hofmann/
ZEICHNUNG

Johannes Kriesche/
ENKAUSTIK

Kerstin Lichtblau/
AUGENMÄDCHEN

Farbenfreudiges, Witziges und Anmutiges kam 2018 mit Esther Botts wunderbaren Silikonstücken, Hermelinde Hergenhahns holländische *„spionnetje"* folgten, die Einweihung von Migu Syeds Skulptur *Casa Maxima* am temporären Ausstellungsplatz am Bürgerhaus und unter *Erstmals* stellten sechs bisher noch nicht in unserer Galerie gezeigte KünstlerInnen aus.

Eine große Freiluftausstellung mit 120 m Länge an einem Bauzaun der DreieichBau AöR wurde realisiert. Erst wehte ein Sturm nach wenigen Tagen die Bauzäune um, und einige Zeit später holten sich „Kunstliebhaber" zwei Werke vom Zaun. Doch es kam noch heftiger: Kurz vor Pfingsten wurden 18 (!) Planen in einer Nacht- und Nebelaktion gestohlen. Ein plötzliches Ende der OpenAirGalerie – keiner hat je wieder was von den Planen gesehen.

Doch wir ließen uns nicht bremsen. Mit Petra Johanna Barfs holten wir uns den Rhein und einen Boxring in die Galerie. Mit einem Schauboxkampf von zwei jungen Boxerinnen starte-

DOCH WIR LIESSEN UNS NICHT BREMSEN.

ten die 29. Kunsttage und unser Gast der Musiktage Gregor Praml machte im Ring seinen Bass zum Orchester. Es kam noch bunter. Stefanie Manhillen wirbelte mit ihren Collagen *Das Leben ist ein Salat.* Die Gäste fanden schnell Spaß am kreativen Tumult und wurden Teil der Kunstaktion. Mit einem Poetry-Slam-Wettbewerb endeten die Kunsttage.

Großes war zum 30-Jährigen 2020 geplant. *»Ja, mach nur einen Plan! Sei nur ein großes Licht! Und mach dann noch 'nen zweiten Plan, gehn tun sie beide nicht.«* (Bertolt Brecht)

Corona - Covid-19 - machte alle Pläne zur Makulatur. Und auch das Folgejahr blieb nicht verschont. Die Kunsttage Dreieich waren zur Zwangspause verdammt.

Nicht ganz: Mit *Kunst dazwischen* auf der Parkterrasse am Bürgerhaus wurden die vorgeschriebenen Abstände zwischen den Tischen mit 50 wetterfesten farbenfrohen Medusen von Ilse Dreher aufgelockert. Im zweiten Jahr folgten von 25 KünstlerInnen 34 Würfel in vielfältigen Variationen, die ein halbes Jahr im Backstage auf ihren Auftritt warten mussten.

Mit oben/unten/mittendrin starteten wir wieder im Frühjahr 2022 die 30. Kunsttage Dreieich und hoffen, die Tradition noch lange fortzusetzen.

BÜRGERHAUS VERMIETET BIBLIOTHEK UND GALERIE

DORIS BOHLÄNDER-SCHÄFER ZIEHT 40-JAHRES-BILANZ

Von Holger Klemm

Das Bürgerhaus Sprendlingen hatte in seinen ersten 50 Jahren viele Weggefährten. Dazu zählt Doris Bohländer-Schäfer, die im März 2022 in den Ruhestand gegangene Leiterin der Stadtbücherei. *„Vier Jahrzehnte durfte ich in enger Nachbarschaft mit dem Bürgerhaus zusammenarbeiten"*, betont sie. Das ergab sich schon dadurch, dass die Stadtbücherei Mieterin des Bürgerhauses ist. Und da bezog sich die Kooperation nicht nur auf das kulturelle Gebiet. *„Wir haben einen gemeinsamen Hausmeister, der täglich nach dem Rechten schauen muss."* Bohländer-Schäfer erinnert sich mit Schmunzeln daran, wie oft die Heizung ausgefallen ist oder in den Anfangsjahren übers Wochenende heruntergedreht wurde. *„Wir saßen am Montagmorgen im Winter bei 16 Grad in unseren Büros. Der Hausmeister wollte Energie sparen, aber doch bitte nicht mit uns!"*

Doris Bohländer-Schäfer, ehemalige Leiterin der Stadtbücherei

Ein Klavier wird geschoben

Als Bohländer-Schäfer am 1. März 1982 ihren Dienst antrat, befand sich die Stadtbücherei bereits in der Nachbarschaft des Bürgerhauses – wenngleich noch in einem bescheideneren Rahmen. In unmittelbarer Nähe in den Clubräumen hatten ebenfalls die Musikschule und die Volkshochschule ihren Platz. Und so wurde schon sehr früh die Zusammenarbeit mit vier Bildungseinrichtungen geknüpft. Das galt nicht nur im beruflichen Umfeld, es wurde auch zusammen gefeiert und das Klavier dorthin geschoben, wo es benötigt wurde. *„Auch denke ich sehr gerne an die vom Bürgerhaus 1983/84*

„VIER JAHRZEHNTE DURFTE ICH IN ENGER NACHBARSCHAFT MIT DEM BÜRGERHAUS ZUSAMMENARBEITEN."

UND DA KOMMT AUCH DIE KUNST NICHT ZU KURZ.

veranstalteten Reisen nach Wien zum Musical ‚Cats'. Eine wunderbare Reise, in der wir Freundschaften geknüpft haben, die bis heute noch andauern."

In ihren Anfangsjahren war Bohländer-Schäfer verantwortlich für die Kinder- und Jugendbücherei. 1984 setzte sie eine Jugendbuchwoche sowie die Gründung eines entsprechenden Arbeitskreises aufs Gleis. Im Jahr 2001 übernahm sie dann die Nachfolge der bisherigen Leiterin Renate Rauffmann.

Da flitzte Denis Scheck

1989 erfolgte die Einweihung der heutigen Hauptstelle der Stadtbücherei. Das Gebäude ermöglichte der Bibliothek gute Arbeitsbedingungen, passt gut zum Bürgerhaus und ist eine ideale Ergänzung. So ist ein kulturelles Zentrum in Sprendlingen entstanden.

Und da kommt auch die Kunst nicht zu kurz. Der Galerieraum der Bücherei hat über die Jahre schöne und anregende Ausstellungen präsentiert und ist zweimal im Jahr als Städtische Galerie Schauplatz der renommierten Dreieicher Kunsttage, die weit in die Region ausstrahlen.

Nicht zu vergessen die gemeinsam mit dem Bürgerhaus ausgerichteten Lesungen. *„Wir konnten unser Wunschbuch öffnen und das Bürgerhaus-Team versuchte sein Mögliches"*, betont die ehemalige Büchereileiterin mit Blick auf zahlreiche renommierte Autorinnen und Autoren, die nach Dreieich kamen. Dazu zählten Peter Härtling, Nele Neuhaus, Frank Goosen, Wladimir Kaminer, Roger Willemsen, Andreas Wagner, Denis Scheck, Klaus-Peter Wolf und viele andere mehr.

Broschüren-Cover zur Einweihungsfeier

„Das Schöne bei den Lesungen waren die wunderbaren Gespräche mit den Autorinnen und Autoren, wenn man sie abgeholt und wieder abgeliefert hatte. Da wurde so manches aus dem Nähkästchen geplaudert." Für die Veranstalter war es aber nervenaufreibend, wenn der Saal schon gut gefüllt war und der Gast noch nicht eingetroffen war. *„Denis Scheck flitzte auch sofort nach seiner Ankunft im Bürgerhaus auf die Bühne, und wir atmeten alle erleichtert auf."*

„Unverwechselbare Marke"

Doris Bohländer-Schäfer verbindet ihre „Bilanz 1982 - 2022" mit Danksagung und Kompliment an den „Nachbarn". Die Erfolge im städtischen Kunst- und Literaturbetrieb seien *„ohne das Familienunternehmen Halberstadt nicht möglich gewesen. Gustav und Heike Halberstadt, aber auch ihre Kinder Annette und Benjamin, standen beim Einlass oft für die Besucher bereit"*. Deshalb sei es *„sehr schön, dass Benjamin Halberstadt als Geschäftsführer in die Fußstapfen seines Vaters getreten ist"*. Nicht zu vergessen seien auch Till Friedrich, der *„zwischen den Halberstadts"* das Haus leitete, und die *„wunderbaren Ideengeber bei den Veranstaltungen, Wolfgang Barth und seine Nachfolgerin Maria Ochs"*. Sie alle hätten das Bürgerhaus mit ihrem Programm zu einer unverwechselbaren Marke gemacht.

1994: Bürgermeister Bernd Abeln gratuliert Bürgerhausmanager Gustav Halberstadt zum 60. Geburtstag

„DIE DISKUSSIONEN WAREN SEHR EMOTIONAL“

INTERVIEW MIT BERND ABELN, BÜRGERMEISTER VON 1987 BIS 2000

Die Fragen stellte Peter Holle

DER GALERIERAUM HAT JA NICHT NUR DIE MÖGLICHKEITEN DER STADTBÜCHEREI AUFGEWERTET, ER WAR UND IST AUCH EIN GELUNGENER, ANSPRECHENDER AUSSTELLUNGSRAUM, DER ZU VIELFÄLTIGEN AKTIVITÄTEN ANREGT.

Bernd Abeln, am 1. Oktober 1987 haben Sie Ihr Amt als Bürgermeister angetreten und damit auch das Bürgerhaus (BHS) übernommen und, wenn man so will, geerbt. Im Gegensatz zu Ihren Vorgängern und Nachfolgern hatten Sie keine Vorgeschichte mit dem BHS. Sie haben es vorgefunden – als Immobilie und Kulturbetrieb. Was war Ihr Eindruck, Ihre Wahrnehmung? Erstaunt? Entsetzt?

Abeln: Weder noch. Im Sommer 1987 bin ich ja im Bürgerhaus von der Stadtverordnetenversammlung zum Bürgermeister gewählt worden. Schon von daher ist es ein besonderer Ort für mich. Aber: Eine Stadthalle oder ähnliche Einrichtung als Zentrum für das kulturelle und gesellschaftliche Leben war und ist für eine Mittelstadt in der Größe von Dreieich eigentlich üblich – auch als Unterstützung für Vereine und Initiativen. Dies gehört nicht nur für mich zur städtischen Daseinsvorsorge.

Wie lief das in Dreieich? Was haben Sie vorgefunden und geerbt?

Es gab zum einen das Bürgerhaus mit dem Chef Gustav Halberstadt und seinem Team, die eine vorzügliche Arbeit leisteten. Und es gab eine ganze Reihe von Vereinsaktivitäten auf kulturellem Gebiet: Musikvereine, Chöre und hochkarätige Kunstinitiativen. Das war schon besonders in Dreieich. Die Kultur hatte aber auch in der Politik unter meinem Vorgänger Hans Meudt einen guten Platz. Und die Stadträtin Jutta Dröll hat großartige Aktivitäten auf kulturellem Gebiet angeregt und gefördert. Beide hatten auch maßgeblich die Erweiterung der Stadtbücherei mit dem Stadtcafé und dem Galerieraum an der Fichtestraße auf den Weg gebracht. Dieses Projekt, das einen deutlichen Mehrwert für kulturelle Aktivitäten brachte, habe ich bei meinem Amtsantritt vorgefunden und auch gleich den Beginn der Bauarbeiten für die Stadtgalerie im Oktober 1987 direkt miterlebt.

Um die Stadtgalerie gab's ja dann wohl lebhafte Auseinandersetzungen?

Stimmt. Der Galerieraum hat ja nicht nur die Möglichkeiten der Stadtbücherei aufgewertet, er war und ist auch ein gelungener, ansprechender Ausstellungsraum, der zu vielfältigen Aktivitäten anregt. Da konkurrierten die Ansprüche der Stadtbücherei mit den Wünschen der hiesigen Künstlerinitiative, den Raum für Ausstellungen zu nutzen. Die Diskussionen darüber waren sehr emotional. Diese Konkurrenz habe ich so aufgelöst, dass der Galerieraum im Frühjahr und im Herbst je einen Monat als Ausstellungsfläche dient. Mittlerweile herrscht nach meinem Eindruck ein gutes Miteinander.

Sie waren also Hebamme für die Kunsttage. Das kam ja wohl Ihren Neigungen entgegen – sie galten ja in den lokalen Medien und in der Öffentlichkeit als eine Art Musensohn ...

Ich bin sehr an Kunst und Kultur interessiert und finde beides außerordentlich wichtig für die Identität und das Leben einer Stadt. Ein Bürgermeister kann auch dadurch seinen Beitrag leisten, dass er Sponsoren sucht und findet. Es ist mir in den 1990er-Jahren gelungen, Sponsoren, vor allem auch in Dreieich, zu finden - zum Beispiel für das „Euromal" im Bürgerpark. Das Modell dazu sah ich bei einem Besuch mit Jutta Dröll und Gustav Halberstadt bei Prof. Jos Arnold. Ich war davon so begeistert, dass ich ihm spontan gesagt habe: *„Das nehme ich für Dreieich!"* Aber ich konnte auch dazu beitragen, dass andere Kunstwerke aus den Bildhauersymposien in Dreieich bleiben konnten. Ich war immer ansprechbar und habe Initiativen und Aktionen der Kunstszene unterstützt.

Was noch?

Ich habe auch Förderer für die Burgfestspiele gefunden. Die städtischen Gremien hatten ihre Zustimmung für sie nämlich davon abhängig gemacht, dass 100.000 Mark pro Jahr Sponsorengelder eingeworben werden. Das ist mir gelungen – erfreulicherweise. Denn die Festspiele sind bis heute eine große Attraktion. Dabei war die Zusammenarbeit mit vielen Akteuren, besonders auch mit Gustav Halberstadt, befruchtend und bereichernd.

Sie haben sich aber nicht nur bei den Burgfestspielen für Musik/Musicals/klassische Konzerte/Opernaufführungen eingesetzt ...

Das stimmt. Daher war es für mich auch eine besondere Freude, dass ich Martin Winkler als Leiter für unsere Musikschule gewinnen konnte. Und ich versuche bis heute meinen Beitrag zu leisten, dass Kunst und Kultur ihren Platz in unserer Stadt behalten. So engagiere ich mich für die Dreieicher Musiktage als Vorsitzender für den Verein DreieichMusik.

Was bleibt unterm Strich?

Ich konnte meine privaten kulturellen Ambitionen, Neigungen und Vorlieben mit kommunaler Kulturpolitik verbinden und in großen Teilen umsetzen. Und daran war die hervorragende Arbeit der Bürgerhäuser Dreieich mit ihren engagierten Leitungen und Teams maßgeblich beteiligt. So war ich nicht nur derjenige, der Sponsoren und Mäzene suchte, sondern bin bis heute zusammen mit meiner Frau ein begeisterter „Konsument" von Kunst und Kultur in Dreieich.

UND ICH VERSUCHE BIS HEUTE MEINEN BEITRAG ZU LEISTEN, DASS KUNST UND KULTUR IHREN PLATZ IN UNSERER STADT BEHALTEN.

GAST-ORTE

Die Gebiets- und Verwaltungsreform in Hessen hat auch Folgen für den Kulturbetrieb in Sprendlingen. Das „Offenbach-Gesetz" dekretiert für 1977 den Zusammenschluss der 23.000-Einwohnerstadt mit Buchschlag, Dreieichenhain, Götzenhain und Offenthal. Für Bürgerhausmanager Gustav Halberstadt bedeutet das nicht nur Zuwachs um vier GÄSTE-ORTE. Er bekommt auch noch Zugriff auf eine Reihe von attraktiven Spielstätten im Dreieicher Fusionsgebiet. Zum Beispiel die Burg Hayn für Festspiele und den Sprendlinger Lindenplatz für Heimatfeste.

17. Hessentag Dreieich 1977

HESSENTAG ___ Das Bürgerhaus Sprendlingen managt den Rekord-Hessentag 1977 in Dreieich. Es gibt 200 Veranstaltungen, es kommen eine halbe Million Besucher. Überraschung: Das Hessentagspärchen trägt Jeans!

HOOSCHEBAA ___ Sprendlingen bringt für Dreieich „nichts an echter Tradition" ein – dafür als Alleinstellungsmerkmal aber einen ganz speziellen Dialekt. Dem huldigen das Bürgerhaus und die „Freunde Sprendlingens" mit „Sprendlinger Abenden" und dem „Hooschebaafest".

FREUND ___ Dieter Zimmer, Dreieicher Bürgermeister von 2007 bis 2018, hat 1978 als Stift im Rathaus angefangen. Seitdem kennt er das Bürgerhaus und dessen Chef, mit dem er seit Jahren befreundet ist. Er sagt: „Das BHS ist für die Stadt wie ein Sechser im Lotto."

HESSENTAG IN DREIEICH: SEHT, WAS FÜR EINE STADT!

DAS BÜRGERHAUS WILL'S „DENEN IN WIESBADEN" ZEIGEN

Von Peter Holle

Am 19. Juni 1974 beschließt der Hessische Landtag das „Offenbach-Gesetz". Paragraf 9 Absatz 1 dekretierte lapidar: „Die Städte Dreieichenhain und Sprendlingen (...) und die Gemeinden Buchschlag, Götzenhain und Offenthal werden zu einer Stadt mit dem Namen ‚Dreieich' zusammengeschlossen." Als Tag X für die Verschmelzung zum Quintett bestimmte die Landtagsmehrheit den 1. Januar 1977. Das erste Dreieich-Parlament soll am 20. März 1977 von der Bevölkerung gewählt werden.

Gustav Halberstadt, der Bürgerhauschef von Sprendlingen, befürwortet die Fusion, auch wenn sie für ihn Mehrarbeit bedeutet. Dank der hessischen Gebiets- und Verwaltungsreform bekommt er Zuwachs. Zu seinem großen Haus, dem Flagschiff im Kulturbetrieb des Kreises Offenbach, wird er in zwei Jahren und neun Monaten auch noch Steuer und Ruder im Bürgersaal Buchschlag, im Burghofsaal Dreieichenhain, im Bürgertreff Götzenhain und in der Mehrzweckhalle Offenthal übernehmen. Das sind dann die Bürgerhäuser Dreieich.

UND DANN DIE FRAGE ALLER FRAGEN: „WILLST DU DAS MACHEN?"

„Okay, ich mach das!"

Zwei Jahre sind vergangen. Im Frühjahr 1976 tagt in einem Clubraum des Bürgerhauses Sprendlingen der Magistrat der noch selbstständigen Stadt. Im großen Saal läuft eine Veranstaltung. Hausherr Halberstadt ist vor Ort, schaut nach dem Rechten und erledigt Bürokram. Da kommt sein Freund und Parteigenosse Heiner Keim, der Erste Stadtrat und künftige SPD-Bürgermeisterkandidat für die erste Dreieichwahl, aus der Sitzung rüber „zum Gustav".

Heiner nimmt ihn zur Seite. „Du, hör mal, wir haben erfahren, dass die Offenbacher den Hessentag abgesagt haben. Wir sind gefragt worden, ob wir einspringen wollen?" Und dann die Frage aller Fragen: „Willst Du das machen?"

Die Bedenkzeit ist kurz. Wenn er denn „freie Hand" und ausreichend Mitarbeiter bekäme ... „Kriegst Du!" „Okay, ich mach das!"

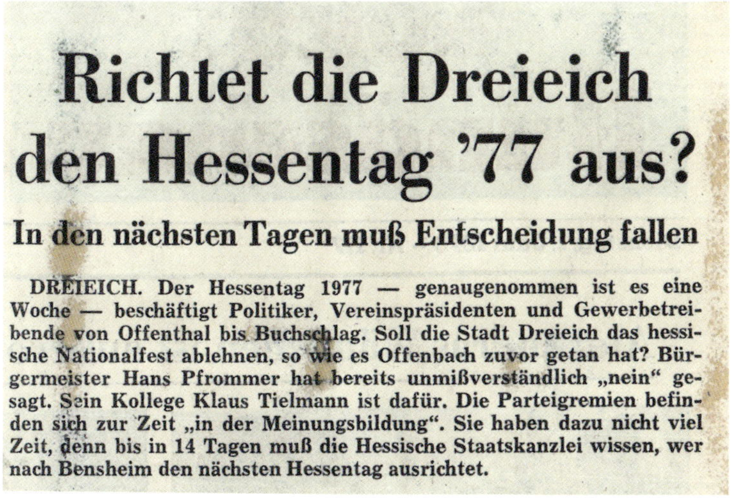
Richtet die Dreieich den Hessentag '77 aus?

In den nächsten Tagen muß Entscheidung fallen

DREIEICH. Der Hessentag 1977 — genaugenommen ist es eine Woche — beschäftigt Politiker, Vereinspräsidenten und Gewerbetreibende von Offenthal bis Buchschlag. Soll die Stadt Dreieich das hessische Nationalfest ablehnen, so wie es Offenbach zuvor getan hat? Bürgermeister Hans Pfrommer hat bereits unmißverständlich „nein" gesagt. Sein Kollege Klaus Tielmann ist dafür. Die Parteigremien befinden sich zur Zeit „in der Meinungsbildung". Sie haben dazu nicht viel Zeit, denn bis in 14 Tagen muß die Hessische Staatskanzlei wissen, wer nach Bensheim den nächsten Hessentag ausrichtet.

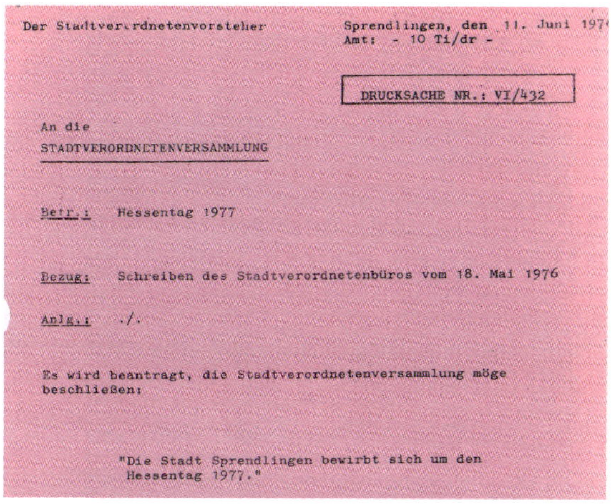
Der Stadtverordnetenvorsteher

Sprendlingen, den 11. Juni 197
Amt: - 10 Ti/dr -

DRUCKSACHE NR.: VI/432

An die
STADTVERORDNETENVERSAMMLUNG

Betr.: Hessentag 1977

Bezug: Schreiben des Stadtverordnetenbüros vom 18. Mai 1976

Anlg.: ./.

Es wird beantragt, die Stadtverordnetenversammlung möge beschließen:

"Die Stadt Sprendlingen bewirbt sich um den Hessentag 1977."

IN DER DEBATTE UM DIE BEWERBUNGSVORLAGE SPRICHT ER VOM „EXPERIMENT DREIEICH", DAS NUR GELINGEN KÖNNE, „WENN SICH EIN DREIEICH-BEWUSSTSEIN ENTWICKELT".

Der Vorgang wird ruchbar, die Spekulationen schießen ins Kraut. Die Zeitungen produzieren Schlagzeilen mit Fragezeichen.

14 Tage später wird es öffentlich und ernst. Und es geht alles sehr, sehr schnell. Die Sprendlinger Stadtverordnetenversammlung billigt im Eilverfahren den Antrag des Magistrats, sich für den Hessentag zu bewerben.

Die Sprendlinger (!) müssen das tun, denn ein politisches Gremium der neuen Stadt Dreieich, das den Beschluss für alle fünfe fassen könnte, existiert noch nicht. Gewählt wird das ja erst am 20. März des kommenden Jahres. Interessanter- und pikanterweise ist das recht kurz vorm Hessentag, der vom 18. bis 26. Juni 1977 terminiert ist. Keiner weiß, wie die Wahl ausgeht und wer als erstes Dreieicher Stadtoberhaupt den Hessentag als Forum und Bühne nutzen kann.

Für Sprendlingens Bürgermeister Erich Scheid sind diese Unwägbarkeiten kein Thema. In der Debatte um die Bewerbungsvorlage spricht er vom „Experiment Dreieich", das nur gelingen könne, „wenn sich ein Dreieich-Bewusstsein entwickelt". Das könne durch den Hessentag be- und gefördert werden.

Und dann kommt er zum Punkt: Man dürfe eine solche „Gelegenheit der Selbstdarstellung" und des „Auf-sich-aufmerksam-Machens" wie den Hessentag nicht ausschlagen. Täte man das, täte man der Kommune „einen schlechten Dienst".

ein Haftetikett von HERMA

Eine Stadt, die vieles hat

Unabhängig davon, wer als Dreieich-Bürgermeister in gut einem Jahr mit Ministerpräsident Holger Börner den Hessentag eröffnet - Dreieich braucht in keinem Fall sein Licht unter den Scheffel zu stellen. Man hat ja wahrlich einiges zu bieten.

Da klumpt sich Historisches und Denkmalgeschütztes: eine Burg mit Weiher, Naturbühne und Museum in Dreieichenhain; in Götzenhain ein Schloss mit Kapelle (Philippseich), eine Barockkirche und das Hofgut/die Gutsschänke Neuhof; die um 1400 erbaute Kirche in Offenthal; die Erasmus-Alberus-Kirche in Sprendlingen mit Barockportal.

Ja, Dreieich ist eine Stadt, die vieles hat: 16 Kindergärten, zwei Horte, 14 Lehr- und Lernstätten (= ein komplettes Schulsystem); 162 Vereine, darunter 42 Sportvereine; drei städtische Stadien, drei kommunale Sportplätze, vier Tennisanlagen, drei Reitplätze und zwei Schwimmbäder: Parkschwimmbad und Hallenbad.

Infrastrukturelle Besonderheiten: zwei Kinos (Rex und Viktoria), zwei Trabantenstädte (Hirschsprung und Breitensee), eine Radarstation (Auf der Hub) und eine Jugendfarm (Baierhansenwiesen), drei Waldfriedhöfe und - last but not least - die fünf Bürgerhäuser, die in Halberstadts Regie kommen.

Sprendlingen ist Jeanstown

Der stürzt sich aber erst mal mit voller Power in die Hessentags-Vorbereitungen. Sein Ehrgeiz: „Ich will denen in Wiesbaden zeigen, dass es auch anders geht als bisher. Dass man es auch ohne drei, vier Jahre Vorbereitungen schaffen kann."

Das hat Folgen für Physis und Psyche. „Ich habe monatelang vom Hessentag geträumt. Und manchmal habe ich 24 Stunden nicht geschlafen."

Er muss sich tummeln und sputen, denn der Countdown läuft. Rund um die Uhr Verhandlungen mit Vereinen, Verbänden, Firmen. Erst im November 1976 wird er ermächtigt, „Verträge bis zu einer Höhe von 5.000 Mark abzuschließen".

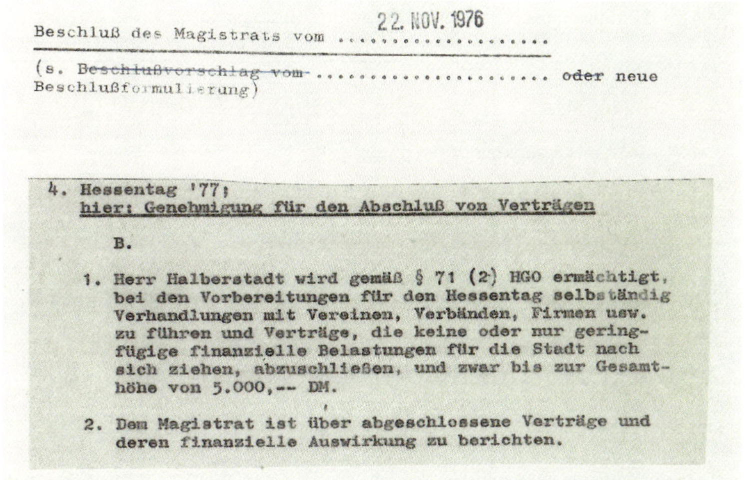

Beschluß des Magistrats vom 22. NOV. 1976

(s. ~~Beschlußvorschlag vom~~ .... oder neue Beschlußformulierung)

4. Hessentag '77;
hier: Genehmigung für den Abschluß von Verträgen

B.

1. Herr Halberstadt wird gemäß § 71 (2) HGO ermächtigt, bei den Vorbereitungen für den Hessentag selbständig Verhandlungen mit Vereinen, Verbänden, Firmen usw. zu führen und Verträge, die keine oder nur geringfügige finanzielle Belastungen für die Stadt nach sich ziehen, abzuschließen, und zwar bis zur Gesamthöhe von 5.000,-- DM.

2. Dem Magistrat ist über abgeschlossene Verträge und deren finanzielle Auswirkung zu berichten.

Halberstadt bekommt nun auch finanziell die freie Hand, die Heiner Keim ihm zusicherte. Er kann nun guten Gewissens seinen BHS-Grafiker Dieter Sdun beauftragen, das Hessentags-Logo zu entwerfen und die Merchandising-Produkte damit zu etikettieren. Der stilisierte Eichbaum prangt nun auf Plastiktüten, Bierdeckeln, Streichholzschachteln und Aufklebern.

Auf den Plakaten zum Hessentag sind zwei junge Leute konterfeit: Sabine Schmidt (17) und Bernd Daubert (15), zwei Schüler des Ricarda-Huch-Gymnasiums, die das Rennen beim Casting zum „Hessentagspärchen 1977" gemacht haben. Nein, sie sind nicht wie all ihre Vorgänger in Tracht gewandet, sondern präsentieren sich in T-Shirt und Jeans.

Den Regierungsdirektor Ochs, seines Zeichens Hessentagsbeauftragter der Landesregierung, hat das schon irritiert. Er forderte von Halberstadt, die örtliche „Trachtengruppe" ein-

ICH WILL DENEN IN WIESBADEN ZEIGEN, DASS ES AUCH ANDERS GEHT ALS BISHER.

Orga-Team im Container (v. l.): Wilfried Dieling, Gustav und Heike Halberstadt, Holger Gros, Annelie Kappel

SPRENDLINGEN IST JEANSTOWN! MODISCHE KLEIDUNG AUS DENIM-STOFFEN IST HIER HAUPTHANDELSWARE.

zuspannen, und muss sich von dem sagen lassen: „So etwas haben wir hier nicht."

„Und weshalb dann ausgerechnet ein Jeanspärchen?" Die Antwort: Sprendlingen ist Jeanstown! Modische Kleidung aus Denim-Stoffen ist hier Haupthandelsware. Zwölf Jeansfirmen domizilieren hier, darunter Wrangler und Lee. Zeitweise kommen 98 (!) Prozent der in Deutschland vertriebenen Röhrenhosen aus Sprendlingen. Deshalb trägt Sabine Schmidt keinen Reifrock und Bernd Daubert keine Schnallenschuhe.

Der Schandfleck wird plattgemacht

Heiner Keim löst auch seine zweite Zusage ein, die er dem Bürgerhaus- und Hessentagsmanager gegeben hat. Halberstadt kriegt „seinen" Bürocontainer in Fertigbauweise, der im Januar 1977 neben dem BHS platziert wird. In dem ist genügend Platz für das Orga-Team, mit dem er für das Großereignis rödelt.

Von morgens bis abends sind sie dabei, jede freie Fläche, jeden Sportplatz, jede Schule, jedes öffentliche Gebäude in den fünf Dreieich-Stadtteilen für die Landesschau in Beschlag zu nehmen. Lotsen den Aufbau des Vergnügungsparks mit Riesenrad und Achterbahn, weisen die Aussteller der Landesschau und der Sonderschau „Dreieicher Handel, Gewerbe und Industrie" in die Großzelte ein.

Sie keilen eine Pioniereinheit der Bundeswehr aus Koblenz, um den „Schandfleck" vor der BHS-Haustür – die alte Kiesgrube – plattzumachen. Die Soldaten rücken mit tonnenschweren Planierraupen an, schaffen Platz für einen Hubschrauberlandeplatz und die Anlaufstellen für Feuerwehr und die Polizei-Hundertschaft, die hier stationiert wird.

Und das Orga-Team organisiert an die 200 Veranstaltungen: „Sport und Musik" mit neun Kapellen aus vier Ländern; Oratorien in den Kirchen und Dichterlesungen im Burgkeller; Jazz in der Burg; die Hessischen Meisterschaften im Tanzsport und einen 10-Kilometer-Volkslauf; Stockcar-Races und Fallschirm-Zielspringen.

Alle Rekorde gebrochen

Da war was los! Nach Halberstadts Einschätzung zu viel des Guten. „Viel zu groß von der Menge der Veranstaltungen her", saldiert er im Rückblick.

Und bekundet dennoch Zufriedenheit.

Denn: Nimmt man die Zahlen und die Statistik als Gradmesser, hat der Dreieicher Hessentag im Vergleich zu den 16 Vorgängern alle Rekorde gebrochen.

Eine halbe Million Menschen kam nach Dreieich – 130.000 davon säumten beim großen Festzug die Sprendlinger Straßen. Der „Rest" (= 310.000) ließ sich bei den Veranstaltungen sehen. Die Landesausstellung nahmen 100.000 in Augenschein. Die Bundeswehr zählte bei „Unser Heer" 40.000 Schüler und Neugierige. Von der Sport- und Musikschau ließen sich 12.000 unterhalten. Zaungäste bei den „sonstigen Sportveranstaltungen" waren 28.000. Gut 126.000 Hessentagsbesucher wurden bei den „sonstigen Ausstellungen" und den „allgemeinen Veranstaltungen in Zelten, Sälen und Plätzen" gesichtet.

Nicht zu vergessen: die Mitwirkenden. Rund 20.000 mischten bei den im Programm offiziell ausgewiesenen Veranstaltungen – etwa bei Festzug und Sport- und Musikschau – als Akteure und Teilnehmer mit.

NICHT ZU VERGESSEN: DIE MITWIRKENDEN. RUND 20.000 MISCHTEN BEI DEN IM PROGRAMM OFFIZIELL AUSGEWIESENEN VERANSTALTUNGEN ALS AKTEURE UND TEILNEHMER MIT.

„REIN GAR NICHTS AN ECHTER TRADITION“

DIE „FREUNDE SPRENDLINGENS“ ERFINDEN „HOOSCHEBAA“

Von Peter Holle

Als es so weit ist, als das „Aus“ für die Selbstständigkeit nur noch eine Frage von Wochen und Tagen ist, da begeben sich seltsame und anrührende Dinge in Sprendlingen.

Es werden Filme von den „letzten Tagen der Freiheit“ gedreht und auf den Silvesterpartys 1976 einer sentimental gestimmten Zuschauerschaft vorgespielt. In Gaststätten erklingen verschollen geglaubte Gesänge wie die inoffizielle Kerb- und „National“hymne der Hengstbachstädter „Kimmste vom Galjehiwwel her“.

Es formieren sich die „Freunde Sprendlingens“. Die veranstalten mit und im Bürgerhaus „Sprendlinger Abende“, in denen Dialekt gebabbelt wird. Der Zulauf ist ungeheuer, selbst Stehplätze sind im BHS-Foyer rar – so als ob mit der Fusion auch gleichzeitig das „Sprennlengerisch“ verschwinden würde.

Die „Freunde“ treibt eine andere Sorge um: dass in Dreieich „nichts mehr von Sprendlingen bleibt“. Das sagt Willi Schlapp, einer der Gründer des zunächst „eher lockeren“ Zusammen-

Sprendlinger Stadtanzeiger, 22.12.1979

Beim Sprendlinger Abend wird noch so gebabbelt, wie es ist
Heimatkundlicher Verein beschäftigte sich mit den Sprendlingern, wie sie nunmal so sind: Rau aber herzlich

Frankfurter Rundschau, 01.02.2001

„Je enger — desto gemütlicher!“
Sturm auf den Sprendlinger Abend
Bereits eine Stunde vor Veranstaltungsbeginn keine Plätze mehr

Offenbach Post, 31.12.1979

Das alte Sprendlingen hat immer mehr Freunde
Über 550 versammelten sich im Bürgerhaus

Sprendlinger Stadtanzeiger, 02.01.1997

Wie es wirklich gewesen ist

Willi Schlapp, einer der Mitbegründer der „Freunde Sprendlingens", tritt in einem Leserbrief (OP vom 13. Januar 1999) den im Stadtteil kursierenden „falschen Darstellungen über die Entstehung der ‚Freunde Sprendlingens'" entgegen. Er schreibt:

„Als die Gebietsreform und die Gründung der Stadt Dreieich beschlossen war, da machten Hans Salomon, der damalige stellvertretende Landrat, und ich einen Spaziergang im Odenwald. Wir machten uns Gedanken, dass mit der Reform auch die Sprendlinger Eigenarten, so wenige das auch sein mochten, untergehen könnten.

Wir überlegten, ob man sich vielleicht ein Stammlokal suchen sollte, wo sich Sprendlinger, wer immer sich dazu zählen wollte, treffen könnten, um schlichtweg zu ‚babbele'. Ein anderer Gedanke, dem wir schließlich den Vorzug gaben, war der, sich einmal im Jahr in einem größeren Rahmen zu treffen. Zurück in Sprendlingen stellten wir unsere Überlegungen unter Freunden – darunter Erster Stadtrat Heiner Keim, Hermann Will und Hermann Heil – zur Diskussion und fanden ungeteilten Beifall. An einen neuen Verein, den eigentlich keiner wollte, dachten wir damals nicht (...) Deshalb kam auch kein besonderer Name ins Gespräch.

Gegen Ende 1976 trafen wir uns wieder einmal im Pavillon des Bürgerhauses, auch Gustav Halberstadt, der Bürgerhaus-Chef, war dabei.

Nun konnten wir unsere Vorstellungen mehr konkretisieren. Gustav Halberstadt fand die Idee großartig, und spontan, wie es seine Art ist, sagte er, zwischen den Jahren habe er einen Termin frei und da genau passe unser Abend hin. ‚Aber wie nennt ihr Euch denn?', fragte er. Ja, wie? In die verlegene Stille sagte ich: ‚Wir könnten uns ja ‚Freunde Sprendlingens' nennen.'

Und so fand dann am 30. Dezember 1976, noch vor Inkrafttreten der Gebietsreform, der erste Sprendlinger Abend der Freunde Sprendlingens statt.

Heinrich Runkel übernahm während der ersten Jahre den Vorsitz und baute die heimatkundliche Arbeitsgemeinschaft aus. (...) Wegen Haftungsfragen wurde aus den ‚Freunden' später doch noch ein eingetragener Verein.

*Zum Hooschebaa-Fest und **Hooschebaa-Brunnen**: Der Brunnen geht auf eine Idee von Heiner Keim zurück. (...) Umgesetzt hat die Idee Hermann Will mit seiner Figur des **Hooschebaa**. Die Finanzierung des Brunnens haben die ‚Freunde' mit eigenen und fremden Spenden ermöglicht; keine Mark kam aus öffentlichen Kassen. (...)*

*Nach der Einweihung standen meine Frau und ich mit Hans Salomon und Agnes Schmidt, der Witwe von Minister Dr. Horst Schmidt, zusammen. Da entwickelte sich bei uns der Gedanke, auf diesem Platz und bei diesem Brunnen alljährlich ein Fest zu veranstalten. (...) Und damit war neben dem Sprendlinger Abend auch das **Hooschebaa-Fest** geboren."*

schlusses. Er ist nicht irgendwer und hat schon Einfluss in seinem Heimatstädtchen, denn er verfasst die viel gelesenen „Schorsch"-Glossen im *Sprendlinger Stadtanzeiger*.

Ein Sprendlinger Pfahlbürger, ein Hengstbach-Patriot? Schlapp dementiert: „Wir sind keine lokalen Eigenbrötler, keine bornierten Nostalgiker, keine Ewiggestrigen. Wir haben auch keine lokalpatriotische Ader." Pflegen aber in den wilden Zeiten der Gebiets- und Verwaltungsreform den Eigensinn und geben 1976, kurz vor Toresschluss, die Parole aus: *Auch in Dreieich bleibt Sprendlingen besteh'n, das ist ganz sicher, das wird man seh'n.*

Also Sprendlinger Traditionen verteidigen, pflegen, die Fackel weitertragen? Fehlanzeige! Schlapps Mit-„Freund" Hermann Heil, Sprendlinger Urgestein und renommierter Heimatkundler, beschreibt das Dilemma: „Keine Trachten, keine Tänze, kein richtiges Brauchtum, keine richtige Kerb mehr – wir haben rein gar nichts an *echter* Tradition."

Dann muss man wohl welche schaffen. Die „Freunde Sprendlingens" schaffen das auch. Zusammen mit dem Bürgerhaus kreieren sie zwei Publikumserfolge: die „Sprendlinger Abende" und das „Hooschebaafest".

Alleinstellungsmerkmal Sprache

Sowohl die Mundart-Feten drinnen im Foyer des Bürgerhauses als auch die von Bürgerhaus-Impresario Gustav Halberstadt und dem BHS-Team organisatorisch auf die Beine gestellten Familien- und Heimatfeste auf dem Lindenplatz haben mit Sprache zu tun. Das kommt nicht von ungefähr, denn das im „aale Sprennlenge" gesprochene Idiom ist ein Alleinstellungs-

Hooschebaa-Denkmal auf dem Lindenplatz

merkmal. Hermann Heil: „Was Sprendlingen charakterisiert und von den Nachbargemeinden klar unterscheidet, ist dieser seltsame Dialekt, bei dem das ‚s' wie ‚sch' ausgesprochen wird und der den Sprendlingern den Spitznamen ‚Hooschebaa' eingetragen hat."

Ein „Hooschebaa" wird denn auch zur augenfälligen Symbolfigur der Sprendlinger Mundart. Zwei „Freunde Sprendlingens", der Bildhauer Hermann Will und der Steinmetz Arno Baumbusch, setzen ihm ein 1,10 Meter hohes Denkmal mit Brunnen, das zum Hessentag im Juni 1977 enthüllt wird. Tausend Menschen sind auf dem Lindenplatz dabei, sie spenden einen Riesenapplaus, als Willi Schlapp die Order gibt: „Ropp des Duch erunner ...!"

Zu sehen gibt's eine pfiffige, muntere Gestalt mit verschmitztem Gesicht und Stupsnase, einen barfüßigen Sprendlinger Schulbub in Bernemer Halblange, der seine mit einem Riemen gebündelten Schulbücher über der Schulter trägt. Die Figur passt geschichtsträchtig zum Standort – hier

vis à vis der Erasmus-Alberus-Kirche im Rücken des Hooschebaa stand einst das alte Sprendlinger Schulhaus.

Die Denkmal-Lüge

Die jubelnde Menschenmenge feiert eine Denkmal-Lüge.

Es gibt und gab keinen Schlingel namens „Hooschebaa", über den man sich im Ort von Generation zu Generation Eulenspiegeleien erzählte. Ein „Hooschebaa" als historische Per-

EIN „HOOSCHEBAA" ALS HISTORISCHE PERSON, UM DEN SICH ALS LIEBENSWERTEN KOMMUNALEN SYMPATHIETRÄGER DORFLEGENDEN RANKEN, HAT NIEMALS EXISTIERT.

son, um den sich als liebenswerten kommunalen Sympathieträger Dorflegenden ranken, hat niemals existiert.

Die geschichtliche Wahrheit: „Hooschebaa" ist der kollektive Zu- und Schmähname, mit denen die Neu-Isenburger die Sprendlinger bedachten. Die Hugenottenstädter parodierten damit den im Nachbardorf gesprochenen pfälzisch-hessischen Dialekt.

„Hooschebaa" - das heißt Hosenbein, und dass sich ausgerechnet dieser Textil-Fachausdruck zur Charakterisierung der Sprendlinger bei den Isenburgern einbürgerte, sagt - sozialgeschichtlich gesehen - eine ganze Menge über beide Einwohnerschaften.

Denn: Die „Hooschebaa" waren bitterarme Menschen, die sich mehr schlecht als recht mit ein bisschen Landwirtschaft dehaam und als „Maurer und Pflästerer" in Frankfurt und anderswo durchschlugen. Große Sprünge konnten sie nie machen, und ihre Kleidung war meist zerschlissen und dutzendfach geflickt. Die Beinkleider der Männer - die „Hooschebaa" eben - waren zigmal gekürzt, umgenäht und durch Erbfolge von Vater auf den Sohn ausgebeult worden.

Fünfmal Heimat

Bürgermeister Hans Meudt (CDU), just zur Dreieich-Fusion ins Amt gekommen, ficht das nicht an. Er ist voll des Lobes, rühmt die „originelle Art der Erhaltung einer Tradition" und bekundet „vollste Bewunderung für die beispielhaft schnelle Realisierung". Die Fertigstellung sei zur großen Verblüffung des ersten Dreieich-Magistrats erfolgt, bevor die Stadtregierung „einen Beschluss über die Installierung" habe fassen können.

Die „Installierung" spielt dem neuen Stadtoberhaupt in die Karten. Er verweist auf das Versprechen, „das ich unmissverständlich vor meinem Amtsantritt gegeben habe: dass nämlich keiner der vorher selbstständigen Stadtteile in der Anonymität eines größeren Gebildes namens Dreieich untergehen soll".

Mit dem Slogan „Fünfmal Heimat - ein Dreieich" zieht Meudt denn auch durch seine Stammlande - und gewinnt damit die Kommunalwahlen 1977 und 1981 jeweils mit absoluten Mehrheiten.

In Meudts Programmbroschüre liest sich das so: „Obwohl wir jetzt alle Dreieicher sind, sind wir trotzdem auch und vor allem Sprendlinger, Offenthaler, Götzenhainer, Dreieichenhainer und Buchschlager geblieben. Und das ist auch gut so: Gebietsreform kann nicht bedeuten, den Menschen Bezug zu ihrer Heimat zu nehmen."

Diese Politik des Bürgermeisters manifestiert sich auch in seinem Engagement für die große Fete „1150 Jahre Sprendlingen", auf die die „Freunde Sprendlingens" seit Jahr und Tag hinarbeiten und die 1984 steigen soll. Meudt gibt Bürgerhausmanager Halberstadt schon Jahre zuvor den Auftrag und freie Hand, das Jubiläum ganz groß aufzuzäumen. Halberstadt klotzt, terminiert einen Veranstaltungsreigen fürs ganze Jahr, lässt vorm Bürgerhaus einen Vergnügungspark und ein Festzelt mit einem Fassungsvermögen von 4.000 Menschen aufbauen und macht Programm für – so steht's in den Zeitungen – „fünf tolle Tage" im Mai. Die Sprendlinger strömen zum „Abend der Vereine", zur Rocknacht mit „Flatsch" und den „Rodgau Monotones".

Hermann Heil wäre vermutlich zum großen „Volkstanzfest" gegangen. Doch er erlebt die „1150-Jahre-Feier", für die er auf seine Weise den Boden zu bereiten suchte, nicht mehr. Er stirbt am 1. Dezember 1982 im Alter von 75 Jahren. Er hinterlässt Sprendlingensia, die sich um das „Sprennlengerische" drehen und bei denen das Bürgerhaus als Mitherausgeber fungiert.

Die Publikationen füllen ein kleines Regal: „So babbelt mer bei uns – Kleine Sprachlehre für Zugereiste", „Sprendlinger Geschichten", Redensarten in „Mach's Maul zu, es zieht" (1978/79), „Sprendlinger Allerlei", „emol herhörn".

Aus ihnen wird 1984 eifrig zitiert und es gibt Lesungen – bei den „Sprendlinger Abenden" der „Freunde Sprendlingens".

„FÜR DIE STADT WIE EIN SECHSER IM LOTTO"

DIETER ZIMMER, BÜRGERMEISTER 2007 - 2018, ÜBER DAS BÜRGERHAUS

Mit dem „Ort für Bürger und Vereine", wie der damalige Bürgermeister von Sprendlingen, Erich Scheid, bei der Eröffnung das neue Bürgerhaus bezeichnete, verbinden mich viele schöne Erinnerungen. Bis heute ist das Bürgerhaus das geblieben, was es von Anfang an sein sollte: „ein Ort für Bürger und Vereine", an dem alle Gäste herzlich willkommen sind und sich wohl- und wertgeschätzt fühlen.

Was damals als eines der modernsten Bürgerhäuser der Region seiner Bestimmung übergeben wurde, hat auch nach 50 Jahren nichts von seinem Flair und seiner Anziehungskraft verloren. Renovierungen, Modernisierung und Erweiterungen haben dazu beigetragen, dass es sich mit neueren Häusern auf „Augenhöhe" messen kann.

Ganz besonders für die Vereine war und ist das Bürgerhaus stets ein verlässlicher Partner. Es galt immer das Motto „Geht nicht, gibt's nicht".

Genau so habe ich den ersten Geschäftsführer des Bürgerhauses, Gustav Halberstadt, kennengelernt. Es war etwa Mitte der 1980er-Jahre. Ich war damals im Vorstand der Arbeitsgemeinschaft Offenthaler Ortsvereine (AGO). Unser Jubiläum „1150 Jahre Offenthal" sollte 1987 groß gefeiert werden. Aber uns fehlte ein erfahrener „Profi" aus der Veranstaltungsbranche. Wir fragten Gustav. Seine Zusage kam

Dieter Zimmer

GANZ BESONDERS FÜR DIE VEREINE WAR UND IST DAS BÜRGERHAUS STETS EIN VERLÄSSLICHER PARTNER. ES GALT IMMER DAS MOTTO „GEHT NICHT, GIBT'S NICHT".

ohne langes Überlegen. Auf sein Wort konnten wir uns stets verlassen. Ein Handschlag reichte meist und das Programm wurde mit „Leben" gefüllt. Das Fest wurde ein großer Erfolg.

Aber ich möchte nicht verschweigen, dass ich Gustav schon vor unserem Fest kennengelernt habe – als Kollege bei der Stadtverwaltung. Unsere Wege kreuzten sich schon 1978, als ich als Auszubildender bei der Stadt meine berufliche Laufbahn begann. Er hatte, auch mit Rückendeckung des damaligen Bürgermeisters Hans Meudt, aufgrund seiner Persönlichkeit, Erfahrung, seiner Motivation und seines Engagements, besonders auch aufgrund seiner „unbürokratischen" Arbeitsweise eine herausragende Position in der Verwaltung. Er war bekannt als gewiefter Verhandler und Gesprächspartner, der seine große Überzeugungskraft, aber auch gerne seinen ihm eigenen Humor und Charme gekonnt einsetzte, um zum gewünschten Ergebnis zu kommen. Dabei „ignorierte" er so manche bürokratische „Notwendigkeit" nicht selten mit einem Augenzwinkern, sehr zum Kopfschütteln mancher Kolleginnen und Kollegen. Auch für Bürgermeister und Magistrat war es schwer, sich seinen Wünsche und Vorstellungen zu entziehen.

Gustav Halberstadt machte das Bürgerhaus zu einer Erfolgsgeschichte. Es wurde weit über die Region bekannt. Die meisten Künstlerinnen und Künstler schätz(t)en die Gastfreundschaft und die professionelle und individuelle Zusammenarbeit.

Meine meisten Erinnerungen und Berührungspunkte mit dem Bürgerhaus fallen natürlich in meine Amtszeit als Erster Stadtrat und dann besonders als Bürgermeister.

Unsere langjährige Freundschaft hat die Zusammenarbeit mit dem „neuen" Geschäftsführer Benjamin Halberstadt, der das „Erbe" seines Vaters zwischenzeitlich angetreten hatte, wesentlich erleichtert. Mit eigenen Ideen und neuen Vorstellungen entwickelte er die erfolgreiche Geschichte des Bürgerhauses weiter. Hierbei spielte der langjährige künstlerische Leiter Wolfgang Barth im Team mit Benjamin Halberstadt eine wesentliche Rolle. Sein Name wird immer mit dem „Kindertheater", den Burgfestspielen und den Dreieicher Musiktagen verbunden bleiben. Die beiden waren ein tolles Team.

IHR GRÖSSTER ERFOLG SIND SICHERLICH DIE BURGFESTSPIELE, DIE SIE IN EIGENREGIE ÜBERNOMMEN, NEU AUFGEBAUT UND ERFOLGREICH DURCHGEFÜHRT HABEN: „DAS" KULTURELLE HIGHLIGHT IN DREIEICH ...

Ihr größter Erfolg sind sicherlich die Burgfestspiele, die sie in Eigenregie übernommen, neu aufgebaut und erfolgreich durchgeführt haben: „das" kulturelle Highlight in Dreieich mit großer überregionaler Bekanntheit und Resonanz.

Ich konnte mich stets auf Benjamin Halberstadt und sein Team verlassen – auch und gerade in schwierigen Zeiten. Er wollte es zwar nie von mir öffentlich hören, aber nun muss er sich's hier gefallen lassen: „Für die Stadt Dreieich ist Benjamin Halberstadt wie ein Sechser im Lotto."

Trotz finanziell enger gewordener Spielräume, von denen auch das Bürgerhaus nicht verschont wurde, auch nicht von mir als Kämmerer, fand Benjamin Halberstadt Lösungen und Wege, das Bürgerhaus und die Angebote attraktiv zu erhalten. Selbst die Corona-Pandemie, die zeitweise die Arbeit lahmlegte und aus den Angeln hob, konnte ihn nicht stoppen, neue Ideen umzusetzen. Hier sei besonders die Nutzung der neuen Terrasse – „seiner" Terrasse" – erwähnt. Das Projekt hat er trotz knapper Finanzen super durch- und umgesetzt. Die Terrasse mit angrenzendem schönen Spielplatz mit Blick auf den Teich im Bürgerpark ist ein Gewinn und steigert die Attraktivität des Bürgerhauses erheblich.

50 Jahre alt, doch unser Bürgerhaus ist all die Jahre jung geblieben. 50 Jahre Bürgerhaus – wahrlich eine Erfolgsgeschichte.

BÜRGERHAUS 2.0

Die Jahrtausendwende 1999/2000 ist fürs Bürgerhaus zugleich so etwas wie eine Zeitenwende. Gustav Halberstadt, der 27 Jahre lang den Laden geschmissen hat, wechselt in den Unruhestand. Nachfolger Till Friedrich programmiert das Kultur- und Gesellschaftszentrum auf „Bürgerhaus 2.0". Er bleibt indes nur fünf Jahre. Sein Stellvertreter (und Technikchef) Benjamin Halberstadt und Veranstaltungsleiter Wolfgang Barth übernehmen Friedrichs Verwaltungsreformen.

EIGENGEWÄCHS — Die frühen Jahre des Benjamin Halberstadt gleichen denen eines Artisten- und Zirkuskinds. Er kennt das Haus Fichtestraße 50 von Kindesbeinen an, verbringt hier seine Jugend, absolviert seinen Zivildienst. Nach dem Studium der Theater- und Veranstaltungstechnik in Berlin fängt Halberstadt junior im BHS als Technischer Leiter an - ein „Eigengewächs" des Bürgerhauses. 2005 rückt er von der zweiten in die erste Reihe vor: „Der Benjamin erbt den Musentempel." Der fühlt sich aber erst mal unbehaglich im Chefbüro.

HAUS ZUM BLEIBEN — „Das Team ist Trumpf! Das Haus ist der Star!" lautet von Anfang an die Devise und Maxime im Bürgerhaus Sprendlingen. Auch und gerade deshalb bleiben etliche Festangestellte bis zur Rente im Haus.

HANDS — So werden die Hilfskräfte und Aushilfen im Bürgerhaus von den fest angestellten Technikern, Arbeitern und Hausmeistern des Bürgerhauses genannt. Die Hands schleppen Bühnenteile, bewegen Dekorationen, schieben Nachtwachen und holen schon mal Künstler vom Flughafen ab. Ohne die Hands ist die Arbeit im BHS und bei den Burgfestspielen nicht zu stemmen.

ZWISCHENSPIEL — Till Friedrich, einer von auswärts, leitet zur Jahrtausendwende den Generationswechsel im BHS ein. Er hat viele Veränderungen angestoßen und die Umwandlung „vom Amt zum Unternehmen" durchgeführt. Hat flache Hierarchien geschaffen, mit Buchhaltung und Wirtschaftlichkeit ernst gemacht, das Bürgerhaus ans bundesweite Ticketing-System angeschlossen.

BERTHOLD OLSCHEWSKY — Dreieicher Bürgermeister von 2000 bis 2007, hat von Amts wegen den Generationswechsel im BHS begleitet. Sein Kommentar: „Dreieich wäre ohne das Bürgerhaus wie ein Auto mit drei Rädern."

INTERVIEW

Muff und Badesalz

Benjamin Halberstadt soll 2005 bei den Bürgerhäusern Dreieich der Nachfolger des in den zurückliegenden fünf Jahren amtierenden Betriebsleiters Till Friedrich werden. Er ist der Sohn des Bürgerhausbegründers Gustav Halberstadt, der von 1972 bis Ende 1999 Chef im Musentempel war.

Frankfurter Rundschau: *Sie gelten ja nun – als Technischer Leiter der Bürgerhäuser – als ausgesprochenes Ass für Bühne, Sound und Licht. Als Programmgestalter sind Sie aber nicht in Erscheinung getreten.*

BILD: OLIVER WEINER

Benjamin Halberstadt: Das stimmt nicht. Ich habe die Badesalz-Premieren gemacht und diverse Konzerte hierher geholt. Mitte der 90er Jahre habe ich „Kino im Freien" gestartet mit Großleinwänden in der Burg und auf dem Sportplatz. Und dann habe ich auch noch die „Raus aus dem Muff"-Reihe miterfunden und umgesetzt. Da wurden lokale Dreieicher Jugendbands rausgebracht und konnten im Bürgerhaus auftreten.

Aber da lief doch nichts ohne ihren Vater.....

Einspruch. Ich habe immer meine Freiheiten gehabt und mit an den Programmen gearbeitet.

Und der Vater mischt sich auch jetzt nicht mehr ein?

Das neue Theaterprogramm bis Mai 2005 ist ja noch von Till Friedrich gemacht worden. Der soll uns ja weiterhin mit Beratervertrag verbunden bleiben und wird sich voraussichtlich auch um die Kunsttage und die Musiktage Dreieich kümmern. Das übrige Musikprogramm, das Kindertheater und der Kultursommer werden auch weiterhin von unserem Veranstaltungsleiter Wolfgang Barth gestaltet – der hat ein Händchen dafür.

Aber Sie reden doch mit Ihrem Vater noch über das Bürgerhaus?

Na klar. Er hat dafür gelebt, er lebt weiter dafür. Er besucht noch sehr viele Veranstaltungen bei uns hier in den Häusern. Und er ist gern gesehen. Aber ich ziehe natürlich eine klare Linie und suche meinen eigenen Weg.

Interview: Peter Holle

Frankfurter Rundschau, 28.06.2004

DER JUNIOR ERBT EINEN MUSENTEMPEL

DIE BENJAMIN-HALBERSTADT-STORY

Von Peter Holle

Unbehagen in der ersten Reihe

„Was machste denn jetzt?" Benjamin Halberstadt (37) hat Anfang Januar 2005 sein Büro gewechselt. Vom Office des Technischen Leiters im hinteren Trakt des Bürgerhauses ist er in die erste Reihe gezogen und hat auf dem Chefsessel des Betriebsleiters Platz genommen. *„Ich habe mich sehr unwohl gefühlt. Mich dorthin zu setzen – das war nicht mein Bereich, auch wenn ich es so wollte."*

Auf einmal steht er vorn. Hat sich für die erste Reihe beworben und die erste Reihe bekommen. *„Auf einmal durfte ich mich mit der Kommunalpolitik, mit den Gästen, mit den Bürgern, den Vereinen, den Künstlern und der Stadtverwaltung auseinandersetzen – für die alle war ich jetzt der unmittelbare Ansprechpartner."*

Mit den Presseleuten hat er es schon zu tun bekommen. „Der Benjamin erbt jetzt den Musentempel", titelt die FR und meldet: „Nach vierjähriger Unterbrechung steht demnächst wieder ein Halberstadt an der Spitze der Bürgerhäuser von Dreieich." Und im Interview muss er sich despektierliche Fragen anhören à la „Als Programmgestalter sind Sie aber noch nicht in Erscheinung getreten?", „Aber da lief doch nichts ohne ihren Vater?", „Und der Vater mischt sich auch jetzt nicht mehr ein?".

Der Benjamin erbt jetzt den Musentempel

Nach vierjähriger Unterbrechung steht demnächst wieder ein Halberstadt an der Spitze der Bürgerhäuser Dreieich

Frankfurter Rundschau, 11.08.2004

Benjamin Halberstadt tritt an die Spitze des Bürgerhaus-Eigenbetriebes:

Steuermann in „gribbeliger See"

DreieichZeitung, 09.12.2004

Er hat wahrlich Besseres zu tun, als sich solchen Frage-und-Antwort-Spielchen zu stellen. Er ist ja weiterhin Technischer Leiter der Bürgerhäuser, muss sich jetzt aber auch noch ums Personal und das „liebe Geld" kümmern, sich mit Stadtverwaltung und Kommunalpolitikern kurzschließen und einen Draht zu den Medien finden. Ganz zu schweigen davon, dass er mit Veranstaltungsleiter Wolfgang Barth das Programm machen soll – mit eigenen Akzenten.

Und Vorgänger Till Friedrich hat ihm keinen leeren Schreibtisch hinterlassen und ihm ein wohlbestelltes Haus übergeben. Hat vor allem das Bürgerhaus in Richtung Eigenbetrieb entwickelt und noch fitter für die Unabhängigkeit, soweit das für einen städtischen Betrieb möglich ist, gemacht. Der Nachfolger zieht den Hut: *„Dafür war er der richtige Mann. Er hat das relativ schnell und souverän erledigt."*

Aber auch Benjamin braucht sich nicht zu verstecken. Ihm kann keiner was vormachen. Das Pfund, mit dem er wuchern kann: Er kennt das Bürgerhaus aus dem Effeff und wie seine Westentasche. Und das von Kindesbeinen an. Dazu kommt, dass der neue Betriebsleiter auch gleichzeitig der Technische Leiter ist. Diese Personalunion ist vermutlich einzigartig in Deutschland und macht gewisse Entscheidungen unkomplizierter.

Lebenslauf

Persönliche Daten

Name:	Benjamin Halberstadt
Anschrift:	63303 Dreieich
Geburtsdatum und –Ort:	14.01.1968, Frankfurt/M.
Staatsangehörigkeit:	Deutsch
Familienstand:	Verheiratet, 3 Kinder

Ausbildung

1974 – 1978	Grundschule, Erich Kästner Schule, Sprendlingen
1978 – 1980	Förderstufe, Heinrich- Heine Schule, Dreieich
1980 – 1984	Gymnasium, Weibelfeldschule Dreieich
1984 – 1985	Auslandsjahr Highland High School, New Mexico
1985 – 1988	Oberstufe Gymnasium, Max Eyth Schule, Dreieich Abschluss: Abitur
1988 – 1990	Zivildienst
1990 – 1995	Technische Fachhochschule Berlin mit Abschulss: Dipl. Ing. für Theater- und veranstaltungstechnik

Beruflicher Werdegang

1995 - 2000 2000 – 2005 Seit 2005	Technischer Leiter – Stadt Dreieich – Bürgerhäuser zusätzlich stellv. Betriebsleiter Betriebs- und technischer Leiter des Eigenbetriebs Bürgerhäuser
Ehrenämter:	Aktivitäten u.a. Vorstand Inthega Prüfertätigkeit der IHK Karlsruhe und der IHK Wiesbaden
Auszeichnungen:	2016 Kulturpreis der Stadt Dreieich

Wachablösung: Till Friedrich (Mitte), flankiert von Gustav und Benjamin Halberstadt

Die Eltern finden kaum statt

Die Jugenderinnerungen des Benjamin Halberstadt gleichen denen eines Artisten- oder Zirkuskindes.

Seine Eltern finden kaum statt. Die sind rund um die Uhr im Bürgerhaus. Wenn er Vater oder Mutter sehen will, muss er halt rübergehen.

Da ist er auch stets willkommen. Packt mit an und macht sich nützlich. Verdient sich zum Taschengeld was dazu. „Hier sind Plakate – trag die doch mal in die Geschäfte!" Stellt Stühle bei Veranstaltungen. Räumt beim Jazzfrühschoppen die leer getrunkenen Gläser zusammen. Hilft beim Tonini in der Küche und beim Entladen von dessen Lkw. Benjamin findet's gut. *„Meine Eltern waren ja da – es war wie zu Hause in der Familie."*

„Das Allerschärfste": Als er 13 Jahre ist, setzen ihn die Eltern in den Bus und schicken ihn zum Kartenkiosk Sandrock nach Frankfurt. „Hol mal die Karten ab und die Tageseinnahmen!" Das sind schon mal 700 Mark. Mit'm Bus zum Hauptbahnhof, ab durchs Rotlichtmilieu – mit 13! – ab in die B-Ebene, die Sachen geholt, wieder zurück in den Bus und am Nachmittag wieder nach Sprendlingen.

Aber er wird auch mal von Vater Gustav chauffiert, fährt mit ihm „kleine Tourneen" mit einem Siebeneinhalbtonner. Transportiert wird alles, was es für ein Kindertheaterstück braucht, das im Bürgerhaus gelaufen ist und das der Sprendlinger Bürgerhausmanager dann eigenhändig zu „Kollegen" bringt, damit es in deren Häusern aufgeführt werden kann. Es geht nach Marburg ins Theater und auch schon mal zu einem Dorfgemeinschaftshaus in den tiefsten Hunsrück.

Benjamin ist angefixt von solcher Rumreiserei: *„Das hat Spaß gemacht."*

Im heimischen Bürgerhaus guckt er sich natürlich die Theaterstücke an, die der Vater auf die Bühne von Fichtestraße 50 bringt. *„Aber ich fand das VORWEG eigentlich viel interessanter, habe auch mal an der Tür geholfen, mal in der Garderobe."*

Im Schwimmbad und auf „Devils Ranch"

Aber er kann sich ja nicht immer nur im Bürgerhaus rumdrücken, und Heike und Gustav sind ja auch nicht immer da. Benjamins große Schwester Annette soll sich um den Siebenjährigen kümmern. „Nimm mal Deinen kleinen Bruder mit!" Sie hat ihn mitgenommen – ins Hallenbad nebenan, wo sie mit dem Schwimmverein, eine Abteilung der SKG, trainiert. Trainer Wolfgang Braner beobachtet Annettes Mitbringsel und spricht ihn an: „Junge, Du kannst gut tauchen, und wer minutenlang die Luft anhalten kann, kann auch gut schwimmen."

Benjamin am Beckenrand

Foto: Pia Neles

Hallenbad Sprendlingen 1974

Von da an wird richtig und regelmäßig trainiert. Benjamin bekommt, wie man so sagt, Schwimmhäute zwischen die Finger. In Sprendlingen kann ihm keiner das Wasser reichen. Sammelt Bezirksmeister- und Hessenmeistertitel, qualifiziert sich – als Einziger aus dem Kreis OF – für die Deutschen Schwimmmeisterschaften. Wird in den Deutschland-Kader

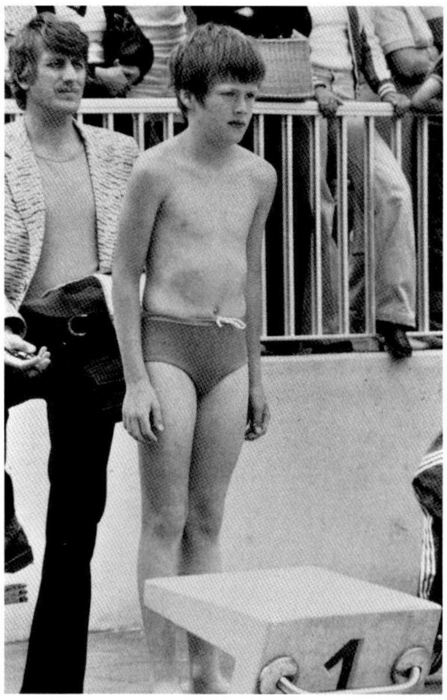

Benjamin – am Startblock

Benjamin – Siegerehrung 1984 USA

berufen, der in Offenbach beim EOSC trainiert. Da muss er drei-, viermal die Woche hin – morgens um 6 Uhr vor der Schule. Merkt nach zwei Jahren: *„Das ist nicht mein Ding. Die Fahrerei mit den „Öffentlichen" war die Hölle. Und dann stickige Luft in der Traglufthalle am Bieberer Berg und das graue und dunkle Tambourbad."* Und es gab ein Ego-Problem: In Sprendlingen war er Nummer eins, da konnte ihm keiner was. In Offenbach, wo der „Albatros" Michael Groß der Größte ist, schwimmt er in dessen Fahrwasser hinterher.

In den USA ist Benjamin wieder der Größte. Im Spätsommer 1984 geht er als Austauschschüler in die Juniorclass (Klasse 11) der Highschool in Albuquerque im Bundesstaat New Mexico. *„Da habe ich wieder richtig angefangen zu schwimmen und echt viel trainiert. Bin auch auf die „US Nationals" gefahren und für New Mexico gestartet. Auf der Infotafel in der Schwimmhalle der Highland Highschool stand fast zehn Jahre lang mein Name mit der Rekordzeit."*

Mit dem Element Wasser kommt er gut zurecht! Er taucht, surft, kitet, fährt Wasserski. Lernt Segeln bei Überführungsturns im Mittelmeer. Macht Bootsführerscheine, damit er „zumindest auf den gängigen Gewässern" schippen darf.

Er sagt: *„Mich kannste überall aussetzen – ich komme mit dem Wasser und den Bergen zurecht!"* Hat's nicht so mit Lifts und Gondeln. Läuft lieber hoch und wieder runter – auch neben der Piste. Im Winter schultert er die Ski beim Aufstieg und schnallt sie sich für die Abfahrt an.

Mit 20 gründet er eine bis heute bestehende Gruppe aus „sehr vielen Freunden": die Devils. Seit dem Winter 1988 mieten sich die „Teufel" bei einem Bauernhof in der Steiermark neben einem Skigebiet ein und bauen sich dort im Laufe der Jahrzehnte die „Devils Ranch" aus. Die war am Anfang ganz rustikal gewesen: Einfachverglasung, Holzheizung, ein Klo, eine Dusche für 30 Leute – das schweißt zusammen.

Die 30 sind Benjamins „enger Freundeskreis", der sich zur generationsübergreifenden Community erweitert hat *„um meine Kinder und die Kinder der Freunde, und die bringen wiederum Freunde mit"*. Und alle treffen sich einmal im Jahr für zwei bis drei Wochen auf der „Devils Ranch" in der Steiermark.

Den Rest des Jahres organisiert er für den Freundeskreis seine, wie er sagt, „Happytours". Mal ein schneller Rafting-Ausflug in die Alpen, anschließend zu einem Open-Air-Theater und dann wieder heim. *„Wir sind schon von der Seebühne Bregenz bis Stafford auf die Freilichtbühnen gefahren. Alles, was irgendwie in diese Richtung geht, das mache ich, und das organisiere ich sehr gerne. Immer so eine Kombination aus bissi Sport, bissi Spaß, bisschen Kultur und viel Freude untereinander."* Das „Organisieren", das liege ihm einfach. *„Das habe ich ganz sicher vom Vater geerbt."*

1987

1987

Großglockner, 2016

„DAS RUMREISEN IST EINE BEREICHERUNG. ICH MACHE DA ERFAHRUNGEN – AUCH UND GERADE FÜR DEN JOB DAHEIM."

Ein Nebenjob bei Badesalz

Nicht nur geerbt, sondern auch geübt. Denn: Der Vater hat ihn auch schon in jungen Jahren mit dem Einteilen und Organisieren von Aushilfen, den „Hands", betraut. Da hat sich dann der „enge Freundeskreis" formiert. Benjamin heuert Schulkameraden und Freunde aus dem Schwimmverein an.

Bei den „Hands"-Einsätzen legt Benjamin nicht die Hände in den Schoß. Die Haus- und Bühnentechnik ist sein Ding. Regelt und pegelt Licht und Ton, schleppt und platziert Bühnenteile, macht den ganzen Bühnenbau.

Doch nicht nur das. Er stellt fest, dass er es *„irgendwie mit den Künstlern und Gauklern gut kann"*. Die loben ihn. Sagen: „Du bist nicht der klassische Techniker, der einfach sagt: Wir machen das so! ‚Was Du, der Schauspieler, der Musiker, der Komiker, jetzt willst, ist mir egal.' Nein, der Halberstadt junior ist da total anders; versucht immer, die Ideen der Künstler, der Produktion umzusetzen; macht nicht nur gerade das, was die Technik hergibt."

Das spricht sich rum. „Der Benjamin" bekommt Nebenjobs offeriert. Man fragt ihn an und fragt ihn nach. Beispielsweise Henni Nachtsheim und Gerd Knebel von Badesalz: „Benjamin, wir brauchen für unsere Tourneen immer jemanden, der unser Licht und Bühnenset betreut." Der Umworbene sagt zu und zählt seit 2005 zur Badesalz-Mannschaft. *„Mit denen gehe ich immer noch auf Tournee. Mittlerweile habe ich das Privileg, dass ich mir die Termine aussuchen kann. Da bin ich nicht hier, sondern mit denen on the road. DAS IST MEIN HOBBY!"*

Auch mit dem Physik-Kabarettisten Vince Ebert ist er unterwegs. *„Der braucht nur einen Mann. Das bin ich. Ich fahre als Bühnen- und Produktionsleiter mit auf Tour."*

Mit Badesalz, Vince Ebert und anderen lernt der Dreieicher Bürgerhauschef Kulturhäuser und Stadthallen „in ganz Deutschland von Süd nach Nord, von Ost nach West" kennen. Etliche haben *„eine ähnliche Struktur und Größe wie wir im BHS"*. Er will wissen: Wie werden die geleitet? Wie sind die Programme? Welche technischen Neuerungen haben die?

Von den Antworten und den Erkenntnissen profitiert er auf seine Weise. *„Das Rumreisen ist eine Bereicherung. Ich mache da Erfahrungen - auch und gerade für den Job daheim."*

Umgeschaut, um sich jenseits des Dreieicher Sprengels was fürs BHS abzugucken, hat er sich schon nach dem Abitur 1988. Das Zeugnis der Reife hat er in der Tasche, jetzt tingelt er mit einem alten Mercedes-Bus durch Europa, um sich - wie man damals noch sagte - „die Hörner abzustoßen". Er macht aber keinesfalls nur Chillen und Party. *„In jeder Stadt, wo ich war, in der es ein Theater oder eine Konzerthalle gab - da bin ich mindestens einmal hingegangen und habe die mir angeguckt ..."*

Auch in den USA - zwei Jahre zuvor - hat er das heimische Kultur- und Gesellschaftszentrum im Auge und im Sinn behalten. Die Eltern schicken ihm regelmäßig die Offenbach Post und den Dreieich Spiegel über den großen Teich. Mit den aktuellen Informationen darüber, was in der „Hütte" an Veranstaltungen abgeht, und der Botschaft gen New Mexico: „Guck mal, was hier los ist!" Die Lektüre der Heimatpostillen zeigt Wirkung. *„Ich hab' gemerkt: Das fehlt mir."*

„Das gibt's nicht so oft in Deutschland"

Benjamin hat mit gerade mal 20 Lenzen schon einiges von bundesdeutschen Landen und der Welt gesehen: United States, good old Europe zu Lande und zu Wasser. Mit der Globetrotterei ist's im Januar 1989 aber erst mal vorbei. Der 20-monatige Zivildienst ist fällig. Der Rückkehrer absolviert ihn bei der Stadt Dreieich, beginnt im Gartenbauamt, in dessen Auftrag er auf dem kommunalen Kompostplatz die Christbäume häckselt. Da interveniert Vater Gustav. Er meldet dem Rathaus, dass ihm Leute im Bürgerhaus fehlen: „Ich brauche einen Zivildienstleistenden jetzt. Und ich kenn' sogar einen."

„ICH HABE NIE SELBER IRGENDWAS PRODUZIERT ODER REGIE GEFÜHRT. ICH WOLLTE DAS AUCH NICHT".

Benjamin wechselt für zwei Jahre „in Vollzeit" zum Sprendlinger Kultur- und Gesellschaftszentrum. Während dieser Zeit fallen die Würfel: Er will in die Branche gehen, das Bürgerhaus zu seinem Beruf machen. Die Weichen sind gestellt für die Sparte Theater- und Veranstaltungstechnik. Schwerpunkt auf Technik, denn *„ich habe nie selber irgendwas produziert oder Regie geführt. Ich wollte das auch nicht".*

Er studiert also an der „Beuth-Schule - Technische Fachhochschule Berlin" das Fach Theater- und Veranstaltungstechnik und macht nach vier Jahren im April 1995 seinen Abschluss als Diplom-Ingenieur. Während der Vorlesungszeiten fährt er nahezu jedes Wochenende nach Dreieich, um im Bürgerhaus zu arbeiten. *„Das war sehr praktisch, denn ich konnte ja quasi meine Sachen, die ich in Berlin gelernt hatte, hier schon gleich umsetzen."*

Fürs obligatorische „Praktikum im Grundstudium" geht er ans Staatstheater Wiesbaden - ein „großes Haus" mit einem „Riesenapparat", mit 300 Mitarbeitern mit diversen Fachabteilungen.

„UND DESWEGEN BIN ICH LETZTENDLICH NACH MEINEN AUSFLÜGEN IN DIE USA UND MEINEN WANDERUNGEN IN TEILEN EUROPAS UND MEINEN BERLINER JAHREN WIEDER HIER GELANDET."

Benjamin kommt unter anderem in der Waffenkammer zum Einsatz. Muss eine Schreckschusspistole, *„eine richtig schöne alte Holzpistole mit Schlaghammer"* mit einer Platzpatrone laden. Die soll in der Oper abgefeuert werden. *„Bei der Generalprobe habe ich im Oberrang gesessen und nur darauf gewartet, dass dieser eine Schuss, auf den ich 14 Tage hingearbeitet habe, abgeschossen wird."*

Nach fünf Monaten steht für den Praktikanten fest: Solch ein „großer Laden" – das ist nicht seine Welt. *„Und deswegen bin ich letztendlich nach meinen Ausflügen in die USA und meinen Wanderungen in Teilen Europas und meinen Berliner Jahren wieder hier gelandet."*

Er geht direkt nach dem Examen als „technisch Verantwortlicher" ins Bürgerhaus. Die Stelle ist neu geschaffen worden, aber – darauf legt Halberstadt junior auch noch nach einem Vierteljahrhundert wert – mitnichten, um dem Filius des BHS-Chefs ein Pöstchen zuzuschanzen. Benjamin wird gebraucht, und er ist qualifiziert für den Job. Denn: Die Veranstaltungstechnik ist in den 1990er-Jahren immer komplexer geworden. Die „Sicherheit" bei Veranstaltungen wird immer wichtiger. Es wird viel programmiert, es gibt die ersten PCs in der Branche, die EDV hat auch in kleineren Häusern Fuß gefasst. Benjamin hat das drauf – „dem Ingenör ist nichts zu schwör" –, er kann das.

Und er kann – und macht! – noch viel mehr. Verkauft Eintrittskarten, begrüßt am Eingang Besucher und Künstler, richtet Scheinwerfer aus und ist sich auch nicht zu schade, Kulissen zu schieben. *„Ich bin ja hier quasi aufgewachsen, ich kann fast alles. Hier kenne ich alles und kann überall einspringen. Ich weiß, dass wenig anbrennen kann, weil ich bei unserer Größe den Gesamtüberblick behalten kann."*

Vater Gustav geht zur Jahrtausendwende von Bord und in Pension. Zeit für einen Wechsel auch für Benjamin? Es stellt sich schon die Frage: *„Bleibste hier? Oder nimmste Deine Kleider vom Haken und gehst woanders hin?"* An Angeboten fehlt es nicht. Er hätte nach Kiel oder Berlin gehen können. Er will nicht. Begründung: *„Das wären große und ‚seelenlose' Hallen gewesen. Im Regelfall ist das ein Betreiber, der nichts selbst veranstaltet, wo nur Produktionen rein- und rausgehen."*

Im Fichtestraße 50 ist das anders. Betreiber und die Kultur sind in einer Hand und in einem (Bürger)haus. Nachgerade ein Alleinstellungsmerkmal, was für Benjamin den Ausschlag gibt: *„Das gibt es nicht so oft in Deutschland. Ich bleibe."*

Holzhacken im Lockdown

Seit dem Frühjahr 2020 grassiert die weltweite Corona-Pandemie. Lockdown auch fürs Bürgerhaus Sprendlingen. Kulturpause. BHS-Betriebsleiter Benjamin Halberstadt macht Fünf-Tage-Woche und schiebt einen Nine-to-five-Job. Eine Arbeit ohne Erfolge. Zum Abendessen ist er daheim. Gräbt den Garten um, holt einige Festmeter Holz aus dem Wald, spaltet's und stapelt's.

Dann der Positiv-Test und die Quarantäne. Es geht nix mehr. Der Patient hat viel Zeit zum Nachdenken und Pläneschmieden für die „Zeit danach". Und stellt sich die Frage: *Wie war es eigentlich in der „Zeit davor"? Was ist passiert? Was habe ich in meinen ersten 15 Jahren erreicht? Und was war eigentlich in den ersten 50 Jahren? Da steht ja in 2022 dieses runde Jubiläum ins (Bürger)haus. Sollte man groß feiern – mit einer Jubiläums-Show, einem Tag der offenen Tür, einer akademischen Feier. Auch ein Jubiläumsbuch wäre gut. Doch was soll da drinstehen? Wie sieht sein persönlicher Rückblick aus?*

Bestnoten in der Quarantäne

Mit den Politikern, so erinnert er sich an seine Anfänge, hat er zunächst arg gefremdelt. Er hatte mit denen „wirklich nichts am Hut", war (und ist) in keiner Partei, hat sich immer „neutral" zu verhalten versucht. Das fällt nicht leicht, denn der „Neue" hat von der Politik Hausaufgaben bekommen und muss mit Erwartungen leben. Er soll die Anzahl der Bürgerhäuser in Dreieich verringern („aus vier mach zwei"), mehr

Programm in den Stadtteilen offerieren („umsonst und draußen“) und die Bürgerhaus-Gastronomie gründlich umbauen. Und das alles im Sinne der Haushaltskonsolidierung mit einem Minimum an Aufwendungen und einem Maximum an Ertrag. In Distanz zu den Kommunalpolitikern ist das nicht zu stemmen.

Er erkennt rasch: *„Man muss immer das Ohr an der politischen Tür haben.“* Und merkt aber auch schnell: *„Das Herzblut, das ich für die Kultur, Vereine und Veranstaltungen einbringe - das interessiert im normalen politischen Ablauf nicht alle. Da wird nach Fakten geguckt, nach Daten, nach Kosten und natürlich nach momentanen Trends.“*

Die für ihn nach eignem Bekunden bitterste Erfahrung macht er in Sachen Bürgersaal Buchschlag.

Benjamin kämpft wie ein Löwe gegen den Abriss, macht sich dafür stark, noch einen Gemeindesaal im Stadtteil zu behalten. Einen Neubau im kleineren Format notabene - ohne Kegelbahn und Restaurant - mit einem Teil Wohnbebauung auf dem Grundstück. Er unterliegt, und das hat ihm „schon wehgetan“.

Dafür wird der Fokus verstärkt auf das Bürgerhaus Sprendlingen gelegt. Es entstehen unter anderem das Basement, eine beliebte Partylocation und die erweiterte Parkterrasse. Zusätzlich wurde das Haus im Hinblick auf Technik und Sicherheit immer weiter modernisiert. Im Jahr 2007 kamen dann auch noch die Burgfestspiele in die Verantwortung des Bürgerhaus-Teams.

DIE KULTURARBEIT DER BÜRGERHÄUSER KRIEGT BESTNOTEN. DIE LEISTUNGEN STEHEN - SO DAS KIENBAUM-SALDO - IM GUTEN VERHÄLTNIS ZU DEN AUSGABEN.

Die Gesamtbilanz der ersten 15 Jahre kann sich sehen lassen. Das bestätigt ihm der berühmt-berüchtigte Kienbaum-Report zur Haushaltskonsolidierung von Dreieich, in dem alles an kommunalen Leistungen auf den Prüfstand kam und aufgelistet wurde, wo was und an wem gespart und was gegebenenfalls wegrationalisiert werden soll. Die Kulturarbeit der Bürgerhäuser kriegt Bestnoten. Die Leistungen stehen - so das Kienbaum-Saldo - im guten Verhältnis zu den Ausgaben.

Das attestiert Jahre später auch der hessische Rechnungsprüfungshof. Der hat im Städtevergleich untersuchen lassen: Wie viel Geld wurde in den jeweiligen Kommunen für Kultur investiert - und was kam dabei heraus? Benjamin erfährt das Dreieicher Ergebnis im Lockdown, und das reißt ihn aus der Pandemie-Tristesse. *„Wir haben da sehr gut abgeschnitten. Es sieht wohl so aus, dass die Arbeit, die wir machen, gut ist.“*

EIN HAUS ZUM BLEIBEN

LANGJÄHRIGE MITARBEITERINNEN UND MITARBEITER IM BÜRGERHAUS ERZÄHLEN

die Fragen stellte Sandra Ladwig

SUSANN FRÖHLICH
Im Bürgerhaus seit Juni 1996

Aktuelle Aufgaben: *Leitung Ticket-Service*
Lieblingsort im Bürgerhaus: *Terrasse*
Lieblingsveranstaltungsreihe: *Konzerte in der Burg, Luft & Liebe*

Susann, bei der Frage nach deinem Lieblingsort hast du sofort Terrasse gesagt.
Susann: Ich finde die Terrasse superschön, aber meistens sitze ich im Büro. Es gefällt mir gut, dass das Bürgerhaus so schön liegt, mit der Nähe zum Bürgerpark. Deshalb mag ich auch die Veranstaltungsreihe „Luft & Liebe" und den Blick aus dem Büro ins Grüne.

Neben der schönen Lage, was macht für dich die Arbeit im Bürgerhaus aus?
Wir kennen uns ja alle schon seit Ewigkeiten, da viele schon recht lange hier arbeiten: die Kollegen*innen und speziell meine Mädels im Ticket-Service. Es ist ein kleines Team hier in der Verwaltung, das gefällt mir. Und natürlich ist es auch toll, in einem Kulturhaus zu arbeiten und Tickets zu verkaufen. Man kann Leute, die sich auf die Veranstaltungen freuen, glücklich machen. Vor allem dann, wenn man Kunden von der Warteliste anruft und ihnen sagt, dass sie doch noch Karten für eine ausverkaufte Veranstaltung bekommen. Oft kommt ein Freudenjauchzer am anderen Ende der Telefonleitung.

Es gibt Zeiten, da ist es hier recht stressig, wenn der Vorverkauf für die Burgfestspiele und das Weihnachtsgeschäft beginnt oder wenn die neue Spielzeit und Abo-Saison im Bürgerhaus losgeht. Aber dann gibt es auch Phasen, da ist es etwas ruhiger und dann mache ich Abrechnungen und lege wieder neue Veranstaltungen im Ticketsystem für den Verkauf an.

Was hat sich verändert im Laufe deiner Arbeit hier?
Ganz am Anfang habe ich nur Tickets verkauft und die Eintrittsgelder-Abrechnungen gemacht. Auch die Tickets für die Burgfestspiele, die damals noch nicht von den Bürgerhäusern veranstaltet wurden, habe ich „aus der Kiste raus" verkauft. Mehrere Hundert Tickets, die damals noch in der Druckerei gedruckt wurden. Wenige Jahre später bin ich dann dazu übergegangen, diese Karten und auch die von anderen Veranstaltungen in unser Kartensystem mit aufzunehmen. Auch den Abonnementverkauf habe ich übernommen, dann kam noch die Anzeigen-Annahme für die Offenbach Post dazu. Später haben wir begonnen, als Vorverkaufsstelle

auch andere Karten-Systeme zu installieren, um externe Veranstaltungen im Rhein-Main-Gebiet und deutschlandweit verkaufen zu können. Das war die Zeit, in der der Online-Ticket-Verkauf losging. Um unsere eigenen Veranstaltungen auch in Internet und anderen VVK-Stellen anbieten zu können, begannen wir die Zusammenarbeit mit Frankfurt Ticket und Eventim. Mein Ziel war es, eine richtige Vorverkaufsstelle zu sein, die Tickets sowohl für die großen Veranstaltungshäuser als auch für die kleinen Theater und Clubs in der Region anbietet. Mittlerweile haben wir sechs verschiedene Online-Kartensysteme und sind als Vorverkaufsstelle super ausgestattet.

Das bedeutet aber auch eine Menge Arbeit, oder?
Das stimmt. Durch das umfangreiche Angebot war es nötig, neue Kolleginnen einzustellen. Die erste Kollegin war Angela Schwalbach, die 20 Jahre bis zur Rente blieb. Tanja Wolf und Annette Schäfer sind jetzt auch schon fast genauso lang da. Im Schnitt sind es immer vier Kolleginnen, die mich im Ticket-Service unterstützen. Und das alles mit einem persönlichen Service, den wir unseren Kunden und Kundinnen bieten.

Gibt es denn ein Ereignis, das dir immer im Gedächtnis bleiben wird?
Es ist weniger ein Ereignis als vielmehr die Menschen, mit denen man zu tun hat. Da gibt es Leute, denen begegnet man einen längeren Zeitraum und einigen persönlicher oder intensiver als anderen. *(lacht)* Die meisten unserer Kunden sind immer sehr nett.

Nicht nur die Karten haben sich verändert

Was wünschst du dem Bürgerhaus für die nächsten 50 Jahre?
Dass weiterhin wunderbare und zahlreiche Veranstaltungen im Bürgerhaus und bei den Burgfestspielen stattfinden können. Dass auch mal mehr junge Menschen in die Veranstaltungen kommen. Und dass immer genug Geld für die Kultur da ist.

WOLFGANG KÜLLMER

im Bürgerhaus seit 15. Oktober 1985

Aktuelle Aufgaben: *Haustechnik, Saalbestuhlung*
Lieblingsort im Bürgerhaus: *Kein besonderer*
Lieblingsveranstaltungsreihe: *Offen für alles*

Wolfgang, auf die Frage nach deinem Lieblingsort musstest du erst mal länger überlegen …
Wolfgang: So einen richtigen Lieblingsort habe ich nicht, auch wenn ich mich im Haus sehr gut auskenne. Ich kann im Dunkeln durchs Haus gehen und laufe nirgends gegen. Das ist schon mein Zuhause, hier das ganze Haus … Mittlerweile weiß ich auch, wo alles ist. Noch besser wusste das Klaus Piplak, der kannte sich bestens aus. Wenn man ihn nach was gefragt hat, hat er immer erst mal Nein gesagt, aber fünf Minuten später kam er dann mit dem gesuchten Teil an.

Wie hast du im Bürgerhaus angefangen?
Als Hausmeister, Facharbeiter Bereich Elektrik. Im Laufe der Jahre habe ich mich dann nach und nach eingearbeitet in die Veranstaltungstechnik, vor allem in die Beleuchtung.

Als die ersten Computer hier ins Haus kamen, habe ich die Leitungen gezogen, von der Kasse vorne bis nach hinten ins letzte Büro. Und das ging dann immer so weiter, überall dort, wo was an Kabeln und Elektrik benötigt wurde, habe ich das gemacht; eben auch die Bühnenbeleuchtung. Da hat sich so viel verändert im Laufe der Jahre. Angefangen haben wir mit sechzehn Scheinwerfern vorne an der Bühne. Das ist nichts im Vergleich zu heute. Oder das erste Lichtpult, das hatte drei Ebenen, mit denen man die ganze Stimmung vorprogrammieren und dann noch mit dem Fader hochziehen konnte. Das stand oben auf der Bühne. Von dort aus haben wir Licht gemacht. Und dann kam irgendwann das Digitale und alles wurde viel größer.

Das ist wahrscheinlich wie in allen anderen Bereichen die größte Veränderung.

Das ist es. Und da komm ich mittlerweile auch nicht mehr mit in meinem Alter. Auch wenn ich damit groß geworden bin, wird es mir jetzt doch zu viel. Anfang der 2000er-Jahre wollte ich meinen Bühnenmeister machen, hab das dann aber doch aufgegeben. Die Hälfte hab ich immerhin geschafft und bestanden und bin jetzt ein sogenannter „Verantwortlicher für Veranstaltungstechnik".

Veränderungen gab es auch im Team.

Der größte Teil von dem Team, mit dem ich angefangen habe, ist ja mittlerweile schon weg. Wir waren drei Hausmeister, drei Arbeiter, sechs Reinemachefrauen, zwei davon in den Pavillons und der Bücherei. Wir waren schon ein starkes Team. Jetzt ist zum Beispiel das Reinigungsteam viel kleiner, hat aber mehr Aufgaben. Das bedeutet, dass auch wir teilweise Dinge übernehmen müssen. Ein bisschen bin ich auch froh, dass ich bald in Rente gehe.

Aber ich muss sagen, Spaß hat mir die Arbeit hier immer gemacht. Auch die Künstler waren immer interessant, wobei es da solche und solche gibt. Die meisten sind doch eher distanziert, aber es gibt auch welche, die öfter kommen und die man schon kennt. Mit manchen ist man sogar schon per Du. Das ist ein ganz anderes Verhältnis. Und die meisten Künstler sind auch immer zufrieden hier und sagen, so ein Haus mit einer solchen Betreuung erleben sie sonst nie.

Gibt es denn ein Ereignis, das dir immer im Gedächtnis bleiben wird?

Wir hatten mal die Münchner Freiheit zu Gast. Hinten am Bühneneingang stand ein Fan, ein Mädel mit einer Torte. Und die Band hat hier vorne im Foyer Tischtennis gespielt und hat sie drei Stunden mit der Torte in der Hitze stehen lassen. Das fand ich nicht gut. Die waren aber insgesamt auch eher sehr distanziert, mit denen sind wir einfach nicht warm geworden. Anders dagegen Gordy von Mary & Gordy, der hier als Einzelkünstler zu Gast war. Der hat sich nach dem Soundcheck zu uns auf die Garderobe im Foyer gesetzt und sich mit uns unterhalten. Das war ein richtiger, echter Mensch.

Was wünschst du dem Bürgerhaus für die nächsten 50 Jahre?

Dass es so bestehen bleibt, wie es ist, und dass die Künstler und das Publikum weiterhin zufrieden sind.

MARINA SCHÄFER

im Bürgerhaus seit 1989

Aktuelle Aufgaben: *Reinigungsteam*
Lieblingsort im Bürgerhaus: *Foyer*
Lieblingsveranstaltung: *Bluegrass Jamboree*

Marina, deine Lieblingsveranstaltung ist die jährlich stattfindende Bluegrass Jamboree ...

Marina: Ja, die auf jeden Fall. Und das Ukulele Orchestra mag ich auch gerne. Das finde ich richtig klasse, dieses Jahr habe ich sie neben den Burgfestspielen sogar schon in der Oper gesehen. Ich weiß gar nicht, was schöner ist. Burg oder Oper – beides hat seine Reize.

Du bist ja auch schon recht lange im Bürgerhaus ...

Jetzt sind es 17 Jahre. Und vorher habe ich 17 Jahre im Bürgersaal in Buchschlag gearbeitet, zusammen mit meinem damaligen Mann als Hausmeisterehepaar. Ich bin ein geteiltes Kind. *(lacht)* Im Bürgersaal war es eine andere Art von Arbeit. Dort haben wir uns zu zweit unsere Arbeit selbst eingeteilt – ganz ohne feste Pläne. Wir waren für alles verantwortlich und der Laden musste laufen. Es ist natürlich anders, wenn man dann in ein Haus kommt, in dem es ein viel größeres Team gibt. Hier waren wir am Anfang nur Frauen, das war manchmal nicht so einfach. Jetzt mit dem aktuellen Team ist es wieder ein ganz anderes Arbeiten. Aber dafür sind wir aktuell wieder viel weniger Leute.

Ein Dream-Team an der Garderobe: Maria Heckmann, Horst Heckmann, Silke Pfaff

Was ist es, das die Arbeit im Bürgerhaus für dich ausmacht?
Die Gemeinschaft. Die ist schon toll, denn wenn es keinen Zusammenhalt gibt, ist das Arbeiten schwierig. Bei den Burgfestspielen ist der Zusammenhalt auch besonders. Ich liebe die Burg! Toll sind auch immer die Feiern und Ausflüge, da haben wir schon wilde Sachen erlebt.

Was wünschst du dem Bürgerhaus für die nächsten 50 Jahre?
Dass alles so schön weitergeht und dass nicht noch mal alles runtergefahren wird. Leben ohne Kultur geht gar nicht.

SILKE PFAFF

im Bürgerhaus seit 1. März 1990

Aktuelle Aufgaben: *Künstlercatering, -garderobe, Publikumsgarderobe*
Lieblingsort im Bürgerhaus: *Publikumsgarderobe*
Lieblingszeit: *Beginn der Spielzeit*

Silke, du bist jetzt schon knapp 23 Jahre im Bürgerhaus tätig und die dritte Mitarbeiterin in deinem Aufgabengebiet. Was hat sich mit der Zeit bei deiner Arbeit verändert?

Silke: Zu Beginn fiel in den Aufgabenbereich meiner ersten Vorgängerinnen das Nummerieren der Stühle, das Reinigen der Künstlergarderobe und die Publikumsgarderobe. Ihre Nachfolgerin hat schon Brötchen für die Künstler geschmiert, allerdings musste sie keine Stühle mehr nummerieren. Im Jahr 2000 habe ich dann diesen Aufgabenbereich übernommen. Da hat sich das dann auch etwas gewandelt. Von da an gab es auch ein erweitertes Catering für die Künstler mit bspw. frischem Obst und anderen Sachen. Brötchen schmiere ich aber auch noch. Aktuell kümmere ich mich um die Künstlergarderobe und bei den Veranstaltungen um die Publikumsgarderobe. Beide Aufgaben mache ich gleich gerne.

Ich durfte aber auch schon Dekoration nähen wie z. B. für Fasching oder Silvester - aber das ist schon lange her. Zuletzt habe ich zu Beginn der Corona-Pandemie Stoffmasken für alle Mitarbeiterinnen und Mitarbeiter genäht.

An was erinnerst du dich besonders gerne?
Ich erinnere mich noch gut an die ersten Künstler aus den ehemaligen DDR, die kurz nach der Wende bei den Burgfestspielen aufgetreten sind. Die haben damals alle in der Philipp-Köppen-Halle geschlafen. Da musste ich eine Menge Betten beziehen.

Mir gefällt, dass man so viele nette Menschen kennenlernt. Ernst Stankovski, zum Beispiel, den mein Mann und ich damals nach der Vorstellung ins Hotel gefahren haben. Oder Beatrice Richter, mit der ich mich auch nett unterhalten hatte, genauso wie Katerina Jakob, die Tochter von Ellen Schwiers. Es waren ja schon so viele Künstler da: Heidi

Brühl, Sigmar Solbach … Im Grunde sind alle Künstler nett, auch die, die zu Beginn besondere Cateringwünsche haben. In der Bühnenanweisung gibt es ja oft ausgefallene Wünsche und ich bemühe mich schon, die alle zu erfüllen. Das kennen viele der Künstler nicht, die sind froh, wenn wenigstens die Hälfte da ist. Aber so ist das bei uns, was auf der Cateringwunschliste steht, wird so gut es geht besorgt.

In der Garderobe liegt auch immer das Gästebuch, in dem die Künstler*innen nach jeder Vorstellung einen Gruß hinterlassen. Wie viele Bücher gibt es denn mittlerweile?
Bisher sind es 21. Da ist schon einiges zusammengekommen. Wenn ich jetzt durch die Gästebücher blättern würde, würden mir auch noch mehr bekannte Künstler einfallen, die hier zu Gast waren und mit denen ich in Kontakt war.

Was macht die Arbeit im Bürgerhaus für dich aus?
Die Abwechslung! Auch wenn es manchmal stressig ist, mache ich meine Arbeit immer gerne. Und viele der Mitarbeiterinnen und Mitarbeiter kenne ich ja auch schon sehr lange.

Was wünschst du dem Bürgerhaus für die nächsten 50 Jahre?
Dass alles so bleibt, wie es ist. Dass es mit der Kultur weitergeht.

WENN ICH JETZT DURCH DIE GÄSTEBÜCHER BLÄTTERN WÜRDE, WÜRDEN MIR AUCH NOCH MEHR BEKANNTE KÜNSTLER EINFALLEN, DIE HIER ZU GAST WAREN UND MIT DENEN ICH IN KONTAKT WAR.

MONIKA HENRICH

im Bürgerhaus seit 13. Januar 1997

Aktuelle Aufgaben: *Vermietung, Personalwesen, Sekretariat Benjamin Halberstadt*
Lieblingsort im Bürgerhaus: *Büro, Foyer, der versteckte Findling*
Lieblingsveranstaltungsreihe: *Kabarett & Comedy*

Moni, dein Aufgabenfeld im Bürgerhaus ist ja recht umfangreich.
Moni: Neben der Vermietung und dem Sekretariat ist im Laufe der Jahre immer mehr zusammengekommen wie z. B. die Materialbestellung fürs ganze Haus oder ab und an unterstützen wir hier vorne auch das Kartenbüro. Ich bin Ansprechpartnerin für Gäste, Handwerker, Dienstleister im Haus, kümmere mich um den Posteingang, bereite Rechnungen vor … und und und.

Das ist ja eine ganze Menge. Du musst also auch immer vor Ort in deinem Büro vorne in der Verwaltung sein.
Das stimmt. *(lacht)* Deshalb habe ich es auch noch nie geschafft, ein Theaterstück für Kinder ganz anzusehen. Denn die laufen eigentlich immer zu den Zeiten, wo vorne am meisten los ist.

In den 25 Jahren, die du im Bürgerhaus bist, haben sich deine Aufgaben auch sehr verändert.
Als ich eingestellt wurde, habe ich den Pressespiegel erstellt und hauptsächlich den Schriftverkehr gemacht. Gustav Halberstadt hat wirklich jeden Brief, den er bekam, beantwortet. Morgens hatte ich also immer eine große Anzahl von Kassetten mit diktierten Briefen auf dem Tisch liegen, die ich dann den ganzen Tag abgeschrieben habe. Das Besondere war, dass je später er am Abend die Briefe diktiert hatte, umso schlechter hat man ihn verstanden. Oft musste ich dann seine Frau Heike fragen, was genau er da gerade sagt. Irgendwann hat er aber nicht mehr alle Briefe beantwortet

Ein starkes Trio: Ramona Henrich, Monika Henrich, Petra Rupp-Masal, 2015

und E-Mails kamen auf, so hat sich auch meine Arbeit verändert. Dann habe ich die Abonnements verwaltet und auch Wolfgang Barth zugearbeitet.

Die große Änderung gab es dann mit dem neuen Betriebsleiter Till Friedrich, der dafür gesorgt hat, dass die Vermietung und die Organisation der Räume digital verwaltet werden. Der Aufgabenbereich fiel dann an uns drei Kolleginnen hier vorne, Petra Rupp-Masal, Ramona Henrich und mich. Wir waren dann das „Front Desk". Und so war dann meine Hauptaufgabe die Vermietung.

Was ist dir denn besonders im Gedächtnis geblieben aus den 25 Jahren, die du nun schon hier bist?
Durch Gustav habe ich viel gelernt, unter anderem Rechtschreibung. Die Schriftstücke, die ich abgetippt habe, hat er mir mit Rotstift korrigiert auf den Tisch gelegt. Der Gustav war auch immer jemand, der gesagt hat „Mach mal!", und wenn man sich den Kopf dabei eingerannt hat, war das ok, aber man hat es auch kein zweites Mal gemacht. Gut delegieren konnte er auch, das war immer auch eine gute Personalführung. Herr Friedrich hat einen auch viel machen lassen, war dabei aber eher im Hintergrund.

An was ich mich auch gerne erinnere, sind die Plakate, die ganz anders hergestellt wurden als heute. Früher bin ich noch in die Druckerei gefahren, um den Streifen mit den Informationen eindrucken zu lassen, oder habe Negative vorbeigebracht, um Plakate im Siebdruckverfahren drucken zu lassen.

Was macht die Arbeit im Bürgerhaus für dich aus?
Ich fühle mich hier nach so langer Zeit aufgehoben. Die ganzen Freiheiten, die ich hier habe, habe ich mir erarbeitet und ich weiß auch, wie weit ich gehen kann. *(lacht)* Es ist mein zweites Zuhause geworden. Ich bin immer gerne hierhergekommen und fühle mich immer noch wohl. Und das Team mit Petra und Ramona läuft gut. Alles sehr harmonisch.

Mir gefällt auch der Kontakt zu den Kunden am Telefon. Manchmal bekomme ich bei einer einfachen Frage zu Karten eine ganze Lebensgeschichte erzählt, da ist plötzlich eine richtige Vertrauensbasis da. Ein anderes Mal lässt jemand seinen Ärger bei mir raus. Da reagiere ich dann auch gelassen und sage: „Jetzt haben sie zwar ihren Frust bei mir abgelassen, aber helfen kann ich ihnen trotzdem nicht." Und dennoch versuche ich immer, so gut es geht zu helfen. Es gibt auch viele witzige Momente.

Was wünschst du dem Bürgerhaus für die nächsten 50 Jahre?
Dass es weiterhin so bleibt, wie es ist, und dass die Mannschaft, die jetzt da ist, so lang wie möglich zusammenarbeitet. Wir sind schon so eingespielt, wissen um die Macken des anderen, kennen uns teilweise auch privat, sind befreundet. Und was ich mir außerdem wünsche, ist nicht noch einen vierten Chef zu bekommen. Drei reichen aus. *(lacht)* Und natürlich: Weiterhin volles Haus und gutes Programm.

HANDS IM HINTERGRUND

NUR GEMEINSAM GEHT WAS

Von Fee Halberstadt

ULI, ALI, BALI, ZUMI, MICHAEL, SEBASTIAN UND STEFAN – SIE STEHEN ALS BEISPIELE ALL DERER, DIE WÄHREND DER VERGANGENEN 50 JAHRE MITHALFEN. „ES GIBT GANZ VIELE, ABER LEIDER NICHT ABDRUCKBARE GESCHICHTEN." DOCH HIER SIND ZUMINDEST EIN PAAR:

Noch ist das Theaterstück in vollem Gange. Der Saal des Bürgerhauses ist ausverkauft. Die Schauspieler auf der Bühne spielen ihre Rollen perfekt. Sie wechseln von „fröhlich" auf „wütend" und dann zu „traurig". Es kracht mal, und dann ist es wieder ganz still. Das Publikum lauscht gespannt, die 680 Gäste wissen nicht, was im nächsten Moment passiert.

Was sie ebenfalls nicht wissen: Hinter der Bühne wartet eine Handvoll Männer, die gleich all das, was das Publikum als Kulisse sieht, abbauen, rauskarren und in einen Lkw der Produktion zentimetergenau einräumen werden. Es sind dieselben, die am Vormittag schon alles aufgebaut haben.

Es ertönt Applaus. Ohrenbetäubend. Dann sind Schritte zu hören. Die Leute verlassen den Saal.

Jetzt haben sie ihren Auftritt: die „Hands", von denen kaum jemand weiß.

Sie tun auch diesmal wieder ihren Job, die Hilfskräfte, Aushilfen, *Hands*. Denn bei vielen Veranstaltungen, die über die Bürgerhausbühne gehen, reichen die fest angestellten Techniker, Arbeiter, Hausmeister nicht aus, um die Arbeit zu stemmen. Sie brauchen Helfer. Manchmal nur zwei, bei aufwendigen und großen Produktionen sind es auch schon mal 15. Sie alle packen an, wo es sein muss. Sie schleppen Bühnenteile und bauen die zu einem großen Podium oder zur einer mobilen Zuschauertribüne zusammen. Sie bewegen Beschallungsmaterial, Beleuchtung, Dekorationen, Bühnenbilder, Möbel aller Art. Verlegen Kabel. Schieben Nachtwachen – oftmals nur für eine einzige Veranstaltung von gerade mal 60 Minu-

Karl Ulrich Schappel (Uli)

Alexander Schoor (Ali)

Michael Jiracek, heute und früher

Sebastian Obländer

ten. Und all das teilweise in Rekordzeit. Denn manchmal bleibt nicht viel Zeit, bis sich der „Vorhang" öffnet oder die nächste Veranstaltung beginnt.

Nicht nur körperliche Arbeit ist gefragt. Die *Hands* holen auch Künstler vom Bahnhof oder Flughafen ab oder sie transportieren Material von A nach B.

Auch die Einsatzorte wechseln. Zu tun gibt's ja nicht nur im Bürgerhaus, wo so einiges auf dem Programm steht: Schauspiel, Kindertheater, Konzerte, Börsen, Tagungen, Multivisionshows, politische Treffen, Ballett, Schulaufführungen, Abschluss- und Tanzbälle, Lesungen und und und ... Es geht auch um Feste, Festivals und Kulturaktivitäten outdoor und draußen in der Stadt: Burgfestspiele, Jazz in der Burg und „in town", Internationales Sommerfest, „Stadt und Land – Hand in Hand", Hooschebaa-, Spiel- und Stadtfest, Musiktage, Maislabyrinth, Kino und „Luft und Liebe" auf der Terrasse.

Über die vielen Jahre hinweg gab es eine Menge Aushilfen. Manche waren nur für eine Saison da, manche ein paar Jahre, andere sind noch heute dabei. Einige von denen haben sich in der Veranstaltungsbranche selbstständig gemacht und arbeiten nun als Profis mit den Bürgerhäusern Dreieich zusammen.

Die meisten der „Hilfen" gewannen während ihrer Zeit im Bürgerhaus nicht nur an Lebenserfahrung. Zwischen den Jungs entstanden Freundschaften – manche wurden Freunde fürs Leben. Ab und zu rasselten sie zwar im Arbeitsalltag zusammen – doch da war nichts, was sich nicht bei einem kalten Getränk wieder in Ordnung bringen ließ.

Das galt und gilt auch und gerade für die sieben Männer, deren Bürgerhaus-Geschichten hier erzählt werden sollen: Karl Ulrich Schappel (Uli), Alexander Schoor (Ali), Christian Balbach (Bali), Sebastian Obländer, Michael Jiracek, Christian Zumstein (Zumi) und Stefan Mayer. Sie waren teilweise gleichzeitig und teilweise zu unterschiedlichen Zeitpunkten

> *„Egal welche Jahreszeit, egal ob Burg, Feld, irgendwelche Plätze in der Stadt, Bürgerpark, Frankfurter Straße oder Bürgerhaus, es ist einfach irgendwie familiär. Und hat eine schöne Atmosphäre, also du fühlst dich wohl. Auch, wenn es mal stressig ist." – Bali*

„Für mich auf alle Fälle bezeichnend sind solche Eckdaten, dass ich bei einer Veranstaltung dabei war, die mich, aber auch die Stadt geprägt haben. In Buchschlag wurde ein Brunnen eröffnet, der Schneckenbrunnen, und zu dieser Eröffnung habe ich beigetragen.“ – Uli

Zumi, Oli und Flo

Teil des Bürgerhaus-Teams. Sie stehen als Beispiele für all diejenigen, die während der zurückliegenden 50 Jahre mithalfen.

Da es sich bei den Helfer-Jobs meist um körperlich anstrengende und „raue" Arbeit handelt, arbeiten nur vereinzelt Frauen als *Hands*. Deshalb sprechen wir hier im Text in der Regel nur von „Jungs".

Nebenbei fürs Leben lernen

Es war schon immer so und gilt auch in den 2020er-Jahren: Junge Erwachsene übernehmen BHS-Aushilfsjobs während ihrer Schulzeit oder neben dem Studium. Auch Uli kam mit 15 Jahren zum Bürgerhaus. Er wurde damals, 1985, noch von Gustav Halberstadt „eingestellt". Uli traf dabei auf dessen Sohn Benjamin, der seit seinem zehnten Lebensjahr seinen Eltern im Bürgerhaus unter die Arme griff. Im Alter von 17 Jahren übernahm Benjamin von seinem Vater die Einteilung und Aufsicht der freien Helfer.

„Meine erste Veranstaltung war das internationale Ausländerfest im Bürgerpark", erinnert Uli sich. *„Das war eine sehr gute Veranstaltung zum Einstieg, weil es von allem ein bisschen hatte. Wir haben eine kleine Bühne gebaut, wir haben aber auch einen Bierwagen aufgebaut, Bierbänke getragen und ein bisschen Licht hingestellt. Und das fand ich irgendwie ganz spannend, weil es keine eintönige Arbeit war, sondern sehr vielschichtig, sehr variabel. Und man hat sofort gesehen, was man macht."*

Uli blieb bis 2007 dabei. Wegen seiner Ausbildung und des folgenden Studiums in Dresden war er zwar nicht mehr oft mit von der Partie, doch er hielt stets Kontakt. Immer, wenn er in Dreieich war und im Bürgerhaus ein paar Hände gebraucht wurden, kam Uli dazu. Er selbst arbeitet noch heute hauptberuflich in der Branche. Denn: *„Mein Herz und mein Ego haben immer für Veranstaltungen und Events geschlagen."*

Arbeiten im Wohlfühl-Ambiente

„Das ist schon ein außergewöhnlicher Platz, da will man abends nicht unbedingt direkt nach Hause gehen. Gerade bis zum 25. Lebensjahr." So beschreibt Ali die Burg Dreieichenhain – einen seiner Arbeitsplätze in Bürgerhausdiensten. Ali stieß 1995 zum Team, arbeitete auch während seines Studiums für die Bürgerhäuser. Er ist zwar in einer anderen Branche aktiv, übernimmt aber auch heute gerne noch die Technik bei der einen oder anderen Veranstaltung. *„Für mich bleibt das auch immer ein Stück Heimat. Ich habe da einfach unheimlich viel Zeit verbracht. Und das in einer Zeit meines Lebens, als ich vom Jugendlichen zum jungen Mann wurde. Ich habe die Arroganz, es als einen Teil von mir zu betrachten. Auch wenn ich weiß, dass da jetzt andere Leute diesen Platz belegen, beackern und bearbeiten. Die Arbeit in der Burg hat mich auch stärker mit Dreieich verbunden. Das Heimatgefühl hat sich sehr verstärkt."* Und auch Zumi teilt ähnliche Erinnerungen: *„Die intensive Zeit, das kollegiale Verhältnis und die vielen Veranstaltungen, die ich schon in sehr frühen Jahren betreut habe, haben mich bis heute geprägt. Zudem habe ich bereits früh ein Verantwortungsgefühl für mein Schaffen und Handeln erfahren."*

Und nicht nur das. Ali pflegt noch heute Freundschaften aus dieser Zeit. *„Aus der Clique wüsste ich jetzt direkt fünf Freunde, die ich zu jeder Tag- und Nachtzeit anrufen und sagen kann: Ich habe ein Problem, ich brauche jetzt Hilfe! Und ich würde sagen: Von den fünf kommen vier, und der fünfte ist eben gerade in Südamerika."*

Stefan Mayer und Christian Zumstein (Zumi) früher und heute

Ali und die Jungs teilen nicht nur die Erinnerung an körperlich anstrengende und „raue" Arbeit, sondern auch an das Wohlfühl-Ambiente, das sich die Hands zu schaffen suchten, wo sie gerade eingesetzt wurden. Backstage war's meist eine „schöne Ecke" zum Chillen mit Couchelementen, Liegestühlen und Kühlschrank. Auch in der Burg ging's nach Feierabend um Aufenthaltsqualität: Während der ersten Festspiele gab es sogar einen Kinder-Pool. Der ist dann später von einem Badefass ersetzt worden.

„Es gibt von Robert Reiner einen Film, der heißt Stand by me – Das Geheimnis des Sommers. Da geht es um Jungs, die einen Sommer zusammen erleben und in der Wildnis sind. Und auf Gleisen laufen und baden. Und so habe ich mich gefühlt. Wir waren nach einer gewissen Zeit, das hat vielleicht so eineinhalb Jahre gedauert, eine sehr eingeschworene Gemeinschaft." – Uli

„Mir wurde auch schon von mehr als einer Produktion gesagt, dass wir nicht normal sind. Weil nach Feierabend einfach mehr Leute da sind als vor Feierabend", sagt Bali. Er ist noch heute bei jeder Saison mit dabei – und das seit 2006. Bali gehört inzwischen zum Kern der Mannschaft, ist auch keine Aushilfe mehr, sondern hat sich selbstständig gemacht und fungiert bei Auf-, Um- und Abbauten als Dienstleister für das Bürgerhaus.

Natürlich nutzt auch er die Chill-Ecke an den Abenden der Burgfestspiel-Saison. Hier quatschen die *Hands* bei einem

Technik-Team Burgfestspiele Dreieichenhain, 2011

„Einmal, da war der Bodo Wartke auf der Bühne, und als das alles abgebaut und verladen war, haben wir überlegt, was die Region noch für Nachteulen zu bieten hat. Jemand hat dann vorgeschlagen, nach Sprendlingen in die Comtesse zu gehen, da würde auch ein Klavier stehen. Dann sind wir da eingefallen mit allen, die an diesem Abend gearbeitet haben, plus den Klavierkabarettisten Bodo Wartke und noch einem Musiker, der dabei war. Vor Ort haben wir dann die Chefin, die Ute, gefragt, ob er mal ans Klavier darf. Sie hatte keine Ahnung, wer Bodo ist. Und dann war sie erst etwas skeptisch und meinte nur: ‚Ah, Klavier, das ist so ne Sache … wenn man das nicht kann, klingt das schon scheiße.' Und irgendwann haben wir uns dann geeinigt, dass Bodo ein Lied spielt und sie dann entscheidet, ob er weiterspielen darf. Am Ende hat er bis morgens um 5 gespielt. Und die Kneipe hat getobt. Das sind eigentlich die schönsten Abende, wo du eigentlich ohne Plan spontan wo hingehst und dann nicht merkst, wie die Zeit rumgeht." – Bali

Christian Balbach (Bali)

leckeren Getränk, lassen den Tag Revue passieren und hinter sich. Auch manche Künstler verweilen vor und nach ihrem Auftritt noch dort und genießen den Restabend zusammen mit der Crew. Manchmal sogar an spielfreien Tagen, wie Bali weiß: *„Es kommt auch vor, dass du in die Burg gehst, wenn offiziell an dem Tag eigentlich keiner arbeitet. Und trotzdem sitzt du da und redest und grillst zusammen."*

Auch Chef Benjamin sitzt bei diesen Abenden gerne mit dabei. Dann bleibt die Arbeit die Arbeit, und das Chef-Angestellten-Verhältnis spielt keine Rolle. Wobei dieses sowieso recht angenehm ausfällt – glaubt man den sieben Hilfskräften, deren Geschichten hier erzählt werden. Sie jedenfalls berichten unisono: Der Benjamin taucht immer mal auf, packt auch mit an, wo es nötig ist, und geht meist als einer der Letzten. Er mischt sich selten ein, sondern lässt die Jungs arbeiten ...

Was im Klartext heißt: Die Aushilfen, sofern sie nicht selbstständig eine Lösung finden, erhalten die Anweisungen von denen, die – neben den Festangestellten – zum Kern der Mannschaft zählen; die bereits mehr Erfahrung haben; die wissen, wie der Hase läuft. Gerade bei den Auf-, Um- und Abbauarbeiten in der Burg ist das wichtig. Was am Ende zählt, ist, dass alles sicher und zur rechten Zeit steht.

Die Burg in Dreieichenhain ist nämlich keine gewöhnliche Spielstätte. Fast alles, was dort für die Festspiele gebraucht wird, muss dort hingebracht und dann aufgebaut werden. Und vor allem ist dort fast nichts gerade – es muss also gebastelt werden. Bevor die eigentliche Veranstaltungszeit beginnt, müssen im Burggarten Bühne und Tribüne errichtet und die komplette Technik verlegt werden. Die Hilfskräfte ziehen Umkleide-Zelte für die Künstler hoch und verlegen Bodenplatten.

Und dann geht's erst richtig los. Fast täglich kommen neue Produktionen rein, die erst auf- und dann wieder abgebaut werden müssen. Innerhalb von sechs Wochen laufen bis zu 35 verschiedene Veranstaltungen. Manche haben ein ganzes Bühnenbild, wie Musicals oder Theaterstücke. Andere benötigen den Rundbogen. Es ist ein ständiges Auf- und wieder Abbauen. Und dafür werden so viele Hände gebraucht, dass einige Jungs hermüssen. Einige stehen ab und zu auch am Einlass und kontrollieren Karten. Ohne sie alle würden die Burgfestspiele nicht funktionieren.

„In einem der frühen Jahre der Theater- und Musicalaufführungen in der Burg gab es einen Wohnbus vom Benjamin. Einen alten 207-Mercedes-Bus. Und der war damals das Büro. Der stand damals in der Burg so ein bisschen als Abgrenzung hinter der Tribüne. Also damals gab es noch keine richtige Tribüne. Das war alles ebenerdig. Der war so ein bisschen wie die räumliche Abtrennung zwischen dem Foyer und dem Backstage-Bereich. Das Musical Hair wurde damals mehrfach gespielt. Und dann saßen wir auf dem Dach dieses Party-Busses mit unserem Becher Apfelwein und haben uns die Vorstellung angesehen. Wahrscheinlich schon zum 14. Mal, aber wir fanden das einfach so cool, weil wir das aufgebaut und somit ein Teil der Veranstaltung waren. Wir hatten das Gefühl: Wir sind eigentlich die heimlichen Helden. Und ohne uns würde das jetzt nicht stattfinden. Das war wie so ein Jugendtraum. Und das war der Stolz, das zu sehen, dass es gerade stattfindet, weil wir unseren Job gemacht haben." – Uli

Taschengeld für Midnight-Specials

Ähnliches gilt fürs Bürgerhaus in Sprendlingen. Jährlich hat's – inklusive Vermietungen – 120 bis 150 Veranstaltungen. Bei kleineren Veranstaltungen reichen die Festangestellten, um die Möbel zu stellen, die Technik aufzubauen und zu betreuen. Doch oft benötigen sie Hilfe. Vor allem dann, wenn bei Veranstaltungen im großen Saal 140 Tribünenteile aufzubauen sind, weil die Stuhlreihen ansteigend platziert werden. Und wenn Podeste und andere schwere und unhandliche Teile geschleppt und montiert werden müssen.

„Irgendwann sollte ich mal vom Frankfurter Flughafen irgendwelche niederländisch/amerikanischen Jazzmusiker abholen. Und die dann direkt in Frankfurt auf dem Polizeipräsidium abliefern, da sie dort noch so einen Zwischenauftritt hatten, bevor es ins Bürgerhaus ging. Ich hole die also am Flughafen ab. War ne lustige Gruppe, alle entspannt. Setzen die sich rein und fragen, ob sie rauchen dürfen im Auto. Ich hatte einen Sieben-Sitzer-Bus vom Sozialamt. Na ja, was soll ich sagen. Ja, rauchen ist okay, aber macht die Fenster auf. Dann haben die sich erst mal jeder einen Joint reingefeuert. Und ich sitze vorne und denke mir nur so: O. K.! Und ich fahre jetzt gerade ins Polizeipräsidium. Es war halt Anfang der 90er. Dann geht die Tür auf und wir stehen mitten im damaligen Frankfurter Präsidium. Und du siehst diese Wolke da raussteigen. Und du siehst nur so, wie die Polizisten kurz komisch geguckt haben. Die Musiker haben da dann ganz entspannt ihre Sachen ausgepackt, bisschen Musik gemacht und ich habe sie dann später wieder abgeholt.“ – Michael

Hands-Hilfe ist auch immer dann gefragt, wenn – was nicht selten vorkommt – in einer Nacht Mobiliar und Technik der einen Produktion wegzuschaffen sind, Besucherstühle und Tribünenteile aus dem Saal rausmüssen und dann Tische im ganzen Haus aufgebaut werden, weil am nächsten Tag eine SF-Buchmesse steigt oder eine Mineralienbörse ihren Lauf nimmt. Da packen viele Leute bis weit nach Mitternacht mit an, auf dass am nächsten Morgen alles startklar ist für die nächste Veranstaltung.

Bei Großeinsätzen wie den Midnight-Specials kommen dann auch die Aushilfen zum Zug, die sich etwas Taschengeld dazuverdienen wollen. Was nicht heißt, dass sie den Job auf die leichte Schulter nehmen können. *„Es ist zwar nur ein Aushilfejob"*, sagt Uli, *„aber der muss auch gemacht und vor allem ernst genommen werden, sonst funktioniert das nicht. Wenn sich jemand einfach verspätet oder kurzfristig absagt, dann ist das ein Problem."*

Sebastian war einer dieser Taschengeld-Aushilfen. Er kam im Jahr 1997 dazu und blieb in etwa drei Jahre Teil des Bürgerhaus-Teams. Er war sich aber, wie er sagt, *„meiner Verantwortung immer bewusst"*. Für ihn endete die Arbeit im BHS, als er zu studieren begann. Eine ähnliche „Laufbahn" hatte auch Michael sieben Jahre zuvor. Er wollte neben der Schule ein bisserl jobben und blieb dann immerhin vier Jahre beim Bürgerhaus. Ihn hat es in die Beraterbranche verschlagen.

In der Veranstaltungsbranche geblieben sind indes Christian und Stefan. Letztgenannter arbeitet als freier Techniker, hat sein eigenes Unternehmen und betreut das Bürgerhaus als Kunden. *„Ich habe dort, ich sag mal, meine Berufung, meinen Job, gefunden. Und ich denke, das Bürgerhaus hat mir auch die Grundlage gegeben, jetzt professionell in diesem Bereich zu arbeiten. Durch das Miteinander dort weiß ich ganz gut, was und wie ich arbeiten möchte. Und es ist etwas, das einen geprägt hat, dieses selbstständige Arbeiten."*

Zumi hingegen hat sich den Aufgaben der Künstlerbetreuung und des Managements angenommen. Auch er ist selbstständig und viel mit Bands und Comedians auf Tour. Doch das Bürgerhaus ist ihm immer ein Stück Heimatnähe, und er ist auch hier öfters als Dienstleister tätig.

Applaus für die Unsichtbaren

Wer hinter den Kulissen arbeitet, bleibt für die Zuschauer in der Regel unsichtbar. Die Jungs rackern sich ab, während die, die auf der Bühne stehen, den Applaus erhalten. Was ja auch in der Natur der Sache liegt, denn die BHS-Gäste kommen ja nicht, um den *Hands* beim Kulissenschieben zuzuschauen, sondern wegen der Band, des Comedians oder des Theaterstücks. Den Ali *„stört das ein bisschen, dass die Gäste 90 Prozent der Arbeit nicht sehen"*, aber damit müsse irgendwie wohl jeder leben. *„Ein Bauingenieur, der Statik macht – da versteht keiner, was der da treibt. Ich glaube, das gehört ein bisschen dazu."* *Hands*-Kollege Bali sekundiert: *„Ich denke schon, dass mindestens drei Viertel von den Leuten keine Ahnung haben, wie viel Arbeit das ist, und dass du das nicht einfach mal in 20 Minuten auf- oder abbaust. Aber ich finde, es ist meistens auch gar nicht so wichtig, dass die Leute wissen:*

„Das ist ein Lebensabschnitt, an den ich mich gerne zurückerinnere. Den ich mit viel Spaß verbinde. In dem ich einen Einblick in das kulturelle Leben bekommen habe, der mich ein Stück weit auch geprägt hat.“ – Michael

‚Ey der hat hier jetzt acht Stunden gearbeitet, damit das steht, wie es jetzt steht.‘ Wer damit nicht klarkommt, der muss sich, so glaube ich, beruflich was anderes suchen.“

Was anderes ist allerdings die Reaktion der Künstler. Nicht nur Bali freut sich, *„wenn der Künstler die Kulisse ansieht und sich freut. Das ist auf jeden Fall eine Wertschätzung, weil der ja weiß, wie das aussehen muss“.* Viele der Akteure auf der Bühne bedanken sich denn auch vor Verlassen des Hauses bei allen *Hands*. Manche Schauspieler und/oder Musiker richten sogar on stage „ein paar nette Worte an das Team“, sodass auch die Aushilfen etwas vom Applaus abbekommen.

„Wenn Künstler nahbar werden ...“

Viele junge Aushilfen hatten, bevor sie den Job annahmen, mit Kultur nicht viel am Hut. Ein Konzert mit Freunden mal hier oder, als sie noch klein waren, ein Kindertheaterstück mit den Eltern. Die Arbeit im Bürgerhaus und der Kontakt zur Kultur ändern da den Blick.

So erging es jedenfalls Michael, BHS-Aushilfe 1990 bis 1994. *„Du hast dir Sachen angeguckt, die hättest du dir in dem Alter vielleicht nicht angeguckt: italienische Opern, Operetten oder auch Jazz. Bei denen ich für mich dann auch gelernt habe, dass es schöne Musik ist.“* Michael entwickelte über die Jahre hinweg ein Faible für Musicals und Jazz.

Für Stefan war es zudem *„schon mal ganz spannend zu sehen, was hinter einem Theater so passiert. Theater ist ja schon immer speziell. Vorneraus ist das Bühnenbild und das Stück zu sehen und hinten dran sieht man die Pressspanwand.“*

Uli fand und findet die *Hands*-Kontakte zu den Künstlern „interessant“: *„In dem Musiktheater ‚Carmen Jones‘, das Ende der 1980er im Bürgerhaus gastierte, da habe ich einen Schauspieler kennengelernt. Und daraus hat sich eine ganz, ganz intensive und enge Freundschaft entwickelt. Ich habe ihn auch mehr als einmal in New York und Hamburg besucht.“* Zumi berichtet von ähnlichen Erfahrungen: *„Am Anfang waren die Burgfestspiele noch so aufgebaut, dass es nicht so viele Programmwechsel gab. Meist wurde nur ein einziges Schauspiel gegeben. In einem Jahr hatten wir den ‚Reinecke Fuchs‘. Und die Schauspieler haben sich wohlgefühlt. Einer hat sogar sein Zelt in der Burg aufgeschlagen und die vier Wochen dort geschlafen. Da ist ein ganz intensives Verhältnis auch zu den Schauspielern entstanden.“* Stefan ergänzt: *„Wenn wir mit dem Kabarettisten Hagen Rether mal wieder die ganze Nacht dasitzen und über alles in der Welt quatschen. Das ist auch immer eine schöne Geschichte, wenn die Künstler plötzlich nahbar werden.“*

„Wir haben eine Musikproduktion aus Lettland abgebaut. Eigentlich waren es drei Lkw, aber in den paar Tagen, in denen sie bei uns waren, haben sie dann aus den drei Lkw nur noch zwei gemacht, weil ein Lkw einen anderen Transportauftrag bekam. Dann mussten wir irgendwann weit nach Mitternacht die Bühnenteile und Instrumente in die verbleibenden zwei Lkw einladen. Und dann morgens um 04:30 Uhr hat ein letztes Chaiselongue nicht mehr reingepasst. Da hat keiner von uns mehr Bock gehabt. Der Lkw-Fahrer hat es einfach auseinandergesägt. Dem war ich sehr dankbar.“ – Ali

ZWISCHENSPIEL

BÜRGERHÄUSER DREIEICH ZWISCHEN KULTUR FÜR ALLE UND UNTERNEHMENSKULTUR – DIE ÄRA TILL FRIEDRICH

Von Wolfgang Barth

Die Sonne schien hell in das verwaiste Büro des Geschäftsführers am 3. Januar 2000, die Scheiben blitzblank, Schatten der abgenommenen Bilder waren zu sehen, ansonsten war der Raum bis auf Schreibtisch, Stühle und Regale leer. Gustav Halberstadt hatte alles ausgeräumt und seinem Nachfolger nichts hinterlassen. Ein Vorteil, ein Nachteil? Jedenfalls eine keineswegs freundlich gemeinte Geste seinerseits, der sich einen anderen Kandidaten als Nachfolger gewünscht hatte. Das Büro war schnell renoviert, Till Friedrich hängte seine Sachen auf, richtete sich ein, seinen Computer und Laptop wie auch das Handy, ließ einrichten, gab sich nur kurz Zeit, die neuen Umstände an sich vorbeiziehen zu lassen.

Eine große Party zum Abschied nach 28 Jahren feierte Gustav Halberstadt und Familie aufwendig mit Dreieicher Bürgerinnen und Bürgern und allen, die gut mit ihm konnten, am 31. Dezember 1999. Alles war aufgeboten und die Besucher begeisterten sich an den Festivitäten rund um das Haus. Ein neues Jahrtausend wurde ausgerufen, der Kulturpapst, Gebietsfürst, Impresario, Kulturmanager, Geschäftsführer, Chef und Kulturpatriarch hatte abdanken müssen, es fiel ihm sichtlich schwer. Verständlich nach einer Ära, in der seine großartige Aufbauarbeit für das kulturelle Leben Dreieichs und die Unterstützung der Dreieicher Vereine immer im Vordergrund gestanden hatten, auch im Kreis Offenbach hatte er sich den Ruf eines gern gesehenen Ratgebers erworben. Seine Fans und Freunde, das waren nicht wenige, fragten sich, wie es denn ohne ihren Gustav (und seine Heike) bloß weitergehen sollte, alles könne doch nur den Bach runtergehen. Die ganze Familie war auf das Bürgerhaus Sprendlingen fokussiert.

Allein die Dreieicher Verwaltung, die Betriebskommission und einige, die dem patriarchalischen Treiben nicht so zugeneigt waren, hatten das anders gesehen. Bundesweit wurde für diesen wichtigen Posten ausgeschrieben, eine Headhunting-Agentur mit Sitz im beschaulichen Haibach beauftragt, den Nachfolger zu finden, dort, wo sonst der Adler rief. Geheimhaltung war angesagt, unter zahlreichen Bewerbern wurde schließlich ein geeigneter Kandidat ausgewählt, der den Anforderungen gewachsen schien. Klaus Hellweg von der Offenbach Post beschwerte sich in einer Glosse darüber im Juli 1999 und stänkerte später im April 2020 nach der getroffenen Wahl des Nachfolgers darüber, dass in der 2. Aprilhälfte, um die Karwoche herum, das Programm mau und dürftig sei und das Mai-Programm auch nicht sonderlich spritzig zu werden versprach. Das sei früher einmal anders gewesen und man müsse da wirklich aufpassen, dass das Dreieicher Publikum nicht von dem Haus entwöhnt werde. Für dieses Programm zeichnete aber noch sein Vorgänger verantwortlich. Er hatte, wie das auch sonst üblich ist, das Jahresprogramm bis zum Sommer 2000 geplant. Es gab also Lager, die einen von der Unfehlbarkeit überzeugt, benannten den Platz vor dem Bürgerhaus nach ihm in ewiger Verehrung, die

DAS NARRATIV REICHTE VON SANIERER BIS KULTURZERSTÖRER ...

Till Friedrich

Gratulanten zur Amtseinführung

TAGUNGS- UND UNTERNEHMENSKULTUR SOLLTEN MIT ANSPRUCHSVOLLER VERANSTALTUNGSKULTUR HAND IN HAND IHREN NEUEN WEG IN DIE ZUKUNFT FINDEN.

anderen, nicht so von der Vergangenheit vereinnahmt, wandten sich dem Neuen zu. Der Nachfolger konnte sich dann selbst verwirklichen und der gab sich schon gleich zu Anfang mit Ansagen die Richtung vor. Er hatte ein gut funktionierendes Haus mit Halberstadts Qualitätsprogramm, sozusagen ein gemachtes Bett, vorgefunden, das er behutsam weiterzuführen und weiterzuentwickeln versprach. Die Programmerstellung würde nur 10 % seiner Tätigkeit ausmachen. So weit, so gut, er machte sich schnell bekannt, ein rundum gebildeter Kulturmananger mit kaufmännischer Ausbildung und vielfältiger Erfahrung in der Vermarktung der ihm anvertrauten Immobilien.

Nun war er also da, überzeugter Anzugträger, glänzte mit Charme und Selbstbewusstsein, begrüßte freundlich alle Kolleginnen und Kollegen, darunter zwei Mitbewerber um seinen neuen Posten, die von ihrem neuen Chef wenig bis gar nichts wussten. Das Narrativ reichte von Sanierer bis Kulturzerstörer, auf jeden Fall würde sich einiges ändern im Dreieicher Kulturtempel mit dem Flair der 70er-Jahre, seit Mitte 1999 Eigenbetrieb der Stadt Dreieich auf dem Weg von der Kameralistik zu einem modernen Geschäfts- und Kulturbetrieb. Eine unbekannte Mischung aus Amtsleiter und Unternehmensberater. Er sprach als gelernter Kulturfachmann mit Begeisterung von den Segnungen der Buchhaltung, wirtschaftlich begründetem Handeln, Kultur als sozialer Aufgabe, über die Förderung der Vereine, Kostentransparenz, dem Bürgerhaus Sprendlingen als Unternehmen, von der Kunststadt Dreieich; davon fünf Stadtteile zu einer Einheit zusammenzuführen, urbanes Leben zu entwickeln, Kulturgenres zu unterstützen, die es schwer haben, Nischen zu finden für ein lebendiges modernes Kulturerleben abseits der Hochkultur mitten im Speckgürtel, eigene Profile zu erarbeiten und so vielem mehr, aus dem Kanon seiner vielfältigen Erfahrungen und Pläne.

In Windeseile machte er sich bekannt mit der Dreieicher Verwaltung und den Politikern aller Fraktionen, war wie seine Mitarbeiter im Veranstaltungsbereich präsent, stellte ein fachkundiges anspruchsvolles Programm in Schauspiel und Musiktheater vor, ließ Kabarett & Comedy im Abonnement verkaufen. Der von ihm propagierte Vorsatz Kabarett mit vielen Frauen wurde jedoch erst 20 Jahre später realisiert. Andere Töne waren gefragt. Das Programm sollte sich zunehmend an jüngere Jahrgänge wenden und neue Programmreihen Entwicklungsmöglichkeit erhalten, neue Profile im beginnenden 21. Jahrhundert. Man riskierte auch mal einen Flop auf dem Weg in eine sich verändernde Programm-

FRIEDRICH KONNTE SICH AUF SEINE KERNTÄTIGKEIT ALS GESCHÄFTSFÜHRER WAREN BEI BENJAMIN HALBERSTADT UND

struktur. Zuständigkeiten und Arbeitsbereiche wurden kurzfristig neu vergeben, die Mitarbeiterstruktur verändert, die Büros neu eingerichtet und renoviert. Tagungs- und Unternehmenskultur sollten mit anspruchsvoller Veranstaltungskultur Hand in Hand ihren neuen Weg in die Zukunft finden. Ein Mann, der, wie er verlauten ließ, sein Hobby zum Beruf gemacht hatte, Zwölf-Stunden-Tage inklusive.

Ein Jahr später konnte dann Bilanz gezogen werden, die konnte sich schon mal sehen lassen.

Die Zuständigkeiten für die Fachgebiete wurden zur Freude der Kollegen mit mehr Eigenverantwortung ausgestattet, was das Betriebsklima angenehm verbesserte. Mitarbeitergespräche und wöchentliche Mitarbeiterrunden schufen den Raum für eine kontinuierliche Kommunikation und vertrauensvolle Zusammenarbeit. Flachere Hierarchien vertrieben den Muff aus den Räumen an der Fichtestraße. Es hatte sich in kurzer Zeit vieles verändert, auch die Aufgabenstellungen, Vorgänge, Abläufe, Wirtschaftlichkeit, Hierarchien, Verantwortungen, die Mitarbeiter waren nun Mitarbeiter der Bürgerhäuser Dreieich.

Ein Generationenwechsel veränderte das Arbeitsleben und ließ entspannter, aber nicht minder intensiv arbeiten, wobei im Bürgerhaus verglichen zum Rathaus schon immer weniger bedrückende Verhaltenskodizes den Alltag bestimmten, ehedem mit den Vor- und Nachteilen eines Familienbetriebs, jetzt als quasi junges Unternehmen.

Der Eingangsbereich wurde für Besucher zum Frontdesk für den Empfang umgestaltet, neue Kolleginnen bereicherten den beruflichen Alltag, man konnte dort direkt Räume anmieten und Karten kaufen. Die EDV wurde nach ihrer Einführung 1994 zum schnellen Kommunikationsmittel. Ein neues Büro für die Buchhaltung wurde eingerichtet, die kaufmännische Leitung verblieb am gleichen Ort mit direktem Kontakt zum Chef, der Technische Leiter Benjamin nach kurzer Zeit zum Stellvertreter auserkoren und offiziell von der Betriebskommission bestätigt. Ein Novum in der Bürgerhausgeschichte, denn Gustav Halberstadt hatte im Lauf seiner langen Amtszeit trotz diverser Versprechen keinen Stellvertreter installiert. Mit der Veranstaltungsplanung und Programmverantwortung wie auch der Öffentlichkeitsarbeit wurde Wolfgang Barth betraut. Fünf neue Mitarbeiterinnen wurden mit Halbtagsstellen ausgestattet. In der Konsequenz ein Büro, das mit vielen Quereinsteigern ausgestattet war, mit vielen hilfreichen Fähigkeiten und Möglichkeiten, die über das bloße Verwalten hinausgingen. Friedrich konnte sich auf seine Kerntätigkeit als Geschäftsführer konzentrieren, denn die Bereiche Technik und Veranstaltungen waren bei Benjamin Halberstadt und Wolfgang Barth in den besten Händen, wie sich später nach seinem Ausscheiden zeigen sollte. Der Bürgersaal Buchschlag, der Burghofsaal Dreieichenhain, der Bürgertreff Götzenhain wie auch die Mehrzweckhalle Offenthal wurden ab Mitte 2000 in die Zuständigkeit des nun Bürgerhäuser Dreieich genannten Eigenbetriebs gegeben. Letztendlich verließ auch Heike Halberstadt im September 2000 vorzeitig das keineswegs sinkende Schiff, das nun einen neuen Kapitän hatte, der privat als leidenschaftlicher Bootfahrer und Freizeitkapitän gerne mit seinem eigenen Boot deutsche Flüsse und französische Kanäle unsicher machte. Friedrich war gerne schnell unterwegs, auch auf den Straßen der Republik, was ihm außer einem abwechslungsreichen Familienleben manche Aufmerksamkeit der Ordnungsbehörden einbrachte.

Es konnten bundesweit Tickets verkauft werden, der Weg zum Tagungs- und Kulturzentrum war betreten, von der immer wieder in der Luft schwebenden GmbH war keine Spur

TILL FRIEDRICH HAT IN SEINEN VIELE VERÄNDERUNGEN ANGESTOSSEN UND DIE UMWANDLUNG

KONZENTRIEREN, DENN DIE BEREICHE TECHNIK UND VERANSTALTUNGEN WOLFGANG BARTH IN DEN BESTEN HÄNDEN ...

zu erkennen, aber von Investitionen, maroder Bausubstanz, Sanierungen, die nach fast 30 Jahren anstanden, Brandschutz und anderem. Ach ja, der Etat war vorerst gesichert und mit über 2 Millionen jetzt Euro „für alles" ordentlich bemessen ...

Das änderte sich dann angesichts der Schieflage der städtischen Finanzen relativ bald, die Bürgerhausetats sanken 2003 und 2004 beträchtlich, was nicht auf die Veranstaltungskosten, sondern auf den erhöhten Sanierungsbedarf der mittlerweile in die Jahre gekommenen Häuser zurückzuführen war.

Bei allem Engagement für die Schaffung einer Tagungs- und Kultur GmbH zogen ab 2003 dunkle Wolken auf, der Bürgersaal Buchschlag musste wegen maroder baulicher Substanz geschlossen werden, eine Sanierung oder ein Abriss mit Neubau als Investorenmodell war bei zunehmend leeren Kassen der Stadt Dreieich nicht vorstellbar. In den folgenden wirtschaftlich schwierigen Zeiten rückte auch die Perspektive auf steigende Zahlen bei Vermietungen und Tagungen in den Hintergrund. Ein neuer Bürgersaal mit einer das Raumangebot in Dreieich ergänzenden Größe und hervorragenden Anbindung an den ÖPNV hätte als kleines feines Angebot im Konkurrenzkampf der Tagungshäuser im Rhein-Main-Gebiet sicher eine realistische Chance verdient. Sei es drum, der Bürgersaal wurde mit dem darumliegenden Areal zugunsten der Dreieicher Stadtkasse gewinnbringend an einen Investor verkauft, es entstanden Wohnhäuser auf diesem Filetstück in Buchschlag. Die dort beheimateten Vereine und die lokalen Kulturinitiativen konnten das nur zur Kenntnis nehmen, später traf den Burghofsaal Dreieichenhain ein ähnliches Schicksal, den Bürgerhäusern gingen die Häuser aus. Auch der Versuch, einen neuen Namen für das Bürgerhaus Sprendlingen zu finden, war wenig erfolgreich, es fand sich nicht nur kein neuer Name, die Realität von sinkenden Zuschüssen und rückläufigen Übernachtungs- und Tagungszahlen, auch in den Nachbarkommunen, ließ keine weiteren Silberstreifen am Horizont erahnen. Die Kultur blieb weiterhin gut aufgestellt, Korrekturen und Neuausrichtungen in der Programmplanung ermöglichten ein weiterhin breites Spektrum an kulturellen Aktivitäten und Veranstaltungen mit neuen Vorzeichen. Kürzungen in diesem Bereich mussten erst Ende der 2000er-Jahre vorgenommen werden. Aber das ist ein anderes Kapitel. Till Friedrich hat in seinen fünf Jahren als Geschäftsführer viele Veränderungen angestoßen und die Umwandlung vom Amt zum Unternehmen erfolgreich durchgeführt, er hat als kluger Unternehmer und fairer Chef seine Mitarbeiter arbeiten lassen und nach dem ihm eigenen Motto *„Mer muss auch jönne könne"* diese öfter in den Vordergrund gestellt, um auch damit zu glänzen. Überhaupt, die Mitarbeiter, sie durften sich fröhlich vorgetragene Weisheiten rheinischer Lebensart anhören, diverse lateinisch vorgetragene Sprüche über sich ergehen lassen und sie gewöhnten sich schnell an die optimistische Ausstrahlung ihres Chefs, die hessische Mundart und Intonation kam dabei nicht so zur Geltung. In der Realität waren diese Weisheiten auch in Sprendlingen schon immer gelebtes Kulturgut – *„Et es, wie et es", „Et kütt, wie et kütt", „Et hätt no immer jot jejange", „Wat fott is, is fott", „Nix blievt, wie et wor"* – bildeten keine fremdsprachlichen Hindernisse.

Er war in Deutschland weit herumgekommen und blieb nach seinem Ausscheiden Ende 2004 und dem Umzug in die Heimat seiner Frau nach Ostfriesland den Bürgerhäusern beratend verbunden, was den Abschied sicher nicht erschwerte. Ein Rheinländer in Ostfriesland, könnte ein neues Kapitel in seiner Biografie lauten – Klönschnack. Hier wurde er jetzt als „Elke sien Mann" ein Liebhaber norddeutscher Lebensart.

FÜNF JAHREN ALS GESCHÄFTSFÜHRER VOM AMT ZUM UNTERNEHMEN ERFOLGREICH DURCHGEFÜHRT ...

„DREIEICH WÄRE WIE EIN AUTO MIT DREI RÄDERN“

Berthold Olschewsky

BERTHOLD OLSCHEWSKY, BÜRGERMEISTER VON 2000 BIS 2007, IST STOLZ AUFS BÜRGERHAUS

Sehr viele schöne Erinnerungen verbinden mich mit dem Bürgerhaus.

Waren es Vereinsfeste, Theateraufführungen, Premieren, Konzerte, Amtseinführungen, Bürgeranhörungen und vielerlei andere Veranstaltungen, immer war alles perfekt organisiert, ein freundliches Team hat Unmögliches möglich gemacht und man fühlte sich immer sehr wohl.

Für mich eine der schönsten und bewegendsten Erinnerungen war die Jubiläumsfeier des „Clubs der Behinderten und Freunde“ (CBF) Dreieich. Mit Tom Korb, ein so lebensfroher Mensch, der trotz seiner fast völlig eingeschränkten Bewegungsfähigkeit eine unglaubliche Lebensfreude ausgestrahlt hat, galt es, den Rahmen der akademischen Feier zu organisieren.

Zum Programm musste ein Highlight her! Wir bekamen mit Badesalz die beiden Top-Comedians Henni Nachtsheim und Gerd Knebel auf die Bühne des Bürgerhauses. Die beiden haben diese Veranstaltung ohne Gage und für ein reines Dankeschön zu einem unvergesslichen Abend gemacht.

Das ist das Bürgerhaus Dreieich!

Wenn zum Beispiel bekannte Größen aus der Comedyszene im Bürgerhaus jeweils ihre Premiere des aktuellen Bühnenprogramms veranstalten, glaube ich, sagt dies alles aus zur Qualität und zur bundesweiten Bekanntheit und Akzeptanz.

Dreieich kann stolz darauf sein, ein solches Haus zu haben und auch weiterhin zu erhalten.

Dreieich ohne das Bürgerhaus wäre wie ein Auto mit nur drei Rädern.

Dass diese „Lady“ schon 50 Jahre alt wird, ist kaum zu glauben. —

FÜR MICH EINE DER SCHÖNSTEN UND BEWEGENDSTEN ERINNERUNGEN WAR DIE JUBILÄUMSFEIER DES „CLUBS DER BEHINDERTEN UND FREUNDE“ (CBF) DREIEICH.

VOLLES PROGRAMM

Ganze 28 Jahre lang zeichnet Wolfgang Barth für das Programm verantwortlich. Die Klassische Musik bekommt mit den Dreieicher Musiktagen eine ganz originelle Heimat. Es gibt außergewöhnliche Show-Konzert-Wettbewerbe mit lokalen Bands namens Music Poll. Das Theater für junges Publikum wird mehr und mehr als eigene Kunstform anerkannt. Die Burgfestspiele Dreieichenhain werden ab 2007 in der Regie der Bürgerhäuser veranstaltet. Den heutigen Bürgermeister Martin Burlon verbindet eine lange Geschichte mit dem Bürgerhaus.

BARTH — Jens Hühner porträtiert Wolfgang Barth. Ein Berufsleben in der Kreativität und Qualitätsmanagement gefragt sind. Und zu allem gehört auch noch die Leidenschaft, wie er sie für die Kultur mitbringt.

KLASSIK — 50 Jahre Klassische Musik und 20 Jahre Dreieicher Musiktage. Wenn sich kreative Köpfe, gute Organisatoren und spendable Klassikliebhaber zusammentun, entsteht etwas Außergewöhnliches.

ROCK — Wer braucht schon einen Eurovision Song Contest, wenn es den DREIEICH MUSIC POLL gibt? Als legendär in die Dreieicher Geschichte eingegangen ist dieser große Rock-Show-Wettbewerb.

THEATER FÜR KINDER — Theater für junges Publikum hat sich gewandelt und ist im Bürgerhaus zu einem eigenen Schwerpunkt geworden. Immer mit Blick auf die Bedürfnisse und Interessen der kleinen Zuschauerinnen und Zuschauer.

BURGFESTSPIELE — Seit 2007 finden die Burgfestspiele Dreieichenhain unter der Regie des Bürgerhaus-Teams statt und feiern eine Erfolgsgeschichte mit einer zweijährigen Pause.

BURLON — Bürgermeister Martin Burlon beschreibt seine ganz eigene Beziehung zum Bürgerhaus Sprendlingen und teilt persönliche Erfahrungen.

EIN MANNSCHAFTSSPIELER AUF WANDERSCHAFT

WOLFGANG BARTH, DER LANGJÄHRIGE VERANSTALTUNGSLEITER DER „BÜRGERHÄUSER DREIEICH", BLICKT AUF NISCHEN, AUFBRÜCHE, ANSPRÜCHE UND 28 JAHRE KULTURARBEIT IN DREIEICH

Von Jens Hühner

Ein stürmischer Ausklang

Der 18. August des Jahres 2019 war ein Sonntag. Gemäß Spielplan war er der letzte Tag der Burgfestspiele Dreieichenhain. Und bringen sollte er einen weiteren Auftritt des bajuwarischen Barden Konstantin Wecker, der mit seinen poetischen und gesellschaftskritischen Balladen schon am Vortag das Publikum im Burggarten verzaubert hatte. Doch wer ein Ticket für den Sonntagabend ergattert hatte und von Vorfreude auf das Konzert durch den Tag geleitet wurde, der ging an diesem Abend leer aus. Die Stunden vergessen wird er trotzdem nicht. Denn der 18. August des Jahres 2019 bescherte auch Dreieich ein Unwetter, das mit schweren Winden, Hagel und Starkregen ein Verkehrschaos verursachte, Gebäude beschädigte, Bäume entwurzelte und von West nach Ost eine Schneise der Verwüstung schlug.

Die Urgewalt wirkte kurz nach 18 Uhr nur wenige Minuten. Aber auch in den fünf Dreieicher Stadtteilen waren die Folgen dramatisch. „An ein Unwetter dieser Dimension können sich auch die Älteren nicht erinnern", bilanzierte Bürgermeister Martin Burlon am folgenden Tag, und Benjamin Halberstadt, der Leiter des städtischen Eigenbetriebes „Bürgerhäuser Dreieich", ließ sich mit den Worten „Ich bin hart im Nehmen, aber wenn man bei einem Unwetter dieser Dimension im Freien ist, ist das wie ein Schock" zitieren.

Als der Sturm über die Hayner Burg brauste, befanden sich bereits mehr als 200 Besucher auf dem historischen Gelände. Zwar gab es im teilüberdachten Burggarten keine Verletzten, aber die Schäden waren massiv. Die in Mitleidenschaft gezogene Bühnenkonstruktion sowie die ramponierte Veranstaltungstechnik sorgten mit einem allgemeinen Stromausfall dafür, dass Weckers Auftritt ins Wasser fiel, sprichwörtlich. Gemessen am Ausmaß der Verwüstung und mit Blick auf 21 Verletzte, die in jenen Stunden im Kreis Offenbach versorgt werden mussten, war die Absage der Veranstaltung natürlich eine Petitesse. Für das Team der „Bürgerhäuser", das seit 2007 für die Festspiele am Hengstbach verantwortlich zeichnet, wog der ausgebliebene Schlussakkord dennoch schwer. Und nicht jeder in dieser Runde konnte sich angesichts der gefühlt eben nicht richtig beendeten 2019er-Festspiele mit der Aussicht auf das Folgejahr trösten. So war das auch für den langjährigen Veranstaltungsleiter des Dreieicher Kulturbetriebs.

Selbst mit der Distanz von drei Jahren empfindet Wolfgang Barth das zerstörerische Finale als bittere Fußnote auch in der eigenen Biografie. Im August 2019 bereitete sich Barth nämlich auf eine sehr persönliche Veränderung vor: auf den Abschied von den „Bürgerhäusern" nach 28 Jahren und den Wechsel in jene Lebensphase, die gemeinhin als drittes Lebensalter firmiert – den Ruhestand.

Wolfgang Barth

Andere Töne und Impulse

Wenn es denn stimmt, dass das Leben erst mit 66 Jahren richtig anfängt, dann brach der gebürtige Frankfurter, der mit wechselnden Kollegen das Dreieicher Kulturleben seit 1991 geprägt hatte, im Herbst 2019 auf zu neuen Ufern. Am 8. Oktober erreichte Barth das dermaleinst von Udo Jürgens so schwärmerisch besungene Alter, legte die Verantwortung in die Hände seiner Nachfolgerin Maria Ochs und verabschiedete sich ins Private, verortet in seiner Heimatstadt am Main. Einen großen Bahnhof zum Abschied, den gab es nicht. Barth ging mit dem Testat, er habe das Bürgerhaus Sprendlingen und das Kulturgeschehen in Dreieich an der Seite von Gustav Halberstadt, Till Friedrich und schließlich von Benjamin Halberstadt in herausragender Weise geprägt. Mit seinem Namen verbunden sind das „Theater für Kinder", die Konzertreihe „Andere Töne", der Reigen „Kultur im Mais", die Dreieicher Musiktage und eben auch die Burgfestspiele in der Regie der „Bürgerhäuser".

MIT BARTH GING, AUCH WENN ES ETWAS PATHETISCH KLINGT, EINE ÄRA.

Mit Barth ging, auch wenn es etwas pathetisch klingt, eine Ära. Und das nicht nur, weil 28 Jahre unter kalendarischen Gesichtspunkten eine lange Zeit sind. Der ehemalige Veranstaltungschef formuliert es natürlich nüchterner. Er habe sich seit dem beruflichen Wechsel an den Hengstbach auf einer Wanderschaft befunden, habe seine Erfahrungen gesammelt, Impulse gegeben, sich immer wieder neu justiert und sich in einem Netzwerk mit vielen interessanten Menschen bewegt. Und diese Reise sei dann eben zu Ende gegangen. Mit der Rente.

50 Jahre Bürgerhaus Sprendlingen, 50 Jahre Tatkraft für die Bürger der Stadt. Und nur 22 Jahre war Barth nicht mit von der Partie. Doch in die Kulturarbeit zu gehen, das sei ihm nicht in die Wiege gelegt worden, sagt der studierte Pädagoge, der - wie 2022 das Bürgerhaus - anno 2023 wieder einen runden Geburtstag feiern kann.

Aus der Pädagogik aufs Kulturparkett

1953 am Main geboren, in Niederrad aufgewachsen, in Sachsenhausen zur Schule gegangen: Der Kontakt mit den schönen Künsten, so erzählt der dreifache Vater und Ehemann, sei in seiner Kindheit und Jugend doch recht überschaubar gewesen. „Beruflich kam ich mit der Kultur erst in Berührung, als ich kein Pädagoge mehr sein wollte", blickt Barth zurück. Das war Mitte der 1980er-Jahre, als er sich erstmals auch an einem Instrument versuchte, das Saxofon aber mit Blick auf „eine nicht zu erwartende Bühnenreife" wieder aus der Hand legte.

Und in den Jahren zuvor? An William Shakespeares Theaterwerk „Julius Cäsar" erinnert sich Barth, und an eine Miniaturausgabe von Joseph Haydns Oper „Der Apotheker". Mit beidem wurde er auf dem Weg zum Abitur an der Carl-Schurz-Schule in Sachsenhausen konfrontiert. Auch hat er diesen Klang der Sonntagvormittage im Ohr – Opernarien, die der Vater gerne hörte, und Operettenstücke, die die Mutter bevorzugte. Es war ein Heranwachsen mit Gerhard Wendlandt und Anneliese Rothenberger, mit Freddy Quinn und Conny Froboess. Aber die Welt der Töne wuchs und wuchs: Buddy Holly, Fats Domino und Otis Redding gaben sich ein akustisches Stelldichein, dann die Kinks, Byrds, Beatles ebenso wie Esther Ofarim, Jaques Brel und Leonard Cohen. Vieles gern gehört, aber eben nicht alles: „Ein Schrecken waren die Petards, die Lords, Peter Maffay, Udo Jürgens, Katja Ebstein, tut mir leid." Alles in allem ein weiter Weg, bis Barth in jenem Spannungsfeld landete, in dem er sich musikalisch noch heute verortet sieht: irgendwo zwischen Blues, Beatles, New Folk und Bluegrass, New Jazz und Weltmusik.

Dieter Hildebrandt

Servais Haanen bei der Akkordeonale 2014

Klangwelten, 2011

In späterer Jugend folgten Besuche im Jazzkeller oder im Kleinen Theater am Zoo, wo er 1972 den großen Wiener Chansonnier Georg Kreisler erlebte. In jener Zeit, in der sich Barth von dessen schwarzem Humor, tanzenden Tanten und vergifteten Tauben in den Bann ziehen ließ, leistete sich die noch eigenständige Stadt Sprendlingen den Bau einer „guten Stube" für ihre Bürger. An zentraler Stelle wirkten dabei zwei andere Frankfurter: Sprendlingens Bürgermeister Erich Scheid und der für die Leitung des neuen Hauses vorgesehene Gustav Halberstadt. Einen Wechsel „in die Provinz", den freilich konnte sich Barth im Alter von zarten 19 Jahren noch nicht vorstellen.

Seine Wanderschaft führte nach dem Abitur in sehr bewegten Zeiten an die Johann-Wolfgang-Goethe-Universität mit dem Studienschwerpunkt „Sozialpädagogik" (Nebenfächer Soziologie und Psychologie). In der Welt angehender Pädagogen kam Barth mit den in den 1970er-Jahren vielerorts aktiven Initiativgruppen in Berührung und landete bei einem Projekt für ausländische Kinder im Gallus. Für mehrere Grundschulklassen mit Kindern aus Anrainerstaaten des Mittelmeeres sei unter anderem eine regelmäßige Hausaufgabenhilfe angeboten worden, der mit den Eltern gegründete Verein dann später im noch heute existierenden Gallus-Mehrgenerationenhaus aufgegangen, erzählt er. Später folgten ein von Müttern angeschobenes Projekt mit einer „sehr familiären Form der Kinderbetreuung in wechselnden Privaträumen", eine der ersten Krabbelstuben überhaupt, das Wirken Barths an der Uni-Kita und schließlich sein Wunsch, sich der beruflichen Neuorientierung zu stellen.

Anno 1986 gelang der Sprung auf das weite Feld der Kulturarbeit. Zunächst war Barth im Veranstaltungsbereich des Markt- und Kulturzentrums Brotfabrik Hausen tätig, wo er auch klassische Stadtteilarbeit leistete. Nach dreieinhalb Jahren glückte dann der Einstieg in die Welt des Theaters für Kinder, in der er unter anderem mit Marie-Luise Ritter (Frankfurter Figurentheater) erstmals einen auch für seine spätere Arbeit in Dreieich wichtigen Ansatz leben konnte: „Theater für alle", für ein breites Publikum, für viele gesellschaftliche Gruppen, nicht nur für das Klientel im Umfeld von Kinderläden. In rund 18 Monaten orientierten sich in Hausen etwa 200 Veranstaltungen an diesem Credo.

HIER SOWIE AB 1996 BEI DER KOOPERATION MIT DEM VIELFACH AUSGEZEICHNETEN FESTIVAL „STARKE STÜCKE" POCHTE ER AUF DEN INHALTLICHEN ANSPRUCH UND KÜNSTLERISCHE QUALITÄT.

Der Bürgerhaus-Charakter: Unaufdringlich und familiär

Über den Austausch mit Akteuren aus der Welt des Puppenspiels kam der Frankfurter 1991 in Kontakt mit dem Bürgerhaus Sprendlingen respektive „mit den Halberstadts", wie Barth sagt, und lässt anklingen, in welch hohem Maße das Bürgerhaus seit seiner Eröffnung 1972 mit Gustav Halberstadt und dessen Familie assoziiert wurde. Sein erster Chef in Dreieich sei ohne Frage ein kulturelles Schwergewicht gewesen, anerkannt vor Ort und geschätzt auch jenseits der Stadtgrenze. Für die dort schon damals gelebte Offenheit und Experimentierfreude standen laut Barth der beeindruckende Auftritt einer türkischen Darstellerin ebenso wie das Gastspiel des Schauspielers und Moderators Ingolf Lück, der früh habe erkennen lassen, welches Potenzial der noch in den Kinderschuhen steckenden Sparte „Comedy" innewohnte. *„Ich war überhaupt sehr erstaunt, was im Saal des Bürgerhauses alles möglich ist"*, blickt Barth zurück.

Der neue Mitarbeiter an der Fichtestraße saß nach Dienstantritt auf einer Stelle, die nicht in allen Details eindeutig definiert war. Aber auch in Dreieich wurden Veranstaltungen für das ganz junge Publikum rasch ein Schwerpunkt seiner Arbeit. Barth verinnerlichte schnell, wie facettenreich das pralle Leben unter dem Dach des Bürgerhauses sein konnte. Von den Mineralientagen bis zum Ball der Balten, von Seniorenfeiern bis zu Vereinsfesten, von Kunstausstellungen bis zu politischen Veranstaltungen, vom Schauspiel bis zum Sinfoniekonzert: Das Bürgerhaus bot das gesamte Spektrum, war in der Regel bestens besucht und der Frankfurter erkannte, dass „auch die merkwürdigsten Veranstaltungen für Menschen ihren Reiz haben können".

Bevor er im Jahr 2000 unter Gustav Halberstadts Nachfolger Till Friedrich in der internen Hierarchie zum Veranstaltungsleiter aufstieg, was maßgeblichen Einfluss auf die konzeptionelle Ausrichtung des lokalen Kulturbetriebs hatte, kümmerte sich Barth nicht nur, aber doch vor allem um das Theater für Kinder und Jugendliche. Hier sowie ab 1996 bei der Kooperation mit dem vielfach ausgezeichneten Festival „Starke Stücke" pochte er auf den inhaltlichen Anspruch und künstlerische Qualität. Weit mehr als „Kinderbelustigung": Mit dieser Maxime gewannen die Dreieicher Programmmacher weit über die Stadtgrenzen hinaus Ansehen.

Ein Pluspunkt: Das Bürgerhaus Sprendlingen hatte dank Gustav Halberstadts Sohn Benjamin technische Möglichkeiten, die schon in den 1990er-Jahren auch die Präsentation aufwendiger Inszenierungen zuließen. So rückte der Dreieicher Kulturtempel auch überregional in den Fokus. Die enge Verbindung zum Komiker-Duo Badesalz und die wiederholten Gastspiele des Kabarett-Urgesteins Dieter Hildebrandt fügten sich laut Barth in dieses Bild ein. Letzterer etwa habe mit der Alten Oper in Frankfurt gefremdelt und für Auftritte im Rhein-Main-Gebiet das Bürgerhaus sehr geschätzt.

Es gab eine Konstante: Wen es einmal nach Dreieich verschlagen hatte, der kam gern wieder. Das, so Barth, galt auch für Rüdiger Oppermann, den Vater des renommierten „Klangwelten"-Festivals, der vom Umzug seiner Reihe vor die Tore Frankfurts zunächst überhaupt nicht begeistert gewesen sei. *„Publikum und Künstler haben sich im Haus immer wohlgefühlt"*, denkt Barth gern an die Rolle des Gastgebers zurück. Prägend für das Bürgerhaus, davon ist Barth noch immer überzeugt, sei eine besondere Atmosphäre, jener unaufdringlich familiäre Charakter, den viele Gäste so schätzen, sie wurden als willkommenen Gäste behandelt.

Kreatives Ausprobieren

Nach der erfolgreichen Ära Gustav Halberstadt und der Gründung des städtischen Eigenbetriebes „Bürgerhäuser Dreieich" erlebten Haus und Mitarbeiter unter Führung Friedrichs in der Perspektive Barths eine Zeit des Aufbruchs. Parallel zu Schauspiel, Musiktheater und dem Theater für Kinder wurden für die Spielzeit 2000/2001 zwei neue Abo-Reihen aufgelegt. „Kabarett & Comedy" sowie „Andere Töne" waren Anregungen des Kulturpädagogen Friedrich, durch dessen Wirken in Dreieich sich ein roter Faden zog: die Erkenntnis nämlich, dass das Geschehen auf der Bühne komplett andere Sichtweisen eröffnet als der Blick auf ein Fernsehgerät. Dies vor Augen, erweiterten sich für die Mitarbeiter und Programmgestalter die Möglichkeiten. Die Jahre mit Friedrich sind Barth als Zeit des kreativen Ausprobierens im Gedächtnis geblieben.

Er verantwortete fortan „die gesamte konzeptionelle, inhaltliche und finanzielle Gestaltung und Verwaltung des Kulturprogramms" in Dreieich, kümmerte sich um Werbung und Pressearbeit und betreute gemeinsam mit dem rund 20-köpfigen Team die vor Ort auftretenden Künstler. Immer wieder zahlte sich in diesem Zusammenhang die von Barth umfassend gelebte Netzwerkbildung aus. Persönliche Kontakte schufen Vertrauen und ermöglichten die Verpflichtung kreativer Neueinsteiger ebenso wie die Zusammenarbeit mit kulturellen Schwergewichten wie Konstantin Wecker und Georg Schramm. *„Es sprach sich herum, dass wir in Dreieich breit aufgestellt und offen auch für Experimente sind"*, blickt Barth zurück, zufrieden über die Konsequenz, mit der es gelang, bei über 150 Veranstaltungen im Jahr den Qualitätsanspruch hochzuhalten.

In diesem Sinne konstatierte Bürgermeister Burlon zum Abschied im September 2019: „Wolfgang Barth hat ein sicheres Gespür, welche Künstler sowie Veranstaltungsformen das Publikum in Dreieich und der Region begeistern können." Und Halberstadt ergänzte: „Das ist ein wesentlicher Teil unseres Erfolges. Die familiäre Atmosphäre, die wir schaffen, führt dazu, dass die Künstler immer wieder gerne bei uns gastieren."

Einen Hinweis mag sich der Pensionär allerdings nicht verkneifen: *„Das Bürgerhaus-Programm wird leider oft unterschätzt."* In seiner Ausformung entspreche es nämlich nicht dem, was man von einer 40.000-Einwohner-Kommune erwarten dürfe. Es gehe weit darüber hinaus und müsse den Vergleich mit den „Größeren" in der Nachbarschaft nicht scheuen – sagt der Frankfurter und blickt mit der Dreieicher Brille auch nach Offenbach.

„Die in Dreieich trauen sich was"

Getreu der von Barth ausgegebenen Devise „Mainstream können andere besser" suchten die „Bürgerhäuser" beherzt die Nischen. Nicht nur bedienen, was ohnehin jeder kennt, sondern besondere Hörerlebnisse schaffen: Das war und ist laut Barth auch das gedankliche Fundament der Konzertreihe, die unter dem programmatischen Titel „Andere Töne" erst nur zaghaft das Laufen lernte, dann aber mit Kraft Fahrt aufnahm. Mit zunächst knapp 40 Abonnenten durfte sich auch der weltmusikalische Reigen unter dem Dach des Bürgerhauses an der Fichtestraße entwickeln, konnte mit besonderen Klangperlen brillieren, bis die Zahl der Besucher schließlich die 300er-Marke übersprang. *„Das Publikum konnte darauf vertrauen, dass ihm Qualität geboten wird. Und wir konnten sicher sein, dass es in dieser Stadt Menschen gibt, die sich auch für das ihnen bislang Fremde interessieren“*, fasst Barth einen Zweiklang zusammen, der die Arbeit der „Bürgerhäuser“ in allen Winkeln prägte.

WÄHREND ANDERE KOMMUNEN DIE SOMMERZEIT NUR ZU GERNE FÜR EINEN KULTURELLEN DORNRÖSCHENSCHLAF NUTZTEN, WAR IN DREIEICH AUCH IN DEN MONATEN JUNI BIS AUGUST VIELFALT TRUMPF.

Barth gerät ins Schwärmen: *„Immer wieder gab es Klangerlebnisse, zu denen Besucher über Hunderte von Kilometern anreisten. Aber auch die Künstler wunderten sich über ein ihnen völlig unbekanntes Haus in der Provinz, das sich so ambitioniert für sie einsetzte. Und dafür reisten sie ebenfalls von weit her an. Aus Frankreich und Israel, aus Armenien und Uganda, aus Russland und Schottland. Dass eine Akkordeonale mit internationalen Virtuosen oder die Bluegrass Jamboree mit Alleinstellungsmerkmalen im gewiss nicht an Veranstaltungsformaten armen Rhein-Main-Gebiet Maßstäbe setzen und sich etablieren konnten, ist in der Tradition des Hauses begründet. Und so gibt und gab es immer wieder Gründe, nach Dreieich zu fahren, denn da traut man sich was, bemerkten die Kritiker.“*

Nicht von der Stange, sondern von Hand verlesen, geleitet vom Anspruch, für das Dreieicher Publikum und die dortigen Örtlichkeiten das jeweils Passende und Beste zu finden: So umreißt Barth die große Sorgfalt bei der lokalen Programmgestaltung.

Programmatik und Publikum im Wandel

28 Jahre unter dem Dach des Bürgerhauses, 28 Jahre des eigenen Lebens hat Barth durchaus bewegt in Erinnerung. Eine Herausforderung etwa sei das Bemühen gewesen, auch mit veränderten finanziellen Spielräumen ein Maximum an kultureller Vielfalt zu bieten. Zur „Handschrift Barth“ gehörte daher der Wille, auch mit kleinen Summen gute Künstler auf die Bühne zu holen. Und weil das Team der „Bürgerhäuser“, mittlerweile unter der Leitung von Benjamin Halberstadt, beherzt an einem Strang zog, konnte der Rotstiftpolitik im Fahrwasser von Finanz- und Wirtschaftskrisen, von „Schuldenbremse“ und „Rettungsschirm“ kreativ die Stirn geboten werden.

Trotz aller Konstanten: Mit den Jahren wandelten sich Programmatik und Publikum. Weil sich etwa die Musiktheater-Abos nicht mehr so gut an die Dame und den Herrn bringen ließen, verschwanden diese aus dem Angebot. Stattdessen erblickten – von Friedrich angestoßen – die Musiktage Dreieich das Licht der Welt, ein im Bürgersaal Buchschlag verorteter Reigen klassischer Konzerte, später umgewandelt in eine arrivierte Kammermusikreihe in Privathäusern und Unternehmensräumen. Auch hier bewährte sich das von den „Bürgerhäusern“ geknüpfte Netzwerk: Viele Akteure nahmen ein gemeinsames Ziel in den Fokus, es fanden sich Paten und Sponsoren und es gelang, die Musiktage fest im Dreieicher Kulturkalender zu verankern.

Eine langfristige Perspektive und verlässliche Partner: Von diesem Doppelpack profitierte Barths Einschätzung zufolge auch die vor den Toren Götzenhains verwurzelte „Kabarett, Literatur und Musik im Mais“-Reihe, die dermaleinst aus der Landwirtschaftsschau „Stadt und Land“ hervorging.

Während andere Kommunen die Sommerzeit nur zu gerne für einen kulturellen Dornröschenschlaf nutzten, war in Dreieich auch in den Monaten Juni bis August Vielfalt Trumpf. Jazz in der Burg, Varieté unter Sternen, Kleinkunst im Mais, Kino auf der Terrasse, dazu gesellige Angebote wie der WM-Garten sowie Ausstellungsprojekte fanden ihr Publikum. Ergänzt durch Aktionen anderer lokaler Akteure, von den „Bürgerhäusern“ logistisch und mit Technik unterstützt, entstanden sommerliche Kulturpakete, die wenig Wünsche offenließen.

„Kultur für alle“ – auch in der Burg

Einer besonderen Herausforderung sah sich der kommunale Eigenbetrieb, sahen sich Benjamin Halberstadt und Wolf-

Kulturpreis für Wolfgang Barth und Benjamin Halberstadt, 2016

Walter Renneisen und Wolfgang Barth

gang Barth im Herbst des Jahres 2006 gegenüber. Nach elf Spielzeiten und 242 Aufführungen erklärte Thomas Richter (Heppenheim), er stehe ab Sommer 2007 nicht mehr als Intendant der Burgfestspiele Dreieichenhain zur Verfügung. Ganz unverhofft rückten die „Bürgerhäuser" mit dem Segen der städtischen Gremien in die Rolle des Veranstalters.

Auch Barth nahm die Verantwortung an und formte unter schwierigen Bedingungen (*„Viele Künstler gehen im Sommer nicht auf Tournee, andere spielen nicht im Freien"*) und großem Zeitdruck (*„Vier Wochen lang ging das Licht an der Fichtestraße noch später aus"*) nach dem Vorbild des Bürgerhaus-Programms einen Spielplan, der das Muster aller künftigen Festspiele vorgab. Und auch hier setzte Barth mit Halberstadt auf das bekannte Doppel: Vielfalt und Qualität.

Schauspiel-Eigenproduktionen wie unter Richter gab es fortan nicht mehr, auch verzichtete die neue Leitung auf das Theaterzelt vor dem Untertor, das an Regentagen als Ausweichquartier für Veranstaltungen genutzt worden war, aber mit einer sehr mäßigen Akustik aufgewartet hatte. An seine Stelle trat die Teilüberdachung des Burggartens.

Mit Heinrich Spoerls Klassiker „Die Feuerzangenbowle" startete der renovierte Festspiel-Zug am 29. Juni 2007. Neben großem Schauspiel („Jedermann", „Was ihr wollt", „Gefährliche Liebschaften") beinhaltete der Spielplan auch Opern und Operetten („Tosca", „Madame Butterfly", „Im weißen Rössl"), Musikalisch-Kabarettistisches („Vorsicht, Klassik!", „Don Giovanni à trois", „Blechschaden"), Konzerte (Giora Feidman und die Russische Kammerphilharmonie St. Petersburg, Glenn Miller Orchestra) sowie Lesungen („Deutschland, deine Hessen ...", „Frida Kahlo", „Erich Kästner für Erwachsene").

„Die Mischung stimmt", zeigte sich Halberstadt überzeugt, *„die Qualität auch"*, ergänzte Barth und die nackten Zahlen

Dankesrede beim Kulturpreis

gaben den beiden Hauptverantwortlichen Recht: Im Vorverkauf hatten sich bereits über 11.800 Zuschauer ein Ticket gesichert, was bei einer Kapazität von 16.200 Plätzen bei insgesamt 24 Veranstaltungen einer Auslastung von fast 70 Prozent entsprach. Damit lagen die „Bürgerhäuser" schon vor dem Start über den Besucherzahlen, die der bisherige Intendant in vergangenen Spielzeiten insgesamt hatte verbuchen können. Am Ende verkündete Halberstadt eine Auslastung von rund 80 Prozent, von den 24 Veranstaltungen waren 14 ausverkauft, diese Eckzahlen wurden in den kommenden zwölf Spielzeiten immer wieder bestätigt, in der Regel übertroffen.

In den folgenden Jahren trieb Barth die Verzahnung von Bürgerhaus- und Festspiel-Programm konsequent voran, nutzte Synergien und entwickelte gemeinsam mit dem Team ein sicheres Gespür dafür, was in der Kulisse der Burg funktionieren kann – und was nicht. Der Anspruch, Kultur für alle zu komponieren, die reflektierte Preisgestaltung und andere flankierende Elemente wie die Gastronomie gerieten unter Barth nie aus dem Fokus und leisteten ihren Beitrag zum regen Zuspruch, den die Burgfestspiele bis zu jenem unrühmlichen 18. August 2019 und den folgenden Corona-Zwangspausen erfuhren.

Kulturpreis und ein leiser Abschied

Für sein „besonderes Engagement", das aus der Sicht der Jury „weit über die beruflichen Anforderungen hinausging", wurde das eingespielte Doppel Halberstadt-Barth 2016 mit dem Kulturpreis der Stadt Dreieich bedacht – ungewöhnlich zwar, diese Auszeichnung städtischer Bediensteter, aber Bände sprechend. Anerkennende Worte für Barth, der sich nach eigenen Angaben selbst stets als Mannschaftsspieler sah, die gab es drei Jahre später auch bei seinem recht stillen Abschied: „Ein kreativer, ja fantasievoller Mitarbeiter verlässt die Stadt Dreieich", konstatierte Burlon, während Halberstadt zu Protokoll gab: „Mit einer gesunden Portion Eigensinn, manchmal sogar Sturheit hat Wolfgang Barth seine Kreativität für die Kultur in Dreieich genutzt. Damit haben wir uns in der Region einen guten Namen erarbeitet."

Und heute? Barth lebt noch immer in Frankfurt und hat zu den Dreieicher Jahren ein wenig Abstand gewonnen. Aber ohne Frage ist noch immer sehr präsent, was in jenen 28 Jahren „irgendwo da draußen", wie viele Frankfurter es formulieren würden, sein Wirken prägte. *„Dass sich das alles so entwickeln würde, das hätte ich 1991 nicht gedacht"*, sagt er und spricht einen Gedanken aus, der sich auf ihn persönlich, aber auch auf das Bürgerhaus Sprendlingen und die Kultur in Dreieich insgesamt anwenden ließe. Für Barth war es eine Wanderschaft: Dieses Bild beinhaltet den Blick auf Höhen und Tiefen, enge Kurven und weite Wege – und die Einsicht, dass sich lange Strecken nur mit langem Atem zurücklegen lassen. Nein, da ist Barth sich sicher: Es lohnt sich nicht, kurzatmig jedem Trend hinterherzulaufen. Und das sei in der Kultur nicht anders als im Leben überhaupt. Die Geschichte des Bürgerhauses und der Burgfestspiele: Andere werden sie weiterschreiben. Aber ein wichtiges Kapitel bleibt immer mit Wolfgang Barth verbunden.

„DIE MISCHUNG STIMMT", ZEIGTE SICH HALBERSTADT ÜBERZEUGT, „DIE QUALITÄT AUCH", ERGÄNZTE BARTH …

GROSSES ORCHESTER IM HAUS UND KAMMERMUSIK IM WOHNZIMMER

KLASSISCHE MUSIK UND DIE DREIEICHER MUSIKTAGE

Von Wolfgang Barth

In den 50 Jahren seines Bestehens haben viele Solisten und Orchester den Weg ins Bürgerhaus gefunden. Das Berliner Sinfonieorchester der DDR gab seine Visitenkarte ab im Oktober 1979, Justus Frantz und viele andere Vertreter der sogenannten Ernsten Musik gaben hervorragende Beweise ihres Könnens, eine wirkliche Kontinuität und Tradition konnte trotz engagierter Versuche, immensen Engagements und Aufwand leider nicht begründet werden. Selbst ambitionierte *Reihen* wie *Internationale Meisterkonzerte* von 1979 bis 1982, die *Reihe MOZART* – alle Klaviersonaten oder mit bekannten Sänger/innen bestens besetzte Liederabende in der *Reihe SCHUBERTIADE* 1991–1994 konnten die Dreieicher Bürger nicht in größerer Anzahl ins Bürgerhaus locken.

Eine Ausnahme bildeten die klassischen Konzerte mit Kammer- und Sinfonieorchesterbesetzungen im Rahmen der Abonnements Familienkonzerte – Musik erklärt, die von *Horst Langkamm* ersonnen und moderiert ab September 1983 mehr als 70 Mal das Programm an Sonntagnachmittagen bereicherten. Ab 1987 fanden sich auch Jazz- und Popmusik in dieser Reihe wieder in einem Abonnement mit bis zu sechs Konzerten pro Spielzeit. Leider musste die Reihe 1997 wegen schwerer Krankheit des beliebten und geachteten Moderators beendet werden. Stets sach- und fachkundig erläuterte er auch für weniger fachkundige Zuhörer durch verständliche Werkerläuterungen verschiedenste Musikformen und ließ den Konzertbesuch zum gelungenen Hörerlebnis werden.

Mag es am Ambiente des Hauses, an fehlenden angemessenen Räumlichkeiten oder den reichlich vorhandenen Alternativen wie den großen Häusern in Frankfurt, Darmstadt oder Wiesbaden gelegen haben. Hier konnte das lokale Publikum nicht kontinuierlich ans Haus gebunden werden. Dafür aber umso mehr mit Veranstaltungen, die in der Region mit Alleinstellungsmerkmalen besetzt wurden, die es eben so nur in Sprendlingen gab und gibt.

Der im Jahre 2000 bestellte Betriebsleiter des neu begründeten Eigenbetriebs der Stadt Dreieich Till Friedrich versuchte neue Wege zu gehen und im Bürgerhaus Sprendlingen und im Bürgersaal Buchschlag mit kammermusikalischen Konzerten eine neue Ära für Liebhaber der klassischen Musik zu begründen. Er hatte das junge *Musikpaar Christina Peter und Georgi Mundrov* kennengelernt, die sich vor Kurzem in Buchschlag niedergelassen hatten, sie gaben im März 2002 einen Liederabend. Vom 9. bis 17. Mai 2003 wurden die *1. Dreieicher Mozart-Musiktage* aus der Taufe gehoben, konzertiert wurde im Bürgersaal Buchschlag, Auftakt und Finale waren im Bürgerhaus Sprendlingen zu hören. Die musikalische Leitung dieser Reihe hat seitdem Georgi Mundrov, organisiert und veranstaltet von den Bürgerhäusern Dreieich.

Diese neue Veranstaltungsreihe mit sieben Konzerten wurde von Presse und Publikum wohlwollend aufgenommen und die Buchschlager wurden ein wenig aufmerksam. Sie wollten wissen, was in ihrem Bürgersaal vor sich ging.

Georgi Mundrov

Eröffnung der Dreieicher Musiktage 2022

DIESE NEUE VERANSTALTUNGSREIHE MIT SIEBEN KONZERTEN WURDE VON PRESSE UND PUBLIKUM WOHLWOLLEND AUFGENOMMEN.

2004 folgte eine zweite Ausgabe des Festivals im Mai mit neun Konzerten an zehn Tagen und dem Schwerpunkt Beethoven. Solisten wie *Wolfgang Manz*, der Sänger *Christian Elsner* und weitere Künstler gaben der neuen Reihe ein Gesicht, weiterhin wurde in beiden Häusern konzertiert. Die *Musikschule Dreieich* brachte sich bei der Abschlussgala mit Festivalchor und Orchester unter der Leitung von *Martin Winkler* ein.

Till Friedrich fand in Ex-Bürgermeister Bernd Abeln einen überaus interessierten und engagierten Mitstreiter zur Unterstützung der Musiktage, und so wurde der *Förderverein DreieichMusik e. V.* gegründet.

Unter dem Motto *„Lieben Sie Brahms?"* boten die *3. Dreieicher Musiktage* in Sprendlingen und Buchschlag neben neuen Künstlern wie der *Pianistin Christin Merscher* und dem *Vocalensemble Langen mit Christine Bechtel* erstmals einen kabarettistischen Liederabend und Kabarett mit *Sabine Fischmann* und *Torsten Larbig. Peter Härtling* gab mit *Christoph Soldan* am Klavier eine literarisch-musikalische Lesung, *„Schumanns Schatten"*. Beeindruckend war die künstlerische Qualität, auch die Klavierklasse von *Professor Natochenny* gab sich die Ehre. Der Zuspruch war zufriedenstellend für ein so junges Festival, zeigte aber die begrenzten Möglichkeiten für klassische Konzerte in Dreieich auf.

Erstmals unterstützten Sponsoren einzelne Konzerte, die Öffentlichkeit nahm zunehmend Anteil am Geschehen. Neben der *Sparkasse Langen-Seligenstadt* und den *Stadtwerken Dreieich* engagierten sich Unternehmen wie *hitachi, Stahl und Verbundbau, die Familien Schmitt, Heilmann-Seipel und Heim* wie auch erstmalig der Förderverein DreieichMusik e. V. mit seinen Vorsitzenden Bernd Abeln und Dolf Weber. Das Festival hatte sich die Wertschätzung verdient, die Mitglieder unterstützen seitdem die Musiktage. Alles hatte sich eingespielt, die Musiktage hatten sich vorerst konsolidiert und in kurzer Zeit einen Platz in der Dreieicher Kulturlandschaft erarbeitet. Die Konzerte in Buchschlag sprachen sich herum.

GELUNGENER AUFTAKT für die vierten Dreieicher Musiktage an einem ungewöhnlichen Ort. Schauplatz für das Sinfoniekonzert mit der Baden-Baden-Philharmonie war die BMW-Niederlassung in der Gustav-Otto-Straße. Ein ausführlicher Bericht findet sich auf der Kulturseite. Foto: Sauda

Offenbach Post, 13.05.2006

Höllenritt bei den Musiktagen

Zum Auftakt der Dreieicher Musiktage sind in der Vorstellung des „Freischütz" der Kleinen Oper Bad Homburg in der Hölle (oben) die Teufel los, und Luzifer düst gar mit dem Moped durch die Gegend. In der Wolfenschlucht (kleines Bild) zaubert Max aus geheimen Zutaten sieben Freikugeln. Fotos: Postl

Dreieich. In der Hölle ist der Teufel los – dort „pubst" der Klaviertöter ungestraft und der Freischütz „scheißt" (schießt) gar mal daneben. Mit derlei deftigem Sprachschatz aus dem Alltag, gepaart mit einem futuristischen Bühnenbild und fröhlich umher hüpfenden Teufelchen oder gar Luzifer auf dem Moped, begeisterte die Kleine Oper Bad Homburg die jungen Besucher zum Auftakt der Dreieicher Musiktage.

Die in Pop-art optisch umgesetzte, einst klassische Handlung, des Geschehens in der bekannten Oper von Carl Maria von Weber, war nicht nur fesselnd für Kinder, sondern fand auch beiden Eltern durchaus Anklang. „Das war ganz toll gemacht, auch wenn ich manchmal erschrocken bin, wenn es geblitzt oder ganz laut gekracht hat", war die achtjährige Lara begeistert. Ihre Mutter fand es etwas schade, dass die gesungenen Texte doch sehr klassisch dargeboten wurden. „Mit hat am besten der dürre Teufel am Klavier gefallen, der ist immer so schön herum gehüpft", meinte Denise.

Mit der Wahl des „Freischütz für Kinder" wagten die Veranstalter der Musiktage, für die Georgi Mundrov verantwortlich zeichnet, etwas, aber die Begeisterung der Besucher gab ihnen recht – wenngleich es getrost ein paar mehr hätten sein können. „Wir sind zufrieden", sah Wolfgang Barth den Auftakt positiv.

Der „richtige" Auftakt, mit Rede des Bürgermeisters Dieter Zimmer und Sinfoniekonzert, ging dann am Abend über die Bühne. „Die diesjährigen Musiktage sind wieder eine besondere Bereicherung für unsere Stadt", betonte Zimmer. In den kommenden zwei Wochen wird das Klavier als auserkorenes Instrument der Musiktage die führende Rolle in den Konzerten spielen. (lp)

Frankfurter Neue Presse, 13.04.2007

Frankfurter Neue Presse, April 2010

Musik liegt in der Luft

16 klassische Konzerte in Firmenräumen und privaten Wohnzimmern

Auf dem Programm der Dreieicher Musiktage stehen die Werke bekannter Komponisten. Zwei Tage sind Chopin gewidmet, der jetzt 200 Jahre alt geworden wäre.

Von Nicole Jost

Dreieich. Die Dreieicher Musiktage gehen in die achte Runde: Nach den Erfolgen in den vergangenen Jahren wird es für die Freunde klassischer Musik ab dem 23. April insgesamt 16 Veranstaltungen in privaten und öffentlichen Häusern geben. Unter dem Motto „Dreieich:Musik:Verbindet:Dreieich" werden 28 Künstler von drei Kontinenten Werke von Peter Tschaikowski, Frederic Chopin, Robert Schumann, Antonio Vivaldi, Sergei Rachmaninoff, Johannes Brahms und anderen Komponisten spielen.

Georgi Mundrov

„Wir haben es im Speckgürtel von Frankfurt mit klassischer Musik schwer, aber wir haben mit den Privatkonzerten eine tolle Nische gefunden", erklärte Benjamin Halberstadt, Leiter der Bürgerhäuser Dreieich, der mit der Unterstützung des Vereins DreieichMusik und Sponsoren wie BMW Dreieich, den Stadtwerken und der Sparkasse Langen-Seligenstadt das Musikfestival veranstaltet. „Es ist für Liebhaber klassischer Musik ein wahres Erlebnis, so dicht an den Musikern zu sein", betont Halberstadt.

Romantischer Gedanke

Wie in den vergangenen Jahren wird es Konzerte bei den Stadtwerken geben, in der BMW-Niederlassung Dreieich und etliche in privaten Wohnzimmern Dreieicher Bürger. Damit erlebt der romantische Gedanke eines musikalischen Salons eine stil- und klangvolle Renaissance.

Die Musiktage 2010 beginnen am Freitag, 23. April, um 20 Uhr mit dem Konzert in den Räumen der Stadtwerke, Eisenbahnstraße 140 in Sprendlingen. Dort werden das Newstead Trio und das Duo Terlizzi gemeinsam mit Georgi Mundrov und Vincenzo Di Rosa Werke von Luigi Boccherini, Frederic Chopin, Johannes Brahms und Jacques Brel zum besten geben. Werke von Brahms, Vivaldi und Georg Kreisler erklingen am Sonntag, 25. April, von 18 Uhr an in den Privaträumen von Familie Bassewitz, Bogenweg 24 in Buchschlag. Auf dem Programm stehen Stücke für Violine und Klavier, vorgetragen von dem Duo Terlizzi.

Folklore und Kabarett

Ein weiterer Höhepunkt steht am Donnerstag, 29 April, an. In der BMW-Niederlassung in der Gustav-Otto-Straße 1 spielt das renommierte Barrios Guitar Quartets unter dem Titel „El Calor del Dia" Werke von Vivaldi, George Debussy und Kurt Weill. Am Sonntag, 2. Mai, steht traditionelle sizilianische Folklore auf dem Programm. Die „Gruppo Folcloristico Siciliano Trinacria" spielt in der Firma Baustoffe Gerhardt in der Daimlerstraße 9.

Auf eine Melange aus Kabarett und Klassik dürfen sich die Gäste freuen, wenn am Dienstag, 4. Mai, Michael Sens im Burghofsaal sein Programm Opus 1 vorstellt. Gleich zwei Tage sind dem Geburtstagskind Frederic Chopin gewidmet: Am Mittwoch, 5. Mai, spielt der Pianist Stanislav Rosenberg Werke des polnischen Komponisten und Eva Gesine Baur liest im Haus der Familie Hermann-Luft, Ernst-Ludwig-Allee 20 in Buchschlag, zum „Wunderkind Chopin". Die Fortsetzung mit „Die reifen Jahre in Paris" folgt am Donnerstag, 6. Mai, im Haus der Familie Seum, Hengstbachanlage 10B.

Karten zu Preisen zwischen 8 und 21 Euro, sowie Informationen zu den weiteren Konzerten gibt es im Bürgerhaus Dreieich in der Fichtestraße 50, telefonisch unter (0 61 03) 60 00-0 und auf der Internetseite www.buergerhaeuser-dreieich.de

Der Hornist Dariusz Mikulski wird mit einer musikalischen Geburtstagskarte an Frederic Chopin im Haus der Familie Niebel zu hören sein.

Stanislav Rosenberg wird unter dem Titel „Chopin oder die Sehnsucht" Werke des polnischen Komponisten zum besten geben. Foto: Jost

Das Barrios Guitar Quartet spielt unter dem Motto „El Calor del Dia – Die Hitze des Tages" in der BMW-Niederlassung.

Die Schließung des Bürgersaals Buchschlag machte vorerst einen Strich durch die Pläne der Veranstalter für die nächste Spielzeit.

Es musste umdisponiert werden, der Burghofsaal Dreieichenhain wurde 2006 zwischenzeitlich zum Konzertsaal gekürt. Vorübergehend waren die Musiktage für weitere sieben Konzerte in Sprendlingen und im Burghofsaal Dreieichenhain untergekommen und beherbergten das legendäre Abschlusskonzert von *Tango de Camera mit Daniel Adoue.*

Die Bürgerhäuser hatten schon öfter über Kooperationen mit Unternehmen in Dreieich und über geeignete Orte außerhalb der Bürgerhäuser nachgedacht. Überraschend freundliche Gespräche mit dem damaligen *Leiter Jardner der neu eröffneten BMW-Niederlassung Dreieich* stießen auf offene Ohren. Fleißige Hände bauten am Abend nach Schließung der Niederlassung den Ausstellungssaal in Windeseile zum Konzertsaal für den kommenden Tag um, auch für die Autohändler ein ungewöhnliches Ereignis.

... DER ANDRANG WAR BETRÄCHTLICH, DIE KONZERTE GEWANNEN NOCH EINMAL AN ATMOSPHÄRE DURCH DIE PRIVATE UMGEBUNG ...

Die Eröffnung der 4. *Dreieicher Musiktage* unter dem Motto *Tänze Konzertant* wurde ein großer Erfolg. Die über den zum Konzertsaal umfunktionierten Ausstellungssaal der BMW-Niederlassung Dreieich neugierig staunenden Gäste waren voll des Lobes, es gab Häppchen und Sekt, Autoliebhaber flanierten in den angrenzenden Showrooms, getanzt wurde nicht. Die Bürgerhäuser unter der Leitung von Benjamin Halberstadt, Georgi Mundrov mit gewohnt charmanter Akribie und Programmmacher Wolfgang Barth hatten zusätzlich zum Sponsoring einen weiteren, auch größeren und attraktiven Ort gefunden.

Kreatives Brainstorming und die Erkenntnis, dass für die Weiterführung der Reihe weitere attraktive Veranstaltungsorte gefunden werden müssten, ließen bei Gesprächen mit einigen an der Ausstellung *100 Jahre Buchschlag* und den *Offenen Gärten* federführenden Buchschlager/innen und den Bürgerhäusern die Erinnerung an die gelungenen Festwochen 2004 und die freundlichen Gastgeber in ihren Gärten wieder aufleben. Und dann kam erneut die Frage auf, ob sich da nicht Türen öffnen könnten, um den Kammerkonzerten würdige Orte zu verschaffen, darüber musste doch nachgedacht werden. Wer will denn fremde Leute in sein Haus lassen und wozu? Und so wurde die Idee des Salons durch mutige Bürger über einige Umwege neu zum Leben erweckt.

Kultur ist Begegnung - Vol. 5 2007

Nach dem Eröffnungskonzert im Bürgerhaus Sprendlingen wurde die Idee zur Realität. Das Team der Bürgerhäuser baute, wo Bedarf war, die Wohnzimmer, Konferenzräume ein und aus, bestuhlte neu, registrierte Besucher, der Andrang war beträchtlich, die Konzerte gewannen noch einmal an Atmosphäre durch die private Umgebung und es gab großartige Erlebnisse bei vorerst fünf öffentlichen Konzerten in privatem Ambiente bei großzügigen Gastgebern inklusive eines Begrüßungstrunks oder Pausensnacks.

Nachbarschaftliche Freundschaften entstanden, die Buchschlager trafen sich untereinander, Neubürger wurden eingeladen, Musikliebhaber waren angetan - die Konzerte wurden zu einem Ort der Begegnung, ganz im klassischen Sinne dessen, was Kultur ausmacht. Die Gastgeber wurden zu Sponsoren der Musiktage.

Über dieses glückliche Zusammentreffen von Gastgebern in Privathäusern, Künstlern, Sponsoren und Förderern, wie der Sparkasse Langen-Seligenstadt, den Stadtwerken Dreieich und dem Veranstalter der Musiktage, den Bürgerhäusern Dreieich, konnte man dieses Projekt auf vier stabile Füße stellen und ihm eine langjährige Grundlage verschaffen. Bei allen Dreieicher Musiktagen kamen immer auch junge Talente zu Gehör, die ihr Können beweisen und sich einem interessierten und fachkundigen Publikum präsentieren konnten.

Die *Dreieicher Musiktage 2008* wurden wieder bei BMW eröffnet, Georgi Mundrov gab mit dem *Quinteto Oscuro* seine Premiere als Leiter seines Programms *El Lado Oscuro,* die *Academia de Tango* begleitete das Konzert tänzerisch. Eine beeindruckende Tango-Inszenierung mit großartigen Künstlern, die mit großer Geste und subtilem Gespür unter dem

Akustik-Kunstwerk lässt Boxring beben

Musiktage mit besonderem Konzert von Gregor Praml zu Gast bei den Kunsttagen

Dreieich – Mit einem Konzert des Frankfurter Bassisten Gregor Praml machten die Dreieicher Musiktage 2019 am Donnerstagabend Station bei den aktuellen Dreieicher Kunsttagen in der Städtischen Galerie. Dort zeigt seit April die Künstlerin Petra Johanna Barfs ein vielschichtiges Projekt, in dessen Kern eine fünfwöchige Kajakfahrt auf dem Rhein steht, die sie im vergangenen Jahr von Mainz bis Hoek van Holland führte. Teil der Ausstellung ist auch ein Boxring, den Barfs als Metapher für das Leben auf dem Fluss installiert hat. Jetzt also stieg Gregor Praml in diesen Ring, um sich Barfs' Schau mit Kontrabass und Loopstation, Bassgitarre und Effektgeräten zu stellen.

„Das Thema hat mich sofort begeistert und assoziativ zu arbeiten bin ich vom Komponieren fürs Theater gewohnt", sagt Praml und legt los. Dass es sich wirklich nur um einen einzigen Musiker handelt, der da den Boxboden zum Beben bringt, ist man bald geneigt zu vergessen, wenn der Mittvierziger seine Töne, teils verfremdet und durch elektronische Helferlein in Schleifen wiederholt, auf die Reise schickt.

Mal wild trommelnd, mal zärtlich streichend, mal zupfend, dann wieder reibend und sogar den am Bass befestigten Köcher des Bogens nutzend, um hin und her pendelnd Töne zu erzeugen, geht Praml mit dem Publikum in den Infight – und wenn der Rhythmus dann dem der soeben eingespielten Loops entgegenläuft, wird der Zuhörer zwangsläufig in den Strudel des Stroms der Musik hineingezogen.

„Seiltanz", „Chaos", „Starke Frauen" und „Der Brief" gehören zu den Titeln, die der Bassist seinem Publikum kredenzt. Immer wieder nimmt er dabei Bezug auf Barfs' Werke, erklärt seine Gedanken und lässt den Spaß, den er an der Auseinandersetzung mit der Kunstausstellung hat, durchblitzen.

Es war ein rundherum gelungener Abend. Die Finissage der Frühjahrsausstellung der Kunsttage beginnt morgen um 15 Uhr. ms

Eins geworden mit seinem Instrument: Gregor Praml lockte in der besonderen Kulisse des Boxrings in der Städtischen Galerie nicht minder besondere Töne aus seinem Kontrabass. FOTO: STROHFELDT

Offenbach Post, 15.08.2019

Namen *„Die dunkle Seite des Herzens"* später auch ihren Weg auf die große Bühne der Burgfestspiele Dreieichenhain fand.

Aus fünf Konzerten in Privathäusern wurden zehn, das sprach für sich. Georgi Mundrov hatte erneut seine Fühler ausgestreckt und konnte befreundete Künstler aus aller Welt in die Wohnzimmer von Buchschlag einladen.

Zum Auftakt des Festivals 2009 konzertierte das *Bundespolizeiorchester München* mit *A Night in Blue* mit Werken von Bernstein, Gershwin u. a. – am Klavier Georgi Mundrov, wieder eine beeindruckende Kulisse für die bereits siebte Ausgabe. Weit über den Kreis Offenbach hinaus fanden die Besucher ihren Weg zur Eröffnung und zu den mittlerweile 13 Konzerten in den Wohnzimmern der Privathäuser und den Räumen in Dreieicher Unternehmen, wie der *Kantine der Stadtwerke* und dem *Showroom der Firma Gerhardt Baustoffe*. Stets wieder freundlich begleitet von großzügigen Gastgebern, ein Vergnügen, das von den Besuchern immer wieder genossen wurde.

Durch einen glücklichen Zufall und die Vermittlung des Leiters der Dreieicher Musikschule Martin Winkler kam es kurzfristig zu einem eindrucksvollen Abschlusskonzert mit dem *Estudio Coral Meridies* aus dem argentinischen Santa Fé, die Leitung hatte *Virginia Bono*. Dieser Chor war der einzige Teilnehmer Südamerikas beim Internationalen Kammerchorwettbewerb Marktoberdorf, der inoffiziellen Weltmeisterschaft der Kammerchöre, ein weiterer Höhepunkt mit Werken südamerikanischer Autoren.

An 15 verschiedenen Orten, weiterhin mit klarem Fokus auf Konzerte in Privathäusern, präsentierten die Bürgerhäuser Dreieich ihre organisatorischen Fähigkeiten vor Ort, aber auch in der unaufgeregten Planung und der unaufdringlichen Präsentation und Durchführung des Festivals. Darüber hinaus konnten sie immer wieder besondere Höhepunkte beisteuern.

In der BMW-Niederlassung musste einer neuen Geschäftsstrategie Rechnung getragen werden, große internationale Werbekampagnen ersetzen den direkten Kontakt zum Kunden in der Region, das betraf auch die prosperierenden Dreieicher Musiktage. Das *Barrios Guitar Quartet* spielte zum Abschied auf, *Hahn Air* gab seiner Sympathie für das Festival und der gelungenen Zusammenarbeit aller Beteiligten eindrucksvoll Ausdruck. Hier hatte sich ein lokales Ereignis zu einem Magneten für Klassikliebhaber der Region entwickelt, mit Besonderheiten, die eben nur hier zu finden waren.

Die Jahre gingen dahin, einige Gastgeber wechselten sich mit anderen ab, jedes Jahr kamen neue Künstler zu Gehör. Die *Schüllermann AG* konnte als neuer Gastgeber 2012 begrüßt werden, die seitdem, mit einer bis heute eigens für sie gestalteteten Klavierreihe, ihre Liebe zur Kammermusik ausdrückt. Seltene vokale Klänge bei Chormusik der Extraklasse im Dreierpack: Der *Schwedische Kammerchor* unter der Leitung von Simon Phipps gastierte mit *Vocale Neuburg* und dem *Frankfurter Kammerchor*. Ein wunderbarer Abend, der wie der *Wagner-Liederabend* mit *Katharina Kammerloher* nicht in Vergessenheit geraten wird.

Die Konzerte in Privathäusern bleiben die Attraktion der Musiktage, auch wenn der zu einem Raum namens *Aircraft* umgebaute Burghofsaal mit Flugzeugambiente und einer solchen Bestuhlung drei Jahre für zusätzliches Bauchkribbeln bei den Besuchern sorgte. Klänge des Alten Armeniens trafen auf Songpoesie, Danzas Españolas, Belcantoabende, Kreutzer- und andere Sonaten, Musikkabarett, Pianofestivals, große und kleine Chöre, barock bis modern, Wiener Klassik auf

Klezmer, Tango und Jazz. Rising Stars bewiesen ihr Talent und Georgi Mundrov sorgte mit seinen vielen Freunden und Kollegen aus (fast) aller Welt für immer frischen Wind in den besonderen Konzertsälen Dreieichs. Auf die besonderen Konzerte im Hause Weber und Benatzky musste leider wegen privater Gründe verzichtet werden, neue Gastgeber boten andere Einblicke, boten immer wieder kontrastreiche Begegnungen im privaten Ambiente, nach Möglichkeit auch in ihren Gärten, wenn das Wetter mitspielte. Junge Ensembles wie das Ensemble *SPARK*, das Bläserensemble *FEDERSPIEL* oder der Männerkammerchor *SONAT VOX* brachten mit neuen Interpretationen besondere Klangfarben in das jährliche Konzertgeschehen. Jährlich wurden die städtischen Kunsttage mit einem Konzert in der Ausstellung bereichert.

Die Liste der Konzerte (in der Regel 15–18 Konzerte) der ersten 19 Jahre ist lang, die musikalischen und persönlichen Begegnungen so zahlreich, alle Künstler und Gastgeber aufzuführen würde den Umfang dieses Textes sprengen.

Die langjährige Treue und beispielgebende Freigiebigkeit der Gastgeber, die vorbildliche Unterstützung durch die Sponsoren und Spender, die beständige Unterstützung durch die Mitglieder des DreieichMusik e. V. mit seinem Vorstand Bernd Abeln und Kollegen, die Fantasie des musikalischen Leiters Georgi Mundrov, die fach- und sachkundige Steuerung des Festivals durch die Bürgerhäuser Dreieich machen es bis heute möglich, dass verschiedenste Partner kreativ und verständnisvoll zusammenarbeiten.

Tja, und dann kam Corona. 2020 mussten alle Veranstaltungen der 19. Musiktage abgesagt werden, das Risiko von Erkrankungen der Besucher in der und durch die Pandemie war nicht verantwortbar. Zum Gruß und Trost für die Gastgeber gab es kleine Ständchen im Freien vor den Haustüren und in den *Gärten von Laura Ochmann, Roman Kuperschmidt und Georgi Mundrov.* Ein kleiner Videotrailer wurde geschnitten und den Gastgebern zugeschickt.

Die Musiktage 2021 fanden ausschließlich digital unter dem Namen *Musiktage@home* statt. Keine Konzerte in persönlicher Nähe, aber unterstützende Gastgeber und Sponsoren, die Patenschaften für die bei ihnen geplanten Konzerte übernahmen. Diese wurden, in technisch bester Qualität, von der Bürgerhaustechnik aufgezeichnet, an die Online-Besucher aus der digitalen Konzerthalle per Zoomkonferenz in die privaten Wohnzimmer gestreamt.

Natürlich war das kein Ersatz für Livekonzerte, aber es war eine interssante Erfahrung, bei der alle Beteiligten dazugelernt haben.

Zum 20. Jubiläum konnten in weiterhin etwas abgewandelter Form und unter vertretbaren Bedingungen Konzerte wieder live präsentiert werden. Größere Räume, Open Air im Freibad und Kirchen waren die Orte, die bespielt wurden. Die Privathäuser waren nach wie vor zu klein, um dem Publikum genügend Sicherheitsabstand zu bieten. Flexibel bleiben, forderte Bernd Abeln freundlich in seinem Grußwort, und das wird auch weiterhin notwendig sein. Kein Problem – das haben wir in der Pandemie geübt.

Das klingt jetzt alles sehr traumhaft und einfach, aber es war immer wieder aufregend. Wird das Publikum das Programm annehmen? Werden die Künstler wirklich anreisen? Wird alles klappen mit den Umbauten? In den Wochen vor dem Festival wurde es in der Regel alljährlich zwischen Georgi Mundrov und Wolfgang Barth von den Bürgerhäusern kontinuierlich etwas ungemütlich, Absagen, Verlegungen mussten kompensiert werden, Benjamin Halberstadt verfasst besonnen mit einer Kollegin die Einsatzpläne, lauter wichtige Details, nichts darf vergessen werden.

Till Friedrich, einer der Initiatoren der Musiktage, hätte als rheinische Frohnatur sicher „Et hätt noch emmer jot jejange" oder „Et kütt, wie et kütt" gesagt. Eine schöne und erfolgreiche Zeit. Auf die kommenden 20 Jahre!

NATÜRLICH WAR DAS KEIN ERSATZ FÜR LIVEKONZERTE, ABER ES WAR EINE INTERSSANTE ERFAHRUNG, BEI DER ALLE BETEILIGTEN DAZUGELERNT HABEN.

UNBEKANNTE BANDS – UND ALLE ABENDE AUSVERKAUFT

DREIEICH MUSIC POLL: TANZ UND SHOW WÄHREND DER UMBAUPAUSEN

Von Alex Müller

Es gibt Momente, wo nahezu alles passt. Die richtigen Akteure finden zusammen, das Umfeld stimmt und ein Elan aller, etwas Neues zu probieren, gebiert schließlich ein sehr erfolgreiches Event.

Damals, vor 1978, gab es bereits diverse Auftritte einzelner Amateur-Bands im Bürgerhaus. Die freuten sich schon riesig, wenn der Saal leidlich mit 50 – 100 Getreuen gefüllt war. Der Wunsch der Musizierenden, sich nicht um die ganze Veranstaltungsorganisation kümmern zu müssen, aber dennoch öfter und vor mehr zahlenden Zuhörern auftreten zu können, war damals immens groß.

So trug Alex Müller die Idee, mehrere Bands an einem Abend gleichzeitig spielen zu lassen, den Protagonisten des WIRIC und Bürgerhauses, Kurt-Peter de Ahna und Gustav Halberstadt, zwecks Prüfung und Beantwortung der Frage auf Realisierungsfähigkeit vor.

Das neue Konzept sollte sich aber nicht in einer Aneinanderreihung von Spielminuten der verpflichteten Gruppen erschöpfen, vielmehr war Intention, weitere Spaß-Elemente in einen solchen Abend zu integrieren. Schließlich stand als großes Ziel, das Bürgerhaus mit richtig viel Publikum zu füllen.

Warum nicht die Bands in einer Art Wettbewerb gegeneinander antreten lassen und den Saal über die beste Performance entscheiden lassen? Und bloß keine Langeweile während der Umbaupausen aufkommen lassen (Schlagzeug abbauen, Verstärker wegräumen, Instrumente der nachfolgenden Gruppe auf der Bühne platzieren, Kabel verstöpseln, Mikrofontest ...). Deshalb mussten weitere Darbietungen (neudeutsch: Showelemente) eingebaut werden: vertanzte Persiflagen zu bekannten Hits wie „Rudi Ratlos" aus Udo Lindenbergs „Ball Pompös", oder „Time Warp" aus der „Rocky Horror Show"; außerdem Verlosungen, Ratespiele, Filmeinspielungen und ein auf der Bühne agierender, alles miteinander verknüpfender Conférencier, der souverän durch den Abend moderiert und die Sprache des nicht immer einfach zu handhabenden jungen Publikums sprechen kann.

Martina Kieffer (aus dem gleichnamigen Ballettstudio) wurde für das Einüben der Tanzpersiflagen gewonnen, der leider schon verstorbene Gerhard Junack als Moderator.

WARUM NICHT DIE BANDS IN EINER ART WETTBEWERB GEGENEINANDER ANTRETEN LASSEN UND DEN SAAL ÜBER DIE BESTE PERFORMANCE ENTSCHEIDEN LASSEN?

(v. l.): Moderator Gerhard Junack, Tanztrainerin Martina Kieffer, Impresario Alex Müller

Somit standen das neue Konzept und die Akteure. Der Termin wurde wohlüberlegt in die veranstaltungsarme (Fasten-)Zeit gelegt: zweiter Samstag nach Fasching, der Eintritt auf 7 DM an der Abendkasse festgesetzt. Die Musikrichtung sollte von Jahr zu Jahr wechseln, dem „Rock" aber stets treu bleiben: Rock'n'Roll, Folk-, Hard-, Jazz-Rock.

Bewerben könne sich jede Gruppe, *„die in ihrem Repertoire Rock-Titel (...) aufweisen kann"*, hieß es. Weitere Bedingungen: *„Zur Bewerbung müssen dem Veranstalter vorgelegt werden: 1. ein Demo-Band (Kassette) mit einer Spieldauer von ca. 15 Minuten; 2. eine Beschreibung der Gruppe (Wichtig: Besetzung!); 3. Gruppenname und Kontaktadresse (...) Jede Gruppe erhält (...) 200 DM vergütet. Für die sich platzierenden Gruppen werden bereitgestellt: 1. = 400 DM, 2. = 300 DM, 3. = 200 DM. Der Kritikerpreis ist mit weiteren 400 DM dotiert. Der Publikumssieger erhält dazu eine Einladung zum nächsten Music Poll."*

Damit auch wirklich niemand den Bandwettbewerb verpasst, klebten jedes Jahr an die 300 Stellen im gesamten Westkreis überformatige und auffällige DIN-A1-Plakate ... auch an Stellen, die schon damals die Ordnungswächter aufmerksam werden ließen. Ja, damals wurden Veranstaltungen tatsächlich noch fast ausschließlich über Plakate beworben.

Nimmt man die Besucherzahlen als Maßstab, so waren die insgesamt fünf „Music Polls" zwischen 1978 und 1982 ein wirklich großer Erfolg. Alle Abende waren ausverkauft, im Jahr 1979 wurden gar über 1.400 Eintrittskarten abgesetzt, über die Gesamtlaufzeit mehr als 6.000 ... und das eigentlich „nur", um nahezu oder völlig unbekannten Bands zuzuhören.

Da klebte halt an der Eingangstür zum Bürgerhaus stets das Schild „AUSVERKAUFT" in großen schwarzen Lettern auf gelbem Grund. Dieser an sich kaum interpretationsfähige Hinweis passt aber mal überhaupt nicht in die Gedankenwelt der Einlass-Begehrenden, wo es doch hier nur um den Auftritt von ein paar Amateurbands aus der Nachbarschaft geht und nicht um die „Stones" oder „AC/DC".

„Wie? Ausverkauft?" Weil also nicht sein kann, was nicht sein darf, werden Schlupflöcher gesucht. Am hinteren Bühneneingang stehen die Controlettis, das Restaurant zeigt mit deutlicher Gestik auf den Haupteinagng – und dort lassen sich die Kartenprüfer weder von schönen Augen noch von extra DM-Scheinchen umgarnen.

Einige haben es dann doch geschafft. Der Weg führte über ausgehebelte und zerbrochene Scheiben in der Toilette im Keller.

Ob sich die damaligen Einsteiger noch daran erinnern?

THEATER VON ANFANG AN

HANDVERLESENES PROGRAMM FÜR JUNGES PUBLIKUM

Von Wolfgang Barth

Es waren andere Zeiten, die Telefone hatten noch eine Schnur und eine Wählscheibe, das ist so unendlich lange her. Sprendlingen und seine Nachbarorte waren noch nicht dem Kunstnamen Dreieich zugeordnet, es herrschte noch ein anderes Bewusstsein, was den Stand der Gleichberechtigung und den Umgang mit dem Nachwuchs anging: Das Bürgerhausprogramm kündigte ohne nachzudenken Karin Urban als Einmann-Kabarett an. Es war aber auch eine Zeit im Wandel, junge Männer mit langen Haaren, Bärten und Jeans bereicherten das Stadtbild, der Minirock hatte schon Jahre zuvor seinen Siegeszug angetreten und die Jugend wurde aufmüpfiger.

Seit den frühen Jahren des Bürgerhauses, also schon zwei Jahre nach seiner Eröffnung, legte man Wert auf Veranstaltungen für Kinder. „Kultur für viele, nicht mehr nur für wenige" war sicher ein Leitgedanke zur Begründung des hessischen Bürgerhausprogramms, auch wenn seinerzeit dieser Begriff noch nach seiner Konkretisierung suchte. Und Deutschland wurde Fußballweltmeister.

Das Theater- und Veranstaltungsprogramm 1974/75 kündigte zehn Kino-Vorstellungen für Kinder, wie auch die gleiche Anzahl Kino und Konzerte für Jugendliche und ein nicht näher benanntes Abonnement für Kinder an, ebenso war zu lesen, dass die örtliche vhs-Arbeitsgemeinschaft und Kabarettgruppe „Hengstbachbrettl" – später „Die Stachelbären" – für das Theaterstück „Pünktchen und Anton" nach dem Kinderbuch von Erich Kästner probte. Das Abonnement in der Spielzeit 1975/76 war für die Altersgruppe 5 – 11 Jahre angelegt, ein sehr großer Altersbereich, wenn man bedenkt, mit welchen Siebenmeilenstiefeln Kinder in diesem Zeitraum lernen und sich verändern. Geplant waren vorerst vier Vorstellungen in den Monaten November bis März. Ein Stück für Jugendliche wurde für das Alter 11 – 15 Jahre gegeben.

Drei Landesbühnen und der Theaterverein Frankfurt bespielten die Sprendlinger Bühne und es durfte neben den Abonnements auf nicht weiter benannte Vorhaben gehofft werden. Aber, und das sei löblich und als fortschrittlich für diese Zeit hervorzuheben, Veranstaltungsreihen, die sich hier schon ankündigten, bildeten in den kommenden Jahren das Gerüst der Bürgerhausveranstaltungen, ebenso wie die Begeisterung für Konzerte mit traditionellem Jazz. Es wurde vieles ausprobiert und noch mehr versucht, alles unter einen Hut und auf die Bühne zu bekommen, Slavko Avesenik mit seinen Oberkrainern wie das humorige und despektierliche Quartett Insterburg & Co, im Kindertheater drehte sich die Welt um das Kindermusical Kladderadatsch, tja!

Wenn man bedenkt, was unter Theater für Kinder so alles gezeigt wurde an Märchenproduktionen, Kaspertheater, Weihnachtsvorstellungen, zeigt sich, das dieses Theater die Kinder nicht wirklich im Fokus hatte, und wenn, dann standen die erzieherischen Maßnahmen im Vordergrund.

In der Spielzeit 1976/77 änderte sich das nicht, es wurde weiterhin großzügig mit den Altersangaben umgegangen, ein buntes Spektrum an Akteuren tummelte sich, um die Kindlein von 5 bis 11 Jahren zu unterhalten. Das Spektrum 1977/78 wusste davon zu berichten, dass ein Abonnement mit vier Stücken von November 1977 bis Februar 1978 geplant war.

Dieses Schicksal der Unwägbarkeit teilten die Kinder mit den Jazzern, deren Ankündigungen zwar immerhin schon Termine hatten, aber auch da wusste man noch lange nicht, wer denn auftreten würde.

Aber das wusste man sehr gut: Das Ristorante Tonini hielt die Küche von 11.30 Uhr bis 0.30 Uhr offen, und das war somit das Wichtigste der inzwischen gegründeten Stadt Dreieich.

Ab 1978 wurde die Altersangabe für das mittlerweile „Theater für Kinder" anstatt „Kindertheater" benannte Programm ab sechs Jahren eingeordnet, ein bedeutender Schritt, denn Theater ist eine Kunstform und nur manchmal Klamauk, geändert hat das vorerst nichts. Der Theaterclub Elmar aus Offenbach spielte „Pinocchio im Land der Schlümpfe'", Spejbl und Hurvinek gaben Erwachsenenhumor und Lehrreiches mit „Hurvinek und die zwölf Monate" zum Besten, die Theatergruppe der Stadtwerke Frankfurt spielte Andersens „Der Kaiser und die Nachtigall", das Hermes Tourneetheater aus Essen gab „Die Schatzinsel" und so weiter. Und so waren die Zeiten, sie blieben rückwärtsgewandt, während auf den Straßen und in der Gesellschaft durchaus Aufregendes geschah.

Ja, und es sollte nicht wirklich was kosten, so viel Geld für Theater für Kinder, das bringt Theaterspielgemeinschaften aus dem Amateurbereich auf den Plan, keiner dachte wirklich daran, den Kunstanspruch mit professionellen Besetzungen und Inhalten zu verwirklichen.

DASS THEATER FÜR KINDER EINE SPIELWIESE VIELFACHER, JA UNBEGRENZTER FANTASIE SEIN KONNTE UND NICHT ZUR LANGEWEILE ODER ZUM FÜRCHTEN, BEDEUTETE KEINE HERAUSFORDERUNG AN DIE PRODUZENTEN.

Im Schauspielabonnement für Erwachsene fanden sich im gleichen Zeitraum durchaus anspruchsvolle Aufführungen mit prominenten Namen und anerkannten künstlerischen Fähigkeiten, auch von zeitgenössischen internationalen und prämierten Autoren, finanziell wurde hier nicht gegeizt. Immer wieder tauchten sogenannte Problemstücke im Spielplan auf, die einen Teil des Sprendlinger Publikums erzürnten, Merkmal hierfür waren lautes Türenschlagen beim vorzeitigen Verlassen der Vorstellung, lautes Schimpfen usw. Aber ein Großteil der Abonnenten setzte sich gerne immer mal wieder mit Inhalten auseinander, aber bitte nicht zu oft. Denn Theater ist ja auch gute Unterhaltung, und die kam nicht zu kurz.

Davon war das Theater für Kinder weit entfernt. Die Gastspieltruppen benannten sich in der Spielzeit 1980/81 nach ihren Standorten Kindertheater Hamburg, Frankfurt, Berlin usw. In der Regel wurden Tourneetheaterproduktionen oder die von weniger professionellen Ensembles aufgeführt, die sich auf sehr schmalem finanziellem Niveau der Kinderbespaßung widmeten, weniger einem Theater für Kinder, das sich mit den jungen Zuschauern befasste. Dass Theater für Kinder eine Spielwiese vielfacher, ja unbegrenzter Fantasie sein konnte und nicht zur Langeweile oder zum Fürchten, bedeutete keine Herausforderung an die Produzenten.

Schon zwei Jahre später musste sich etwas in den Köpfen geändert haben, denn neben den Gastspieltheatern ungeklärter Provenienz und den Landesbühnen tauchte für März 1982 die Ankündigung einer Klappmaultheaterwoche auf, nicht im Abo, aber in allen Stadtteilen für Kindergärten und Grundschulen, eine gewitzte Truppe, die neben Spaß am Spiel auch leicht aufmüpfige Standpunkte einer anderen Generation auf die Spielleiste brachte. Wie die Jungs wohl auf das Winterhemd namens Gustav kamen, das nicht mit nach Mallorca fliegen sollte? Und im Spielzeitheft erschien erstmals ein Sitzplan für das Kindertheater.

Das Bürgerhaus Sprendlingen feierte zehn Jahre Bürgerhaus am 12. September 1982 im Zirkuszelt vor dem Bürgerhaus.

Das Ristorante Tonini schloss die Küche jetzt sonntags ab 23 Uhr, alle anderen Tage um 0.30 Uhr wie bisher. Der Bürger hatte wohl dann am Sonntag um 23 Uhr genug gegessen und Mittag war Anfang der 80er-Jahre ab 12 Uhr, die städtischen Bediensteten erhielten noch Essensgutscheine, 1 Mark 50 pro Tag. Ebenfalls 1982 zog die vhs-Arbeitsgemeinschaft StudioBühne Dreieich ins Kindertheaterprogramm ein und

1983/84 RÜCKTE DIE ANKÜNDIGUNG DES THEATERS-FÜR-KINDER-ABONNEMENTS IM PROGRAMMHEFT VOR AUF SEITE 5.

prägte seitdem einen unveränderten Zugang zum Theaterspiel. Ein zusätzliches Abonnement Theater für Kinder wurde ohne weitere Angaben angekündigt. Auf der anderen Seite gab es großartige Unterstützung durch Gustav Halberstadt für die gelungene Produktion „Der Lebkuchenmann" (Regie: Hans Obermann). S. Offenbach Post, 22.12.1983.

Mit dem Start der Familienkonzerte wurde ab 19. September 1983 ein weiteres Programm für Familien gestartet, das mit reichem Wissen durch die Welt der Klassik-, Jazz- und Pop-Musik führte und an über 70 Sonntagen unterhaltsam und abwechslungsreich über viele Jahre das Dreieicher Kulturleben begleitete.

1983/84 rückte die Ankündigung des Theaters-für-Kinder-Abonnements im Programmheft vor auf Seite 5, in den Jahren zuvor war es eher ab Seite 20 zu vermuten gewesen neben Sonderveranstaltungen oder dem Jazzprogramm.

1983 wechselt die Anzeige des Damen- und Herrensalons und Sonnenstudios Fäßler unter dem Motto *Auch im Theater trägt man's gern natürlich* das Anzeigenmotiv und die Haarfarbe von Blond auf Brünett. Vorher war man zur Theater- und Ballsaison modisch und chic frisiert.

Das Theater für Kinder kündigt neun Veranstaltungen im Abo 1985/86 an, das Frankfurter Figurentheater sollte seine künstlerische Heimat in Dreieich finden. Ob das gut gehen konnte, änderte sich etwa etwas? Erstmalig gab es sogar Text fürs Kindertheater im Programmheft.

1986/87 – elf Vorstellungen wurden angekündigt, es spielten Theatergruppen unterschiedlichster Qualität zwischen Dietzenbach und Warschau, München und Rotterdam mit unterschiedlichster Motivation ein buntes Potpourri aus bekannten Märchenstoffen und Eigenkreationen. Der Sitzplan hatte mittlerweile 15 Reihen bei 451 Sitzplätzen, es gab großes Interesse. Ein begleitender Text im Spielplanheft war keiner zu finden, man blieb unentschieden in der Haltung zum Theater für Kinder.

Marieluise Ritters Frankfurter Figurentheater spielte tröstlicherweise „Witz und Wetz die wilden Watze", sehr humorig und einfallsreich.

Zu alldem muss angemerkt werden, dass sich Gustav Halberstadt immer mit aller Kraft auch für diese Sparte stark machte, aber er hatte mit all den vielen Veranstaltungen, Vermietungen doch eine Herkulesaufgabe übernommen, die solche Versäumnisse verständlich machen. Es war überaus umfangreich, was auf der Sprendlinger Bürgerhausbühne zu erleben war, dazu Bälle, Vermietungen, Feste, Konzerte, Ausstellungen und Veranstaltungen aller Art.

Heinrich der Fünfte, Theater Grüne Soße

1988/89 grüßt im Programm der Salon Fäßler als Team Vater/Mutter/Sohn, das bisherige Motiv war dekorativer.

Jetzt tat sich wirklich was: Es wurden zwei Reihen mit sinnvollen Altersangaben angekündigt: acht Stücke ab 6 und sechs Stücke ab 4 Jahren. Inhaltlich waren jetzt neue Gruppen mit anderen Impulsen am Start wie z. B. die Württembergische Landesbühne Esslingen und das Landestheater Tübingen. Ein frischer Wind kündigte sich an und es gab wieder Text.

1990/91 wurde der Spielplan durch ein gemischtes Abo für Menschen ab 9 Jahren ergänzt, gezeigt wurde vier Mal Theater ab 6 Jahren, zwei Mal ab 4 Jahren, ein mutiger Entschluss. Es wurde darum gebeten, die Altersgruppen einzuhalten.

1991/92 wurde das Experiment mit den 9-Jährigen nicht fortgeführt. Die Reihen ab 4 und ab 6 Jahren blieben, bei weiterhin gewagtem, interessantem Stilmix und unterschiedlichen Fähigkeiten der Theatergruppen und unentschieden in der Frage nach der weiteren Ausrichtung im Theater für Kinder.

Himmelsange, Teater Refleksion & Teater My, Arhus

Und dann spielte das Tourneetheater Hermes aus Essen Heinrich Hoffmanns „Der Struwwelpeter" voller Überzeugung, den Text von der Bühne schmetternd, den Zeigefinger hoch in die Luft erhoben mit dem Duktus des 19. Jahrhunderts, besessen von gräulichen Maximen antiquierter Erziehungsvorstellungen. Der Besucher wandte sich mit Grauen, der neue Kollege mit Entsetzen. Ab dann war Schluss damit, das Kindertheater/Theater für Kinder allein dem Markt von hier ein bisschen, dort ein bisschen zu überlassen. Die Inhalte und die Spielformen wie auch die Fähigkeiten der Anbieter stießen zum Teil sauer auf, denn die Untiefen schwarzer Pädagogik oder restriktive Adaptionen Grimm'scher Märchen bestimmten immer wieder die Vorstellungen mancher Tourneetheaterproduktionen. Die Landestheater hatten sehr unterschiedliche Vorstellungen vom Spielen für ein junges Publikum, brachten aber mit zunehmender Dauer immer wieder neue Stücke und ansprechende Produktionen auf die Bühnen. Stadttheater produzierten nicht für den Tourneebetrieb, sie blieben in den Metropolen und waren auch nicht bezahlbar oder nicht auf Bürgerhausbühnen oder deren Etats übertragbar. Schlicht, sie wollten wohl nicht.

Ein eigentümlicher Mix aus altbackenem, fantasielosem, Märchentheater, unreflektierten Adaptionen von bekannten Stoffen und Märchenadaptionen sowie modernen, fantasievollen sozialkritischen Stoffen von Autoren wie Christine Nöstlinger, Astrid Lindgren oder Paul Maar bestimmten mit Unentschiedenheit die Spielpläne lokaler Kulturveranstalter in vielen Bürgerhäusern der Republik.

Eine andere Generation von Eltern und Theatermachern, böse Zungen sprechen von unwilligen Sozialarbeitern, entwickelt neue Formen des Umgangs mit ihren Schutzbefohlenen. Das Theater für Kinder geriet in den Fokus von Theatermachern verschiedenster Herkunft. Ebenso interessant wurde es durch sozial engagierte Ensembles wie das Berliner Grips Theater, die Rote Grütze, aber auch durch bewusste Schauspieler, freie Theatergruppen und gewitzte junge Puppenspieler, die nicht mehr das Krokodil, die böse Hexe, den bösen Zauberer oder den Räuber zum Schluss mehr oder weniger unschädlich machen wollten. Es reichte zum Glück nicht mehr, sich auf der Bühne zu wälzen, um

Rotkäppchen, Theater Zitadelle

Lacher zu bekommen, es brauchte doch mehr. Dummheit ist selten wirklich unterhaltsam.

Die Szene professionalisierte sich, Schauspieler setzten sich mit der Rolle, für Kinder zu spielen, und den Anforderungen daran auseinander, für Kinder zu spielen verlor den schlechten Beigeschmack, und man staunte nicht schlecht, welche Fähigkeiten die Kollegen aus den neuen Bundesländern mitbrachten, insbesondere die mit einer Ausbildung an der Hochschule Ernst Busch, die Schauspielkunst und Puppenspiel studiert hatten. Es gab neue Maßstäbe und die Wechselwirkung zwischen Bühne und Publikum rückte in den Fokus. Es wurde nicht mehr eindrucksvoll von der Bühne herunter machtvoll deklamiert, das Spiel in seinen unterschiedlichsten Formen rückte in den Vordergrund und das Publikum näher an die Bühne.

Reisen bildet

Es gab viele Anregungen und fantasievolle Beispiele aus den Nachbarländern Schweiz, Dänemark, Niederlande, Belgien, die die Liebe zum Theater für Kinder erfolgreich in die Welt trugen. Die Kulturverantwortlichen in Dreieich, in diesem Fall Wolfgang Barth, machten sich also mit Unterstützung ihrer Chefs immer wieder auf die Reise in die Schweiz, nach Dänemark, aber auch in die deutsche „Theaterprovinz" nach Tübingen, Stuttgart, Nürnberg, Bonn, Köln, ja auch nach Berlin zum Treffen deutscher Kinder- und Jugendtheater, wo die Frage nach etwaigen Gastspielen der Theater mit Erstaunen registriert wurde. Das änderte sich sehr bald, die deutsche Kindertheaterlandschaft wurde vielfältiger und mobiler, das zwei Jahre zuvor begründete *Kinder- und Jugendtheaterfestival Starke Stücke* öffnete sich 1996 ein wenig nach Süden, bis nach Dreieich. Neu-Isenburg war auch schon und in der Folge leider nur noch kurz dabei, das ist seitdem so geblieben, und Dreieich engagierte sich maßgeblich bei der Knüpfung eines Netzwerks für Rhein-Main zur Integration vieler Kommunen in der Region. Die Kulturregion Rhein-Main, ein Zusammenschluss kulturell kooperativer Städte im Rhein-Main-Gebiet- ergriff 2008 die Gelegenheit und machte das wachsende Projekt zu ihrem, sorgte für eine professionell arbeitende personelle Besetzung mit richtigem Festivalbüro, das seither die Finanzierung, die Sichtung, Workshopprogramme, Werbung, Kooperationen und vieles mehr im Auftrag der veranstaltenden Städte begleitet. *Starke Stücke* wächst stetig, es ist ein vorbildliches Netzwerk von mittlerweile nahezu 20 Kommunen, das mit sehr unterschiedlichen Bedingungen ein jährliches internationales Festival ausrichtet, eines der größten Festivals in der Republik und in dieser Form einzig. Ein Beweis, dass Kooperationen mit Kollegen für den einzelnen Kollegen in seinem Haus viel bewegen können, denn viele Augen sehen mehr. Wie auch der Austausch mit den Kollegen vom Arbeitskreis *Kinder- und Jugendtheater im Fachverband INTHEGA*, der über 400 Städte mit Theatergastspielen in

„FÜR KINDER MUSS MAN GENAUSO SCHREIBEN WIE FÜR ERWACHSENE, NUR BESSER." Theatermacher Stanislavsky

Deutschland vereint. *Starke Stücke* gibt es in der mittlerweile 28. Auflage, Dreieich ist seit 1996 dabei.

Veranstalter wie auch Schauspieltruppen fühlten sich verantwortlich für die schauspielerische Qualität einer Aufführung und die Rezeption durch die jungen Besucher. Wie im richtigen Theater für ein sich im Wachsen befindendes Publikum, das sensibel auch für die Kleinigkeiten ist, das sehr genau hinschaut, sich begeistern lässt und das Erlebte in Kopf und Herz mit nach Hause nimmt. Der Satz des legendären Theatermachers Stanislavsky „Für Kinder muss man genauso schreiben wie für Erwachsene, nur besser" stimmt auch für den Schauspieler, der sich in sein Publikum, in die Handlung, in die räumlichen Gegebenheiten und Weiteres einfühlen muss. Es ist eben nicht egal, wer am Anfang einer Vorstellung sagt: Stellt euch mal vor, hier ist ein Meer. Der eine Schauspieler kann das herstellen, viele andere eben leider nicht. Und wenn dann das Meer wirklich vor einem in all seiner Größe, mit Luft, Wasser und Geräuschen, vor einem liegt, kann es eine wirkliche gute Vorstellung werden. Dafür brauchen wir die Besten.

Im Haus gab es so viel neu zu bedenken, die Bestuhlung musste zum Stück passen, Kinder können nicht eine Bühnenhöhe von 1,15 m überwinden und Schauspieler selten diese Distanz nach unten. Der räumliche Kontakt musste hergestellt werden, um den berühmten Funken über die Bühnenkante springen zu lassen.

Es wurde, damit die Begegnung der Kinder mit dem Theater von Erfolg gekrönt war, über vieles nachgedacht und vieles realisiert. Die Einhaltung der Altersangaben rückte in den Vordergrund, legendär sind die Begründungen mancher Eltern an der Kasse, das 2-jährige Kind hätte schon alles gesehen und in einem anderen Haus schon den kleinen Vampir ab 6 Jahren verfolgt, um den Besuch der Vorstellung für 6-Jährige zu erzwingen. Dass alle Besucher gute Sicht haben und kein Erwachsener die Sicht versperrt, dass man vor der Vorstellung die Toilette besuchen sollte, die Stücke nicht zu lange dauern sollten, dass Essen und Trinken in der Vorstellung keinen Raum haben, denn man war ja nicht im Kino und wollte den Schauspieler nicht in seiner Konzentration stören, indem man krachend in die Stulle biss oder nach dem Schluck aus der Pulle rülpsend die offene Flasche auf dem Boden umstieß. Dass die Handys ausgeschaltet werden, damit Eltern nicht in der Vorstellung telefonierten oder dazu aus der Vorstellung hasten oder die Kinder das Videospiel ausprobierten. Das und vieles mehr wurde zum Positiven gewendet, damit das Theater erfolgreich aufgeführt werden konnte und die Vorstellung erfolgreich wurde.

Theater für Kinder muss man nicht besuchen, man darf. Und wenn die Kleinen lieber auf dem Spielplatz herumtollen wollen oder sehr erkältet sind oder nicht ohne elterlichen Beistand in den fremden Raum eintauchen wollen oder sonst wie unpässlich sind, dann sollten sie nicht gezwungen werden.

All das waren häufig diskutierte Punkte, die gelegentlich zu Beschwerden sogar beim Bürgermeister und immer wieder auf vorläufiges Unverständnis führten. Ein Vater wollte mit dem Kinderwagen durch die Vorstellung rollen, während das Geschwisterkind sich mit der Mutter das Stück anschaute. Eine Mutter fand es unproblematisch, dass ihr Kind unter den Stühlen Verstecken spielte und laut polterte und protestierte. Eine Großmutter musste ihren Enkel mit den verschiedensten Lebensmitteln versorgen, das Kind könnte ja in der Vorstellung verhungern oder verdursten. Manche Kinder mussten in der Winterzeit ihre dicken Jacken und Schuhe anlassen, damit sie nachher schnell zum Ballett hasten konnten und und und.

Es gab und gibt Regeln wie bei den Erwachsenen auch, die meisten fanden sie wohltuend, sie werden auch nach den vielen Jahren vor jeder Vorstellung erneut bekannt gegeben, denn es gibt immer wieder neue junge und alte Besucher. Beim lustigen Kindermusicalbesuch mit hohen Preisen und Leuchtstabwinken wird darauf kein Wert gelegt.

Ente, Tod und Tulpe; Theater Couturier

Neue Besen kehren gut

Das Tourneetheater, das allein auf optische Opulenz im Ritter-Sport-Format – andere Farbe der Verpackung, Spielweise immer gleich, egal was gespielt wird – setzte, verließ 1992/93 das Programm. Es waren erstmals Ensembles aus der ehemaligen DDR und freie Theatergruppen am Start. Die Inhalte waren vielfältiger, die schauspielerische Qualität stieg, neue Texte und Theatergruppen eroberten die Bühnen. Und wenn es der Zufall, besser: der gut gefüllte Kalender der Theater aus Dänemark, der Schweiz, Schweden, den Niederlanden oder den neuen Bundesländern zuließ, brachten sie ihre Kunst oder Kunstfertigkeit auch in die Rhein-Main-Region. Gezeigt wurden für das deutsche Publikum Klassiker des Theaters für Kinder.

Aber auch neue Spielformen im Raum oder die Abkehr vom Primat der großen Bühne verändern die Spielpläne, das Theater für Kinder gewann an Vielfalt, an Professionalität, es entwickelte sich ein Theater für Kinder, das Kinder ernst nahm und zum Nachdenken anregte. Theater für Kinder bot in der Folgezeit vielfältigste Formen: Die Sitzpläne, die Zuschauermengen veränderten sich durch andere Präsentationsformen, das kleine Publikum rückte näher an die Bühne. Und das Interesse des geneigten Publikums, natürlich auch der Eltern, am Kinderabo blieb von den Mitneunzigern bis 2005 erfreulich hoch.

Eingeladen und nach mehrjähriger Wartezeit realisiert, kamen Vorstellungen zustande wie „Hans og Grete" oder „Lille Sonate" der gruppe 38 (beide ins Deutsche zurückübersetzt, damit der Erzählrhythmus stimmt) oder das Tanzstück „Haiku", oder auch die Pantomime „Bei Fluen", Stücke, die vorher auf der ganzen Welt unterwegs waren, poetische Exportschlager des Kindertheaterbereichs. Jahre später wurde noch strahlend vom Kartoffelpressenwolf gesprochen, vom lebendigen Huhn auf der Bühne oder, auch wenn es albern klingen mag, das bloße Erwähnen des banalen Nonsensworts „nulinuli" zauberte eine fröhlich wissende Erinnerung an die Aufführung des Stückes „Skaeb des vores" herbei. Oder der Schweizer Schauspieler Peter Rinderknecht, der beeindruckend ergreifend mit der Geschichte von „Sofie oder was das Leben zu bieten hat" oder „Platz für den König" in Erinnerung geblieben ist. Das Freiburger Theater im Marienbad zeigte Stilbildendes wie „Die Geschichte vom Onkelchen" oder „Pero oder die Geheimnisse der Nacht", das Stück „Nebensache" von Jakob Mendel über Obdachlosigkeit wurde zu einem Klassiker des mittlerweile „erwachsen" gewordenen Kindertheaters.

Zeitweilig lagen die Abonnentenzahlen bei über 350 im Bereich der 6-Jährigen, bei den 4-Jährigen bis zu 280, natürlich mit verständnisvollen Eltern und Großeltern, die freundlich an den Seiten oder im hinteren Bereich Platz nahmen, es wurden immer wieder Zusatzvorstellungen angeboten.

Das blieb nicht so. Kinder und Eltern widmeten sich immer mehr auch anderen Aktivitäten, der Computer nahm immer mehr Platz ein. Kinder wurden zunehmend nachmittags be treut oder hatten andere Pläne, das Familienleben wie auch das Freizeitverhalten unterlagen einem großen Wandel. Die pädagogischen Ausbildungen veränderten sich. In den Schulen und Kindertagesstätten wurde das Interesse an einem Theaterbesuch mit Kindern geringer, Lehrer und Erzieher nahmen mit ihren Klassen und Gruppen andere interessante Aktivitäten wahr oder scheuten die Fahrt mit ihren Schutzbefohlenen.

Es zeigte sich auch, dass man sehr zeitintensiv und nah am Publikum bleiben musste. Aufgrund der gewachsenen Freizeitangebote und einer neuen Generation von Eltern und Lehrern, die dem Theater als solches nicht mehr so positiv gegenüberstanden, der internen Personalstruktur und neuer Aufgaben ließ sich das große Engagement ab 2005 nicht mehr in der gewohnt intensiven Form aufrechterhalten.

Es wurde alles ein bisschen kleiner, aber die Qualität sollte weiterhin stimmen, eine schwierige Gratwanderung. Neue Spielformen, Tanztheater oder Anleihen aus dem Kleinkunstbereich ergänzen den Spielplan. Der gleichbleibend positive Rückhalt in Politik und Geschäftsleitung, man ist ja Eigenbetrieb, garantierte weiterhin interessante Theatererlebnisse für das junge Publikum.

Heute gibt es fünf Stücke im Abonnement für beide Altersgruppen. Sie bieten ein professionelles Programm, ergänzt durch das *Starke Stücke Festival*. Vorstellungen für Schulen und Kindertagesstätten runden das Angebot ab. Und wenn es sich anbietet, gibt es auch Theater für die ganz Kleinen ab 1 ½ Jahren, wo zu erleben ist, dass das Prinzip Theater und das Erzählen einer Geschichte für Kinder schon viel früher funktioniert, als man früher dachte.

Theater ist eine ernste Sache, so oder so. Theater für Kinder ist eine fröhlich und ernsthaft daherkommende Kunstform, wie das Theater überhaupt, es soll alles bieten, was für die Bühne im Kopf eines jeden Kindes spielbar ist.

Mein fröhlichstes Lachen hatte ich im Theater für Kinder. Theater für Kinder ist für alle da, Groß und Klein, es muss nur gut gemacht scin. Dummheit ist selten wirklich unterhaltsam.

Mittlerweile ist die Anzahl der Ensembles für Kinder- und Jugendtheater in Deutschland und Europa stark gewachsen, Deutschland hat ein gutes und großes Angebot qualifizierter Ensembles. Die Auswahl fällt aber immer noch schwer, die Stilmittel sind unbegrenzt, jeder Veranstalter muss das richtige Programm für sein Publikum in seiner Stadt finden und dabei viele Wege in alle möglichen Richtungen gehen. Eine leichte wie auch schwere Aufgabe. Veranstalter haben es in der Hand, was sie ihrem Publikum zeigen möchten, sie suchen aus 50 Rotkäppchen-Inszenierungen die beste aus - immer das Beste im Rahmen ihrer Möglichkeiten. Immer orientiert an den eigenen Bedingungen. Nicht jedes Stück passt für jeden Ort und jedes Publikum, hier lauert eine große Verantwortung.

Also keine Bange vor der Zukunft. Im Bürgerhaus gibt es seit 48 Jahren Theater für das junge Publikum, und das soll so bleiben, solange es noch Kinder gibt. —

*Dreieich hat für sein Engagement für das Theater für Kinder auch öffentliche Anerkennung gefunden, gleich 3x in verschiedenen Jahren den **Veranstalterpreis der ASSITEJ für:***

2009	***Netzwerk Starke Stücke***
2015	***Arbeitskreis Kinder- und Jugendtheater in der INTHEGA***
2017	***hervorragende Gastfreundschaft und Gastspielorganisation eines qualitätsvollen Theaterprogramms für junges Publikum***
und 2014	***mit den Kollegen zusammen Karfunkel – Kinder- und Jugendtheaterpreis der Stadt Frankfurt*** *für das Internationale Kinder- und Jugendtheaterfestival Rhein-Main Starke Stücke*
2002 – 2010	***Leitung des AK Kinder- und Jugendtheater der INTHEGA*** *– Interessengemeinschaft der Städte mit Theatergastspielen*

BURGFESTSPIELE DREIEICHENHAIN

SEIT 2007 IN NEUEM GEWAND

Von Wolfgang Barth

© Gareth Tynan

Die Geschichte der Burgfestspiele Dreieichenhain reicht bis in die 20er-Jahre des vergangenen Jahrhunderts und bis heute verzaubert der Charme der Burg die Besucher immer wieder aufs Neue.

In den 1980er-Jahren nahm Gustav Halberstadt den Gedanken an Theater in der Burg und damit den in den 1920er-Jahren begründeten Festspielcharakter wieder auf, hatte er doch mit Jazz in der Burg hinreichend bewiesen, dass die Burg einen herrlichen Hintergrund für Veranstaltungen unter freiem Himmel darstellte. Vorerst von ambitionierten Laien bespielt, wurde Anfang der 80er-Jahre aus dem beschaulichen Burggarten ein ernst zu nehmender Veranstaltungsort. Die Agentur von Specht bot mit Unterstützung der Bürgerhausverwaltung namhafte Künstler und Veranstaltungen auf. Noch heute haben wir die von der Sopranistin des *Lettischen Nationalensembles* gesungene *Michaela aus der Oper Carmen* vor uns, die das Publikum verzauberte, die über die Mailänder Scala verpflichtete „Carmen" konnte ihr leider gar nicht das Wasser reichen. Wie gesagt, es gab großartige Vorstellungen, doch der Veranstalter wusste nicht mit der strapazierten Nachbarschaft umzugehen, Beschwerden über Lärm durch Veranstaltungen, Auf- und Abbau sowie durch an- und abfahrende Besucher waren an der Tagesordnung, finanzielle Schwierigkeiten kamen hinzu und die Festspielbegeisterung nahm ein relativ schnelles Ende.

1986 kam es zu einer Neuauflage unter der Leitung von Thomas Richter, erfolgreicher Intendant der Festspiele Heppenheim, der den Erfolg mit einem mehr dem Theatergedanken verpflichteten Programm zu garantieren schien. Das von namhaften Sponsoren unterstützte Modell einer Eigenproduktion und weiterer möglichst immissionsarmer Gastspiele, die besorgte in der Hauptsache Gustav Halberstadt, ließ sich gut an. Im Lauf der Jahre kristallisierte sich heraus, dass eine fehlende Überdachung den Erfolg doch arg beeinträchtigte, das Dreieicher Publikum und auch das potenzielle aus der Umgebung schauten in den Himmel und blieben bei minimalst unklaren Wetterlagen lieber zu Hause.

Trotz großer Anstrengungen der Festspiel- wie auch der Bürgerhausleitung blieben die Erwartungen an die Attraktivität der Festspiele unter dem erhofften Niveau, und wenn der Sommer feucht war, umso mehr. Attraktive Konzerte und auch nicht das bereitgestellte Zelt als Ersatzspielort konnten darüber hinwegtäuschen, dass die Konzeption und die dargebotene Form auf Dauer nicht zum großen Erfolg führen würde. Ein weiterer Faktor lag sicher in der Doppelbelastung des Intendanten.

Kurzum, nach elf Spielzeiten mit wechselndem Erfolg verlängerte Thomas Richter im September 2006, dennoch unerwartet, seinen Vertrag nicht mehr – ein Nachfolger war nicht in Sicht. In der Regel sind zu diesem Zeitpunkt die Weichen für die kommende Spielzeit gestellt und das Programm wird im November veröffentlicht. Guter Rat war teuer und Benjamin Halberstadt und der noch amtierende Bürgermeister Berthold Olschewsky aus verständlichen Gründen ohne Option für die weitere Zukunft – die Bürgerhäuser waren in der Vergangenheit für das spielfertige Haus, nicht aber für die künstlerischen Inhalte und die wirtschaftlichen Belange der Burgfestspiele Dreieichenhain verantwortlich.

DIE GESCHICHTE DER BURGFESTSPIELE DREIEICHENHAIN REICHT BIS IN DIE 20ER-JAHRE DES VERGANGENEN JAHRHUNDERTS UND BIS HEUTE VERZAUBERT DER CHARME DER BURG DIE BESUCHER IMMER WIEDER AUFS NEUE.

Auf jeden Fall ahnte Wolfgang Barth, Programmverantwortlicher der Bürgerhäuser, nichts Böses, als er von seinem Chef zum Gespräch gebeten wurde. Mit den Festspielen hatte er außer mancher Programmempfehlung nichts zu tun gehabt. Er hatte andere Planungen, für den mittlerweile jährlichen Kultursommer auf der Terrasse, die Veranstaltungen im Zelt im Götzenhainer Mais und die Jahresplanung im Kopf, der WM-Garten war gerade Geschichte.

So kam es, mittlerweile Ende September, zur überraschenden Frage, ob er sich vorstellen könne ein Programm für die Burgfestspiele Dreieichenhain ohne eigene Schauspielproduktion zu erarbeiten, aber voller Qualität und Attraktivität für das Publikum. Dass die Bürgerhäuser jetzt die Festspiele übernehmen sollten, war bisher nicht durchgespielt worden – kein Gedanke. Dass sich etwas grundlegend an der Planung und Durchführung würde ändern müssen, lag auf der Hand. Wirtschaftlich und inhaltlich musste sehr ernsthaft über das „Was" und „Wie" nachgedacht werden. Sponsorenleistungen waren zu diesem Zeitpunkt keineswegs selbstverständlich oder kalkulierbar, aber in Hinsicht auf eine vernünftige Planung grundlegend. Viele offene Fragen also, wenige Antworten, noch weniger Sicherheiten!

Dass es zu einer Lösung mit Teilüberdachung und verminderten Kapazitäten kommen würde, war der einzige Punkt, mit dem kalkuliert werden konnte, es würde sich unter anderen Vorzeichen etwas Neues im Burggarten etablieren. Und dann war es mit dem jährlichen Sommerurlaub vorbei. Zum Glück waren die Kinder schon etwas größer.

Was letztendlich auf dem Programmzettel in spätestens sechs Wochen stehen sollte – es sollte ein Programm werden, das viele ansprechen sollte –, musste neu überdacht werden. Veranstaltungen in dieser Größenordnung in der Sommerzeit waren nicht alltäglich. Es war Neuland, denn Gastspiele von Theatern im Sommer waren überhaupt selten gesät, Theaterferien, die Künstler aller Sparten waren im Urlaub oder schon lange vorher verplant! Und war ein Intendant gefunden, der sich mit einer Spielzeitverlängerung beschäftigte, musste der nächste absagen. Waren die ersten Vorstellungen gesichert, wurden die letzten wieder abgesagt. In den folgenden sechs Wochen brannten die Lichter im Bürgerhaus lange, alte Kontakte wurden intensiviert, neue für die Zukunft begründet, die Burgfestspiele machten sich in der Republik bekannt – viele Agenturen mussten passen, wünschten Glück bei der Suche und empfahlen ihre Künstler für das übernächste Jahr. Und überhaupt: Freilicht, nein, unsere Künstler treten nicht Open Air auf. Es wurde Adrenalin für mehrere Jahre verbraucht – eine turbulente Zeit für die Programmplanung – doch die Ergebnisse konnten sich dann doch schließlich sehen lassen. Lange für das Bürgerhaus gewünschte Künstler konnten eingeladen werden, der Kalkulationsrahmen ließ doch einiges mehr zu als der im Bürgerhaus. Wenn denn der Besuch entsprechend sein würde – keine Erfahrung zu haben, war eine neue Erfahrung!

Viele Künstler waren dann zum erstem Mal in Dreieichenhain zu Gast, das *Altonaer Theater* gab zum ersten Mal *Die Feuerzangenbowle* Open Air, das *Rheinische Landestheater Neuss* war mit *Jedermann* dabei, *shakespeare & partner mit Martin Lüttge* spielten *Was ihr wollt*, die Kollegen aus Bad Vilbel gaben mit *Gefährliche Liebschaften* ein Auswärtsspiel, Musiktheater war bei *Tosca*, *Madame Butterfly*, *Don Giovanni à trois* und dem *Weißen Rössl* vertreten, *Dieter Hildebrandt*, *Giora Feidman*, *Blechschaden* gaben sich die Ehre bei der ersten Ausgabe der neu aufgestellten Burgfestspiele.

„Es ist unsere Art des Programms", konnten die neuen Festspielorganisatoren Benjamin Halberstadt und Wolfgang Barth verkünden und ihre bisherige Konzeption und Qualitätsansprüche bestätigen. Das abwechslungsreiche Programm der Bürgerhäuser fand ein größeres Echo durch einen erweiterten werblichen Rahmen und die verstärkte Berichterstattung durch die Medien – und die Sponsoren? Sie waren vorerst ein wenig skeptisch und später überaus zufrieden mit der Planung und der professionellen Durchführung. Das kulturell breiter gestreute Programm konnte durch einen kleinen Kraftakt schon vor Ende November 2006 vorgestellt werden – auch auf dem Dreieichenhainer Weihnachtsmarkt. Der Vorverkauf lief gut an, mancher Optimist kaufte Eintrittskarten für die Festspiele als Weihnachtsgeschenke, mit eingebauter Wettergarantie, wie einige beim Kartenerwerb scherzhaft bemerkten.

Die ewigen Neider und Spötter lugten sehr skeptisch über den Zaun: „Ob die des werklisch könne?"

Zwei Drittel der Plätze waren überdacht, die Kapazität reduziert, die akustischen und optischen Bedingungen wesentlich verbessert, die Ränge ansteigend. Die Festspiele konnten in diesem Rahmen mehr an Komfort vorweisen, das künstlerische Spektrum wurde erweitert – es war für viele etwas dabei, großartige Perspektiven – und wenn es regnete, dann würde nichts ausfallen. Die Aufregung war groß, denn Festspiele mit Überdachung waren ein Sakrileg für viele Haaner. Diejenigen, die zunächst am meisten schimpften, buchten ein Jahr später als Erstes die überdachten Plätze auf der Tribüne.

... KEINE ERFAHRUNG ZU HABEN, WAR EINE NEUE ERFAHRUNG!

Und als dann Bilanz gezogen werden konnte, nach zwölf Inszenierungen in 19 Aufführungen, waren alle restlos zufrie-

Isch glaab, dir brennt de Kittel: Frank Golischewski, Walter Renneisen, Ulrike Neradt

den bis begeistert, die Premierengäste und Sponsoren waren angetan. Viele Besucher fragten nach dem Programm der nächsten Spielzeit, die ganze Arbeit hatte sich gelohnt, die Bürobesatzung des Bürgerhauses atmete für eine Weile auf, der Ticketverkauf hatte doch Kräfte gebunden, Frau Halberstadt hatte an der Abendkasse im Wagen hilfreiche Empfehlungen gegeben und die Besucher bei der Sitzplatzwahl beraten. Keine Vorstellung musste abgesagt werden, Regencapes und Wischlappen lagen bereit. Zur Not wurde kurzfristig unterbrochen. Die Künstler waren vom freundlichen Umgang und vom Catering hinter und vor der Bühne mehr als angetan. Die Technik hatte einige Nachtschichten hinter sich gebracht und auch beim Auf- und Abbau der Tribüne hat alles reibungslos funktioniert. In Dreieicher Hand, denn die erfahrene Technikcrew setzte sich aus lauter Eigengewächsen zusammen, die ihr Handwerk im Bürgerhaus gelernt hatten. Ein exzellentes Betriebsklima bot beste Voraussetzungen. Das Gastro-Team der Familie Hartmann servierte freundlich und routiniert und garantierte Zufriedenheit beim leiblichen Wohl der Gäste. Begeisterte Zuschauer, ausverkaufte Vorstellungen, die Erwartungen wurden übertroffen, die Spötter und Neider zollten verschämt ihren Respekt, „des hädde mer euch net zugetraut". Wir uns schon, aber es musste auch erst einmal bewiesen werden. Die Einnahmen waren gut und deckten die Kosten. Die Damen vom Ticketbüro spendierten der Programmplanung als Anerkennung symbolisch einen Zylinder à la Dagobert Duck, dazu viel Spielgeld und Gutzjer.

Und das Neue erschien pünktlich Mitte November 2007, die Sponsoren waren bei der Präsentation anwesend und die Dreieicher waren gespannt auf die neuen Programmpunkte. Wie auch im Bürgerhausprogramm finden sich in der Burg Hayn seit 2008 immer wieder Programme, die dem südhessischen Sprachgebrauch seine Besonderheit verdanken, ein Beispiel ist der Abend *Isch glaab, dir brennt de Kittel – Heiteres aus Hessen*, ausgedacht und vorgestellt von *Ulrike Neradt und Walter Renneisen*. Der *Pianist Alfons Nowacki*, später *Frank Golischewski*, gab lange Jahre musikalisch und humorvoll seinen Senf dazu. Dieses Erfolgsprogramm wurde sage und schreibe 13 Spielzeiten angeboten, oft genug ausverkauft, jedes Jahr wurde erneut gefragt: „Un wie isses nächstes Jahr?" Selbstverständlich gerne, der Kittel gehörte nach Dreieichenhain und mancher Besucher hat ihn bis zu zehn Mal gesehen und sich dabei vor Lachen geschüttelt.

Ein weiteres Beispiel hierfür sind die Molière-Inszenierungen in Hessisch, dargeboten vom *Barock am Main* mit seinem Protagonisten Michael Quast, der diesem Genre, 2008 mit „Der eingebildet Kranke" in der Burg, anhaltende Begeisterung beim Publikum eingebracht hat. Seitdem Dauergast mit immer neuen Inszenierungen, die Texte lehrreich, hintersinnig und komisch ins hessische Idiom übertragen von Wolfgang Deichsel, später von Rainer Dachselt, eröffnete das Ensemble später mehrfach die Festspiele. Überhaupt die Eröffnung: Wenn da alles klappte, war der Rest fast gesichert, selbst eine *Italienische Opernnacht* konnte 2018 die in ihrer

Bodo Wartke und das Capitol Dance Orchestra

Mehrheit nicht gerade klassikaffinen Premierengäste schrecken, die Qualität musste stimmen, um zu beeindrucken – ein bisschen Kultur hat bisher selten geschadet. Die Anzahl der Premierengäste wurde von Jahr zu Jahr größer. Woher Benjamin Halberstadt die Plätze herzauberte?

2008 kamen schon 17 Programmpunkte an 25 Tagen auf die Naturbühne, das Schauspiel war weiterhin stark vertreten mit *Der Hauptmann von Köpenick, Kabale und Liebe, Der Name der Rose* zur Eröffnung. Freunde des Musiktheaters kamen bei *Carmen, Bettelstudent und Freischütz* nicht zu kurz, die kongeniale Idee *Don Giovanni à trois* zu spielen und Wilhelm Buschs *Die fromme Helene* als Kammermusical auf die Bühne zu bringen, vom Holzhausenquartett arrangiert, wiesen den Weg zu alternativen, humorvollen Wegen der Inszenierung klassischer Stoffe. Willy Astor spielte erstmals in der Burg und wollte die Bühne nicht mehr verlassen, denn es ging ihm wie vielen Künstlern im Burggarten: Zuschauerraum und Bühne waren wie geschaffen für den Dialog mit dem Publikum, auch der Besucher in der letzten Reihe hatte noch ideale Sicht, die verbesserte Akustik und eine aufwändigere Beleuchtung ermöglichten die gelungene Kommunikation zwischen Künstler und Besucher. Die ansteigende Bestuhlung und die Geschlossenheit des historischen Burggartens verleihen den Veranstaltungen einen würdigen Rahmen. *Giora Feidman* und *Dieter Hildebrandt* wiederholten und übertrafen ihre Erfolge vom Vorjahr. Kunst und Unterhaltung waren eine gelungene Allianz für anspruchsvolle, sommerleichte Unterhaltung eingegangen. Kultur ohne Schwellenangst – Kultur für alle? Nein, aber doch für viele.

In kurzer Zeit hatte sich etwas Neues etabliert, die Zuschauerzahlen stiegen, die Nachfrage stieg rapide. Die mutige Programmauswahl fing an, ihre Früchte zu tragen, ein breites Spektrum an unterschiedlichen Aufführungen machte die Burgfestspiele zu einem beliebten Sommervergnügen im besten Sinne. Das schnell erworbene Vertrauen war groß, die Besucher wagten sich oft sogar in ihnen unbekannte Veranstaltungen.

Es sprach sich herum in der Szene, man rührte die Trommel und 2009 waren es schon 21 Programmpunkte, die den Dreieicher Sommer bereicherten, und ein Ende war nicht abzusehen.

Aber das waren nicht die einzigen Überraschungen: Neue namhafte Künstler wie *Konstantin Wecker, Hagen Rether, Nina Corti, Friedrich von Thun* bereicherten ab 2009 den Programmzettel, weniger bekannte, nicht minder begabte Künstler und Künstlerinnen und Ensembles wie *Das Rennquintett, Bratsch, Nicolai Friedrich, Gilla Cremer. Georgi Mundrov & Ensemble* gaben mit *Tango – Die dunkle Seite des Herzens* eine beeindruckende Show, die beeindruckend vielseitige *Sabine Fischmann* mit den *Philharmonischen Cellisten* bei *Oper – frisch gestrichen!* eine humorvolle Betrachtung des Sujets auf allerhöchstem Niveau. Die Mischung aus bekannten und weniger bekannten Künstlern kam gut an, viele Besucher bauten auf die angebotene Qualität, nahmen auch unbekannte Veranstaltungen wahr, keine Selbstverständlichkeit. Die Dreieicher Bürger und ihre Nachbarn im Kreis Offenbach ließen die Vorverkaufszahlen in neue Höhen steigen. Eintrittskarten für Veranstaltungen in der Burg waren begehrt, oft für mehrere Veranstaltungen gleichzeitig gekauft, für manche schon bald eine Selbstverständlichkeit. Ein abwechslungsreiches Sommerprogramm bewog so manchen Gast den Sommerurlaub für einen späteren Zeitpunkt zu planen.

Und das war eine weise Voraussicht, denn 2010 ließ erneut aufhorchen, denn Publikumslieblinge wie *Gerhart Polt & Biermösl Blosn, Glenn Miller Orchestra, Max Raabe & Palast Orchester, Blechschaden, Joja Wendt* und Geheimtipps wie *The Ukulele Orchestra of Great Britain* und *The Black Rider* vom *Metropoltheater München* gaben sich ein Stelldichein, die *Italienische Opernnacht* feierte ihre erste Ausgabe. Die Festspielflyer waren ein beliebtes Mitbringsel vom Dreieichenhainer Weihnachtsmarkt, die Telefone im Kartenbüro standen ab Ende 2009 nicht mehr still. Viele Karten wurden als Weihnachtsgeschenk erworben - was gibt es Besseres, als Freude zu verschenken, dachte sich mancher Kulturliebhaber. *Der zerbrochene Krug, Die Zauberflöte, My Fair Lady, Männerbeschaffungsmaßnahmen, Pasta e Basta* und *Der Tartüff* bildeten ein weiteres Standbein für eine gelungene Spielzeit.

2011 eröffneten die Festspiele mit *Faust I*, eine lange im Gedächtnis der Besucher gebliebene Inszenierung der *Neuen Bühne Senftenberg* (Theater des Jahres 2005/2006) in der Regie von *Sewan Latchinian*, die einen kunstvoll unterhaltsamen Klassiker erleben ließ.

Rossinis Diebische Elster in einer frischen Fassung der *Kammeroper München*, *Anatevka* von den *Burgfestspielen Bad Vilbel, Fidelio, Die Fledermaus à trois. Walter Renneisen* hatte bei seinem Kontrabassauftritt mit *Bassiona Amorosa* gleich vier Spitzenkönner zur Unterstützung, *Georg Ringsgwandl* verband Punk und Rock mit Volksmusik und hintersinnigen Texten. Die Höhepunkte waren zahlreich: *Stefan Gwildis, Vince Ebert* und *Bodo Wartke* hießen die Favoriten, *Classic meets Cuba* gab sich die Ehre, *Jazz in der Burg* wurde in den Festspielreigen eingereiht, *Varieté unter Sternen* feierte eine rauschende Premiere bei seiner Neuauflage an drei Tagen, diesmal wirklich unter dem Sternenzelt. Es gab immer wieder Neues zu erleben.

Das Wetter war im Gegensatz dazu eher durchwachsen, das Publikum nahm es gelassen oder gab sich resistent gegen solche Unbillen.

Denn versorgt mit Regencapes auf den nicht überdachten Plätzen, hielt es auch Starkregen stand, was das Ensemble *shakespeare und partner* um *Martin Lüttge* dazu veranlasste, seine Aufführung (ohne Dach) nicht abzubrechen, sondern bei bis auf 13 Grad abgesunkenen Temperaturen, durch und durch klatschnass und körperlich unterkühlt, zu einem vom Publikum frenetisch gefeierten Ende zu spielen, von 600 Gästen hatten lediglich 50 den Burggarten wetterbedingt verlassen. Lüttge, angetan vom Engagement seiner Mitspieler, stellte nach der Vorstellung in den Raum, dass man erst morgen wissen könne, ob sie genial oder völlig verrückt waren. Beides war wohl im Spiel, gesundheitlich haben die Spieler glücklicherweise alles gut überstanden.

Die Dreieicher Programmverantwortlichen waren mithin begehrte Leute, die Agenturen hatten mittlerweile ihre Künstler mit Auftritten im Sommer vertraut gemacht, manche organisierten sogenannte Burgentourneen für ihre Künstler, Open Air in gehobener Atmosphäre wurde immer populärer. In Dreieich kamen in den nächsten Jahren unter anderen *Mathias Richling, Annett Louisan, Mnozil Brass, Gerardo Nunes y Carmen Cortes* zu ihren ersten Auftritten bei den Burgfestspielen. Als weiteren Höhepunkt konnte der Doktor der Nation, *Eckart von Hirschhausen*, verpflichtet werden, sicher auch eine Reminiszenz an seine Tourleitung, die ihm mit dem freundlichen

LÜTTGE, ANGETAN VOM ENGAGEMENT SEINER MITSPIELER, STELLTE NACH DER VORSTELLUNG IN DEN RAUM, DASS MAN ERST MORGEN WISSEN KÖNNE, OB SIE GENIAL ODER VÖLLIG VERRÜCKT WAREN.

Charakter und der guten Organisation der Burgfestspiele lange in den Ohren gelegen haben muss. Das Programm ließ wenige Wünsche offen, bei ABBA-Klassikern versetzte das Publikum die Tribüne heftig ins Schwanken. Zu den Klassikern der Theaterlandschaft, den hessischen Bos- und Eigenheiten, den Operngalas mit dem charmanten und fachkundigen *Rainer Zagovec* an der Spitze, den Musicals und Konzerten kamen immer neue künstlerische Impulse zur Geltung. *Jochen Malmsheimer, Rainald Grebe, Konstantin Wecker, Bodo Wartke, Wladimir Kaminer, Henni Nachtsheim, Vince Ebert, Gayle Tufts, Walter Renneisen* und *Ulrike Neradt*, aber auch Künstler wie *Anna Depenbusch* und nicht zu vergessen der großartige *Max Mutzke* wurden, wie viele andere, zu immer wieder gern gesehenen Gästen im Dreieichenhainer Burggarten. *Roger Willemsen* wäre es bestimmt geworden, ebenso *Roger Cicero*. Später kamen unter anderem *Gitte Haening* hinzu, *Donovan, Bernd Stelter, Walter Sittler, Maybebop, Alte Bekannte, Helen Schneider, Dota Kehr* und und und. Die Liste derer, die immer wieder gerne kommen, seien es Schauspieler, Sänger, Kabarettisten, Artisten, Künstler aller Stilrichtungen und Herkunft, ist zu lang, um sie hier wiederzugeben. Festzuhalten bleibt, alle wollen gerne wiederkommen, sie haben sich wohlgefühlt und spürten deutlich die Wertschätzung für ihr Schaffen.

Das sympathische und begeisterungsfähige Dreieicher Publikum, die wunderbare Atmosphäre im Burggarten, der liebevolle Umgang mit den Künstlern hinter der Bühne, die professionelle Technik und Veranstaltungsorganisation wurden in den Gästebüchern reichlich gefeiert. Die kontinuierliche Unterstützung durch die Sparkasse Langen Seligenstadt, die Stadtwerke Dreieich und die weiterer Sponsoren haben zum Erfolg immens viel beigetragen. Sie war in den letzten 13 Jahren ein Garant für das Gelingen der Festspiele, die Unterstützung durch öffentliche und private Förderer hat diese gelungene Festivalperiode mitgetragen. Nicht zu vergessen die Damen und Herren von Presse und Radio, die den neuen Festspielen viel Aufmerksamkeit zukommen ließen.

Ab 2016 zog sogar die Dreieicher Kunstszene mit in den Burggarten ein, sie belebte und bereicherte mit ihrem Schaffen ästhetisch die Atmosphäre, das *Dreieich Museum* hatte schon vorher mit Ausstellungen namhafter satirischer Künstler auf sich aufmerksam gemacht.

Stellvertretend für alle wurden der Leiter der Festspiele, Benjamin Halberstadt, und der Künstlerische Leiter, Wolfgang Barth, für Engagement und Fantasie 2016 mit dem Kulturpreis der Stadt Dreieich geehrt. Eine Ehrung für alle Beteiligten, seien es die Ticketverkäuferinnen, Türkontrollen, Techniker, Reinigungskräfte, Gärtner, Fahrer, Nachtwachen, den Backstagebereich, die Gastronomie, die Damen im Deckenverleih und alle hier nicht namentlich aufgeführten Helfer und Unterstützer, die dem Ansehen der Stadt Dreieich und mittlerweile „ihren" Festspielen großes Ansehen in der weiteren Region verschafft haben.

Eine Erfolgsgeschichte, die gerne auch so hätte weitergehen können, aber schon der Abschluss der Festspiele 2019 brachte den Verantwortlichen das Thema Wetterwendigkeit deutlich vor Augen, alle Unwetter der Welt waren 13 Jahre an der Burg vorbeigezogen. Jetzt am 18. August, um ziemlich genau 18:06 Uhr, fegte für kurze sechs Minuten ein Unwetter wie ein Tornado mit Starkregen in den Burggarten und den Bühnenaufbau, Konstantin Wecker und seine Band waren gerade dabei, ihren Soundcheck für das Abschlusskonzert zu beenden. Stative und Mikrofone, Lautsprecher, Verstärker und andere Technik gingen zu Bruch, der Flügel und ein Keyboard wurden beschädigt, das Cello blieb Gott sei Dank heil. Der Strom fiel aus in der Region, die Wasserpumpen arbeiteten nicht mehr. Es wurde versucht zu retten, was zu retten war. Eine Schneise der Verwüstung zog sich von Langen bis Kahl am Main – an ein Konzert war an diesem Abend nicht mehr zu denken. Menschen kamen wie von Wunderhand so gut wie nicht zu Schaden, Glück im Unglück. Im März 2020 begann die Coronapandemie, das geplante Sommerprogramm für 2020 musste abgesagt werden, das wiederholte sich im Sommer 2021. Zwei Jahre ohne sorgenfreie Gastspiele haben die Besucher entwöhnt, man ist vorsichtig geworden, dennoch haben viele ihre Tickets von 2020 behalten, um die gebuchten Shows endlich genießen zu können. Die Sorglosigkeit muss erst wieder neu gelernt werden, das Vertrauen wieder erworben werden.

Hoffen wir das Beste für die Zukunft der Festspiele! Nichts bleibt, wie es ist.

ABO, ABI UND AMTSEINFÜHRUNG

Von Martin Burlon

Martin Burlon

DER ERSTE KULTURGENUSS WAR DIE ABO-REIHE DES KINDERTHEATERS IM HERBST 1982.

Ich bin nur wenige Jahre jünger als unser Bürgerhaus. Das Gebäude mit dem markanten Äußeren hat mich mein ganzes Leben begleitet. Mal war man sich näher, hat sich öfter gesehen, mal gab es Lücken, jedoch hat man sich immer auf ein Wiedersehen gefreut.

Einer meiner ersten Besuche hat mich offenbar direkt auf die Bühne geführt. Es galt, den Eltern das „Erlernte" aus dem Kinderturnen vorzuführen.

Der erste Kulturgenuss war die Abo-Reihe des Kindertheaters im Herbst 1982. Eine Karte hat sich erhalten und ist auf dieser Seite abgedruckt.

Die Jahre gingen ins Land: mit etlichen Kindergeburtstagen in der Kegelbahn und Veranstaltungen im Saal, Besuchen in der Bücherei und dem Versuch, in den Clubräumen das Klavierspielen bei der Musikschule zu lernen. Mit dem Abi-Ball konnte ich natürlich auch ein in vielerlei Hinsicht besonderes Ereignis im Bürgerhaus begehen.

Es folgten während des Studiums und des Beginns meines Berufslebens eher sporadische Kontakte. Das änderte sich schlagartig nach meiner Wahl zum Ersten Stadtrat im Jahr 2010. Ungezählte Veranstaltungen durfte ich seitdem im Bürgerhaus besuchen oder auch selbst gestalten. Absoluter Höhepunkt dabei war natürlich der Abend meiner Einführung in das Amt des Bürgermeisters unserer Stadt im Januar 2019.

Somit kann ich aus reichhaltiger Erfahrung von Jahrzehnten sagen: Das Bürgerhaus bietet Unterhaltung und Kultur für alle – und das auf höchstem Niveau! Von lokalen Helden bis zu Weltstars – für alle ging und geht der Vorhang auf! Auch jede andere Form von Veranstaltung wird möglich gemacht – „Geht nicht, gibt's nicht" ist seit jeher das Motto der Verantwortlichen und des tollen Teams hinter den Kulissen.

So hat es unser Haus zu einer der führenden Veranstaltungsstätten in Rhein-Main gebracht, welches durch die familiäre und bodenständige Art des Umgangs mit den Künstlerinnen und Künstlern für diese stets eine besondere Stätte für ihre Auftritte war und ist.

WIR WOLLTEN FRISCHEN WIND UND BEKAMEN AEROSOLE

DAS BÜRGERHAUS IN DER PANDEMIE

Von Maria Ochs

Am Fastnachtsonntag 2020 auf dem Kinderfasching in Offenthal war das neuartige Virus, wie es auch zwei Jahre später noch genannt wurde, eine abstrakte Angelegenheit in Asien.

Dann ging plötzlich alles ziemlich schnell. Die Krankheits- und Todesfälle häuften sich, und die Nachrichten kannten scheinbar nur noch ein Thema: CORONA. Was kommt da auf uns zu? Wie ist zu reagieren? Hat jemand Erfahrung damit in Europa?

Eine der ersten Veranstaltungen des Theaterfestivals für junges Publikum STARKE STÜCKE war das Stück „Invisible Lands" der finnischen Gruppe Livsmedlet Theatre in unserem Haus. Am 12. März 2020. Ein Stück ohne Worte über Flucht und Krieg, sehr beeindruckend gespielt und getanzt von einer schwedischen Tänzerin und einem israelischen Puppenspieler. Eine kleine Spielfläche, die Körper werden zur Landschaft und zum Szenenbild für Miniaturfiguren.

Es gab zwei Vorstellungen. Je drei Schulklassen der Oberstufe fanden Platz um das kleine Stück Tanzboden, press nebeneinandersitzend, gebannt von einem Stück, wie sie noch nie eines gesehen hatten.

So eng und unbeschwert wie an diesem Vormittag sollten wir lange nicht mehr mit anderen Menschen zusammensitzen.

Kurz nach der zweiten Vorstellung kam die Nachricht, dass wir das Bürgerhaus schließen müssen und alle Vorstellungen

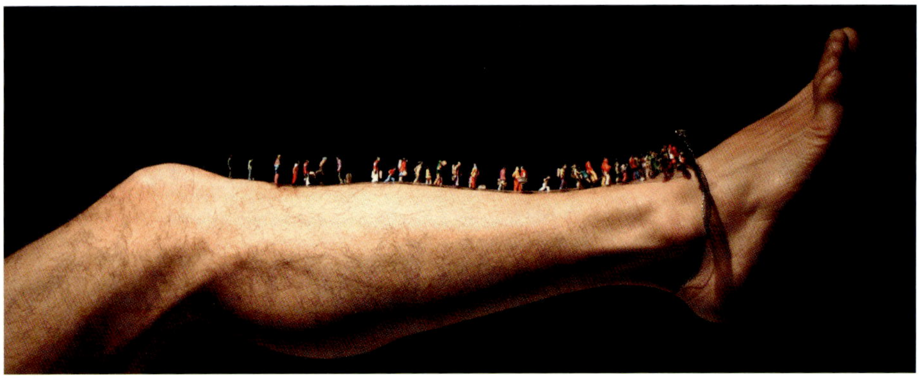

„Invisible Lands"
der finnischen Gruppe
Livsmedlet Theatre

Aktion „Night of Lights" am 22.6.2020. Theater und Veranstaltungsorte tauchten ihre Häuser in rotes Licht: „Alarmstufe Rot – ohne KUNST und KULTUR wird's still"

ES WAR KLAR, DASS WIR IRGENDWIE MIT UNSEREM PUBLIKUM IM KONTAKT BLEIBEN MÜSSEN.

abgesagt werden. Das Starke-Stücke-Festival, das erst am nächsten Tag offiziell eröffnet werden sollte, wurde am Nachmittag komplett abgesagt. Die international angereisten Künstlerinnen und Künstler bangten um die Möglichkeit, ihre Flüge oder Bahntickets umzubuchen. Es war von Grenzschließungen die Rede. Durfte man sich zum Abschied noch umarmen? Dinge, an die wir nie gedacht haben und die wir uns nicht vorstellen konnten, passierten von nun ab täglich.

Wir wussten nicht, wie lange das gehen wird. Der Planungszeitraum war auf ca. 14 Tage begrenzt. So oft wurden Verordnungen der hessischen Landesregierung an die Kreise und dann an die Städte weitergegeben. Und davor traf sich Bundeskanzlerin Merkel mcistens mit den Ministerpräsidenten der Länder. In Dreieich wurde ein Pandemiestab gegründet, der zur Aufgabe hatte, die Verordnungen in das Handeln der Verwaltung zu übersetzen. Die Werbeflächen der Bürgerhäuser wurden genutzt, um mit humorvollen Slogans die Menschen auf die neue Situation aufmerksam zu machen. Neue Vokabeln mussten gelernt werden. Die Bedeutung von Begriffen und deren selbstverständliche Anwendung im Alltag wie beispielsweise Aerosole, Inzidenzen, Lockdown, Abflachen der Infektionskurve, Herdenimmunität oder R-Wert waren ebenso neu wie später die Begriffe Hygienekonzept, Impfreihenfolge, Schnelltest, Social Distancing oder Spuckschutz.

Es war klar, dass wir irgendwie mit unserem Publikum im Kontakt bleiben müssen. Unsere Abonnentinnen und Abonnenten und alle unsere sonstigen Gäste mussten auf dem Laufenden gehalten werden. Sie sollten erfahren, was uns bewegt und woran wir arbeiten. Das geht am besten digital. Der Ticketservice nutzte in den ersten Wochen die Absageanrufe dazu, die Mailadressen unseres Publikums aufzunehmen. So konnten wir immer schnell und unkompliziert die neuesten Entwicklungen weitergeben.

Die Zeit ohne Veranstaltungen hat uns etwas Freiraum gegeben, um unser Erscheinungsbild zu erneuern. Es kam ein neues Logo, eine neue Website, und das Programmheft bekam einen neuen Look. Außerdem haben wir für die Bürgerhäuser Dreieich Social-Media-Auftritte bei Instagram und

Facebook eingerichtet, um möglichst auf vielen verschiedenen Kanälen sichtbar und erreichbar zu sein.

Als klar wurde, dass das Virus vor allem in geschlossenen Räumen und dort über die Aerosole übertragen wird, wurde in der Haustechnik des Bürgerhauses die Lüftungsanlage umgebaut. Die Raumluft wird nun in hoher Frequenz komplett durch Frischluft ersetzt.

Überhaupt hat die Veranstaltungsbranche, gewohnt, mit unerwarteten Situationen schnell und kreativ umzugehen, rasant funktionierende Konzepte entwickelt, um auch mit Abstand und Publikumsbegrenzung gefahrlos Veranstaltungen durchführen zu können. Doch genau diese Branche sollte in der Pandemie am längsten, stärksten und nachhaltigsten von Einschränkungen und Schließungen betroffen sein. Unter „#kulturerhalten" tauschten und tauschen sich heute noch Künstler*innen, Agent*innen und Veranstalter*innen zu Hilfen und Sonderfonds, zu neuen Regelungen und Perspektiven in den sozialen Netzwerken aus. Ehrenamtlich und solidarisch bildete sich schnell eine Gruppe von Expert*innen, die anderen mit ihrem Wissensvorsprung Unterstützung gaben, um nicht gleich in den ersten Wochen pleitezugehen. Um auf die sehr besondere Situation der Veranstaltungsbranche aufmerksam zu machen und aufzuzeigen, wie viel verschiedene Gewerke und Berufe daran hängen, gab es Demonstrationen und Kundgebungen und die Aktion „Night of Lights" am 22. Juni 2020. Theater und Veranstaltungsorte tauchten ihre Häuser in rotes Licht: „Alarmstufe Rot – ohne KUNST und KULTUR wird's still" – so auch das Bürgerhaus.

Im Mai 2020 gab es erste Öffnungsperspektiven für Kulturveranstaltungen. Die Auflagen waren umfassend und streng. Maximal 100 Zuschauer*innen, 1,5 m Abstand zwischen den Stühlen/Haushalten, Hygienekonzepte, Einbahnwege etc.

An die Burgfestspiele Dreieichenhain im Sommer 2020 war also nicht zu denken. Zum einen waren schon viel zu viele Tickets verkauft, zum anderen wäre das Projekt mit der einerseits aufwendigen Infrastruktur und mit andererseits geringerer Auslastung nicht finanzierbar gewesen. Wir mussten das Programm also um ein Jahr in den Sommer 2021 verschieben. Die große Flexibilität der Künstler*innen und Agent*innen machte es möglich, den kompletten Spielplan auf das nächste Jahr zu übertragen. Auch das Publikum blieb dabei und notierte sich die neuen Termine auf ihren Tickets, die nun für ein Jahr, so dachten wir, in die Schublade wandern sollten.

Und dann haben wir unserem Publikum ein Versprechen gegeben, das wir bis heute halten: Wir bieten bei Veranstaltungen immer das Maximale im Rahmen dessen, was die Verordnungen hergeben und was zu verantworten ist. Und wir informieren immer kurzfristig, wie die Lage gerade ist und was das Publikum erwartet.

EIN VIELFÄLTIGES PROGRAMM AUS LESUNGEN, KABARETT UND MUSIK UND UNTER DEM MOTTO „LUFT & LIEBE – KULTURELLE GRUNDVERSORGUNG DREIEICH 1.5"

Die 2019 neu gestaltete und vergrößerte Terrasse am Bürgerhaus erschien uns als idealer Ort für ein alternatives Sommerprogramm, das wir schnell und trotzdem hochwertig auf die Beine stellten. Ein vielfältiges Programm aus Lesungen, Kabarett und Musik und unter dem Motto „LUFT & LIEBE – Kulturelle Grundversorgung Dreieich 1.5" von Juli bis September, die schon geplanten Abende im Maislabyrinth, die leider auch nicht stattfinden konnten, eingeschlossen. Wir wussten nicht, ob die Menschen, denen wochenlang zuvor gesagt wurde, sie sollen zu Hause bleiben, wieder Lust hatten auszugehen. Wir merkten schnell: Das hatten sie.

So verbrachten wir den Sommer 2021 in Gesellschaft unseres eingeschworenen Stammpublikums und einiger Neuentdecker*innen auf unserer Terrasse. Wir haben Aufwand betrieben, und das nicht zu knapp. Jeden Abend wurden alle Monobloc-Stühle desinfiziert, das Publikum wurde immer paarweise zu den Tischen geführt, es wurden Zettel mit Kontaktdaten ausgefüllt, die dann nach vier Wochen wieder geschreddert wurden. Da es noch nicht ausreichend medizinische Masken zu kaufen gab, trugen die meisten Menschen selbst genähte Mund-Nasen-Bedeckungen, auch Alltagsmasken genannt. Dabei war auch Kurioses zu sehen, wie beispielsweise Küchentücher, an die zwei Haushaltsgummis getackert wurden, mit dem das Tuch hinter den Ohren befestigt war. Unser Publikum war kreativ. Eine Toilettenampel, die jeden Abend manuell bedient wurde, zeigte immer an, ob die Waschräume von Frauen und Männern gerade frei oder besetzt waren, um Staus im Gang zu vermeiden. Die Leute fühlten sich wohl und sicher. Das Konzept der Grundversorgung ging mehr als auf – es war ein riesiger Spaß.

Den Schwung von Luft & Liebe noch unter den Flügeln starteten wir in die Saison 2020/21 mit allen Abonnements und allen geplanten Veranstaltungen. Unser Publikum war uns treu geblieben. Es vertraute unseren Konzepten und unterstützte unsere Arbeit. Jeden Abend ein anderer Bestuhlungsplan, Abstände, die Toilettenampel auch drinnen. Inzwischen gab es die Luca-App, mit der sich die Besucher*innen registrieren konnten. In diesem Fall fiel der Zettelkram weg. Maximal 250 Personen durften kommen, damit konnten wir umgehen, da unser Saal sehr groß ist und wir trotzdem die Abstände einhalten konnten.

Die INTHEGA (die Interessengemeinschaft der Städte mit Theatergastspielen e. V.) hatte mit dem Bund ein Unterstützungsprogramm im Rahmen der NEUSTART-Hilfen ausgehandelt. Die Gastspielhäuser konnten für die laufende Saison Unterstützung beantragen. Das Ziel war, den zum Erliegen gekommenen Gastspielbetrieb wieder anzukurbeln und Veranstaltungen auch mit weniger Auslastung möglich zu machen. So war allen geholfen. Häusern wie dem Bürgerhaus und auch den Tourneetheatern, die dadurch zumindest einen Teil ihrer Engagements halten konnten.

Im Oktober 2020 stiegen die Infektionszahlen stark an, die zugelassene Platzanzahl im Theater wurde wieder auf 100 reduziert, und dann kam der zweite lange Lockdown. Das Schweizer Kabarettduo OHNE ROLF musste sein Programm am 29. Oktober 2020 gleich zwei Mal spielen, damit alle, die Karten hatten, kommen konnten.

Das waren die letzten Abendveranstaltungen mit Live-Publikum bis zum Sommer 2021.

Das Team der Bürgerhäuser war ausgebremst und in Kurzarbeit. Die ganze Saison war geplant, nun hieß es wieder Veranstaltungen absagen und verschieben. Die Agenturen und Künstler*innen waren zum Teil schon abgestumpft und machten stoisch ihren Kalender für 2022 auf, zum Teil war echte Verzweiflung zu spüren.

Die gute Nachricht in dieser Zeit war: mehrere Impfstoffe konnten gefunden und erprobt werden.

Die große Silvesterparty im Bürgerhaus, normalerweise Treffpunkt für Tanzbegeisterte und Familien, musste abgesagt werden. Doch so ganz ohne Aktion und trostlos konnten wir den Jahreswechsel nicht geschehen lassen. Gemeinsam mit der Stadt, den Stadtwerken und der DLB wurde ein Brief verschickt, der zum einen eine sehr schöne Dankeskarte an alle Bürgerinnen und Bürger der Stadt Dreieich enthielt, zum anderen eine Astscheibe, in die das Logo Dreieichs eingebrannt war und auf deren Rückseite Platz war, um einen Wunsch draufzuschreiben.

Die beschrifteten Wunschhölzer konnten dann in jedem Stadtteil in einen Sammelbehälter abgegeben werden.

Am Silvesterabend übergab dann das Team der Bürgerhäuser die 3.000 Wünsche in einem großen Feuer dem Himmel. Und damit auch jede und jeder seinen Wunsch noch einmal sehen konnte, wurden die Hölzchen an einer Kamera vorbeigeführt, bevor sie ins Feuer fielen. Auf dem YouTube-Kanal

Das Schweizer Kabarettduo OHNE ROLF musste sein Programm am 29.10.2020 gleich zwei Mal spielen, damit alle, die Karten hatten, kommen konnten

Silvesteraktion 2020/2021:
Dankeskarte und eine Astscheibe, in die das Logo Dreieichs eingebrannt war. Auf deren Rückseite war Platz, um einen Wunsch draufzuschreiben.

der Bürgerhäuser konnte man bis tief in die Nacht das Feuer und die vielen Wünsche vorbeiziehen sehen und sich an dem meditativen Knistern erfreuen.

Das Festival STARKE STÜCK im Frühjahr 2021 hat sich auf Online-Formate konzentriert. Die Erfahrungen mit den verschiedenen Video-Call-Instrumenten wurden genutzt, um sich im Lockdown den Kindern theatralisch zu nähern und künstlerische Begegnungen möglich zu machen. Komplett neue Erfahrungen, die die Kreativität und die Spielfreude der Theatergruppen wie auch das Einlassen auf neue Formen des jungen Publikums forderten. Alle waren sich einig, dass es ein gelungenes Experiment war und zumindest ein Angebot darstellte. Aber auch, dass die digitalen Formate in keinem Fall ein Live-Theatererlebnis ersetzen können.

Ebenso hatten wir eine digitale Vorstellung von „Die Berliner Stadtmusikanten" des Theaters Zitadelle mit Zoom-Gespräch vor- und hinterher und einen Vortrag mit der Meeresbiologin und Umweltaktivistin Tharaka Sriram.

Da keine Vorstellungen stattfanden, richteten wir ein nahezu komplettes Filmstudio auf der Bühne des Bürgerhauses ein und zeichneten ein Kindertheaterstück, alle Konzerte der Dreieicher Musiktage und ein Jazzkonzert auf.

Das Format, sich vor dem Konzert oder dem Stück mit den Künstler*innen und dem Publikum via Zoom zu treffen und zu plaudern, ähnlich einem Foyer, dann gemeinsam das aufgezeichnete Konzert oder Stück anzuschauen und sich hinterher wieder via Zoom darüber auszutauschen, ging auf. Die Online-Veranstaltungen waren zwar bei Weitem nicht so gut besucht wie Live-Vorstellungen, sie waren aber sehr intensiv im Austausch.

Das Jazzkonzert zum 1. Mai wurde dagegen auf einem USB-

Stick gespeichert und am Feiertagmorgen inklusive einer Flasche Apfelwein und einer frisch gebackenen Brezel analog vom Chef und seinem Technikteam an die Kartenbesitzer*innen frei Haus geliefert.

Im Mai fiel dann die schwere Entscheidung, die Burgfestspiele Dreieichenhain noch ein weiteres Mal zu verschieben. Die Auflagen waren nach wie vor so, dass eine Durchführung des Festivals nicht machbar war.

Inzwischen gab es Impfungen für alle ab 18 und überall Testzentren.

es notwendig, zusätzlich zur doppelten Impfung auf jeden Fall einen Test vorzuweisen. Dann brauchten alle, die eine Booster-Impfung hatten, keinen zusätzlichen Test ab zwei Wochen nach der Impfung und eine Woche später galt die Booster-Impfung für 2G+ am selben Tag noch. Und was war mit den doppelt Geimpften und Genesenen? Es war also dringend notwendig, sich ständig auf den neuesten Stand zu bringen, da wir die Nachweise am Eingang kontrollieren mussten. Zum Glück wurden schnell gut funktionierende Apps erfunden, die uns das Leben an der Pforte zur Kultur erleichterten. Gehen eigentlich OP-Masken oder müssen es FFP2-Masken sein? Und darf man die am Platz abnehmen

TAPFER HAT UNSER PUBLIKUM ALLES MITGEMACHT ... UND HAT SICH FREUNDLICH UND GLÜCKLICH DARÜBER GEÄUSSERT, DASS ES ÜBERHAUPT EIN KULTURELLES ANGEBOT IN DER STADT GIBT. DAS IST EIN GLÜCK.

Luft & Liebe, die im Vorjahr beliebte „Kulturelle Grundversorgung Dreieich", wurde im Sommer 2021 zu einem ausgewachsenen Sommerprogramm über volle zwei Monate. Die ein oder andere Veranstaltung des Burgfestspielspielplans ließ sich auf die Parkterrasse am Bürgerhaus verlegen. Außerdem wurde ganz viel neues Programm aus Musik, Kabarett, Theater und Comedy geplant. Um Luft & Liebe auch in die Stadtteile zu bringen, gab es mittwochs immer bei „Luft & Liebe unterwegs" Straßentheater und Neuen Zirkus auf verschiedenen Plätzen aller Stadtteile Dreieichs. Bei freiem Eintritt und tatsächlich wunderbarem Wetter genossen Hunderte die Unbeschwertheit einer italienischen Piazza.

Zum Saisonbeginn Ende September 2021 wechselten die Bestimmungen teilweise wöchentlich. Der Besuch einer Veranstaltung war in der einen Woche nur möglich, wenn eine Person doppelt geimpft, offiziell getestet oder genesen war. In der übernächsten Woche reichte ein Test nicht mehr aus, jeder musste geimpft oder genesen sein. Etwas später war

Luft & Liebe - GapOf 42

PANDEMIE, KRIEG UND KLIMAWANDEL WERDEN UNS WEITER BESCHÄFTIGEN. AUCH DIE KULTUR WIRD SICH DADURCH VERÄNDERN.

oder müssen sie die ganze Zeit getragen werden? Was machen wir dann mit den Getränken? Ja, nein, vielleicht oder doch übernächste Woche wieder.

So sind wir durch den Herbst und Winter 2021 gekommen, einige Veranstaltungen wurden von Künstler*innenseite abgesagt und die Silvesterparty schien uns mit Maskenpflicht und Abstand wenig amüsant, doch das Gros der Veranstaltungen fand statt und war den Umständen entsprechend gut besucht.

Tapfer hat unser Publikum alles mitgemacht, hat bereitwillig alle Nachweise und Ausweise gezückt und hat sich außerdem noch freundlich und glücklich darüber geäußert, dass es überhaupt ein kulturelles Angebot in der Stadt gibt. Das ist ein Glück.

Wir wollten einen Neustart und bekamen Krieg

Im Frühjahr 2022 schien es, als würde sich alles wieder langsam normalisieren. Die Infektionszahlen waren zwar immer noch hoch, aber mit der Omikron-Variante des Virus nicht mehr so beängstigend. Die Bestimmungen wurden gelockert. Abstände durften reduziert und Besuchszahlen erhöht werden. Die Kontrollen fielen nach und nach weg, dann auch die Pflicht zum Tragen einer Maske.

Und eigentlich wäre es an der Zeit gewesen, ein rauschendes Fest zu feiern.

Genau zu diesem Zeitpunkt begann der Krieg Russlands gegen die Ukraine. Die Angst vor einem 3. Weltkrieg, die schrecklichen Bilder, die Sorge um Freunde und Bekannte waren von einem auf den anderen Tag düstere Realität. Solidaritätsaktionen, Spendensammlungen und das Kümmern um vor dem Krieg geflüchtete Menschen waren die erste Reaktion. Die Sorge um die eigene wirtschaftliche Situation, die durch hohe Energiekosten und Inflation ausgelöst wurde, die zweite. Die Ausgehlaune wurde abermals gebremst.

Die Probleme der Pandemie traten in den Hintergrund. Irgendwie hatten wir gelernt damit umzugehen.

Pandemie, Krieg und Klimawandel werden uns weiter beschäftigen. Auch die Kultur wird sich dadurch verändern. Wir werden neue Formate finden müssen. Die Kunst wird diese Themen aufgreifen und den Menschen eine Projektionsfläche geben, das Erlebte zu verarbeiten und positiv und kraftvoll weiterzugehen. Vielleicht wollen wir auch manchmal nur eine Pause, eine Ablenkung, einen Genuss. Die Kulturpolitik ist angehalten, dafür zu sorgen, dass weiterhin genügend Ressourcen für künstlerisches Schaffen und deren Weiterentwicklung zur Verfügung stehen.

Dieses Buch gewährt Einblicke in die Geschichten der ersten 50 Jahre eines ganz besonderen Hauses. Geschichten von Gästen, Gastgeber*innen und besonderen Begegnungen. Ein Bürger-Haus im besten Sinne, das von der Kreativität der Menschen, die es besuchen, die darin arbeiten und auftreten, lebt.

Wie wird es weitergehen? Wie entwickelt sich das kulturelle Angebot? Wie weit wird die Digitalisierung die Veranstaltungsbranche verändern? Was werden unsere Themen sein? Wird die Kultur blühen oder untergehen?

Eine Glaskugel wäre schön. Was passiert in unserem Bürgerhaus in 50 Jahren? Die Kinder aus dem ABO-Theater für Kinder werden es erleben, vielleicht sogar gestalten. Wer weiß.

VIELLEICHT WOLLEN WIR AUCH MANCHMAL NUR EINE PAUSE, EINE ABLENKUNG, EINEN GENUSS.

Konzertaufnahmen mit Sebastian Manz & Sebastian Studnitzky für die Dreieicher Musiktage@home 2021

Fotos: Gareth Tynan

LITERATURVERZEICHNIS

Balser, Frolinde: Aus Trümmern zu einem europäischen Zentrum - Geschichte der Stadt Frankfurt am Main 1945 - 1989, Sigmaringen 1995

Bauer, Thomas: „Seid einig für unsere Stadt" - Walter Kolb, Frankfurter Oberbürgermeister 1946 - 1956, Frankfurt am Main 1996

Bendix, Werner: Die Hauptstadt des Wirtschaftswunders, Frankfurt am Main 2002

Beyer, Bernd-M.: 71/72 - Die Saison der Träumer, Bielefeld 2021

Bremser, Werner u. a. (Hrsg. GHK): Neu-Isenburg 1943 - 1955 - Ende und Anfang, Neu-Isenburg 1995

Halberstadt, Heiner (Hrsg. Frank Deppe und David Salomon): Neu beginnen kannst du mit dem letzten Atemzug - Ein Leben als Sozialist, Hamburg 2018

Frankfurter Rundschau - Geschichte, Band 1, Jahrgang 1: Frankfurt 1969 - 1990, Frankfurt am Main 2010

Frankfurter Rundschau - Geschichte, Band 2, Jahrgang 2: Die 50er Jahre in Frankfurt, Frankfurt am Main 2012

Frankfurter Rundschau - Geschichte Band 3, Jahrgang 2: Die 60er Jahre in Frankfurt, Frankfurt am Main 2012

Heil, Jakob: Sprendlingen, Sprendlingen 1974

Holle, Peter: Rüdiger Hermanns - die Story: Ein Leben in seiner Zeit, Neu-Isenburg 2013

Hoffmann, Hilmar: Frankfurts Oberbürgermeister 1945 - 1955, Frankfurt am Main 2012

Holle, Peter u. v. a (Hrsg. Freunde Sprendlingens): Buch der Ringe - Geschichte(n) von Hirschsprung und Breitensee, Neu-Isenburg 2017

Koenen Gerd: Das rote Jahrzehnt: Unsere kleine deutsche Kulturrevolution 1967 - 1977, Köln 2001

Lorei, Madlen und Kirn, Richard: Frankfurt und die drei wilden Jahre, Frankfurt am Main 1962

Magistrat der Stadt Dreieich (Hrsg. von Hanne Kulessa): Dreieich - eine Stadt, Frankfurt am Main 1989

Magistrat der Stadt Sprendlingen: Zum Gruß - Wegweiser durch unsere Stadt, Sprendlingen 1958/1959

Magistrat der Stadt Sprendlingen: Verwaltungsbericht des Magistrats der Stadt Sprendlingen 1960 - 1964, Sprendlingen 1964

Magistrat der Stadt Sprendlingen: Sprendlingen - Stadt im Aufbruch (Verwaltungsbericht 1964 - 1968), Sprendlingen 1968

Magistrat der Stadt Sprendlingen: Sprendlingen - Dem Fortschritt verpflichtet! (Verwaltungsbericht 1968 - 1972), Sprendlingen 1972

Magistrat der Stadt Sprendlingen: 1150 Jahre Sprendlingen (Verwaltungsbericht 1972 - 1976), Sprendlingen 1976

Runkel, Heinrich: Erinnerungen an Sprendlingen, Dreieich 1995

Sarasin, Philipp: 1977 - Eine kurze Geschichte der Gegenwart, Berlin 2021

Schäfer, Hans Ludwig: Dreieich-Lexikon, Dreieich 2011

Störmer, Gerhard: Das Sprendlinger Buch - Daten, Fakten, Hintergründe 834 - 1977, Neu-Isenburg 2008

Störmer, Gerhard u. a.: Liebenswertes Dreieich - Unsere Heimat, Neu-Isenburg 2009

ABBILDUNGSNACHWEIS

ad Kapitel 1, 2, 6 und 7: Aus dem Archiv des Bürgerhauses stammen 35 „historische Fotos" sowie 21 Zeitungsausrisse. Aus dem Stadtarchiv Dreieich kommen drei Fotos, aus dem Privatarchiv Peter Holle fünf.
Heike, Gustav & Benjamin Halberstadt haben aus ihren Familienalben 13 Fotos beigesteuert. Fee Halberstadt hat für das von ihr verfasste „Hands"-Kapitel ein Dutzend Porträtfotos der Hilfskräfte organisiert. Sandra Ladwig hat für den Abschnitt „Haus zum Bleiben" private Fotos der Kolleginnen erfragt.

ad Kapitel 3.1: Die neun Fotos für das Kapitel „Gastronomie" stammen aus dem Fundus von Diana Tonini, Mimoun Bellahsen, Heinz-Georg Stöhs und Sonja Arnold

ad Kapitel 3.3 (Koffertheater) und 4.4 (Rockpalast): Aus den Archiven Ali Dietrichs stammen insgesamt zehn Fotos, vier Zeitungsausrisse und drei Programmcover.

ad Kapitel 4: „Badesalz" und Dr. Harry Keaton haben jeweils zwei Abbildungen zu ihren Beiträgen beigesteuert.

ad Kapitel 5: Im Kapitel „Haus der Kunst" sind 97 Abbildungen abgedruckt.
Das Gros der Illustrationen (87) kommt aus den Archiven von Ilse Dreher und Barbara Beisinghoff, die übrigen zehn aus dem Archiv und den Gästebüchern von Walter Diewock/ Hanne F. Juritz

ad Kapitel 8 und Epilog: Die Fotos in Kapitel 8 und dem Epilog stammen zum Teil aus dem Privatbildarchiv der Bürgerhäuser Dreieich, von Gareth Tynan, Georgi Mundrov, dem Theater Grüne Soße, dem Theater Zitadelle, dem Theater Coutourier und dem Teater Refleksion & Teater My

Sisters of Comedy 2021
(Katrin Geelvink, Sabine Fischmann, Susanne Hasenstab, Alice Köfer und Katinka Buddenkotte)

Foto: Gareth Tynan

BÜR

GERHAUS